HISTOIRE

DES ORIGINES

DU CHRISTIANISME

LIVRE CINQUIÈME

QUI COMPREND DEPUIS LA DESTRUCTION DE LA NATIONALITÉ
JUIVE JUSQU'A LA MORT DE TRAJAN

(74-117)

CALMANN LÉVY, ÉDITEUR

OEUVRES COMPLÈTES

D'ERNEST RENAN

FORMAT IN-8°

VIE DE JÉSUS. 15ᵉ *édition*.	1 volume.
LES APÔTRES	1 volume.
SAINT PAUL, avec une note des voyages de saint Paul.	1 volume.
L'ANTECHRIST	1 volume.
LES ÉVANGILES ET LA SECONDE GÉNÉRATION CHRÉTIENNE.	1 volume.
DIALOGUES ET FRAGMENTS PHILOSOPHIQUES. — 2ᵉ *édition*.	1 volume.
LA RÉFORME INTELLECTUELLE ET MORALE. — 3ᵉ *édition*.	1 volume.
QUESTIONS CONTEMPORAINES. — 2ᵉ *édition*.	1 volume.
HISTOIRE GÉNÉRALE DES LANGUES SÉMITIQUES. — 4ᵉ *édition*. — Imprimerie impériale	1 volume.
ÉTUDES D'HISTOIRE RELIGIEUSE. — 6ᵉ *édition*.	1 volume.
ESSAIS DE MORALE ET DE CRITIQUE. — 3ᵉ *édition*.	1 volume.
LE LIVRE DE JOB, traduit de l'hébreu, avec une étude sur l'âge et le caractère du poëme. — 3ᵉ *édition*	1 volume.
LE CANTIQUE DES CANTIQUES, traduit de l'hébreu, avec une étude sur le plan, l'âge et le caractère du poëme. — 3ᵉ *édition*	1 volume.
DE L'ORIGINE DU LANGAGE. — 4ᵉ *édition*.	1 volume.
AVERROÈS ET L'AVERROÏSME, essai historique. — 3ᵉ *édition*.	1 volume.
DE LA PART DES PEUPLES SÉMITIQUES DANS L'HISTOIRE DE LA CIVILISATION. — 7ᵉ *édition*	brochure.
LA CHAIRE D'HÉBREU AU COLLÉGE DE FRANCE.	brochure.
SPINOZA, conférence donnée à La Haye.	brochure.

MISSION DE PHÉNICIE, grand in-4°, avec atlas in-folio. Imprimerie nationale.	1 volume.
HISTOIRE LITTÉRAIRE DE LA FRANCE AU XIVᵉ SIÈCLE, par Victor Le Clerc et Ernest Renan.	2 volumes.

PARIS. — Impr. J. CLAYE. — A. QUANTIN et Cⁱᵉ, rue St-Benoît. [1348]

LES
ÉVANGILES
ET LA SECONDE GÉNÉRATION CHRÉTIENNE

PAR

ERNEST RENAN,

MEMBRE DE L'INSTITUT

PARIS

CALMANN LÉVY, ÉDITEUR

ANCIENNE MAISON MICHEL LÉVY FRÈRES

RUE AUBER, 3, ET BOULEVARD DES ITALIENS, 15

A LA LIBRAIRIE NOUVELLE

—

1877

Droits de reproduction et de traduction réservés.

INTRODUCTION

OBSERVATIONS CRITIQUES SUR LES DOCUMENTS ORIGINAUX
DE CETTE HISTOIRE.

J'avais d'abord cru pouvoir terminer en un volume cette histoire des *Origines du christianisme*; mais la matière s'est agrandie à mesure que j'avançais dans mon œuvre, et le présent volume ne sera que l'avant-dernier. On y verra l'explication, telle qu'il est possible de la donner, d'un fait presque égal en importance à l'action personnelle de Jésus lui-même : je veux dire de la façon dont la légende de Jésus fut écrite. La rédaction des Évangiles est, après la vie de Jésus, le chapitre capital de l'histoire des origines chrétiennes. Les circonstances matérielles de cette rédaction sont entourées de mystère; bien des doutes, cependant, ont été levés dans ces dernières années, et on peut dire que le problème de la rédaction des Évangiles dits synoptiques est arrivé à une sorte de maturité. Les rapports du christianisme avec l'empire romain, les premières hérésies, la disparition des derniers disciples immédiats de Jésus, la séparation graduelle de l'Église et de la synagogue, les progrès de la hiérarchie ecclésiastique, la substitution du presbytérat à la communauté primitive, les premiers commencements de l'épiscopat, l'avénement avec Trajan d'une sorte d'âge d'or pour la société civile; voilà les grands faits que nous verrons se dérouler devant nous. Notre sixième et dernier volume contiendra l'histoire du christianisme sous les règnes d'Adrien et d'Antonin; on y verra le commencement du gnosticisme, la rédaction des écrits pseudo-johanniques, les premiers apologistes, le parti de saint Paul aboutissant par exagération à Marcion, le vieux christianisme aboutissant à un millénarisme grossier et au montanisme; au travers de tout cela, l'épiscopat prenant des développements rapides, le christianisme devenant chaque jour plus grec et moins hébreu, une « Église catholique » commençant à résulter de l'accord de toutes les Églises particulières et à constituer un centre d'autorité irréfragable, qui déjà se fixe à Rome. On y verra enfin la séparation absolue du judaïsme et du christianisme s'effectuer définitivement lors de la révolte de Bar-Coziba, et la haine la plus sombre s'allumer entre la mère et la fille. Dès lors on peut dire que le christianisme est formé. Son principe d'autorité existe; l'épiscopat a entièrement remplacé la démocratie primitive, et les évêques des différentes Églises sont en rapport les uns avec les autres. La nouvelle Bible est complète; elle s'appelle le *Nouveau Testament*. La divinité de Jésus-Christ est reconnue de toutes les Églises, hors de la Syrie. Le Fils n'est pas encore l'égal du Père; c'est un dieu second, un vizir suprême de la création; mais c'est bien un dieu. Enfin deux ou trois accès de maladies extrêmement dangereuses que traverse la religion naissante, le gnosticisme, le montanisme, le docétisme, la tentative hérétique de Marcion, sont vaincus par la force du principe interne de l'autorité. Le christianisme, en outre, s'est répandu de toutes parts; il s'est assis au centre de la Gaule, il a pénétré dans l'Afrique. Il est une chose publique; les historiens parlent de lui; il a ses avocats qui le défendent officiellement, ses accusateurs qui commencent contre lui la guerre de la critique. Le christianisme, en un mot, est né, parfaitement né; c'est un enfant, il grandira beaucoup encore; mais il a tous ses organes, il vit en plein jour; ce n'est plus un embryon. Le cordon ombilical qui l'attachait à sa mère est coupé définitivement. Il ne recevra plus rien d'elle : il vivra de sa vie propre.

C'est à ce moment, vers l'an 160, que nous arrêterons cet ouvrage. Ce qui suit appartient à l'histoire, et peut sembler relativement facile à raconter. Ce que nous avons voulu éclaircir appartient à l'embryogénie, et doit en grande partie se conclure, parfois se deviner. Les esprits qui n'aiment que la certitude matérielle ne doivent pas se plaire en de pareilles recherches. Rarement, pour ces périodes reculées, on arrive à pouvoir dire avec précision comment les choses se sont passées; mais on parvient parfois à se figurer les diverses façons dont elles ont pu se passer, et cela est beaucoup. S'il est une science qui ait fait de nos jours des progrès surprenants, c'est la science des mythologies comparées; or cette science a consisté beaucoup moins à nous apprendre comment chaque mythe s'est formé qu'à nous montrer les diverses catégories de formation, si bien que nous ne pouvons pas dire : « Tel demi-dieu, telle déesse, est sûrement l'orage, l'éclair, l'aurore, etc. »; mais nous pouvons dire : « Les phénomènes atmosphériques, en particulier ceux qui se rapportent à l'orage, au lever et au coucher du soleil, etc., ont été des sources fécondes de dieux et de demi-dieux. » Aristote avait raison de dire : « Il n'y a de science que du général. » L'histoire elle-même, l'histoire proprement dite, l'histoire se passant en plein jour et fondée sur des documents, échappe-t-elle à cette nécessité? Non certes, nous ne savons exactement le détail de rien ; ce qui importe, ce sont les lignes générales, les grands faits résultants et qui resteraient vrais quand même tous les détails seraient erronés.

Ainsi que je l'ai dit, l'objet le plus important de ce volume est d'expliquer d'une manière plausible la façon dont se sont formés les trois Évangiles appelés synoptiques, qui constituent, si on les compare au quatrième Évangile, une famille à part. Certes, beaucoup de points restent impossibles à préciser dans cette recherche délicate. Il faut avouer cependant que la question a fait, depuis vingt ans, de véritables progrès. Autant l'origine du quatrième Évangile, de celui qu'on attribue à Jean, reste enveloppée de mystère, autant les hypothèses sur le mode de rédaction des Évangiles dits synoptiques ont atteint un haut degré de vraisemblance. Il y a eu en réalité trois sortes d'Évangiles : 1° les Évangiles originaux ou de première main, composés uniquement d'après la tradition orale et sans que l'auteur eût sous les yeux aucun texte antérieur (selon mon opinion, il y eut deux Évangiles de ce genre, l'un écrit en hébreu ou plutôt en syriaque, maintenant perdu, mais dont beaucoup de fragments nous ont été conservés traduits en grec ou en latin par Clément d'Alexandrie, Origène, Eusèbe, Épiphane, saint Jérôme, etc.; l'autre écrit en grec, c'est celui de saint Marc); 2° les Évangiles en partie originaux, en partie de seconde main, faits en combinant des textes antérieurs et des traditions orales (tels furent l'Évangile faussement attribué à l'apôtre Matthieu et l'Évangile composé par Luc); 3° les Évangiles de seconde ou de troisième main, composés à froid sur des pièces écrites, sans que l'auteur plongeât par aucune racine vivante dans la tradition (tel fut l'Évangile de Marcion; tels furent aussi ces Évangiles, dits apocryphes, tirés des Évangiles canoniques par des procédés d'amplification). La variété des Évangiles vient de ce que la tradition qui s'y trouve consignée fut longtemps orale. Cette variété n'existerait pas, si tout d'abord la vie de Jésus avait été écrite. L'idée de modifier arbitrairement la rédaction des textes se présente en Orient moins qu'ailleurs, parce que la reproduction littérale des récits antérieurs ou, si l'on veut, le plagiat y est la règle de l'historiographie [1]. Le moment où une tradition épique ou légendaire commence à être mise par écrit marque l'heure où elle cesse de produire des branches divergentes. Loin de se subdiviser, la rédaction obéit dès lors à une sorte de tendance secrète qui la ramène à l'unité par l'extinction successive des rédactions jugées imparfaites. Il existait moins d'Évangiles à la fin du IIᵉ siècle, quand Irénée trouvait des raisons mystiques pour établir qu'il y en avait quatre et qu'il ne pouvait y en avoir davantage [2], qu'à la fin du Iᵉʳ, quand Luc écrivait au commencement de son récit : Ἐπειδή περ πολλοὶ ἐπεχείρησαν... [3]. Même à l'époque de Luc, plusieurs des rédactions primitives avaient probablement disparu. L'état oral produit la multiplicité des variantes ; une fois qu'on est entré dans la voie de l'écriture, cette multiplicité n'est plus qu'un inconvénient. Si une logique comme celle de Marcion eût prévalu, nous n'aurions plus qu'un Évangile, et la meilleure marque de la sincérité de la conscience chrétienne est que les besoins de l'apologé-

---

1. C'est ce qu'on observe dans la série des historiens arabes depuis Tabari, dans Moïse de Khorène, dans Firdousi. L'écrivain postérieur absorbe complétement et sans y rien changer les récits de ceux qui l'ont précédé.
2. Irénée, *Adv. hær.*, III, xi, 8.
3. Luc, i, 1.

tique n'aient pas supprimé la contradiction des textes en les réduisant à un seul. C'est que, à vrai dire, le besoin d'unité était combattu par un désir contraire, celui de ne rien perdre d'une tradition qu'on jugeait également précieuse dans toutes ses parties. Un dessein, comme celui que l'on prête souvent à saint Marc, l'idée de faire un abrégé des textes reçus antérieurement, est ce qu'il y a de plus contraire à l'esprit d'un temps comme celui dont il s'agit. On visait bien plutôt à compléter chaque texte par des additions hétérogènes, comme il est arrivé pour *Matthieu*[1], qu'à écarter du petit livre que l'on avait des détails que l'on tenait tous pour pénétrés de l'esprit divin.

Les documents les plus importants pour l'époque traitée dans ce volume sont, outre les Évangiles et les autres écrits dont on y explique la rédaction, les épîtres assez nombreuses que produisit l'arrière-saison apostolique, épîtres où, presque toujours, l'imitation de celles de saint Paul est visible. Ce que nous dirons dans notre texte suffira pour faire connaître notre opinion sur chacun de ces écrits. Une heureuse fortune a voulu que la plus intéressante de ces épîtres, celle de Clément Romain, ait reçu, dans ces derniers temps, des éclaircissements considérables. On ne connaissait jusqu'ici ce précieux document que

---

1. Voir saint Jérôme, *Præf. in evang. ad Damasum.*

par le célèbre manuscrit dit *Alexandrinus*, qui fut envoyé, en 1628, par Cyrille Lucaris à Charles Ier ; or ce manuscrit présentait une lacune considérable, sans parler de plusieurs endroits détruits ou illisibles, qu'il fallait remplir par conjecture. Un nouveau manuscrit découvert au Fanar, à Constantinople, contient l'ouvrage dans son intégrité[1]. Un manuscrit syriaque, qui faisait partie de la bibliothèque de feu M. Mohl, et qui a été acquis par la bibliothèque de l'université de Cambridge, s'est trouvé renfermer aussi la traduction syriaque de l'ouvrage dont nous parlons. M. Bensly est chargé de la publication de ce texte. La collation qu'en a donné M. Lightfoot[2] présente les résultats les plus importants qui en sortent pour la critique.

La question de savoir si l'épître dite de Clément Romain est réellement de ce saint personnage n'a qu'une médiocre importance, puisque l'écrit dont il s'agit se présente comme l'œuvre collective de l'Église romaine, et que le problème se borne par

___

1. Τοῦ ἐν ἁγίοις πατρὸς ἡμῶν Κλήμεντος, ἐπισκόπου Ῥώμης, αἱ δύο πρὸς Κορινθίους ἐπιστολαί, ἐκ χειρογράφου τῆς ἐν Φαναρίῳ Κωνσταντινουπόλεως βιβλιοθήκης τοῦ παναγίου Τάφου, νῦν πρῶτον ἐκδιδομέναι πληρεῖς..... ὑπὸ Φιλοθέου Βρυεννίου, μητροπολίτου Σερρῶν. Constantinople, 1875. V. *Journal des Savants*, janv. 1877.

2. *S. Clement of Rome. An appendix.* Londres, 1877.

conséquent à savoir qui tint la plume en cette circonstance. Il n'en est pas de même des épîtres attribuées à saint Ignace. Les morceaux qui composent ce recueil ou sont authentiques ou sont l'œuvre d'un faussaire. Dans la seconde hypothèse, ils sont d'au moins soixante ans postérieurs à la mort d'Ignace, et telle est l'importance des changements qui s'opèrent dans ces soixante années, que la valeur documentaire desdites pièces en est absolument changée. Il est donc impossible de traiter l'histoire des origines du christianisme sans avoir à cet égard un parti décidé.

La question des épîtres de saint Ignace est, après la question des écrits johanniques, la plus difficile de celles qui tiennent à la littérature chrétienne primitive. Quelques-uns des traits les plus frappants d'une des lettres qui font partie de cette correspondance étaient connus et cités dès la fin du IIe siècle[1]. Nous avons, d'ailleurs, ici le témoignage d'un homme qu'on est surpris de voir allégué sur un sujet d'histoire ecclésiastique, celui de Lucien de Samosate. La spirituelle peinture de mœurs que ce charmant écrivain a intitulée *la Mort de Pérégrinus,* renferme des allusions presque évidentes au voyage triomphal d'Ignace prisonnier et aux

1. Irénée, V, xxviii, 4.

épîtres circulaires qu'il adressait aux Églises [1]. Ce sont là de fortes présomptions en faveur de l'authenticité des lettres dont il s'agit. D'un autre côté, le goût pour les suppositions d'écrits était si répandu en ce temps parmi la société chrétienne, qu'on doit toujours se tenir en garde. Puisqu'il est prouvé qu'on ne se fit nul scrupule d'attribuer des lettres et d'autres écrits à Pierre, à Paul, à Jean, il n'y a pas d'objection préjudicielle à élever contre l'hypothèse d'écrits prêtés à des personnages de haute autorité, tels qu'Ignace et Polycarpe. C'est l'examen des pièces qui seul permet d'exprimer une opinion à cet égard. Or il est incontestable que la lecture des épîtres de saint Ignace inspire les plus graves soupçons et soulève des objections auxquelles on n'a pas encore bien répondu.

Pour un personnage comme saint Paul, dont nous possédons, de l'aveu de tous, quelques morceaux étendus, d'une authenticité indubitable, et dont la biographie est assez bien connue, la discussion des épîtres contestées a une base. On part des textes irrécusables et du cadre bien établi de la biographie; on y compare les écrits douteux; on voit s'ils concordent avec les données admises de tout le

---

1. V. ci-après, p. 493, 494.

monde, et, dans certains cas, comme dans celui des épîtres à Tite et à Timothée, on arrive à des démonstrations très-satisfaisantes. Mais nous ne savons rien de la vie ni de la personne d'Ignace; parmi les écrits qu'on lui attribue, il n'y a pas une page qui échappe à la contestation. Nous n'avons donc aucun *criterium* solide pour dire : Ceci est ou n'est pas de lui. Ce qui complique beaucoup la question, c'est que le texte des épîtres est extrêmement flottant. Les manuscrits grecs, latins, syriaques, arméniens, d'une même épître, diffèrent considérablement entre eux. Ces lettres, durant plusieurs siècles, semblent avoir particulièrement tenté les faussaires et les interpolateurs. Les piéges, les difficultés s'y rencontrent à chaque pas.

Sans compter les variantes secondaires et aussi quelques ouvrages d'une fausseté notoire, nous possédons deux collections d'inégale longueur d'épîtres attribuées à saint Ignace. L'une contient sept lettres adressées aux Éphésiens, aux Magnésiens, aux Tralliens, aux Romains, aux Philadelphiens, aux Smyrniotes, à Polycarpe. L'autre se compose de treize lettres, savoir : 1° les sept précédentes, considérablement augmentées; 2° quatre nouvelles lettres d'Ignace aux Tarsiens, aux Philippiens, aux Antiochéniens, à Héron ; 3° enfin une lettre de Marie de Castabale à Ignace, avec la réponse d'Ignace. Entre ces deux collections il n'y a guère d'hésitation possible. Les critiques, depuis Usserius, sont à peu près d'accord pour préférer la collection de sept lettres à la collection de treize. Nul doute que les lettres qui sont en plus dans cette dernière collection ne soient apocryphes. Quant aux sept lettres qui sont communes aux deux collections, le vrai texte doit certainement en être cherché dans la première collection. Beaucoup de particularités des textes de la seconde collection décèlent avec évidence la main de l'interpolateur ; ce qui n'empêche pas que cette seconde collection ait une véritable valeur critique pour la constitution du texte; car il semble que l'interpolateur avait entre les mains un manuscrit excellent, et dont la leçon doit souvent être préférée à celle des manuscrits non interpolés actuellement existants.

La collection de sept lettres est-elle, du moins, à l'abri du soupçon ? Il s'en faut de beaucoup. Les premiers doutes furent soulevés par la grande école de critique française du XVIIe siècle. Saumaise, Blondel élevèrent les objections les plus graves contre certaines parties de la collection de sept lettres. Daillé[1], en 1666, publia une dissertation

---

1. J. Dallæus, *De scriptis quæ sub Dionysii Areopagitæ et Ignatii Antiocheni nominibus circumferuntur.*

remarquable, où il la rejetait tout entière. Malgré les vives répliques de Pearson, évêque de Chester, et la résistance de Cotelier, la plupart des esprits indépendants, Larroque, Basnage, Casimir Oudin, se rangèrent à l'opinion de Daillé. L'école qui, de nos jours, en Allemagne, a si doctement appliqué la critique à l'histoire des origines du christianisme, n'a fait que marcher sur ces traces, vieilles de près de deux cents ans. Neander et Gieseler restèrent dans le doute; Christian Baur nia résolûment; aucune des épîtres ne trouva grâce devant lui. Ce grand critique, à vrai dire, ne se contenta pas de nier; il expliqua. Pour lui, les sept épîtres ignatiennes furent un faux du IIe siècle, fabriqué à Rome en vue de créer des bases à l'autorité chaque jour grandissante de l'épiscopat. MM. Schwegler, Hilgenfeld, Vaucher, Volkmar, et plus récemment MM. Scholten, Pfleiderer, ont adopté la même thèse avec des nuances légères. Plusieurs théologiens instruits, cependant, tels que Uhlhorn, Hefele, Dressel, persistèrent à chercher dans la collection des sept épîtres des parties authentiques ou même à la défendre tout entière. Une découverte importante sembla un moment, vers 1840, devoir trancher la question dans un sens éclectique, et fournir un instrument à ceux qui tentaient l'opération difficile de séparer, dans ces textes en général peu accentués, les parties sincères des parties interpolées.

Parmi les trésors que le Musée britannique avait tirés des couvents de Nitrie, M. Cureton découvrit trois manuscrits syriaques contenant tous les trois une même collection des épîtres ignatiennes, beaucoup plus réduite que les deux collections grecques. La collection syriaque trouvée par Cureton ne comprenait que trois épîtres, l'épître aux Éphésiens, celle aux Romains, celle à Polycarpe, et ces trois épîtres s'y montraient plus courtes que dans le grec. Il était naturel de croire que l'on tenait enfin l'Ignace authentique, un texte antérieur à toute interpolation. Les phrases citées comme d'Ignace par Irénée, par Origène, se trouvaient dans cette version syriaque. On croyait pouvoir montrer que les passages suspects ne s'y trouvaient pas. Bunsen, Ritschl, Weiss, Lipsius, dépensèrent, pour soutenir cette thèse, une ardeur extrême ; M. Ewald prétendit l'imposer d'un ton impérieux ; mais de très-fortes objections y furent opposées. Baur, Wordsworth, Hefele, Uhlhorn, Merx, s'attachèrent à prouver que la petite collection syriaque, loin d'être le texte primitif, était un texte abrégé, mutilé. On ne montrait pas bien, il est vrai, quelles vues avaient dirigé l'abréviateur dans ce travail d'extraits. Mais, en recherchant tous les indices de la connaissance qu'eurent les Syriens des épîtres en question, on arriva à ce résultat, que non-seulement les Syriens n'avaient pas possédé un Ignace plus authentique que celui des Grecs, mais que même la collection qu'ils avaient connue était la collection de treize lettres, d'où l'abréviateur découvert par Cureton avait tiré ses extraits. Petermann contribua beaucoup à ce résultat en discutant la traduction arménienne des épîtres en question. Cette traduction a été faite sur le syriaque. Or elle contient les treize lettres avec leurs parties les plus faibles. On est aujourd'hui à peu près d'accord pour ne demander au syriaque, en ce qui concerne les écrits attribués à l'évêque d'Antioche, que des variantes de détail.

On voit, d'après ce qui vient d'être dit, que trois opinions divisent les critiques sur la collection de sept lettres, la seule qui mérite d'être discutée. Pour les uns, tout y est apocryphe. Pour d'autres, tout ou à peu près tout y est authentique [1]. Quelques-uns cherchent à distinguer des parties authentiques et des parties apocryphes. La seconde opinion nous paraît insoutenable. Sans affirmer que tout est apocryphe dans la correspondance de l'évêque d'An-

---

[1]. M. Zahn a sans succès relevé cette opinion. *Ignatius von Antiochien*, Gotha, 1873.

tioche, il est permis de regarder comme une tentative désespérée la prétention de démontrer que tout y est de bon aloi.

Si l'on excepte, en effet, l'épître aux Romains, pleine d'une énergie étrange, d'une sorte de feu sombre, et empreinte d'un caractère particulier d'originalité, les six autres épîtres, à part deux ou trois passages, sont froides, sans accent, d'une désespérante monotonie. Pas une de ces particularités vives qui donnent un cachet si frappant aux épîtres de saint Paul et même aux épîtres de saint Jacques, de Clément Romain. Ce sont des exhortations vagues, sans rapport personnel avec ceux à qui elles sont adressées, et toujours dominées par une idée fixe, l'accroissement du pouvoir épiscopal, la constitution de l'Église en une hiérarchie.

Certainement la remarquable évolution qui substitua à l'autorité collective de l'ἐκκλησία ou συναγωγή la direction des πρεσβύτεροι ou ἐπίσκοποι (deux termes d'abord synonymes), et qui, parmi les πρεσβύτεροι ou ἐπίσκοποι, en mit un hors de ligne pour être par excellence l'ἐπίσκοπος ou inspecteur des autres, commença de très-bonne heure. Mais il n'est pas croyable que, vers l'an 110 ou 115, ce mouvement fût aussi avancé que nous le voyons dans les épîtres ignatiennes. Pour l'auteur de ces curieux écrits, l'évêque est toute l'Église ; il faut le suivre en tout, le consulter en tout : il résume la communauté en lui seul. Il est le Christ lui-même[1]. « Là où est l'évêque, là est l'Église, comme là où est Jésus-Christ, là est l'Église catholique[2]. » La distinction des différents ordres ecclésiastiques n'est pas moins caractérisée. Les prêtres et les diacres sont entre les mains de l'évêque comme les cordes d'une lyre[3] ; de leur parfaite harmonie dépend la justesse des sons que rend l'Église. Au-dessus des Églises particulières, enfin, il y a l'Église universelle, ἡ καθολικὴ ἐκκλησία[4]. Tout cela est bien de la fin du IIe siècle, mais non des premières années de ce siècle. Les répugnances qu'éprouvèrent sur ce point nos anciens critiques français étaient fondées, et partaient du sentiment très-juste qu'ils avaient de l'évolution successive des dogmes chrétiens.

Les hérésies combattues par l'auteur des épîtres ignatiennes avec tant d'acharnement sont aussi d'un âge postérieur à celui de Trajan. Elles se rattachent toutes au docétisme ou à un gnosticisme analogue à

---

1. *Ad Eph.*, § 6.
2. *Ad Smyrn.*, § 8.
3. *Ad Eph.*, § 4. Voir encore *Ad Trall.*, § 3, 7 ; *Ad Eph.*, § 2, 5 ; *Ad Magn.*, § 3, 6, 7 ; *Ad Polyc.*, § 4, 6, etc.
4. *Ad Smyrn.*, § 8.

celui de Valentin. Nous insistons moins sur ce point ; car les épîtres pastorales[1] et les écrits johanniques combattent des erreurs fort analogues ; or nous croyons ces écrits de la première moitié du IIe siècle. Cependant l'idée d'une orthodoxie hors de laquelle il n'y a qu'erreur apparaît dans les écrits dont il s'agit avec un développement qui semble bien plus rapproché des temps de saint Irénée que de l'âge chrétien primitif.

Le grand signe des écrits apocryphes, c'est d'affecter une tendance ; le but que s'est proposé le faussaire en les composant s'y trahit toujours avec clarté. Ce caractère se remarque au plus haut degré dans les épîtres attribuées à saint Ignace, l'épître aux Romains toujours exceptée. L'auteur veut frapper un grand coup en faveur de la hiérarchie épiscopale ; il veut accabler les hérétiques et les schismatiques de son temps sous le poids d'une autorité irréfragable. Mais où trouver une plus haute autorité que celle de cet évêque vénéré dont tout le monde connaissait la mort héroïque ! Quoi de plus solennel que des conseils donnés par ce martyr, quelques jours ou quel-

---

1. M. Pfleiderer (*Der Paulinismus*, Leipzig, 1873, p. 482 et suiv.) a bien montré les rapports des épîtres ignatiennes avec les épîtres pastorales attribuées à Paul, surtout en ce qui concerne les erreurs combattues.

ques semaines avant sa comparution dans l'amphithéâtre? Saint Paul, de même, dans les épîtres supposées à Tite et à Timothée, est présenté comme vieux, près de mourir[1]. La dernière volonté d'un martyr devait être sacrée, et cette fois l'admission de l'ouvrage apocryphe était d'autant plus facile, que saint Ignace passait en effet pour avoir écrit diverses lettres dans son voyage vers la mort.

Ajoutons à ces objections des invraisemblances matérielles. Les salutations aux Églises et les rapports que ces salutations supposent entre l'auteur des lettres et les Églises ne s'expliquent pas bien. Les traits circonstanciels ont quelque chose de gauche et d'émoussé, ainsi que cela se remarque dans les fausses épîtres de Paul à Tite et à Timothée. Le grand usage qui est fait, dans les écrits dont nous parlons, du quatrième Évangile et des épîtres johanniques, la façon affectée dont l'auteur parle de la douteuse épître de saint Paul aux Éphésiens[2], excitent également le soupçon. Par contre, il est bien étrange que l'auteur, cherchant à exalter l'Église d'Éphèse, relève les rapports de cette Église avec saint Paul et ne dise rien du séjour

---

1. II Tim., IV, 6, 8.
2. *Ad Eph.*, § 12.

de saint Jean à Ephèse, lui qu'on suppose si lié avec Polycarpe, disciple de Jean[1]. Il faut avouer enfin qu'une telle correspondance est bien peu citée par les Pères, et que l'estime que paraissent en avoir faite les auteurs chrétiens jusqu'au IVe siècle n'est pas en proportion de ce qu'elle eût mérité, si elle avait été authentique. Mettons toujours à part l'épître aux Romains, qui, selon nous, ne fait point partie de la collection apocryphe ; les six autres épîtres ont été peu lues ; saint Jean Chrysostome et les écrivains ecclésiastiques d'Antioche semblent les ignorer[2]. Chose singulière ! l'auteur même des Actes les plus autorisés du martyre d'Ignace, de ceux que Ruinart publia d'après un manuscrit de Colbert, n'en a qu'une connaissance très-vague[3]. Il en est de même de l'auteur des Actes publiés par Dressel[4].

L'épître aux Romains doit-elle être comprise dans la condamnation que méritent les autres épîtres ignatiennes ? On peut lire la traduction d'une partie de cette pièce dans notre texte[5]. C'est là certaine-

---

1. Scholten, *De Apostel Joh. in Klein-Azië,* p. 25-27.
2. Voir Zahn, *op. cit.,* p. 34, 35, 62, 67.
3. Voir Zahn, p. 54, 55.
4. *Patrum apostolicorum opera,* p. 368 et suiv.
5. Ci-après, p. 488-494.

ment un morceau singulier, et qui tranche sur les lieux communs des autres épîtres attribuées à l'évêque d'Antioche. L'épître aux Romains tout entière est-elle l'œuvre du saint martyr? On en peut douter; mais il semble qu'elle renferme un fond original. Là, et là seulement, on reconnaît ce que M. Zahn accorde trop généreusement au reste de la correspondance ignatienne, l'empreinte d'un puissant caractère et d'une forte personnalité. Le style de l'épître aux Romains est bizarre, énigmatique, tandis que celui du reste de la correspondance est simple et assez plat. L'épître aux Romains ne renferme aucun de ces lieux communs de discipline ecclésiastique où se reconnaît l'intention du faussaire. Les fortes expressions qu'on y rencontre sur la divinité de Jésus-Christ et sur l'eucharistie ne doivent pas trop nous surprendre. Ignace appartenait à l'école de Paul, où les formules de théologie transcendante étaient bien plus de mise que dans la sévère école judéo-chrétienne. Encore moins faut-il s'étonner des nombreuses citations et imitations de Paul que présente l'épître d'Ignace dont nous parlons. Nul doute qu'Ignace ne fît sa lecture habituelle des grandes épîtres authentiques de Paul. J'en dis autant d'une citation de saint Matthieu (§ 6), qui, du reste, manque dans plusieurs traductions anciennes, et d'une allusion vague aux généalogies des synoptiques (§ 7). Ignace possédait sans doute les Λεχθέντα ἢ πραχθέντα de Jésus, tels qu'on les lisait de son temps, et, sur les points essentiels, ces récits différaient peu de ceux qui sont venus jusqu'à nous. Plus grave assurément est l'objection tirée des expressions que l'auteur de notre épître paraît emprunter au quatrième Évangile[1]. Il n'est pas sûr que cet Évangile existât déjà vers l'an 115. Mais des expressions comme ὁ ἄρχων αἰῶνος τούτου, des images comme ὕδωρ ζῶν pouvaient être des expressions mystiques employées dans certaines écoles dès le premier quart du IIᵉ siècle, et avant que le quatrième Évangile les eût consacrées.

Ces arguments intrinsèques ne sont pas les seuls qui nous obligent à faire, pour l'épître aux Romains, une catégorie à part dans la correspondance ignatienne. A quelques égards, cette épître contredit les six autres. Au paragraphe 4, Ignace déclare aux Romains qu'il les présente aux Églises comme voulant lui enlever la couronne du martyre. On ne trouve rien de semblable dans les épîtres à ces Églises. Ce qui est bien plus grave, c'est que l'épître aux Romains ne semble pas nous être par-

---

[1]. Voir le paragraphe 7, surtout la fin depuis ὕδωρ δὲ ζῶν.

venue par le même canal que les six autres lettres. Dans les manuscrits qui nous ont gardé la collection des lettres suspectes, ne se trouve pas l'épître aux Romains[1]. Le texte relativement sincère de cette épître ne nous a été transmis que par les Actes dits *colbertins* du martyre de saint Ignace. Il a été repris de là et intercalé dans la collection des treize lettres. Mais tout prouve que la collection des lettres aux Éphésiens, aux Magnésiens, aux Tralliens, aux Philadelphiens, aux Smyrniotes, à Polycarpe, ne comprit pas d'abord l'épître aux Romains, que ces six lettres constituèrent à elles seules une collection, ayant son unité, composée par un seul auteur, et que ce n'est que plus tard qu'on fondit ensemble les deux séries de correspondance ignatienne, l'une aprocryphe (de six lettres), l'autre peut-être authentique (d'une seule lettre). Il est remarquable que, dans la collection des treize lettres, l'épître aux Romains vient la dernière[2], quoique son importance et sa célébrité eussent dû lui assurer la première place. Enfin, dans toute la tradition ecclésiastique, l'épître aux Romains a

---

1. Dressel, p. XXXI, LXI-LXII. Le manuscrit du Fanar d'où le métropolite Philothée Bryenne a tiré les épîtres clémentines contient aussi la collection des treize lettres ignatiennes, c'est-à-dire la collection interpolée.

2. Zahn, p. 85, 94.

INTRODUCTION. xxv

une destinée particulière. Tandis que les six autres épîtres sont très-peu citées, l'épître aux Romains, à partir d'Irénée, est alléguée avec un respect extraordinaire; les traits énergiques qu'elle renferme pour exprimer l'amour de Jésus et l'ardeur du martyre font en quelque sorte partie de la conscience chrétienne et sont connus de tous. Pearson et, après lui, M. Zahn[1] ont même constaté un fait singulier, c'est l'imitation qu'on trouve dans le paragraphe 3 de la relation authentique du martyre de Polycarpe, écrite par un Smyrniote en l'an 155[2], d'un passage de l'épître d'Ignace aux Romains. Il semble bien que le Smyrniote, auteur de ces Actes, avait dans l'esprit quelques-uns des passages les plus frappants de l'épître aux Romains, surtout le cinquième paragraphe[3].

Ainsi tout assigne à l'épître aux Romains dans la littérature ignatienne une place distincte. M. Zahn reconnaît cette situation particulière ; il montre très-

---

1. Ouvr. cité, p. 517.
2. C'est la date que les travaux de M. Waddington assignent à la mort de Polycarpe. Voir ci-après, p. 425, note 1.
3. Ce qui infirme ce raisonnement, c'est que, dans ces mêmes Actes (§ 22), se trouve une phrase qui en rappelle beaucoup une autre de l'épître prétendue d'Ignace aux Éphésiens, § 12 (un des endroits dont il est le plus difficile d'admettre l'authenticité). Nous croyons qu'ici c'est le faussaire qui s'est souvenu des Actes

bien, à divers endroits[1], que cette épître ne fît jamais complétement corps avec les six autres ; mais il n'a pas tiré la conséquence de ce fait. Son désir de trouver la collection des sept lettres authentique l'a engagé dans une thèse imprudente, savoir que la collection des sept lettres doit être adoptée ou rejetée dans son ensemble. C'est renouveler, dans un autre sens, la faute de Baur, de Hilgenfeld, de Volkmar ; c'est compromettre gravement un des joyaux de la littérature chrétienne primitive, en l'associant à des écrits souvent médiocres, et qu'on peut tenir pour à peu près condamnés.

Ce qui semble donc le plus probable, c'est que, dans la littérature ignatienne, il n'y a d'authentique que l'épître aux Romains. Cette épître même n'est pas restée exempte d'altérations. Les longueurs, les redites qu'on y remarque, sont peut-être des blessures infligées par un interpolateur à ce beau monument de l'antiquité chrétienne. Quand on compare le texte conservé par les Actes colbertins au texte de la collection des treize épîtres, aux traductions latines et syriaques, aux citations d'Eusèbe, on

---

de Polycarpe ; mais, dès lors, nous serions faibles devant un adversaire qui nous soutiendrait qu'il en a été de même pour le passage précité de l'épître aux Romains.

1. P. 54, 95, 96, 446, 466, 492.

trouve des différences assez considérables. Il semble que l'auteur des Actes colbertins, en enchâssant dans son récit ce précieux morceau, ne s'est pas fait scrupule de le retoucher sur bien des points. Dans la suscription, par exemple, Ignace se donne le surnom de Θεοφόρος. Or, ni Irénée, ni Origène, ni Eusèbe, ni saint Jérôme, ne connaissent ce surnom caractéristique ; il apparaît pour la première fois dans les Actes du martyre, qui font rouler la partie la plus importante de l'interrogatoire de Trajan sur ladite épithète. L'idée de l'appliquer à Ignace a pu venir de passages des épîtres supposées, tels que *Ad Eph.*, § 9. L'auteur des Actes, trouvant ce nom dans la tradition, s'en est emparé, et l'a ajouté au titre de l'épître qu'il insérait dans son récit : Ἰγνάτιος ὁ καὶ Θεοφόρος. Je pense que, dans la rédaction primitive des six épîtres apocryphes, ces mots ὁ καὶ Θεοφόρος ne faisaient pas non plus partie des titres. Le *post-scriptum* de l'épître de Polycarpe aux Philippiens, où Ignace est mentionné, et qui est de la même main que les six épîtres, comme nous le verrons plus loin, ne connaît pas cette épithète.

Est-on en droit de nier absolument que, dans les six épîtres suspectes, il n'y ait aucune partie empruntée à des lettres authentiques d'Ignace? Non, sans doute ; cependant, l'auteur des six épîtres apocryphes n'ayant pas connu, à ce qu'il semble, l'épître aux Romains, il n'y a pas grande apparence qu'il ait possédé d'autres lettres authentiques du martyr. Un seul passage, le § 19 de l'épître aux Éphésiens, me paraît trancher sur le fond terne et vague des épîtres suspectes. Ce qui concerne les τρία μυστήρια κραυγῆς est bien de ce style obscur, singulier, mystérieux, rappelant le quatrième Évangile, que nous avons remarqué dans l'épître aux Romains. Ce passage, comme les traits brillants de l'épître aux Romains, a été fort cité[1]. Mais c'est là un fait trop isolé pour qu'il y ait lieu d'y insister.

Une question qui a un lien étroit avec celle des épîtres attribuées à saint Ignace, est la question de l'épître attribuée à Polycarpe. A deux reprises différentes (§ 9 et § 13), Polycarpe, ou celui qui a supposé la lettre, fait une mention nominative d'Ignace. Une troisième fois (§ 1), il semblerait encore y faire allusion. On lit dans un de ces passages (§ 13 et dernier) : « Vous m'avez écrit, vous et Ignace, pour que, si quelqu'un d'ici part pour la Syrie, il y porte vos lettres. Je m'acquitterai de ce soin, si j'en trouve le moment opportun, soit par moi-même, soit par un messager que j'enverrai pour

---

1. Dressel, p. 136, notes.

moi et pour vous. Quant aux épîtres qu'Ignace nous a adressées, et aux autres que nous possédons de lui, nous vous les envoyons, comme vous nous l'avez demandé ; elles sont jointes à cette lettre. Vous en pourrez tirer beaucoup de fruit ; car elles respirent la foi, la patience, l'édification en Notre-Seigneur. » La vieille version latine ajoute : « Mandez-moi ce que vous savez touchant Ignace et ceux qui sont avec lui. » Ces lignes correspondent notoirement au passage de la lettre d'Ignace à Polycarpe (§ 8) où Ignace demande à ce dernier d'envoyer des courriers dans diverses directions. Tout cela est suspect. Comme l'épître de Polycarpe finit très-bien avec le § 12, on est amené presque nécessairement, si l'on admet l'authenticité de cette épître, à supposer qu'un *post-scriptum* a été ajouté à l'épître de Polycarpe par l'auteur même des six épîtres apocryphes d'Ignace[1]. Aucun manuscrit grec de l'épître de Polycarpe ne contient ce *post-scriptum*. On ne le connaît que par une citation d'Eusèbe et par la version latine. Les mêmes erreurs sont combattues dans l'épître à Polycarpe et dans les six épîtres ignatiennes ;

---

1. Le § 13, en effet, cadre mal avec l'ensemble de l'épître. L'épithète de μακάριος, appliquée à Ignace au § 9, suppose Ignace mort, tandis que le § 13, surtout dans la version latine, suppose Ignace encore vivant.

l'ordre d'idées est le même. Beaucoup de manuscrits présentent l'épître de Polycarpe jointe à la collection ignatienne en guise de préface ou d'épilogue[1]. Il semble donc ou que l'épître de Polycarpe et celles d'Ignace sont du même faussaire, ou que l'auteur des lettres d'Ignace a eu pour plan de chercher un point d'appui dans l'épître de Polycarpe, et, en y ajoutant un *post-scriptum*, de créer une recommandation pour son œuvre. Cette addition concordait bien avec la mention d'Ignace qui se trouve dans le cœur de la lettre de Polycarpe (§ 9). Elle cadrait mieux encore, au moins en apparence, avec le premier paragraphe de cette lettre, où Polycarpe loue les Philippiens d'avoir reçu comme il fallait des confesseurs chargés de chaînes qui passaient chez eux[2].

De l'épître de Polycarpe ainsi falsifiée et des six lettres censées d'Ignace, se forma un petit *Corpus* pseudo-ignatien, parfaitement homogène de style et de couleur, vrai plaidoyer pour l'orthodoxie et l'épi-

---

1. Zahn, p. 91, 92. Une telle réunion, cependant, ne paraît pas fort ancienne, et, comme nous l'avons dit, le *post-scriptum* manque dans ces sortes de copies des lettres de Polycarpe.

2. Il n'est nullement sûr que, dans ce passage, l'auteur ait pensé à Ignace. Il est parlé des confesseurs au pluriel, tandis qu'Ignace ne paraît pas avoir eu de compagnon de chaîne et de martyre. La manière dont le nom d'Ignace revient, au § 9, écarte l'idée qu'il ait déjà été question de lui au § 1er.

scopat. A côté de ce recueil, se conservait l'épître plus ou moins authentique d'Ignace aux Romains. Un indice porte à croire que le faussaire a connu cet écrit[1]; il paraît néanmoins qu'il ne jugea pas à propos de le joindre à sa collection, dont elle dérangeait l'économie et dont elle démontrait la non-authenticité.

Irénée, vers l'an 180, ne connaît Ignace que par les traits énergiques de l'épître aux Romains : « Je suis le froment de Christ, etc. » Il avait sans doute lu cette épître, quoique ce qu'il dit s'explique suffisamment par une tradition orale. Irénée, selon toutes les apparences, ne possédait pas les six lettres apocryphes, et probablement il lisait l'épître vraie ou supposée de son maître Polycarpe aux Philippiens sans le *post-scriptum* : Ἐγράψατέ μοι..... Origène admettait l'épître aux Romains et les lettres apocryphes. Il cite la première dans le prologue de son commentaire sur le *Cantique des cantiques*, et l'épître prétendue aux Éphésiens dans son homélie VIe sur saint Luc[2]. Eusèbe connaît le recueil ignatien dans l'état où nous l'avons, c'est-à-dire composé de sept lettres; il ne se sert pas des *Actes du martyre;* il ne distin-

---

1. Comparez *Rom.*, § 10, et *Eph.*, § 2, mention de Crocus.
2. T. III, 30 D. et 938 A, édit. de La Rue.

gue pas entre l'épître aux Romains et les six autres. Il lisait l'épître de Polycarpe avec le *post-scriptum*.

Un sort particulier semblait désigner le nom d'Ignace aux fabricateurs d'apocryphes. Dans la deuxième moitié du iv° siècle, vers 375, une nouvelle collection d'épîtres ignatiennes se produisit : c'est la collection de treize lettres, à laquelle la collection de sept lettres a notoirement servi de noyau. Comme ces sept lettres offraient beaucoup d'obscurités, le nouveau faussaire se fit aussi interpolateur. Une foule de gloses explicatives s'introduisirent dans le texte et le chargèrent inutilement. Six nouvelles lettres furent fabriquées d'un bout à l'autre, et, malgré leurs choquantes invraisemblances, se virent universellement adoptées. Les remaniements que l'on fit ensuite ne furent que des abrégés des deux collections précédentes. Les Syriens, en particulier, se complurent dans une petite édition de trois lettres abrégées, à la confection de laquelle ne présida aucun sentiment juste de la distinction de l'authentique et de l'apocryphe. Quelques ouvrages indignes de toute discussion vinrent plus tard encore grossir l'œuvre ignatienne. On ne les possède qu'en latin.

Les *Actes* du martyre de saint Ignace n'offrent pas moins de diversité que le texte même des épîtres qu'on lui attribue. On en compte jusqu'à huit ou

INTRODUCTION. XXXIII

neuf rédactions. Il ne faut pas attribuer beaucoup d'importance à ces récits; aucun n'a de valeur originale; tous sont postérieurs à Eusèbe et composés avec les données fournies par Eusèbe, données qui n'ont elles-mêmes d'autre base que la collection des épîtres et surtout l'épître aux Romains. Ces *Actes*, dans leur forme la plus ancienne, ne remontent pas au delà de la fin du IVe siècle. On ne saurait en aucune manière les comparer aux Actes du martyre de Polycarpe et des martyrs de Lyon, relations vraiment authentiques et contemporaines des faits rapportés. Ils sont pleins d'impossibilités, d'erreurs historiques et de méprises sur la situation de l'empire à l'époque de Trajan.

Dans ce volume, comme dans ceux qui précèdent, on a cherché à tenir le milieu entre la critique qui emploie toutes ses ressources à défendre des textes depuis longtemps frappés de discrédit, et le scepticisme exagéré, qui rejette en bloc et *a priori* tout ce que le christianisme raconte de ses premières origines. On remarquera en particulier l'emploi de cette méthode intermédiaire en ce qui concerne la question des Cléments et celle des Flavius chrétiens. C'est à propos des Cléments que les conjectures de l'école dite de Tubingue ont été le plus mal inspirées. Le défaut de cette école, par-

c

fois si féconde, est de rejeter les systèmes traditionnels, souvent il est vrai bâtis en matériaux fragiles, et de leur substituer des systèmes fondés sur des autorités plus fragiles encore. Dans la question d'Ignace, n'a-t-on pas prétendu corriger les traditions du IIe siècle avec Jean Malala? Dans la question de Simon le magicien, des théologiens d'ailleurs sagaces n'ont-ils pas résisté jusqu'au dernier moment à la nécessité d'admettre l'existence réelle de ce personnage? Dans la question des Cléments, on passe de même, aux yeux de certains critiques, pour un esprit borné, si on admet que Clément Romain a existé et si on n'explique pas tout ce qui le concerne par des malentendus et des confusions avec Flavius Clemens. Or ce sont, au contraire, les données sur Flavius Clemens qui sont indécises, contradictoires. Nous ne nions pas les lueurs de christianisme qui semblent sortir des obscurs décombres de la famille flavienne; mais, pour tirer de tout cela un grand fait historique au moyen duquel on rectifie les traditions incertaines, il a fallu un étrange parti pris, ou plutôt ce manque de mesure dans l'induction qui nuit si souvent, en Allemagne, aux plus rares qualités de diligence et d'application. On repousse de solides témoignages, et on y substitue de faibles hypothèses; on récuse des textes satisfaisants, et on accueille presque sans examen les combinaisons hasardées d'une archéologie complaisante. Du nouveau, voilà ce que l'on veut à tout prix, et le nouveau, on l'obtient par l'exagération d'idées souvent justes et pénétrantes. D'un faible courant bien constaté dans quelque baie écartée, on conclut à l'existence d'un grand courant océanique. L'observation était bonne, mais on en tire de fausses conséquences. Loin de moi la pensée de nier ou d'atténuer les services que la science allemande a rendus à nos difficiles études; mais, pour profiter réellement de ces services, il faut y regarder de très-près et y appliquer un grand esprit de discernement. Il faut surtout être bien décidé à ne tenir aucun compte des critiques hautaines d'hommes à système, qui vous traitent d'ignorant et d'arriéré, parce que vous n'admettez pas d'emblée la dernière nouveauté, éclose du cerveau d'un jeune docteur, et qui peut être bonne tout au plus à servir d'excitation à la recherche, dans les cercles d'érudits.

LES ÉVANGILES

ET

LA SECONDE GÉNÉRATION CHRÉTIENNE

CHAPITRE PREMIER.

LES JUIFS AU LENDEMAIN DE LA DESTRUCTION DU TEMPLE.

Jamais peuple n'éprouva une déception comparable à celle qui frappa le peuple juif le lendemain du jour où, contrairement aux assurances les plus formelles des oracles divins, le temple, que l'on supposait indestructible, s'écroula dans le brasier allumé par les soldats de Titus. Avoir touché à la réalisation du plus grand des rêves, et être forcé d'y renoncer ; au moment où l'ange exterminateur entr'ouvrait déjà la nue, voir tout s'évanouir dans le vide ; s'être compromis en affirmant par avance l'apparition divine, et recevoir de la brutalité des faits le plus cruel démenti, n'était-ce pas à douter du temple, à douter de Dieu ? Aussi les premières années qui suivirent la catastrophe de l'an 70 furent-elles remplies d'une fièvre intense, la plus forte peut-être que la conscience juive eût traversée. *Édom* (c'était le nom par lequel les juifs désignaient déjà l'empire romain [1]), l'impie Édom, l'éternel ennemi de Dieu, triomphait. Les idées que l'on croyait les plus indéniables étaient arguées de faux. Jéhovah semblait avoir rompu son pacte avec les fils d'Abraham. C'était à se demander si même la foi d'Israël, la plus ardente assurément qui fut jamais, réussirait à faire volte-face contre l'évidence et, par un tour de force inouï, à espérer contre tout espoir.

Les sicaires, les exaltés avaient presque tous été tués; ceux qui avaient survécu passèrent le reste de leur vie dans cet état de stupéfaction morne qui suit, chez le fou, les accès furieux. Les sadducéens avaient à peu près disparu, en l'an 66 [2], avec l'aristocratie sacerdotale qui vivait du temple et en tirait tout son prestige. On a supposé que quelques survivants des grandes familles se réfugièrent avec les hérodiens dans le nord de la Syrie, en Arménie, à Palmyre, restèrent longtemps alliés aux petites dynasties de

---

1. IV Esdr., VI, 8 et suiv. Voir Buxtorf, *Lex. talm.*, au mot *Édom*. Grâce à la ressemblance du *daleth* et du *resch*, les deux noms présentaient une sorte d'analogie pour l'œil.

2. Voir *l'Antechrist*, p. 284 et suiv.

ces contrées, et jetèrent un dernier éclat par cette Zénobie, qui nous apparaît, en effet, au IIIe siècle, comme une juive sadducéenne, haïe des talmudistes, devançant par son monothéisme simple l'arianisme et l'islamisme[1]. Cela est très-possible ; mais, en tout cas, de tels débris plus ou moins authentiques du parti sadducéen étaient devenus presque étrangers au reste de la nation juive ; les pharisiens les traitaient en ennemis.

Ce qui survécut au temple et demeura presque intact après le désastre de Jérusalem, ce fut le pharisaïsme, la partie moyenne de la société juive, partie moins portée que les autres fractions du peuple à mêler la politique à la religion, bornant la tâche de la vie au scrupuleux accomplissement des préceptes. Chose singulière ! les pharisiens avaient traversé la crise presque sains et saufs ; la révolution avait passé sur eux sans les atteindre. Absorbés dans leur unique préoccupation, l'observance exacte de la Loi, ils s'étaient enfuis presque tous de Jérusalem avant les dernières convulsions et avaient trouvé un asile dans les villes neutres de Iabné, de Lydda. Les zélotes n'étaient que des individus exaltés ; les sadducéens

---

1. Geiger, *Jüdische Zeitschrift*, t. IV, 1866, p. 219-220 ; Derenbourg, dans le *Journal asiatique,* mars-avril 1869, p. 373 et suiv.

n'étaient qu'une classe ; les pharisiens, c'était la nation. Pacifiques par essence, adonnés à une vie tranquille et appliquée, contents pourvu qu'ils pussent pratiquer librement leur culte de famille, ces vrais israélites résistèrent à toutes les épreuves ; ils furent le noyau du judaïsme qui a traversé le moyen âge et est arrivé intact jusqu'à nos jours.

La Loi, voilà, en effet, tout ce qui restait au peuple juif du naufrage de ses institutions religieuses. Le culte public, depuis la destruction du temple, était impossible ; la prophétie, depuis le terrible échec qu'elle venait de recevoir, ne pouvait qu'être muette ; hymnes saints, musique, cérémonies, tout cela était devenu fade ou sans objet, depuis que le temple, qui servait d'ombilic à tout le *cosmos* juif, avait cessé d'exister. La *Thora*, au contraire, dans ses parties non rituelles, était toujours possible. La *Thora* n'était pas seulement une loi religieuse : c'était une législation complète, un code civil, un statut personnel, faisant du peuple qui s'y soumettait une sorte de république à part. Voilà l'objet auquel la conscience juive s'attachera désormais avec une sorte de fanatisme. Le rituel dut être profondément modifié ; mais le droit canonique fut maintenu presque en entier. Commenter, pratiquer la Loi avec exactitude, passa pour le but unique de la vie. Une seule science fut estimée, celle de la Loi[1]. La tradition devint la patrie idéale du juif. Les subtiles discussions qui, depuis environ cent ans, remplissaient les écoles ne furent rien auprès de celles qui suivirent. La minutie religieuse et le scrupule dévot se substituèrent chez les juifs à tout le reste du culte[2].

Une conséquence non moins grave de l'état nouveau où vécut désormais Israël fut la victoire définitive du docteur sur le prêtre. Le temple avait péri; mais l'école se sauva. Le prêtre, depuis la destruction du temple, voyait ses fonctions réduites à peu de chose. Le docteur, ou pour mieux dire le juge, interprète de la *Thora*, devenait, au contraire, un personnage capital. Le tribunal (*beth-dîn*) est à cette époque la grande école rabbinique. L'*ab-beth-dîn*, président du tribunal, est un chef à la fois civil et religieux. Tout rabbin titré a le droit d'entrer dans l'enceinte; les décisions sont prises à la pluralité des voix. Les disciples, debout derrière une barrière, écoutent et apprennent ce qu'il faut pour être juges et docteurs à leur tour.

« Une citerne étanche[3], qui ne laisse pas échapper

1. Josèphe, *Ant.*, XX, xi, 2.
2. Voir Épître à Diognète, c. 4.
3. *Pirké aboth,* ii, 8; *Aboth de-rabbi Nathan,* c. xiv; comparez Talm. de Bab., *Sukka,* 28 *b.*

une goutte d'eau », voilà dorénavant l'idéal d'Israël. Il n'y avait pas encore de manuel écrit pour ce droit traditionnel. Plus de cent ans s'écouleront avant que les discussions des écoles arrivent à former un corps, qui s'appellera la *Mischna* par excellence[1] ; mais le fond de ce livre date bien de l'époque où nous sommes. Quoique compilé en Galilée, il est en réalité né à Iabné. Vers la fin du Ier siècle, il existait des petits cahiers de notes, en style presque algébrique et remplis d'abréviations, qui donnaient les solutions des rabbins les plus célèbres pour les cas embarrassants. Les mémoires les plus robustes fléchissaient déjà sous le poids de la tradition et des précédents judiciaires. Un tel état de choses appelait l'écriture. Aussi voyons-nous, dès cette époque, mentionner des *mischna*, c'est-à-dire des petits recueils de décisions ou *halakoth*, lesquels portent le nom de leur auteur. Telle était celle de Rabbi Éliézer ben Jacob, que, dès la fin du Ier siècle, on qualifiait de « courte, mais bonne[2] ». Le traité mischnique *Eduïoth*, qui se distingue de tous les autres en ce qu'il n'a pas de sujet spécial, et qu'il est à lui seul une *mischna* abrégée, a pour noyau les *éduïoth*, ou « témoignages », rela-

---

1. Le sens de *Mischna* est « loi répétée par cœur, non écrite », par opposition à *Mikra*, « loi lue, par conséquent écrite ».

2. Buxtorf, *Lex.*, col. 1948 ; Talm. de Bab., *Jebamoth*, 49 *b*

tifs à des décisions antérieures, qui furent recueillis à Iabné et soumis à une révision lors de la destitution de Rabbi Gamaliel le jeune[1]. Vers le même temps, Rabbi Éliézer ben Jacob composait de souvenir la description du sanctuaire qui fait le fond du traité *Middoth*[2]. Siméon de Mispa, à une époque plus ancienne encore, paraît l'auteur de la première rédaction du traité *Ioma*, relatif à la fête du grand Pardon, et peut-être du traité *Tamid*[3].

L'opposition entre ces tendances et celles du christianisme naissant était celle du feu et de l'eau. Les chrétiens se détachaient de plus en plus de la Loi; les juifs s'y cramponnaient avec frénésie. Une vive antipathie paraît avoir existé chez les chrétiens contre l'esprit subtil, sans charité, qui chaque jour tendait à prévaloir dans les synagogues. Jésus déjà, cinquante ans auparavant, avait choisi cet esprit pour point de mire de ses traits les plus acérés. Depuis, les casuistes n'avaient fait que s'enfoncer de plus en plus dans leurs vaines arguties. Les malheurs de la nation n'avaient rien changé à leur caractère. Disputeurs, vaniteux, ja-

---

1. Cf. Talm. de Bab., *Berakoth*, 28 a.
2. Talm. de Bab., *Ioma*, 16 a; Dérenbourg, *la Palestine d'après les Thalmuds*, p. 374.
3. Mischna, *Péah*, II, 6; Talm. de Jér., *Ioma*, II, 1; Talm. de Bab., *Ioma*, 14 b; Derenbourg, *op. cit.*, p. 375.

loux, susceptibles, s'attaquant pour des motifs tout personnels, ils passaient leur temps, entre Iabné et Lydda, à s'excommunier pour des puérilités. Le nom de « pharisien » avait été jusque-là pris par les chrétiens en bonne part[1]. Jacques et en général les parents de Jésus furent des pharisiens très-exacts. Paul lui-même se vante d'être « pharisien, fils de pharisien[2] ». Mais, depuis le siége, la guerre fut ouverte. En recueillant les paroles traditionnelles de Jésus, on se laissa dominer par ce changement de situation. Le mot « pharisien », dans les Évangiles ordinaires, comme plus tard le mot « juif » dans l'Évangile dit de Jean, est employé comme synonyme d'ennemi de Jésus. La dérision de la casuistique fut un des éléments essentiels de la littérature évangélique et une des causes de son succès. L'homme vraiment vertueux, en effet, n'a rien tant en horreur que le pédantisme moral. Pour se laver à ses propres yeux du soupçon de duperie, il a besoin de douter par moments de sa propre œuvre, de ses propres mérites. Celui qui prétend faire son salut par des recettes infaillibles lui semble l'ennemi capital de Dieu. Le pharisaïsme devient ainsi quelque chose de pire que le vice, car il rend la vertu ridi-

1. Voir *Saint Paul*, 73, 77, 520.
2. *Act.*, xxiii, 6; xxvi, 5; Phil., iii, 5.

cule, et rien ne nous plaît comme de voir Jésus, le plus vertueux des hommes, narguer en face une bourgeoisie hypocrite en laissant entendre que la règle dont elle est fière est peut-être, comme tout le reste, une vanité.

Une conséquence de la situation nouvelle faite au peuple juif fut un redoublement de séparation et d'esprit exclusif. Haï, honni du monde, Israël se renferma de plus en plus en lui-même. La *perischouth* l'insociabilité, devint une loi de salut public [1]. Ne vivre qu'entre soi dans un monde purement juif, rendre les communications avec les païens de plus en plus rares, ajouter à la Loi de nouvelles exigences, la rendre difficile à pratiquer, tel fut le but des docteurs, et ils l'atteignirent savamment. Les excommunications furent multipliées [2]. Observer la Loi fut un art si compliqué, que le juif n'eut plus le temps de penser à autre chose. Telle est l'origine des « dix-huit mesures », code complet de séquestration, dont on rapporte l'établissement aux temps qui précèdent la destruction du temple [3], mais qui n'eurent, ce semble, leur application qu'après 70. Ces

1. Tac., *Hist.*, V, 5.
2. Talm. de Bab., *Moëd katon,* 15 *b* et suiv.; comp. Jean, IX, 22, 34; XVI, 2.
3. Mischna, *Aboda zara,* II, 5 et 7.

dix-huit mesures étaient toutes destinées à exagérer l'isolement d'Israël. Défense d'acheter les choses les plus nécessaires chez les païens, défense de parler leur langue, d'accueillir leur témoignage et leurs offrandes, défense d'offrir des sacrifices pour l'empereur[1]. On regretta ensuite plusieurs de ces prescriptions; on alla jusqu'à dire que le jour où elles furent adoptées avait été aussi funeste aux Israélites que celui où ils fondirent le veau d'or; mais on ne les abrogea pas. Un dialogue légendaire exprima les sentiments opposés des deux partis qui divisaient les écoles juives à cet égard : « En ce jour-là, dit Rabbi Éliézer, on remplit la mesure. — En ce jour-là, dit Rabbi Josué, on la fit déborder. — Un tonneau plein de noix, dit Rabbi Éliézer, peut encore contenir autant d'huile de sésame qu'on veut. — Quand un vase est rempli d'huile, répliqua Rabbi Josué, en y versant de l'eau on répand l'huile[2]. » Malgré toutes les protestations, les dix-huit mesures prirent une telle autorité qu'on alla jusqu'à dire qu'aucun pouvoir n'avait le droit de les abolir[3]. Peut-être certaines de ces me-

---

1. Talm. de Jér., *Schabbath*, I, 7; cf. Graetz, *Gesch. der Juden*, III (2ᵉ édit.), p. 494-495; Derenbourg, *op. cit.*, p. 272 et suiv., 474.

2. Talm. de Jér., *Schabbath*, I, 7; cf. Talm. de Bab., *Schabbath*, 17 a.

3. Talm. de Jér., *Schabbath*, I, 7.

sures furent-elles inspirées par une sourde opposition contre le christianisme et surtout contre les libérales prédications de saint Paul. Il semble que plus les chrétiens s'efforçaient de faire tomber les barrières légales, plus les juifs travaillaient à les rendre infranchissables.

C'est surtout en ce qui concerne les prosélytes que le contraste était sensible. Non-seulement les juifs ne cherchent plus à en gagner; mais ils ont contre ces nouveaux frères une défiance à peine dissimulée. On ne dit pas encore que « les prosélytes sont une lèpre pour Israël[1] »; mais, loin de les encourager, on les dissuade; on leur parle des dangers et des difficultés sans nombre auxquels ils s'exposent en s'affiliant à une nation bafouée[2]. En même temps, la haine contre Rome redouble. Les pensées qu'on nourrit à son égard sont des pensées de meurtre et de sang.

Mais, comme toujours dans le courant de sa longue histoire, Israël avait une minorité admirable, qui protestait contre les erreurs de la majorité de la nation. La grande dualité qui fait le fond de la vie de ce peuple singulier se continuait[3]. Le charme,

1. Talm. de Bab., *Jebamoth*, 47 *b*, etc.
2. Talm. de Bab., *Jebamoth*, 47 *a; Masséketh Gérim*, init.
3. Voir *Saint Paul*, p. 63.

la douceur du bon juif restaient à toute épreuve. Schammaï et Hillel, bien que morts depuis longtemps[1], étaient comme les têtes de file de deux familles opposées[2], l'une représentant le côté étroit, malveillant, subtil, matérialiste, l'autre le côté large, bienveillant, idéaliste du génie religieux d'Israël. Le contraste était frappant. Humbles, polis, affables, mettant toujours le sentiment des autres avant le leur, les hillélites, comme les chrétiens, avaient pour principe que Dieu élève celui qui s'humilie et humilie celui qui s'élève, que les grandeurs fuient devant celui qui les recherche et recherchent celui qui les fuit, que celui qui veut presser le temps n'obtient rien de lui, tandis que celui qui sait reculer devant le temps l'a pour auxiliaire[3].

Chez les âmes vraiment pieuses, des sentiments singulièrement hardis se faisaient jour parfois. D'une part, cette libérale famille des Gamaliel, qui avait pour principe, dans ses rapports avec les païens, de soigner leurs pauvres, de les saluer avec politesse,

1. Il faut tenir compte de cela pour bien apprécier la valeur de ces expressions « disciples de Hillel », « disciples de Schammaï », qui, si on les prenait à la lettre, donneraient à la vie des deux maîtres une longueur démesurée.
2. Voir l'opinion des nazaréens, dans saint Jérôme, sur Is., VIII, 14.
3. Talm. de Bab., *Erubin*, 13 b.

même quand ils adorent leurs idoles, de rendre les derniers devoirs à leurs morts[1], cherchait à détendre la situation. Portée aux transactions, cette famille s'était déjà mise en relation avec les Romains. Elle ne se fit aucun scrupule de demander aux vainqueurs l'investiture d'une sorte de présidence du sanhédrin et, avec leur agrément, de reprendre le titre de *nasi*. D'un autre côté, un homme extrêmement libéral, Johanan ben Zakaï, était l'âme de la transformation qui s'opérait. Déjà, bien avant la destruction de Jérusalem, il avait joui d'une autorité prépondérante dans le sanhédrin. Pendant la révolution, il fut un des chefs du parti modéré qui se tenait en dehors des questions politiques, et il fit son possible pour qu'on ne prolongeât pas une résistance qui devait amener la destruction du temple. Échappé de Jérusalem, il prédit, assure-t-on, l'empire à Vespasien; une des faveurs qu'il lui demanda fut un médecin pour soigner le vieux Sadok, qui, dans les années avant le siége, avait ruiné sa santé par les jeûnes[2]. Ce qui paraît certain, c'est qu'il entra dans les bonnes grâces des Romains, et qu'il obtint d'eux le rétablissement du sanhédrin à

---

1. Talm. de Jér., *Gittin*, v, 9; comparez Talm. de Bab., *Gittin*, 61 *a*.
2. Talm. de Bab., *Gittin*, 56 *b*.

Iabné[1]. Il est douteux qu'il ait été réellement élève de Hillel[2]; mais il fut bien le continuateur de son esprit. Faire régner la paix entre les hommes était sa maxime favorite[3]. On contait de lui que jamais personne n'avait pu le saluer le premier, pas même un païen au marché[4]. Sans être chrétien, il fut un vrai disciple de Jésus. Il allait, dit-on, par moments, à l'exemple des anciens prophètes, jusqu'à supprimer l'efficacité du culte et à reconnaître que la justice avait pour les païens les mêmes effets que le sacrifice pour les juifs[5].

Un peu de soulagement rentra de la sorte dans l'âme affreusement troublée d'Israël. Des fanatiques, au risque de la vie, se hasardaient à s'introduire dans la ville silencieuse, et allaient furtivement sacrifier sur les ruines du Saint des Saints[6]. Quelques-uns de ces fous rapportèrent au retour qu'une voix mystérieuse était sortie des décombres et avait témoigné accepter leurs sacrifices[7]; mais, en général, on blâ-

---

1. Midrasch *Eka,* I, 5 ; Talm. de Bab., *Gittin,* 56 *a* et *b; Aboth de-rabbi Nathan,* c. IV.
2. Talm. de Bab., *Succa,* 28 *a.*
3. Mekhilta, sur *Exode,* XX, 22.
4. Talm. de Bab., *Berakoth,* 17 *a.*
5. Talm. de Bab., *Baba bathra,* 10 *b.*
6. Cf. Apoc. de Baruch, § 35, etc.
7. Mekhilta, sur *Exode,* XVIII, 27.

mait ces excès. Certains s'interdisaient toute jouissance¹, vivaient dans les larmes et le jeûne, ne buvaient que de l'eau. Johanan ben Zakaï les consolait : « Ne t'attriste pas, mon fils, disait-il à un de ces désespérés ; à défaut des holocaustes, il nous reste un moyen d'expier nos péchés, qui vaut bien l'autre, les bonnes œuvres. » Et il rappelait le mot d'Isaïe : « J'aime mieux la charité que le sacrifice². » Rabbi Josué était dans les mêmes sentiments, « Mes amis, disait-il à ceux qui s'imposaient des privations exagérées, à quoi bon vous abstenir de viande et de vin ? — Comment ! lui répondait-on, nous mangerions la chair dont on faisait le sacrifice sur l'autel détruit aujourd'hui ? nous boirions le vin avec lequel on offrait la libation sur ce même autel ? — Eh bien, répliquait Rabbi Josué, ne mangeons pas alors de pain, puisqu'il n'est plus possible de faire des offrandes de farine ! — En effet, on pourrait se nourrir de fruits. — Que dites-vous ? Les fruits ne sont pas permis davantage, puisqu'on ne peut plus en offrir les prémices au temple³. » La force des choses s'imposait. On maintenait théoriquement l'éternité de la Loi ; on soutenait qu'Élie même n'en

---

1. Mischna, *Sota,* ix, 15 ; Tosifta, *ibid.,* xv.
2. *Aboth de-rabbi Nathan,* c. iv.
3. Talm. de Bab., *Baba bathra,* 60 *b.*

pourrait abroger un article; mais la destruction du temple supprimait de fait une portion considérable des anciennes prescriptions; il ne restait plus de place que pour une casuistique morale de détail ou pour le mysticisme. La cabbale développée est sûrement d'un âge plus moderne. Mais dès lors beaucoup s'adonnaient à ce qu'on appelait « les visions du char[1] », c'est-à-dire aux spéculations sur les mystères qu'on rattachait aux symboles d'Ézéchiel. L'esprit juif s'endormait dans les rêves, se créait un asile hors d'un monde détesté. L'étude devenait une délivrance. Rabbi Nehounia mit en vogue ce principe que celui qui s'impose le joug de la Loi se dégage ainsi du joug de la politique et du monde[2]. Quand on arrive à ce point de détachement, on n'est plus un révolutionnaire dangereux. Rabbi Hanina avait coutume de dire : « Priez pour le gouvernement établi; car sans lui les hommes se mangeraient[3]. »

La misère était extrême. Une lourde capitation pesait sur tous[4], et les sources de revenus étaient taries. La montagne de Judée restait inculte et

---

1. Derenbourg, *Palest.* v. 309, note 3; 314, note; 386-387, note 4.
2. *Pirké aboth,* III,
3. *Ibid.,* III, 2.
4. Mekhilta, sur *Exode,* XIX, 1. V. *l'Antechrist,* p. 538.

couverte de ruines¹ ; la propriété même y était très-incertaine². En la cultivant, on se fût exposé à se voir évincé par les Romains³. Quant à Jérusalem, elle n'était qu'un monceau de pierres entassées⁴. Pline en parle comme d'une ville qui avait cessé d'exister⁵. Dès lors, sans doute, les juifs qui eussent tenté de venir habiter en groupes considérables sur ses décombres eussent été expulsés⁶. Cependant les historiens qui insistent le plus sur la totale destruction de la ville reconnaissent qu'il y resta quelques vieillards, quelques femmes. Josèphe nous montre les premiers assis et pleurant sur la poussière du sanctuaire, et les secondes réservées par les vainqueurs

1. Pline, *Hist. nat.*, V, xv, 2.
2. Mischna, *Gittin*, v, 7 ; cf. Derenbourg, p. 475 et suiv.
3. V. *l'Antechrist*, p. 537.
4. *Ibid.*, p. 523. V. apoc. de Baruch, § 32.
5. *Orine, in qua fuere Hierosolyma, longe clarissima urbium Orientis, non Judææ modo.* Pline, *Hist. nat.*, V, 70. On sent là un peu d'exagération adulatoire pour Titus, à qui l'ouvrage est dédié ; cf. saint Épiph., *De mens.*, c. 14.
6. Il n'y a pas de texte formel pour cette époque. Mais certainement, s'il eût été possible aux juifs de s'établir dans la ville ruinée, ils l'eussent fait. Or c'est à Iabné, à Bether, etc., qu'ils s'agglomérèrent. Le système d'Eusèbe, selon lequel Jérusalem n'aurait été interdite aux juifs qu'à partir d'Adrien (*Démonstr. évang.*, VI, 18), ne repose que sur des raisons *a priori*. Voir *l'Antechrist*, p. 523, note 2.

pour les derniers outrages[1]. La légion 10e *Fretensis* continuait à tenir garnison dans un coin de la ville déserte[2]. Les briques qu'on a trouvées au timbre de cette légion[3] prouvent qu'elle construisit. Il est probable que des visites furtives aux fondements encore visibles du temple[4] étaient tolérées ou permises à prix d'argent par les soldats. Les chrétiens, en particulier, gardaient le souvenir et le culte de certains lieux, notamment du Cénacle, sur le mont Sion, où l'on croyait que les disciples de Jésus s'étaient réunis après l'Ascension[5], ainsi que de la tombe de Jacques, frère du Seigneur, près du temple[6]. Le Golgotha, proba-

---

1. Jos., *B. J.*, VII, viii, 7; cf. Eusèbe, *Théoph.*, ix (col. 648-649, Migne).

2. Saulcy, *Revue archéol.*, oct. 1869; *Numismat. de la Palestine*, p. 82-83; pl. v, nos 3 et 4; *Comptes rendus de l'Acad. des inscr.*, 1872, p. 162. On a cru posséder un témoignage des dérisions que la légion victorieuse n'épargnait pas aux vaincus dans les pièces contre-marquées par cette légion où l'on voit un porc; mais cet emblème était romain, légionnaire, et n'impliquait aucune raillerie antijuive. Madden, *Jew. coin.*, p. 212.

3. *Comptes rendus de l'Acad. des inscr.*, 1872, p. 164 et suiv. Il est vrai que cette légion resta longtemps à Jérusalem. On trouve des vestiges de son séjour dans Ælia Capitolina après Adrien.

4. Théodoret, *Hist. eccl.*, III, 15; S. Cyrille de Jérusalem, *Catech.*, xv, 15.

5. Saint Épiphane, *De mensuris*, c. 14.

6. Hégésippe, dans Eusèbe, *H. E.*, II, XXIII, 18.

blement, n'était pas non plus oublié. Comme on ne rebâtissait pas dans la ville ni aux environs, les énormes pierres des grandes constructions restaient intactes à leur place, si bien que tous les monuments étaient encore parfaitement reconnaissables.

Chassés ainsi de leur ville sainte et de la région qu'ils affectionnaient, les juifs se répandirent dans les villes et les villages de la plaine qui s'étend entre le pied de la montagne de Judée et la mer[1]. La population juive s'y multiplia[2]. Une localité surtout fut le théâtre de cette espèce de résurrection du pharisaïsme et devint la capitale théologique des juifs jusqu'à la guerre de Bar-Coziba. Ce fut la cité, primitivement philistine, de Iabné ou Jamnia[3], à quatre lieues et demie au sud de Jaffa[4]. C'était une ville considérable, habitée par des païens et des juifs ; mais les juifs y dominaient, bien que la ville, depuis la guerre de Pompée, eût cessé de faire partie de la Judée. Les luttes y avaient été vives entre

---

1. *Magna pars Judææ vicis dispergitur.* Tacite, *Hist.*, V, 8. Cf. Dion Cassius, LXIX, 14.
2. Talm. de Jér., *Taanith,* IV,8 ; Midrasch *Eka,* II, 2 ; Midrasch *Schir haschirim,* I, 16.
3. Aujourd'hui village. C'est l'*Ibelin* des croisés.
4. Comme d'autres villes philistines, elle avait son port ou *maiouma,* distant d'une lieue et demie environ.

les deux populations[1]. Dans ses campagnes de 67 et de 68, Vespasien avait dû se montrer pour y établir son autorité [2]. Les vivres y abondaient [3]. Dans les premiers temps du blocus, plusieurs savants paisibles, tels que Johanan ben Zakaï, que la chimère de l'indépendance nationale n'abusait pas, vinrent s'y réfugier [4]. C'est là qu'ils apprirent l'incendie du temple. Ils sanglotèrent, déchirèrent leurs vêtements, prirent le deuil [5], mais trouvèrent qu'il valait encore la peine de vivre pour voir si Dieu réservait un avenir à Israël. Ce fut, dit-on, à la prière de Johanan que Vespasien épargna Iabné et ses savants [6]. La vérité est qu'avant la guerre une école rabbinique florissait déjà dans Iabné [7].

---

1. Philon, *Leg. ad Caïum*, § 30; Jos., *B. J.*, I, vii, 7; viii, 4; II, ix, 1; Ant., XIV, iv, 4; XVII, viii, 1; XVIII, ii, 2.
2. Jos., *B. J.*, IV, iii, 2; viii, 1.
3. Talm. de Jér., *Demai*, ii, 4; Tosifta, *ibid.*, c. i; *Bereschith rabba*, c. lxxvi; Midrasch Ialkout, I, 39 a.
4. *Aboth de-rabbi Nathan*, c. iv.
5. *Ibidem*.
6. Talm. de Bab., *Gittin*, 66 a. Il y a là des dates peu concordantes. Les circonstances de l'évasion de Johanan supposeraient la ville déjà bloquée (Midrasch rabba, sur *Koheleth*, vii, 11, et sur *Eka*, i, 5; cf. Talm. de Bab., *Gittin*, 56 a et b). Or, à cette époque, Vespasien n'était plus en Judée. En 67 et 68, au contraire, il passa par Iabné.
7. *Aboth de-rabbi Nathan*, iv; Talm. de Bab., *Gittin*, 56 b; Mischna, *Sanhédrin*, xi, 4.

Pour des raisons que nous ignorons, il entra dans la politique des Romains de la laisser subsister, et, à partir de l'arrivée de Johanan ben Zakaï, elle prit une importance majeure.

Rabbi Gamaliel le jeune mit le comble à la célébrité de Iabné, en prenant la direction de son école après Rabbi Johanan[1], qui se retira à Berour-Haïl[2]. Iabné devint, à partir de ce moment, la première académie juive de la Palestine[3]. Les juifs des diverses contrées s'y rendaient pour les fêtes, comme autrefois on se rendait à Jérusalem, et de même qu'autrefois on profitait du voyage à la ville sainte pour prendre l'avis du sanhédrin et des écoles sur les cas douteux, de même à Iabné on soumettait les questions difficiles au *bet-din*[4]. Ce tribunal n'était qu'improprement et rarement appelé du nom de l'ancien *sanhédrin*; mais il avait une autorité incontestée; les docteurs de toute la Judée s'y réu-

1. Les causes de la rivalité de ces deux docteurs sont obscures. V. Derenbourg, *Palest.*, p. 306 et suiv.
2. Village situé non loin de Iabné, en inclinant, ce semble, vers Kulonié (Midrasch *Koh.*, VII, 7; *Aboth de-rabbi Nathan*, c. XIV).
3. Dans la liste des migrations du sanhédrin que la tradition juive a dressée, figure à la première place celle de Jérusalem à Iabné. Talm. de Bab., *Rosch has-schana*, 31 *a*.
4. Mischna, *Para*, VII, 6; Tosifta, *ibid.*, c. VI. Cf. Derenbourg, *op. cit.*, p. 349.

nissaient parfois, et donnaient alors au *bet-dîn* le caractère d'une cour suprême. On garda longtemps le souvenir du verger où se tenaient les audiences de ce tribunal et du pigeonnier à l'ombre duquel s'asseyait le président[1].

Iabné semblait ainsi une sorte de petite Jérusalem ressuscitée. Pour les priviléges et aussi pour les obligations religieuses, on l'assimila complétement à Jérusalem[2]; sa synagogue fut considérée comme la légitime héritière de celle de Jérusalem, comme le centre de la nouvelle autorité religieuse. Les Romains eux-mêmes se prêtèrent à cette manière de voir, et accordèrent au *nasi* ou *ab-bet-dîn* de Iabné une autorité officielle. Ce fut le commencement du patriarcat juif[3], qui se développa plus tard et devint une institution

---

1. *Sifré*, § 118; Talm. de Bab., *Berakoth*, 23 *b*; *Schabbath*, 33 *b*, 138 *b*, etc.; Mekhilta sur Exode, XIV, 22; Benj. de Tudèle, t. I, p. 79, Asher; Neubauer, *Géogr. du Talmud*, p. 74; Derenbourg, *Palest.*, p. 380-384.

2. Mischna, *Rosch has-schana*, IV, 1, 2, 3, 4; *Sanhédrin*, XI, 4; *Succa*, III, 12; Talm. de Bab., *Rosch has-schana*, 21 *b*, 31 *b*; *Sota*, 40 *a*, *b*; *Keritôt*, 9 *a*; Derenbourg, *Hist. de la Pal.*, p. 304 et suiv.

3. Mischna, *Eduïoth*, VII, 7; Talm. de Bab., *Sanhédrin*, 11 *a*. Cf. Mischna, *Rosch has-schana*, II, 7; IV, 4; Épiph., hær. XXX, 4. Il est douteux que le titre officiel ait existé à l'époque où nous sommes. Notez cependant la lettre d'Adrien dans Vopiscus, *Saturn.*, 8 (*ipse ille patriarcha*).

fort analogue à ce que sont de nos jours les patriarcats chrétiens de l'empire ottoman. Ces magistratures à la fois religieuses et civiles, conférées par le pouvoir politique, ont toujours été en Orient le moyen employé par les grands empires pour se débarrasser de la responsabilité de leurs raïas. Cette existence d'un statut personnel n'avait rien d'inquiétant pour les Romains, surtout dans une ville en partie idolâtre et romaine, où les juifs étaient contenus par des forces militaires et par l'antipathie du reste de la population. Les conversations religieuses entre juifs et non-juifs paraissent avoir été fréquentes à Iabné. La tradition nous montre Johanan ben Zakaï soutenant de fréquentes controverses avec les infidèles, leur fournissant des explications sur la Bible, sur les fêtes juives. Ses réponses sont souvent évasives, et parfois, seul avec ses disciples, il se permet de sourire des solutions peu satisfaisantes qu'il a données aux objections des païens [1].

Lydda eut ses écoles, qui rivalisèrent de célébrité avec celles de Iabné, ou plutôt qui en furent une

1. *Bereschith rabba,* ch. XVII; *Bammidbar rabba,* IV, x; Midrasch rabba, sur *Deutér.,* XXVIII, 12; Talm. de Bab., *Bechoroth,* 5 a; *Houlin,* 26 b; *Baba kama,* 38 a; Talm. de Jer., *Sanhédrin,* I, 4; *Baba kama,* IV, 3; Derenbourg, *Palestine,* p. 316-317, 322.

sorte de dépendance [1]. Les deux villes étaient à environ quatre lieues l'une de l'autre; quand on était excommunié à Iabné, on se rendait à Lydda. Tous les villages, danites ou philistins, de la plaine maritime environnante, Berour-Haïl, Bakiin, Gibthon, Gimso, Bené-Berak, tous situés au sud d'Antipatris, et qui jusque-là étaient à peine considérés comme faisant partie de la terre sainte, servaient également d'asile à des docteurs célèbres [2]. Enfin le Darom, ou partie méridionale de la Judée, située entre Éleuthéropolis et la mer Morte, reçut beaucoup de juifs fugitifs [3]. C'était un riche pays, loin des routes fréquentées par les Romains et presque à la limite de leur domination.

On voit que le courant qui porta le rabbinisme vers la Galilée ne se faisait pas sentir encore. Il y avait des exceptions : Rabbi Éliezer ben Jacob, le

---

1. Cf. Derenbourg, *op. cit.*, p. 341, note 5; 366, 368, 373, note; 380, 384; Neubauer, *Géogr. du Talm*, p. 79. Jusqu'au IIIe siècle, l'embolisme du calendrier se fit à Lydda. Talm. de Jér., *Sanhédrin*, I, 2.

2. Talm. de Bab., *Sanhédrin*, 32 b, 74 a; *Hagiga*, 3 a; Midrasch *Bereschith rabba*, c. LXI; Talm. de Jér., *Pesahim*, III, 7; *Schebiit*, IV, 2; *Demaï*, III, 1; *Maaseroth*, II, 3; Tosifta, *ibid.*, c. II; *Ketouboth*, I, 5; *Hagiga*, I, 1; Pesikta rabbathi, ch. VIII. Cf. Neubauer, *Géographie du Talmud*, p. 72-73, 78-80, 82; Derenbourg, *Hist. de la Pal.*, p. 306-307, note, 312.

3. Derenbourg, *op. cit.*, p. 384 et suiv.

rédacteur d'une des premières Mischna, paraît avoir été Galiléen[1]. Vers l'an 100, on voit déjà les docteurs mischniques se rapprocher de Césarée et de la Galilée[2]. Ce n'est pourtant qu'après la guerre d'Adrien que Tibériade et la haute Galilée deviennent par excellence le pays du Talmud.

1. Derenbourg, *Palest.*, p. 375.
2. Derenbourg, *op. cit.*, p. 307, note; 366, note 3; 384.

CHAPITRE II.

BÉTHER. LE LIVRE DE JUDITH. LE CANON JUIF.

Dès les premières années qui suivirent la guerre, se forma, à ce qu'il semble, près de Jérusalem, un centre de population qui devait, cinquante ou soixante ans plus tard, jouer un rôle important. A deux lieues et quart de Jérusalem [1], dans la direction ouest-sud-ouest, était un village jusque-là obscur du nom de Béther [2]. Il paraît que, plusieurs

---

1. Les données du Talmud sur la situation de Béther (Talm. de Jér., *Taanith*, IV, 8 ; Talm. de Bab., *Gittin*, 57 a; Midrasch *Eka*, II, 2) sont si inexactes, si absurdes, si contradictoires, qu'on n'en peut rien tirer. Eusèbe (*Hist. eccl.*, IV, VI, 3) tranche la question par ce qu'il dit, d'après Ariston de Pella, sur la proximité de Bether et de Jérusalem. Cf. Estori Parhi, *Kaftor ouapherah*, ch. XI. Le récit Talm. de Jér., *Taanith*, IV, 8, sur les terrains achetés par les Hiérosolymites à Béther suppose la même proximité. Cf. Neubauer, *Géogr. du Talm.*, p. 103 et suiv.

2. Βαιθήρ ou Βεθήρ de Josué, XV, 60, selon les Septante (cf. saint Jérôme, *In Mich.*, V, 2); aujourd'hui Bittir, petit village, à l'ouver-

années avant le siége, un grand nombre de bourgeois riches et paisibles de Jérusalem, prévoyant l'orage qui allait fondre sur la capitale, y avaient acheté des terrains pour s'y retirer [1]. Béther était, en effet, situé dans une vallée fertile, en dehors des

ture du ouadi Bittir, près duquel sont des ruines appelées *Khirbet el-Yahoud*, « les ruines des juifs ». V. Ritter, *Erdk.*, XVI, p. 428-429. La distance « quarante milles de la mer », donnée par les Talmuds, se vérifie pour Bittir. Une autre opinion identifie Béther avec Beth-schémesch, en s'appuyant sur la traduction grecque de II Sam., xv, 24 (cf. I Sam., vi, 12), et de I Chron., vi, 59. Beth-schémesch est à près de cinq lieues de Jérusalem, dans la direction de Bittir. Il y a eu sans doute une confusion dans l'esprit du traducteur grec (comp. Jos., xv, 10 et 60, selon les Sept.). — Quant aux hypothèses qui cherchent Béther au nord de Jérusalem, elles sont réfutées par cette circonstance que la vente des captifs de Béther eut lieu à *Ramet el-Khalil*, près d'Hébron (saint Jérôme, *In Zach.*, xi, 4. Cf. *In Jerem.*, xxxi, 15, et *Chron. pascale*, p. 253-254). Il est vrai que Robinson (*Bibl. Res.*, III, p. 266-271) n'a pas trouvé le site actuel de Bittir répondant, surtout pour l'approvisionnement d'eau, à ce que l'on attend dans l'hypothèse de Bittir = Béther. Mais on peut faire presque les mêmes objections contre le site de Jotapata, qui pourtant n'est pas douteux. Tobler (*Dritte Wanderung*, p. 103) a cru découvrir des citernes dans l'acropole. M. Guérin (*Descr. de la Pal.*, Judée, II, p. 387 et suiv.) a levé toutes les difficultés en montrant que la ville prise par les Romains pouvait renfermer le village actuel, l'acropole et le plateau inférieur que l'acropole domine. Il faut songer que la ville détruite par les Romains n'eut d'importance que durant quelques années, que sa population était très-pauvre, que les fortifications furent improvisées (Dion Cassius, LXIX, 12), enfin que les récits du Talmud sont remplis d'exagération.

1. Talm. de Jér., *Taanith*, iv, 8.

routes importantes qui joignaient Jérusalem au Nord et à la mer. Une acropole dominait le village, bâti près d'une belle source, et formait une sorte de fortification naturelle ; un plateau inférieur servait d'assise à la ville basse. Après la catastrophe de l'an 70, une masse considérable de fugitifs s'y donna rendez-vous. Il s'établit des synagogues, un sanhédrin, des écoles[1]. Béther devint bien vite une ville sainte, une sorte d'équivalent de Sion. La colline escarpée se couvrit de maisons, qui, s'épaulant à d'anciens travaux dans le roc et à la disposition naturelle de la colline[2], formèrent une espèce de citadelle que l'on compléta avec des assises de gros blocs. La situation écartée de Béther permet d'admettre que les Romains ne se soient pas préoccupés de ces travaux; peut-être d'ailleurs une partie était-elle antérieure au siège de Titus[3]. Appuyée par les grandes communautés juives de Lydda, de Iabné, Béther devint ainsi une assez grande ville[4]

---

1. Talm. de Jér., *Taanith,* iv, 8; Talm. de Bab., *Sanhédrin,* 17 b; Jellinek, *Beth ham-midrasch,* IV, p. 146.

2. Cf. Robinson, III, p. 266; Guérin, II, p. 386, 387.

3. Les grands travaux d'excavation et de terrassement ne se firent qu'au moment du soulèvement, en 132. Dion Cassius, LXIX, 12.

4. Talm. de Jér., *Taanith,* iv, 8; Midrasch *Eka,* ii, 2 (énormes exagérations). Cf. saint Jérôme, *sur Zacharie,* viii, 19.

et comme le camp retranché du fanatisme en Judée. Nous verrons le judaïsme y livrer à la puissance romaine un dernier et impuissant combat.

A Béther semble avoir été composé un livre singulier, parfait miroir de la conscience d'Israël à cette époque, où se retrouvent le puissant ressouvenir des défaites passées et le pressentiment fougueux des révoltes futures, je veux parler du livre de. Judith[1]. L'ardent patriote qui a composé cette *agada* en hébreu[2] a calqué, selon l'usage des *agadas* juives, une histoire bien connue, celle de Débora,

---

1. Josèphe ne connaît pas encore le livre de *Judith*. Or, si ce livre avait été publié avant 70, il serait inconcevable que Josèphe ne l'eût pas connu, et plus inconcevable encore que, l'ayant connu, il n'en eût pas fait usage, ce livre rentrant parfaitement dans son objet fondamental, qui est de relever l'héroïsme de ses compatriotes et de montrer qu'à cet égard ils ne le cédèrent en rien aux Grecs et aux Romains. D'autre part, vers l'an 95, Clément Romain (*Ad Cor. 1,* 55 et 59, edit. de Philothee Bryenne) cite le livre de *Judith*. Ce livre a donc été composé vers l'an 80. La constitution juive qui résulte du récit est bien celle qui devait plaire aux survivants de la révolution de 66. Israël, selon l'auteur, n'a d'autre gouvernement que la γερουσία centrale et le grand prêtre (iv, 6, 8).

2. Le texte grec porte des traces évidentes d'une traduction de l'hebreu, par exemple iii, 9, et dans les noms propres de lieu. Le texte chaldéen dont parle saint Jérôme (*Praef.*), s'il a existé, n'était pas l'original. La version de saint Jérôme n'a ici aucune valeur; le grec seul fait autorité. C'est d'après le grec que nous citons. V. Fritzsche, *Libri apocr. Vet. Test.,* p. 165 et suiv.

sauvant Israël de ses ennemis en tuant leur chef [1].
Ce sont à chaque ligne des allusions transparentes.
L'antique ennemi du peuple de Dieu, Nabuchodonosor (type parfait de l'empire romain, lequel, selon les juifs, n'était qu'une œuvre de propagande idolâtrique [2]) veut assujettir le monde entier à son empire et se faire adorer, à l'exclusion de tout autre Dieu. Il charge de l'entreprise son général Holopherne [3]. Tous s'inclinent, excepté le peuple juif. Israël n'est pas un peuple militaire [4]; mais c'est un peuple montagnard, difficile à forcer. Tant qu'il observe la Loi, il est invincible.

Un païen sensé et qui connaît Israël, *Achior* (frère de la lumière), tâche d'arrêter Holopherne. L'essentiel, selon lui, est de savoir si Israël manque à la Loi; en ce cas, il est facile à vaincre; sinon, il faut se garder de l'attaquer. Tout est inutile; Holopherne marche sur Jérusalem. La clef de Jérusalem est une place située dans le Nord, du côté de Dothaïm, à l'entrée de la région montagneuse, au sud de la plaine d'Esdrelon. Cette place s'appelle

---

1. Voir surtout *Juges*, IV, 9.
2. Se rappeler l'Apocalypse de Jean.
3. Ce nom est persan. L'auteur se soucie peu de l'anachronisme.
4. *Judith*, V, 23.

Beth-éloah (maison de Dieu) [1]. L'auteur la conçoit exactement sur le modèle de Béther. Elle est assise à l'ouverture d'un ouadi [2], sur une montagne au pied de laquelle coule une fontaine indispensable à la population [3], les citernes de la ville haute étant peu considérables. Holopherne assiége *Beth-éloah* qui est bientôt réduite par la soif aux dernières extrémités. Mais le caractère de la Providence divine est de choisir pour faire les plus grandes choses les êtres les plus faibles. Une veuve, une zélote, *Judith* (la Juive) se lève et prie; elle sort et se présente à Holopherne comme une dévote rigide qui n'a pu supporter les manquements à la Loi dont elle était témoin dans la ville. Elle va lui indiquer un moyen sûr pour vaincre les Juifs. Ils meurent de faim et de soif, ce qui les entraîne à manquer aux

1. En grec Βετυλούα ou Βαιτυλούα, par iotacisme, pour Βαιτηλώα. Le nom du village de Βετομεσθαίμ (IV, 6), parallèle à Beth-eloah, paraît aussi symbolique et ne semble pas désigner une localité géographique. Parmi les nombreux systèmes imaginés pour donner de la réalité à cette topographie fantastique, un seul système, celui de Schultz, a quelque plausibilité. *Betylua,* dans ce système, serait *Beit-Ilfah,* au nord des monts Gelboé (*Zeitschrift der d. m. G.,* III, 1849, p. 48-49, 58-59; Ritter, *Erdk.,* XV, p. 423 et suiv.; cf. van De Velde, *Memoir to accompany the map of the Holy land,* p. 229); encore ce système ne résiste-t-il pas aux objections.

2. *Judith,* x, 10; xii, 7. Voir ci-dessus p. 26-27, note 2.

3. *Ibid ,* v, 1; vi, 11; vii, 3, 10 et suiv. Cf. xii, 7; xv, 3.

préceptes sur les aliments et à manger les prémices réservées aux prêtres. Ils ont bien envoyé demander l'autorisation du sanhédrin de Jérusalem ; mais à Jérusalem aussi on est relâché ; on leur permettra tout ; alors il sera facile de les vaincre [1]. « Je prierai Dieu, ajoute-t-elle, de me faire savoir quand ils pécheront [2]. » Puis, à l'heure où Holopherne se croit assuré de toutes ses complaisances, elle lui coupe la tête. Dans cette expédition, elle n'a pas manqué une seule fois à la Loi. Elle prie et fait ses ablutions aux heures voulues ; elle ne mange que les mets qu'elle a portés avec elle ; même le soir où elle va se prostituer à Holopherne, elle boit son vin à elle. Judith vit encore après cela cent cinq ans, refusant les mariages les plus avantageux, heureuse et honorée. Durant sa vie et longtemps après elle, personne n'ose inquiéter le peuple juif. Achior est aussi récompensé d'avoir bien connu Israël. Il se fait circoncire et devient enfant d'Abraham à perpétuité.

L'auteur, par son penchant à imaginer des conversions de païens [3], par sa persuasion que Dieu aime surtout les faibles, qu'il est par excellence le

---

1. *Judith*, XI, 12 et suiv. Cf. *Esther*, texte grec, interpolation après IV, 17.
2. *Judith*, XI, 16-17. Cf. XII, 2, 9, 18-19.
3. *Ibid.*, XI, 23 : XIV, 6.

dieu des désespérés[1], se rapproche des sentiments chrétiens. Mais par son attachement matérialiste aux pratiques de la Loi[2], il se montre pharisien pur. Il rêve pour les Israélites une autonomie sous l'autorité de leur sanhédrin et de leur *nasi*. Son idéal est bien celui de Iabné. Il y a un mécanisme de la vie humaine que Dieu aime ; la Loi en est la règle absolue ; Israël est créé pour l'accomplir. C'est un peuple comme il n'y en a pas d'autre, un peuple que les païens haïssent, parce qu'ils savent bien qu'il est capable de séduire le monde entier[3], un peuple invincible, pourvu qu'il ne pèche pas[4]. Aux scrupules du pharisien se joignent le fanatisme du zélote, l'appel au glaive pour défendre la Loi, l'apologie des plus sanglants exemples de violences religieuses[5]. L'imitation du livre d'*Esther* perce dans tout l'ouvrage ; l'auteur lisait ce livre, non tel qu'il existe dans l'original hébreu, mais avec les interpolations qu'offre le texte grec[6]. L'exécution littéraire est faible ; les parties banales, lieux communs de l'*agada*

---

1. *Judith*, IX, 11.
2. *Judith*, VIII, 5 ; XI, 12 et suiv.
3. *Judith*, X, 19.
4. *Judith*, V, 17 et suiv. ; XI, 10 et suiv.
5. *Judith*, IX, 2, 3, 4.
6. Josèphe de même. *Ant.*, XI, VI, 1 et suiv.

juive, cantiques, prières, etc., rappellent par moments le ton de l'Évangile selon saint Luc. La théorie des revendications messianiques est cependant peu développée ; Judith est encore récompensée de sa vertu par une longue vie. Le livre dut être lu avec passion dans les cercles de Béther et de Iabné ; mais on conçoit que Josèphe ne l'ait pas connu à Rome ; on le dissimula sans doute, comme plein d'allusions dangereuses. Le succès, en tout cas, n'en fut pas durable chez les juifs ; l'original hébreu se perdit bientôt [1] ; mais la traduction grecque se fit une place dans le canon chrétien. Nous verrons, vers l'an 95, cette traduction connue à Rome [2]. En général, c'est au lendemain de leur publication que les ouvrages apocryphes étaient accueillis et cités ; ces nouveautés avaient une vogue éphémère, puis tombaient dans l'oubli.

Le besoin d'un canon rigoureusement délimité des livres sacrés se faisait sentir de plus en plus. La Thora, les prophètes, les psaumes [3], étaient la base admise de tous. Ézéchiel seul excitait quelques difficultés par les passages où il n'est pas d'accord

---

1. Origène, *Epist. ad Africanum*, 13. Ce que dit saint Jérôme (*Præf.*) est un tissu d'inexactitudes.
2. Clem. Rom., *Ad Cor. I*, 55, 59 (édit. Philothée Bryenne).
3. Comp. Luc, xxiv, 44 ; Josèphe, *Contre Apion*, I, 8.

avec la Thora. On s'en tira par des subtilités [1]. On hésita pour Job, dont la hardiesse n'était plus d'accord avec le piétisme du temps. Les Proverbes, l'Ecclésiaste et le Cantique des cantiques subirent un assaut bien plus violent [2]. Le tableau libre esquissé au chapitre VII des Proverbes, le caractère tout profane du Cantique, le scepticisme de l'Ecclésiaste paraissaient devoir priver ces écrits du titre de livres sacrés. L'admiration heureusement l'emporta. On les admit, si l'on peut s'exprimer ainsi, à correction et à interprétation. Les dernières lignes de l'Ecclésiaste semblaient atténuer les crudités sceptiques du texte. On se mit à chercher dans le Cantique des profondeurs mystiques [3]. Pseudo-Daniel avait conquis sa place à force d'audace et d'assurance [4]; il ne put cependant forcer la ligne déjà impénétrable des anciens prophètes, et il resta dans les dernières pages du volume

---

1. Talm. de Bab., *Menāhoth,* 45 *a; Hagiga,* 13 *a;* Sifre, sur *Deut.,* § 294.

2. *Aboth de-rabbi Nathan,* c. I; Mischna, *Eduioth,* V, 3; *Iadaïm,* III, 5; Tosiftha, *Iadaïm,* II; Talm. de Bab., *Schabbath,* 30 *b; Megilla,* 7 *a;* Midrasch *Vayyicra* rabba, 164 *b;* Midrasch sur *Koh.,* I, 3; sur *Levit.,* XXVIII; *Pesikta de-rabbi Cahana,* p. 68 *a* (édit. Buber); *Pesikta rabbati,* c. XVIII.

3. Aquiba, cité dans Mischna, *Iadaïm,* III, 5.

4. Mischna, *Ioma,* I, 6.

sacré, à côté d'Esther et des compilations historiques les plus récentes [1]. Le fils de Sirach n'échoua que pour avoir avoué trop franchement sa rédaction moderne [2]. Tout cela constituait une petite bibliothèque sacrée de vingt-quatre ouvrages, dont l'ordre fut dès lors irrévocablement fixé [3]. Beaucoup de variantes existaient encore [4]; l'absence de points-voyelles laissait planer sur de nombreux passages une regrettable ambiguïté, que les différents partis exploitaient dans le sens de leurs idées. Ce n'est que plusieurs siècles plus tard que la Bible hébraïque forma un volume presque sans variantes et dont la lecture était arrêtée jusque dans ses derniers détails.

Quant aux livres exclus du canon, on en interdit la lecture et l'on chercha même à les détruire. C'est ce qui explique comment des livres essentiellement juifs et qui avaient tout autant de droits que Daniel et Esther à rester dans la Bible juive, ne se sont con-

---

1. Voir l'ordre des Bibles hébraïques.
2. Talm. de Jér., *Sanhédrin*, x (xi), 1 ; Talm. de Bab., *Sanhédrin*, 100 b.
3. Talm. de Bab., *Baba bathra*, 14 b. Cf. Josèphe, *Contre Apion*, I, 2. Les versets *Kohéleth* xii, 11-14, paraissent une clausule des *Ketoubim*, écrite vers ce temps.
4. Les écarts qu'on observe entre les différentes versions en sont la preuve. Voir *Mekhilta* et *Sifré*, avec les observations critiques de M. Geiger, *Urnschrift und Uebersetzungen der Bibel*, Breslau, 1857.

servés que par les traductions grecques ou faites sur le grec. Ainsi les histoires macchabaïques, le livre de Tobie, les livres d'Hénoch, la Sagesse du fils de Sirach, le livre de Baruch, le livre appelé « troisième d'Esdras », diverses suites que l'on rattacha au livre de Daniel (les trois enfants dans la fournaise, Susanne, Bel et le dragon), la prière de Manassé, la lettre de Jérémie, le Psautier de Salomon, l'Assomption de Moïse, toute une série d'écrits agadiques et apocalyptiques, négligés par les juifs de la tradition talmudique, n'ont été gardés que par des mains chrétiennes. La communauté littéraire qui exista durant plus de cent ans entre les juifs et les chrétiens faisait que tout livre juif empreint d'un esprit pieux et inspiré par les idées messianiques était accepté sur-le-champ dans les Églises. A partir du IIe siècle, le peuple juif, voué exclusivement à l'étude de la Loi et n'ayant de goût que pour la casuistique, négligea ces écrits. Plusieurs Églises chrétiennes, au contraire, persistèrent à y attacher un grand prix et les admirent plus ou moins officiellement dans leur canon. Nous verrons, par exemple, l'Apocalypse d'Esdras, œuvre d'un juif exalté, comme le livre de Judith, n'être sauvée de la destruction que par la faveur dont elle jouit parmi les disciples de Jésus.

Le judaïsme et le christianisme vivaient encore

ensemble comme ces êtres doubles, soudés par une partie de leur organisme quoique distincts pour tout le reste. L'un des êtres transmettait à l'autre des sensations, des volontés. Un livre sorti des passions juives les plus ardentes, un livre zélote au premier chef, était immédiatement adopté par le christianisme, se conservait par le christianisme, s'introduisait grâce à lui dans le canon de l'Ancien Testament[1]. Une fraction de l'Église chrétienne, à n'en pas douter, avait ressenti les émotions du siége, partageait les douleurs et les colères des juifs sur la destruction du temple, gardait de la sympathie pour les révoltés; l'auteur de l'Apocalypse, qui probablement vivait encore, avait sûrement le deuil au cœur, et supputait les jours de la grande vengeance d'Israël. Mais déjà la conscience chrétienne avait trouvé d'autres issues; ce n'était pas seulement l'école de Paul, c'était la famille du maître qui traversait la crise la plus extraordinaire, et transformait selon les nécessités du temps les souvenirs mêmes qu'elle avait gardés de Jésus.

1. Une réflexion analogue peut être faite sur le livre essentiellement juif de Tobie; mais la date de ce livre est très-difficile à fixer.

CHAPITRE III.

L'ÉBION AU DELA DU JOURDAIN.

Nous avons vu, en 68, l'Église chrétienne de Jérusalem, conduite par les parents de Jésus, fuir la ville livrée à la terreur et se réfugier à Pella, de l'autre côté du Jourdain[1]. Nous avons vu l'auteur de l'Apocalypse, quelques mois après, employer les plus vives et les plus touchantes images pour exprimer la protection dont Dieu couvrait l'Église fugitive, le repos dont elle jouissait dans son désert[2]. Il est probable que ce séjour se prolongea plusieurs années après le siége. La rentrée à Jérusalem était impossible, et l'antipathie entre le christianisme et les pharisiens était déjà trop forte pour que les chrétiens se portassent avec le gros de la nation du côté de Iabné et de Lydda. Les saints de Jérusalem demeurèrent donc au delà du

1. Voir *l'Antechrist*, p. 295 et suiv.
2. *Ibid.*, p. 408, 410.

Jourdain. L'attente de la catastrophe finale était arrivée au plus haut degré de vivacité. Les trois ans et demi que l'Apocalypse fixait comme échéance à ses prédictions conduisaient jusque vers le mois de juillet 72.

La destruction du temple avait sûrement été pour les chrétiens une surprise. Ils n'y avaient pas cru plus que les juifs. Par moments, ils s'étaient figuré Néron l'Antechrist revenant de chez les Parthes, marchant sur Rome avec ses alliés, la saccageant, puis se mettant à la tête des armées de Judée, profanant Jérusalem et massacrant le peuple des justes rassemblé sur la colline de Sion [1] ; mais personne ne supposait que le temple disparaîtrait [2]. Un événement aussi prodigieux, une fois arrivé, dut achever de les mettre hors d'eux-mêmes. Les malheurs de la nation juive furent regardés comme une punition du meurtre de Jésus et de Jacques [3]. En y réfléchissant, on se prit à trouver que Dieu avait été en tout cela d'une grande bonté pour ses élus. C'était à cause

---

1. *Carm. sib.*, V, 146-153.
2. Voir *l'Antechrist*, p. 401.
3. Hégésippe (judéo-chrétien), dans Eus., *H. E.*, II, xxiii, 18. Il fallait que cette idée fût bien répandue pour que Mara, fils de Sérapion, qui n'était, ce semble, pas chrétien, l'ait adoptée (Cureton, *Spicil. syr.*, p. 73-74). Cet auteur appartient, selon nous, à la seconde moitié du iie siècle.

d'eux qu'il avait bien voulu abréger des jours qui, s'ils avaient duré, eussent vu l'extermination de toute chair[1]. L'affreuse tourmente qu'on avait subie resta dans la mémoire des chrétiens d'Orient, et fut pour eux ce que la persécution de Néron avait été pour les chrétiens de Rome, « la grande angoisse »[2], prélude certain des jours du Messie.

Un calcul, d'ailleurs, semble avoir vers cette époque beaucoup préoccupé les chrétiens. On songeait à ce passage d'un psaume : « Aujourd'hui du moins écoutez ce qu'il vous dit : « N'endurcissez » pas vos cœurs comme à Meriba, comme au jour » de Massa dans le désert... Pendant quarante ans, » j'ai eu cette génération en dégoût, et j'ai dit : » C'est un peuple errant de cœur ; ils ignorent mes » voies. Aussi ai-je juré dans ma colère qu'ils n'en- » treront pas dans mon repos »[3]. On appliquait aux juifs opiniâtres ce qui concernait la rébellion des Israélites dans le désert, et, comme à peu près quarante années s'étaient écoulées depuis la courte mais brillante carrière publique de Jésus, on croyait

---

1. Matth., XXIV, 22 ; Marc, XIII, 20 ; Épître de Barnabé, 4. Cf. *Vie de Jésus,* 13ᵉ édit. et suiv., p. XLII, note 4 ; *l'Antechrist,* p. 294, 295.

2. Θλίψις μεγάλη, hébr. *sara guedola*.

3. Ps. XCV, 7 et suiv.

l'entendre adresser aux incrédules cet appel pressant : « Voilà quarante ans que je vous attends ; il est temps ; prenez garde »[1]. Toutes ces coïncidences, qui faisaient tomber l'année apocalyptique vers l'an 73, les souvenirs récents de la révolution et du siége, l'accès étrange de fièvre, d'exaltation, de folie, qu'on avait traversé, et ce comble du prodige, que, après des signes si évidents, les hommes eussent encore le triste courage de résister à la voix de Jésus qui les appelait, tout cela paraissait inouï et ne s'expliquait que par un miracle. Il était clair que le moment approchait où Jésus allait paraître et le mystère des temps s'accomplir.

Tant que l'on fut sous le coup de cette idée fixe et que l'on envisagea la ville de Pella comme un asile provisoire où Dieu lui-même nourrissait ses élus et les préservait de la haine des méchants[2], on ne pensa point à s'éloigner d'un endroit que l'on croyait avoir été désigné par une révélation du Ciel[3]. Mais, quand il fut clair qu'il fallait se résigner à vivre encore, un mouvement se fit dans la communauté ; un grand nombre de frères, y compris les membres de la famille de Jésus, quittèrent Pella et allèrent s'éta-

1. Hebr., III, 7 et suiv. Cf. *Saint Paul,* p. LXI.
2. Apoc., XII, 14.
3. Voir *l'Antechrist,* p. 296-297.

blir à quelques lieues de là, dans la Batanée, province qui relevait d'Hérode Agrippa II¹, mais tombait de plus en plus sous la souveraineté directe des Romains. Ce pays était alors très-prospère ; il se couvrait de villes et de monuments ; la domination des Hérodes y avait été bienfaisante, et y avait fondé cette civilisation brillante qui dura depuis le premier siècle de notre ère jusqu'à l'islam². La ville choisie de préférence par les disciples et les parents de Jésus fut Kokaba, voisine d'Astaroth-Carnaïm³, un peu au delà d'Adraa⁴, et très-près des confins du royaume des Nabatéens⁵. Kokaba n'était qu'à

1. Jos., *Ant.*, XX, vii, 1.
2. Voir Waddington, *Inscr. grecques de Syrie,* nos 2112, 2135, 2211, 2303, 2329, 2364, 2365, surtout le n° 2329. Cf. *les Apôtres,* p. 188.
3. Aujourd'hui *Tell Aschtéreh.*
4. Aujourd'hui *Deraat.*
5. Κωχάβα, Χωχάβα, Κωχάβα. Jules Africain, dans Eusèbe, *H. E.,* I, vii, 14; Eusèbe, *Onomast.,* au mot Χωβά; Épiphane, hær. xviii, 1; xix, 1-2; xxix, 7; xxx, 2, 18; xl, 1; liii, 1. Les passages d'Épiphane, qui avait voyagé dans ces contrées, fixent le site de Kokaba avec beaucoup de précision, et rectifient les inexactitudes de Jules Africain et d'Eusèbe. C'est bien à tort qu'on a supposé qu'il s'agissait ici de Kokab, à quatre lieues au sud-ouest de Damas. Épiph., xxx, 2, 18; xl, 1, s'y opposent ; d'ailleurs, cette localité ne faisait pas partie de la Batanée. Encore moins faut-il songer aux nombreux villages du nom de Kokab situés à l'ouest de l'Antiliban et du Jourdain, et au Khoba de Gen., xiv, 15. Kruse (*Commentare zu Seetzen's Reisen,* p. 15, 25, 36, 37, 139, 140;

treize ou quatorze lieues de Pella, et les Églises de ces deux localités purent rester longtemps dans des rapports étroits. Sans doute beaucoup de chrétiens, dès le temps de Vespasien et de Titus, regagnèrent la Galilée et la Samarie [1] ; cependant ce n'est qu'après Adrien que la Galilée devint le rendez-vous de la population juive, et que l'activité intellectuelle de la nation s'y concentra.

Le nom que se donnaient à eux-mêmes ces pieux gardiens de la tradition de Jésus était celui d'*ébionim* ou « pauvres » [2]. Fidèles à l'esprit de celui qui avait dit : « Heureux les *ébionim !* » [3] et qui avait attribué en propre aux déshérités de ce monde le royaume du ciel et la propriété de l'Évangile [4], ils se faisaient gloire de leur mendicité, et continuaient, comme la primitive Église de Jérusalem, à vivre d'aumônes [5]. Nous avons vu saint Paul toujours préoccupé de ces pauvres de Jérusalem [6], et saint Jacques prendre

---

cf. p. xvii, xviii, xix) identifie notre Kokaba avec Ktébé ou Koteibé. On pourrait aussi songer à Hibbé, à deux lieues au sud de Ktébé. Voir les cartes de van De Velde et de Wetzstein.

1. Voyez ci-dessus, p. 25.
2. En grec πτωχοί. Voir *Vie de Jésus*, p. 189, 13ᵉ édit. et suiv.
3. Matth., v, 3; Luc, vi, 20.
4. Matth., xi, 5; Luc, iv, 18.
5. Épiph., xxx, 17.
6. Gal., ii, 10; *Act.*, xi, 29; Rom., xv, 25, 26.

le nom de « pauvre » pour un titre de noblesse [1]. Une foule de passages de l'Ancien Testament où le mot *ébion* est employé pour désigner l'homme pieux et par extension l'ensemble du piétisme israélite, la réunion des saints d'Israel, chétifs, doux, humbles, méprisés du monde, mais aimés de Dieu, étaient rapportés à la secte [2]. Le mot « pauvre » impliquait une nuance de tendresse, comme quand nous disons « le pauvre chéri! ». Ce « pauvre de Dieu », dont les prophètes et les psalmistes avaient raconté les misères, les humiliations, et annoncé les grandeurs futures, passa pour la désignation symbolique de la petite Église transjordanienne de Pella et de Kokaba, continuatrice de celle de Jérusalem. De même que, dans la vieille langue hébraïque, le mot *ébion* avait reçu une signification métaphorique pour désigner la partie pieuse du peuple de Dieu [3]; de même la sainte petite congrégation de la Batanée, se considérant comme le seul véritable Israël, « l'Israël de Dieu » [4], héritier du royaume cé-

1. Jac., II, 5, 6.
2. Voir surtout Ps. IX, 19; XL, 18; LXX, 6; LXXXVI, 1; CVII, 41; CIX, 22; CXIII, 7; Amos., II, 6.
3. Passage des Psaumes précités; Isaïe, XXV, 4; XXVI, 6; XLI, 17; Jérémie, XX, 13. Il en était de même des mots *dal* et *ani* ou *anav*. Voir Ps. IX-X et *Vie de Jésus*, p. 188, 13e édit. et suiv.
4. Gal., VI, 16.

leste, s'appela le pauvre, le chéri de Dieu. *Ébion* était ainsi souvent employé au sens collectif[1], à peu près comme *Israël*, ou comme l'ont été chez nous des personnifications telles que « Jacques Bonhomme ». Dans les parties éloignées de l'Église, pour lesquelles les bons pauvres de Batanée furent bientôt des étrangers, Ébion devint un personnage, prétendu fondateur de la secte des ébionites[2].

Le nom par lequel les sectaires étaient désignés chez les autres populations de la Batanée était celui de « Nazaréens » ou « Nazoréens »[3]. On savait que Jésus, ses parents, ses premiers disciples étaient de Nazareth ou des environs ; on les désignait par leur lieu d'origine[4]. On a supposé, non sans raison peut-être, que le nom de « nazaréens » s'appliqua surtout aux chrétiens de Galilée réfugiés en Batanée[5], tandis

1. Épiphane, hær. xxx, 18.
2. Voir *Vie de Jésus*, p. 489. Ajoutez à la liste des Pères qui ont cru à l'existence d'un Ébion, Victorin de Pettau, *Bibl. max. Patrum* (Lugd.), III, p. 418, et l'interpolateur d'Ignace, *ad Philad.*, § 6. Le raisonnement d'Hégésippe (dans Eus., *H. E.*, IV, xxii, 5) explique cette erreur. C'est ainsi qu'Hégésippe lui-même suppose un *Masbothée* pour expliquer les *masbothéens*.
3. Voir *les Apôtres*, p. 235.
4. Épiph., hær. xxix, 1, 4, 5, 6 ; Jules Africain, dans Eus., *H. E.*, I, vii, 14. C'est par confusion et faute de connaître l'orthographe hébraïque que l'on a cru voir une relation entre ce mot et l'ascétisme des *nazirs*.
5. Voir *l'Antechrist*, p. 278.

que le nom d'*ébionim* continua d'être le titre que se donnaient les saints mendiants de Jérusalem[1]. Quoi qu'il en soit, « nazaréens » resta toujours en Orient le mot générique pour désigner les chrétiens ; Mahomet n'en connut pas d'autre, et les musulmans s'en servent encore de nos jours. Par un bizarre contraste, le nom de « nazaréens », à partir d'une certaine époque[2], présenta, comme celui d' « ébionites », un sens fâcheux à l'esprit des chrétiens grecs ou latins. Il était arrivé dans le christianisme ce qui arrive dans presque tous les grands mouvements ; les fondateurs de la religion nouvelle, aux yeux des foules étrangères qui s'y étaient affiliées, n'étaient plus que des arriérés, des hérétiques ; ceux qui avaient été le noyau de la secte s'y trouvaient isolés et comme dépaysés. Le nom d'*ébion*, par lequel ils se désignaient, et qui avait pour eux le sens le plus élevé, devint une injure et fut hors de Syrie synonyme de sectaire dangereux ; on en fit des plaisanteries, et on l'interpréta ironiquement dans le sens de « pauvre d'esprit »[3]. L'antique dénomination de « naza-

1. Gal., II, 10.
2. Cela ne s'observe pas avant saint Épiphane.
3 Origène, *De princ.*, IV, 22 (Opp., I, 183) *Contre Celse*, II, 1 ; *Philocalie* d'Orig., I, 17 ; Eusèbe, *H. E.*, III, xxvii, 6 ; l'interpolateur d'Ignace *ad Phil.*, § 6 ; Épiph., xxx, 17.

réens », à partir du IVe siècle, désigna de même pour l'Église catholique orthodoxe des hérétiques à peine chrétiens [1].

Ce singulier malentendu s'explique quand on considère que les *ébionim* et les nazaréens restaient fidèles à l'esprit primitif de l'Église de Jérusalem et des frères de Jésus, d'après lesquels Jésus n'était qu'un prophète élu de Dieu pour sauver Israël, tandis que, dans les Églises sorties de Paul, Jésus devenait de plus en plus une incarnation de Dieu. Selon les chrétiens helléniques, le christianisme se substituait à la religion de Moïse comme un culte supérieur à un culte inférieur. Aux yeux des chrétiens de la Batanée, c'était là un blasphème. Non-seulement ils ne

---

[1]. Épiphane, hær. xxix et xxx, et *Resp. ad Acac. et Paul.*, sub fin. L'identité primitive des *ébionim* et des nazaréens est entrevue par Épiphane, hær. xxx, 1, 2; puis il la méconnaît. Rien de plus confus que le système de ce Père, égaré par son fanatisme orthodoxe. Ailleurs il admet des nazaréens purement juifs (hær. xviii); les rapprochements qu'il fait entre eux et les osséniens (hær. xix) sont superficiels. Il ne veut à aucun prix que les sectaires judaïsants, qu'il déteste, soient la descendance directe de la famille et des vrais disciples de Jésus. Le passage de Jules Africain, dans Eusèbe, *H. E.*, I, vii, 14, malgré ses inexactitudes, associe les nazaréens, Kokaba et les parents de Jésus. Kokaba était le séjour commun de trois catégories de personnes, au fond identiques : les nazaréens, les *ébionim* et les δεσπόσυνοι. Les rapprochements qu'on a faits entre les nazaréens et les *nosaïris* ou *ansariés* sont sans fondement.

tenaient pas la Loi pour abolie, mais ils l'observaient avec un redoublement de ferveur. Ils regardaient la circoncision comme obligatoire, célébraient le sabbat en même temps que le dimanche[1], pratiquaient les ablutions et tous les rites juifs[2]. Ils étudiaient l'hébreu avec soin[3], et lisaient la Bible en hébreu. Leur canon était le canon juif; déjà peut-être ils commençaient à y faire des retranchements arbitraires[4].

Leur admiration pour Jésus était sans bornes; ils le qualifiaient de prophète de vérité par excellence, de Messie, de fils de Dieu, d'élu de Dieu; ils croyaient à sa résurrection, mais ne sortaient pas pour cela de l'idée juive selon laquelle un homme-Dieu est une monstruosité. Jésus, dans leur pensée, était

---

1. Eusèbe, *H. E.*, III, 27.
2. Justin, *Dial. cum Tryph.*, 47, 48; Irénée, 1, XXVI, 2; III, XXI, 1; IV, XXXIII, 4; Tertullien, *Præscr.*, 33, *De carne Christi*, 14; Origène, *Adv. Celsum*, I, 2; V, 61, 65; *De principiis*, l. IV, c. 22; *Philosophumena*, VII, 8, 34 (comp. ce qui regarde Théodote, copiste des ébionites, *ibid.*, VII, 35); X, 22; *Constitutions apostoliques*, VI, 6; Eusèbe, *H. E.*, III, 27; VI, 17; Épiphane, hær. XVIII, 1; XXIX, 5, 7, 8, 9; XXX, 2, 3, 13, 16, 17, 18, 21, 32; Théodoret, *Hæret. fab.*, II, 1; Philastre, *De hær.*, 8; saint Jérôme, *Sur Isaïe*, I, 12; VIII, 14; IX, 1; XXIX, 20; *Sur saint Matthieu*, prol.; *De viris ill.*, c. 3; *Lettre à saint Augustin*, 89 (74), Martianay, IV, 2ᵉ partie, col. 647 et suiv., et réponse de saint Augustin, *ibid.*, p. 630 et suiv.
3. Hégésippe, dans Eus., *H. E.*, IV, XXII, 7.
4. Épiph., hær. XXX, 18.

un simple homme, fils de Joseph, né dans les conditions ordinaires de l'humanité, sans miracle[1]. C'est tardivement qu'ils expliquèrent sa naissance par une opération du Saint-Esprit[2]. Quelques-uns admettaient que, le jour où il fut adopté par Dieu, l'Esprit divin ou le Christ était descendu en lui sous la forme visible d'un colombe[3], si bien que Jésus ne fut fils de Dieu et oint du Saint-Esprit qu'à partir de son baptême[4]. D'autres, se rapprochant plus encore des conceptions bouddhiques, pensaient qu'il était arrivé à la dignité de Messie et de fils de Dieu par sa perfection, par des progrès successifs[5], par son union avec Dieu, et surtout en faisant le tour de force d'observer toute la Loi. A les entendre, Jésus seul avait résolu ce problème difficile. Quand on les poussait, ils avouaient que tout autre homme qui pourrait en faire autant obtiendrait le même honneur. Ils s'efforçaient en conséquence, dans leurs

---

1. Épiph., xxx, 2, 3.
2. Épiph., xxx, 3, 13, 14, 16, 34; Eusèbe, *H. E.*, III, 27; Origène, *Contre Celse*, l. c.; Théodoret, *l. c.*
3. Épiph., xxx, 16; *Évang. des Hébr.*, Hilgenfeld, p. 15, 21.
4. *Évang. des Hébr.*, Hilg., p. 15, 16.
5. Κατὰ προκοπήν. Épiph., xxx, 18; Eusèbe, *H. E.*, III, xxvii, 2 Cf. Ἰησοῦς προέκοπτεν, Luc, II, 52. Paul de Samosate se servait de la même expression (ἐκ προκοπῆς), Saint Athanase, *De synod.*, 4 (Opp., t. I, 2ᵉ partie, p. 739). Cf. Justin, *Dial.*, 47 (ἐκλογή).

récits sur la vie de Jésus, de le montrer accomplissant la Loi tout entière; ils lui mettaient, à tort ou à raison, dans la bouche ces mots : « Je suis venu, non abolir la loi, mais l'accomplir [1]. » Plusieurs, enfin, portés vers les idées gnostiques et cabbalistes, voyaient en lui un grand archange[2], le premier de ceux de son ordre, être créé à qui Dieu avait donné pouvoir sur toutes les choses créées et qu'il avait chargé spécialement d'abolir les sacrifices.

Leurs églises s'appelaient « synagogues », leurs prêtres, « archisynagogues » [3]. Ils s'interdisaient l'usage de la chair [4] et pratiquaient toutes les abstinences des *hasidim*, abstinences qui firent,

---

1. *Évang. des Hébreux*, p. 16, 21, 22.
2. Épiph., xxx, 3, 16; Hermas, *Pasteur*, Simil. v, 4; viii, 1, 2; ix, 12; x, 1, 4; Maud. v, 1, etc. La formule ΧΜΓ, fréquente surtout en Syrie, paraît devoir se résoudre en Χριστὸς, Μιχαὴλ, Γαβριήλ, et appartenait peut-être aux judéo-chrétiens. Voir Waddington, *Inscr. gr. de Syrie*, n°s 2145, 2660, 2663, 2665, 2674, 2691; *Mission de Phénicie* p. 592-593; de Rossi, *Bull. di archeol. crist.*, 2e série, t. I (1870), p. 8-31, 115-121.
3. Épiph., xxx, 18. Ce fut un usage général dans la Syrie, même chez les sectes les moins judaïsantes. Συναγωγὴ Μαρκιωνιστῶν à Deir-Ali, à une journée au sud de Damas (Waddington, *Inscr. de Syrie*, n° 2558, daté de l'an 318). Comparez ܟܢܘܫܬܐ = כנסת. Il en fut de même en Égypte. V. Zoega, *Catal. cod. copt. Mus. Borg.*, p. 380, ligne 19; 393, l. 21; 398, l. 10; 399, l. 12.
4. Épiph., xviii, 1; xxx, 15, 18.

comme on sait, la plus grande partie de la sainteté de Jacques, frère du Seigneur. Ce Jacques était pour eux la perfection de la sainteté[1]. Pierre aussi obtenait tous leurs respects[2]. C'est sous le nom de ces deux apôtres qu'ils mettaient leurs révélations apocryphes[3]. Au contraire, il n'y avait malédiction qu'ils ne prononçassent contre Paul. Ils l'appelaient « l'homme de Tarse », « l'apostat »; ils racontaient sur lui les histoires les plus ridicules; ils lui refusaient le titre de juif, et prétendaient que, soit du côté de son père, soit du côté de sa mère, il n'avait eu pour ascendants que des païens[4]. Un juif véritable parlant de l'abrogation de la Loi leur paraissait une impossibilité absolue.

Nous verrons bientôt une littérature sortir de cet ordre d'idées et de passions. Les bons sectaires de Kokaba tournaient obstinément le dos à l'Occident, à l'avenir. Leurs yeux étaient toujours dirigés vers Jérusalem, dont ils espéraient sans doute la

---

1. Épiph., xxx, 2, 16; Homélies pseudo-clémentines, lettres préliminaires.

2. Épiph., xxx, 15, 21.

3. Épiph., xxx, 16; Homélies pseudo-clém., lettres prélim.; Sacy, *Chrest. arabe*, I, p. 306, 346.

4. Irénée, I, xxvi, 2; III, xv, 1; Eusèbe, *H. E.*, III, 27; Épiph., xxx, 17, 25; Théodoret, *Hæret. fab.*, II, 1; saint Jérôme, *In Matth.*, xii, init. Cf. *Saint Paul*, p. 299 et suiv.

miraculeuse restauration. Ils l'appelaient « la maison de Dieu », et, comme ils se tournaient vers elle dans la prière, on devait croire qu'ils lui avaient voué une espèce d'adoration[1]. Un œil pénétrant aurait pu dès lors apercevoir qu'ils étaient en train de devenir des hérétiques, et qu'un jour ils seraient traités de profanes dans la maison qu'ils avaient fondée.

Une différence totale séparait, en effet, le christianisme des nazaréens, des *ébionim*, des parents de Jésus, de celui qui triompha plus tard. Pour les continuateurs immédiats de Jésus, il s'agissait non de remplacer le judaïsme, mais de le couronner par l'avénement du Messie. L'Église chrétienne n'était pour eux qu'une réunion de *hasidim*, de véritables Israélites, admettant un fait qui, pour un juif non sadducéen, devait paraître fort possible : c'est que Jésus, mis à mort et ressuscité, était le Messie, qui dans un bref délai devait venir prendre possession du trône de David et accomplir les prophéties. Si on leur eût dit qu'ils étaient des déserteurs du judaïsme, ils se fussent sûrement récriés, et eussent protesté qu'ils étaient les vrais juifs, les héritiers des promesses. Renoncer à la loi mosaïque eût été,

---

1. Irénée, I, xxvi, 2.

d'après leur manière de voir, une apostasie ; ils ne songeaient pas plus à s'en affranchir qu'à en délivrer les autres. Ce qu'ils croyaient inaugurer, c'était le triomphe complet du judaïsme, et non une religion nouvelle, abrogeant celle qui avait été promulguée sur le Sinaï.

Le retour à la ville sainte leur était interdit ; mais, comme ils espéraient que les empêchements ne dureraient pas, les membres importants de l'Église réfugiée continuaient à faire corps ensemble, et s'appelaient toujours l'Église de Jérusalem[1]. Dès l'époque du séjour à Pella[2], on donna un successeur à Jacques, frère du Seigneur, et naturellement on choisit ce successeur dans la famille du maître. Rien de plus obscur que tout ce qui touche à ce rôle des frères et des cousins de Jésus dans l'Église judéo-chrétienne de Syrie[3]. Certains indices[4] feraient croire que Jude, frère du Seigneur et frère de Jacques, fut quelque temps chef de l'Église de Jérusalem. Il n'est

---

1. C'est ainsi que, de nos jours, le patriarche des maronites, dans le Liban, s'appelle toujours « patriarche d'Antioche », quoique les maronites aient quitté Antioche depuis des siècles.
2. Eusèbe, *H. E.*, III, 1. Cf. *Chron.*, an 7 de Néron. La contradiction entre ces deux textes n'est qu'apparente. Le second fait est donné par anticipation.
3. Voir l'Appendice à la fin du volume.
4. Surtout l'épisode raconté par Hégésippe, dans Eusèbe, *H.*

pas facile de dire quand ni dans quelles circonstances. Celui que toute la tradition désigne comme ayant été le successeur immédiat de Jacques sur le siége de Jérusalem est Siméon, fils de Clopas[1]. Tous les frères de Jésus, vers l'an 75, étaient probablement morts. Jude avait laissé des enfants et des petits-enfants[2]. Pour des motifs que nous ignorons, ce ne fut pas dans la descendance des frères de Jésus qu'on prit le chef de l'Église. On suivit le principe de l'hérédité orientale. Siméon, fils de Clopas, était probablement le dernier des cousins germains de Jésus qui vécût encore. Il pouvait avoir vu et entendu Jésus dans son enfance[3]. Quoique l'on fût au

---

E., III, 32. Notez αἱρετικῶν τινες dans Eus., III, XIX, et III, XXXII, 2, 3, 6, impliquant une confusion de Juda et de Siméon (v. ci-après, p. 493). L'épiscopat de Siméon est bien long, s'il commença vers 72; Hégésippe est obligé de donner 120 ans de vie à ce personnage (Eus., III, XXXII, 3). Eusèbe avoue que la liste des évêques de Jérusalem avait peu d'authenticité (*H. E.*, IV, 5). Cette liste (elle se retrouve dans la *Chronique* d'Eusèbe, à l'année 7 d'Adrien, et dans Samuel d'Ani) a peu de vraisemblance. De 33 à 105, Jérusalem aurait eu deux évêques; de 105 à 122, elle en aurait eu treize.

1. Hégésippe, dans Eusèbe, *H. E.*, III, XXXII, 3, 6; IV, XXII, 4; Eusèbe, III, 11, 22, 35; IV, 5; Eus.,*Chron.*, à l'an 7 de Néron; *Constit. apost.*, VII, 46.

2. Hégésippe, dans Eusèbe, III, 19, 20. Voir l'Appendice à la fin du volume.

3. Eusèbe l'affirme (*H. E.*, III, 32), et l'âge de 120 ans qu'Hé-

delà du Jourdain, Siméon se considéra comme chef de l'Église de Jérusalem, et comme l'héritier des pouvoirs singuliers que ce titre avait conférés à Jacques, frère du Seigneur.

Les plus grandes incertitudes règnent sur le retour de l'Église exilée (ou plutôt d'une partie de cette Église) dans la ville, à la fois coupable et sainte, qui avait crucifié Jésus et devait néanmoins être le siége de sa gloire future. Le fait du retour n'est pas douteux[1]; mais l'époque où il s'effectua est inconnue. A la rigueur, on pourrait en reculer la date jusqu'au moment où Adrien décida la reconstruction de la ville, c'est-à-dire jusqu'à l'an 122[2]. Il est

---

gésippe prête à Siméon au moment de sa mort (dans Eus., *ibid.*) rendrait la chose toute simple, si cette longévité était admissible. Il est probable que Clopas était plus jeune que son frère Joseph, et que ses fils étaient en moyenne plus jeunes que Jésus et ses frères. On en a la certitude pour Jacques, qui paraît avoir été l'aîné des Cléophides, et qu'on surnomma ὁ μικρός pour le distinguer de son cousin germain du même nom.

1. Épiph., *De mensuris*, c. 14, 15. Le passage de Matth., XXVII, 8, et celui d'Hégésippe, dans Eusèbe, II, XXIII, 18, supposent chez les chrétiens une connaissance familière de Jérusalem après le siége de Titus.

2. L'argument qui milite en faveur de cette opinion, c'est qu'Adrien trouva la ville ἠδαφισμένην, à l'exception d'un petit nombre d'οἰκίσματα qu'Épiphane énumère. Mais ἠδαφισμένην reste d'une exactitude suffisante, en supposant que la population chrétienne qui revint ne fut pas fort nombreuse et vécut retirée dans

plus probable cependant que la rentrée des chrétiens eut lieu peu de temps après la complète pacification de la Judée. Les Romains se relâchèrent sans doute de leur sévérité pour des gens aussi paisibles que les disciples de Jésus. Quelques centaines de saints pouvaient bien demeurer sur le mont Sion, dans ces maisons que la destruction avait respectées[1], sans que pour cela la ville cessât d'être considérée comme un champ de ruines et de désolation. La légion 10e *Fretensis*, à elle seule, devait former autour d'elle un certain groupe de population. Le mont Sion, comme nous l'avons déjà dit, faisait une exception dans l'aspect général de la ville. Le Cénacle des apôtres[2], plusieurs autres constructions et en particulier sept synagogues, restées debout comme des masures isolées, et dont une se conserva jusqu'au temps de Constantin, étaient presque intactes, et rappelaient ce verset d'Isaïe : « La fille de Sion est délaissée comme

---

un coin des ruines. Les textes d'Eusèbe (*Démonstr. évang.*, III, v. p. 124; *H. E.*, III, xxxv) sur la continuité de l'Église de Jérusalem jusqu'à la guerre d'Adrien né s'expliquent pas sans un retour partiel. Un *in partibus* trop prolongé se comprendrait difficilement.

1. Épiphane, *l. c.* Cf. saint Jérôme, *Epist. ad Dard.*, Opp., t. II, p. 640, édit. Martianay.

2. Cf. saint Cyrille de Jer., Catech. xvi, 4 ; Vogüé, *les Églises de terre sainte*, p. 323.

une cabane dans une vigne¹ ». C'est là, on peut le croire, que se fixa la petite colonie chrétienne qui fit la continuité de l'Église de Jérusalem. On peut aussi supposer, si l'on veut, qu'elle résida dans une de ces bourgades de juifs, voisines de Jérusalem, telles que Béther, qu'on identifiait idéalement avec la ville sainte². En tout cas, cette Église du mont Sion fut, jusqu'au temps d'Adrien, bien peu nombreuse. Le titre de chef de l'Église de Jérusalem paraît n'avoir été qu'une sorte de pontificat honorifique, une présidence d'honneur, n'impliquant pas une vraie charge d'âmes. Les parents de Jésus, en particulier, semblent être restés pour la plupart au delà du Jourdain.

L'honneur de posséder dans leur sein des personnages aussi marquants inspirait aux Églises de Batanée un orgueil extraordinaire³. Il est probable qu'au moment du départ de l'Église de Jérusalem pour Pella, quelques-uns des « Douze », c'est-à-dire des apôtres choisis par Jésus, Matthieu par exemple, vivaient encore et firent partie de l'émigra-

---

1. Isaïe, I, 8.
2. Ainsi Eusèbe considère la πολιορκία de Béther comme une πολιορκία de Jérusalem (voir *Revue hist.*, t. II, p. 112 et suiv.). Le martyrologe romain (7 kal. oct.) fait mourir Cléophas à Emmaüs (Nicopolis); mais cela vient d'une confusion : cf. Luc, XXIV, 13, 18.
3. Eus., *H. E.*, III, 11, 19, 20, 32.

tion ¹. Certains des apôtres pouvaient être plus jeunes que Jésus, et par conséquent n'être pas fort âgés à l'époque où nous sommes ². Les données que nous avons sur les apôtres sédentaires, sur ceux qui restèrent en Judée et n'imitèrent pas l'exemple de Pierre et de Jean, sont si incomplètes, qu'on ne peut cependant l'affirmer. « Les Sept », c'est-à-dire les diacres choisis par la première Église de Jérusalem, étaient aussi sans doute morts ou dispersés. Les parents de Jésus héritèrent de toute l'importance qu'avaient eue les élus du fondateur, ceux du premier Cénacle. De l'an 70 à l'an 110 environ, ils gouvernent réellement les Églises transjordaniques, et forment une sorte de sénat chrétien ³. La famille de Clopas surtout jouissait dans ces cercles pieux d'une autorité universellement reconnue⁴.

Ces parents de Jésus étaient des gens pieux, tranquilles, doux, modestes, travaillant de leurs mains⁵, fidèles aux plus sévères principes de Jésus sur la pau-

---

1. Hégésippe, dans Eus., *H. E.*, III, 32, le suppose, mais sans précision. Eusèbe, *H. E.*, III, 11; *Démonstr. évang.*, VI, xviii, p. 287, le suppose également.
2. Matth., xvi, 28 ; Marc, ix, 1.
3. Hégésippe, dans Eus., *H. E.*, III, xx, 8.
4. Le même, *ibid.*, III, xxxii, 6.
5. Le même, *ibid.*, III, 20.

vreté¹, mais en même temps juifs très-exacts, mettant le titre d'enfant d'Israël avant tout autre avantage². On les révérait fort et on leur donnait un nom (peut-être *maraniin* ou *moranoïé*) dont l'équivalent grec était δεσπόσυνοι. Déjà, depuis longtemps, sans doute même du vivant de Jésus, on avait dû supposer que Jésus descendait de David³, puisqu'il était reçu que le Messie serait de la race de David. L'admission d'une telle descendance pour⁴ Jésus l'impliquait pour sa famille. Ces bonnes gens en étaient fort préoccupés et un peu vaniteux⁵. Nous les voyons sans cesse occupés à construire des généalogies qui rendissent vraisemblable la petite fraude dont la légende chrétienne avait besoin. Quand on était trop embarrassé, on se réfugiait derrière les persécutions d'Hérode, qui, prétendait-on, avait détruit les livres généalogiques. Aucun système arrêté ne prit le dessus à cet égard. Tantôt on soutenait que le travail avait été fait de

---

1. *Évang. des Hébr.*, Hilg., p. 16, 17, 25 ; *Recognit.*, II, 29.
2. Saint Jacques en fut l'idéal. Voir l'épître attribuée à ce dernier. Cf. *l'Antechrist*, ch. III.
3. Voir *Vie de Jésus*, p. 246 et suiv. En 58, la légende était sûrement déjà formée. Cf. Rom., I, 3 ; Hebr., VII, 14 ; Apoc., v, 5. Notez Marc, X, 47, 48 ; XI, 10.
4. La préoccupation de la race de David est assez vive vers l'an 100. Talm. de Jér., *Kilaïm*, IX, 3 (Derenbourg, p. 349).
5. Φανητιῶντες (Jules Afr., dans Eus., *H. E.*, I, VII, 11).

mémoire, tantôt qu'on avait eu pour le construire des copies des anciennes chroniques. On avouait qu'on avait fait « le mieux qu'on avait pu »[1]. Deux de ces généalogies nous sont parvenues, l'une dans l'Évangile dit de saint Matthieu, l'autre dans l'Évangile de saint Luc, et il paraît qu'aucune d'elles ne satisfaisait les *ébionim*, puisque leur Évangile ne les contenait pas, et qu'il y eut toujours contre ces généalogies une forte protestation dans les Églises de Syrie[2].

Ce mouvement, tout inoffensif qu'il était en politique, excita des soupçons. Il semble que l'autorité romaine eut plus d'une fois l'œil ouvert sur les descendants vrais ou prétendus de David[3]. Vespasien avait entendu parler des espérances que les Juifs fondaient sur un représentant mystérieux de leur antique race royale[4]. Craignant qu'il n'y eût là un prétexte pour de nouveaux soulèvements, il fit, dit-on, rechercher tous ceux qui semblaient appartenir à cette lignée ou qui s'en targuaient. Cela donna lieu à beaucoup de vexations, qui peut-

---

1. Εἰς ὅσον ἐξικνοῦντο. Jules Afr., dans Eus., *H. E.*, I, VII, 14.
2. Voir *Vie de Jésus*, p. 250. L'origine royale de Jésus est admise des juifs dès le commencement du IIIe siècle. Talm. de Bab., *Sanhédrin,* 43 *a* (cf. Derenbourg, p. 349, note 2).
3. Voir *Vie de Jésus,* p. 246-247 (13e édition et suiv.).
4. Voir *l'Antechrist,* p. 490 et suiv.

être atteignirent les chefs de l'Église de Jérusalem réfugiés en Batanée [1]. Nous verrons ces poursuites reprises avec beaucoup plus de rigueur sous Domitien.

L'immense danger que renfermaient pour le christianisme naissant ces préoccupations de généalogies et de descendance royale n'a pas besoin d'être démontré. Une sorte de noblesse du christianisme était en voie de se former. Dans l'ordre politique, la noblesse est presque nécessaire à l'État, la politique ayant trait à des luttes grossières, qui en font une chose plus matérielle qu'idéale. Un État n'est bien fort que quand un certain nombre de familles, par privilége traditionnel, ont pour devoir et pour intérêt de suivre ses affaires, de le représenter, de le défendre. Mais, dans l'ordre de l'idéal, la naissance n'est rien : chacun y vaut en proportion de ce qu'il découvre de vérité, de ce qu'il réalise de bien. Les institutions qui ont un but religieux, littéraire, moral, sont perdues, quand les considérations de famille, de caste, d'hérédité, viennent à y prévaloir. Les neveux et les cousins de Jésus eussent causé la perte du christianisme, si déjà les Églises de Paul n'avaient eu assez de force pour faire contre-poids à cette aristocratie, dont la tendance eût été de se proclamer

---

1. Eusèbe, *H. E.*, III, 12, d'après Hégésippe ; Orose, VII, 10. Cf. Eus., *H. E.*, III, 19, 20, 32.

seule respectable et de traiter tous les convertis en intrus. Des prétentions analogues à celles des Alides dans l'islam se fussent produites. L'islamisme eût certainement péri sous les embarras causés par la famille du Prophète, si le résultat des luttes du Ier siècle de l'hégire n'eût été de rejeter sur un second plan tous ceux qui avaient tenu de trop près à la personne du fondateur. Les vrais héritiers d'un grand homme sont ceux qui continuent son œuvre, et non ses parents selon le sang. Considérant la tradition de Jésus comme sa propriété, la petite coterie des nazaréens l'eût sûrement étouffée. Heureusement ce cercle étroit disparut de bonne heure ; les parents de Jésus furent bientôt oubliés au fond du Hauran. Ils perdirent toute importance et laissèrent Jésus à sa vraie famille, à la seule qu'il ait reconnue, à ceux qui « entendent la parole de Dieu et qui la gardent » [1]. Beaucoup de traits des Évangiles, où la famille de Jésus est présentée sous un jour défavorable [2], peuvent venir de l'antipathie que les prétentions nobiliaires des *desposyni* ne manquèrent pas de provoquer autour d'eux.

1. Luc, xi, 28.
2. Voir *Vie de Jésus,* p. 139, 160.

CHAPITRE IV.

RAPPORTS ENTRE LES JUIFS ET LES CHRÉTIENS.

Les relations de ces Églises tout hébraïques de Batanée et de Galilée avec les juifs devaient être fréquentes. C'est aux judéo-chrétiens que se rapporte une expression fréquente dans les traditions talmudiques, celle de *mînim*, répondant à « hérétiques »[1]. Les *mînim* sont représentés comme des espèces de thaumaturges et de médecins spirituels, guérissant les malades par la puissance du nom de Jésus et par des applications d'huile sainte. On se rappelle que c'était là un des préceptes de saint Jacques[2]. Ces sortes de guérisons, ainsi que les exorcismes, étaient le grand moyen de conversion employé

---

1. *Minæi* de saint Jérôme. *Epist. ad August.*, 89 (74), col. 623 de Mart. (t. IV, 2ᵉ part.).

2. Voir *l'Antechrist*, p. 55-57. Tosifta *Cholin*, II; Talm. de Bab., *Aboda zara*, 17 a, 27 b; Justin, *Dial.*, 39.

par les disciples de Jésus, surtout quand il s'agissait de juifs[1]. Les juifs s'appropriaient ces recettes merveilleuses, et, jusqu'au IIIe siècle, on trouve des médecins juifs guérissant au nom de Jésus[2]. Cela n'étonnait personne. La croyance aux miracles journaliers était telle, que le Talmud prescrit la prière que chacun doit faire quand il lui arrive des « miracles particuliers »[3]. La meilleure preuve que Jésus crut accomplir des prodiges, c'est que les gens de sa famille et ses disciples les plus authentiques eurent en quelque sorte la spécialité d'en faire. Il est vrai qu'il faudrait aussi conclure d'après le même raisonnement que Jésus fut un juif étroit, ce à quoi l'on répugne.

Le judaïsme, du reste, renfermait dans son sein deux directions, qui le mettaient à l'égard du christianisme dans des relations opposées. La Loi et les prophètes restaient toujours les deux pôles du peuple juif. La Loi provoquait cette scolastique bizarre qu'on appelait la *halaka*, et d'où allait sortir le Talmud. Les prophètes, les psaumes, les livres poétiques inspi-

---

1. Notez ce qui concerne Jacob de Caphar-Schekania, etc., ci-après, p. 533 et suiv., et l'exemple d'Aquila, Épiph., *De mens.*, ch. 15. Il en était encore ainsi au IVe siècle. Voir le curieux récit d'Épiphane, hær. xxx, 4-12. Cf. Quadratus, cité par saint Jérôme, *De vir. ill.*, c. 19.

2. Talm. de Jér., *Aboda zara*, II, 2 (fol. 40 *d*).

3. Talm. de Bab., *Berakoth*, 54 *a*, 56 *b*, 57 *a*.

raient une ardente prédication populaire, des rêves brillants, des espérances illimitées ; c'est ce qu'on appelait l'*agada*, mot qui embrasse à la fois les fables passionnées, comme celle de Judith, et les apocalypses apocryphes qui agitaient le peuple. Autant les casuistes de Iabné se montraient dédaigneux pour les disciples de Jésus, autant les agadistes leur étaient sympathiques. Les agadistes avaient en commun avec les chrétiens l'aversion contre les pharisiens, le goût pour les explications messianiques des livres prophétiques, une exégèse arbitraire qui rappelle la façon dont les prédicateurs du moyen âge jouaient avec les textes, la croyance au règne prochain d'un rejeton de David. Comme les chrétiens, les agadistes cherchaient à rattacher la généalogie de la famille patriarcale à la vieille dynastie[1]. Comme eux, ils cherchaient à diminuer le fardeau de la Loi. Leur système d'interprétations allégoriques, qui transformait un code en un livre de préceptes moraux, était l'abandon avoué du rigorisme doctoral[2]. Au contraire, les halakistes traitaient les agadistes (et les chrétiens pour eux étaient des agadistes) comme gens frivoles, étrangers à la seule étude sérieuse, qui était

1. Talm. de Jér., *Schabbath*, xvi, 1 (fol. 15 c).
2. Derenbourg, *Palest.*, p. 349, 352-354.

celle de la *Thora*[1]. Le talmudisme et le christianisme devenaient ainsi les deux antipodes du monde moral ; la haine entre eux croissait de jour en jour. Le dégoût qu'inspiraient aux chrétiens les recherches subtiles de la casuistique de Iabné s'est écrit dans les Évangiles en traits de feu.

L'inconvénient des études talmudiques était la confiance qu'elles donnaient, le dédain qu'elles inspiraient pour le profane : « Je te remercie, Éternel, mon Dieu, disait l'étudiant en sortant de la maison d'étude, de ce que, par ta grâce, j'ai fréquenté l'école au lieu de faire comme ceux qui traînent dans les bazars. Je me lève comme eux ; mais c'est pour l'étude de la Loi, non pour des motifs frivoles. Je me donne de la peine comme eux ; mais j'en serai récompensé. Nous courons également ; mais moi, j'ai pour but la vie future, tandis qu'eux ils n'arriveront qu'à la fosse de la destruction[2]. » Voilà ce qui blessait si fort Jésus et les rédacteurs des Évangiles, voilà ce qui leur inspirait ces belles sentences : « Ne jugez pas, et vous ne serez point jugé », ces paraboles où l'homme simple, plein de cœur, est préféré au docteur orgueilleux[3]. Comme saint Paul, ils voyaient dans les ca-

1. Derenbourg, *op. cit.*, p. 350-352.
2. Talm. de Bab., *Berakoth*, 28 *b*.
3. Luc, XVIII, 9 et suiv.

suistes des gens qui ne servaient qu'à damner plus de monde, en exagérant les obligations au delà de ce que l'homme peut porter [1]. Le judaïsme ayant pour base ce fait, prétendu expérimental, que l'homme est traité ici-bas selon ses mérites, portait à juger sans cesse, puisque l'équité des voies de Dieu ne se démontrait qu'à cette condition. Le pharisaïsme a déjà dans la théorie des amis de Job et de certains psalmistes [2] des racines profondes. Jésus, en rejetant l'application de la justice de Dieu à l'avenir, rendait inutiles ces critiques inquiètes de la conduite d'autrui. Le royaume des cieux réparera tout; Dieu jusque-là sommeille; mais fiez-vous à lui. Par horreur de l'hypocrisie, le christianisme arriva même à ce paradoxe de préférer le monde franchement vicieux, mais susceptible de conversion, à une bourgeoisie faisant parade de son apparente honnêteté. Beaucoup de traits de la légende conçus ou développés sous l'influence de Jésus furent de cette idée.

Entre gens de même race, partageant le même exil, admettant les mêmes révélations divines et ne différant que sur un seul point d'histoire récente, les controverses étaient inévitables. On en trouve

---

1. Matth., XXIII, 4, 15.
2. Voir, en particulier, le Ps. LXXIII, surtout le v. 12.

des traces assez nombreuses dans le Talmud et dans les écrits qui s'y rattachent[1]. Le plus célèbre docteur dont le nom paraisse mêlé à ces disputes est Rabbi Tarphon. Avant le siége de Jérusalem, il avait rempli les fonctions sacerdotales. Il aimait à rappeler ses souvenirs du temple, en particulier comment il avait assisté, sur l'estrade des prêtres, au service solennel du grand Pardon. Le pontife avait, ce jour-là, la permission de prononcer le nom ineffable de Dieu. Tarphon racontait que, malgré les efforts qu'il fit, il ne put rien saisir, le chant des autres officiants l'ayant empêché d'entendre[2].

Après la destruction de la ville sainte, il fut une des gloires des écoles de Iabné et de Lydda. A la subtilité il joignit, ce qui vaut mieux, la charité[3]. Dans une année de famine, il se fiança, dit-on, à trois cents femmes, afin que, grâce au titre de futures épouses de prêtre, elles eussent le droit de prendre part aux offrandes sacrées[4]; naturellement, la famine passée, il ne donna pas suite aux fiançailles. Beaucoup de sentences de Tarphon rappellent l'Évangile.

---

1. Par exemple, Midrasch sur Ps. x (Derenbourg, p. 356-357).
2. Midrasch sur *Kohéleth,* III, 1 ; sur *Bammidbar,* XI; Talm. de Jér., *Ioma,* III, 7.
3. Tosifta *Hagiga,* vers la fin; *Semahot,* II, 4.
4. Talm. de Jér., *Jebamoth,* IV, 14.

« Le jour est court, le travail long; les ouvriers sont paresseux; le salaire est grand, le maître presse[1]. »
« De notre temps, ajoutait-il, quand on dit à quelqu'un : « Ote le fétu de ton œil, » on s'entend dire : « Ote la poutre du tien[2]. » L'Évangile place une telle réplique dans la bouche de Jésus, réprimandant les pharisiens[3], et l'on est tenté de croire que la mauvaise humeur de Rabbi Tarphon venait d'une réponse du même genre qui lui avait été faite par quelque *mîn*. Le nom de Tarphon, en effet, fut célèbre dans l'Église. Au IIe siècle, Justin, voulant dans un dialogue mettre aux prises un juif et un chrétien, choisit notre docteur comme défenseur de la thèse juive et le mit en scène sous le nom de *Tryphon*[4].

Le choix de Justin et le ton malveillant qu'il prête à ce *Tryphon* contre la foi chrétienne sont justifiés

---

1. *Pirké Aboth*, II, 15.
2. Talm. de Bab., *Érachin*, 15 b.
3. Matth., VII, 4.
4. Le titre ἀρχηγοῦ τῶν Ἰουδαίων (cf. Eusèbe, *H. E.*, IV, XVIII, 6) prouve bien qu'il s'agit dans Justin du célèbre Tarphon. Le nom de *Tarphon* était-il primitivement Τρύφων, ou bien est-ce là une assimilation artificielle de Justin? On en peut douter. Le nom de *Tryphon* a été porté par des juifs (Philon, *In Flacc.*, 10), mais n'était pas ordinaire. Le nom de *Tarphon* n'a été porté en hébreu que par notre docteur. Derenbourg, p. 376, note 1. — Le nom de Rabbi Tarphon se retrouve estropié dans saint Jérôme (*Delphon.*) *In Is.*, VIII, 14.

par ce que nous lisons dans le Talmud des sentiments de Tarphon. Ce rabbi connaissait les Évangiles et les livres des *mînim* [1]; mais, loin de les admirer, il voulait qu'on les brûlât. On lui faisait remarquer que pourtant le nom de Dieu y était souvent répété. « Je veux bien perdre mon fils, dit-il, si je ne jette au feu tous ces livres, dans le cas où ils me tomberaient sous la main, avec le nom de Dieu qu'ils contiennent. Un homme poursuivi par un assassin, ou menacé de la morsure d'un serpent, doit plutôt chercher un abri dans un temple d'idoles que dans les maisons des *mînim;* car ceux-ci connaissent la vérité et la renient, tandis que les idolâtres renient Dieu, faute de le connaître[2]. »

Si un homme relativement modéré comme Tarphon se laissait emporter à de tels excès, qu'on imagine ce que devait être la haine dans ce monde ardent et passionné des synagogues, où le fanatisme de la Loi était porté à son comble. Le judaïsme orthodoxe n'eut pas assez d'anathèmes contre les *mînim* [3]. De bonne heure s'établit l'usage d'une triple malédiction, prononcée dans la synagogue le matin, à midi et le soir, contre les partisans de Jésus, compris sous

---

1. הגליונין וספרי מינים. Le mot הגליונין, « les Évangiles », est du rédacteur de la Gémare, et non de Tarphon.
2. Talm. de Bab., *Schabbath,* 116 a.
3. Saint Épiph., hær. XXIX, 9.

le nom de « nazaréens »[1]. Cette malédiction s'introduisit dans la prière principale du judaïsme, l'*amida* ou *schemoné esré*. L'*amida* se composa d'abord de dix-huit bénédictions ou plutôt de dix-huit paragraphes. Vers le temps où nous sommes[2], on intercala entre le onzième et le douzième paragraphe une imprécation ainsi conçue :

> Aux délateurs pas d'espérance ! Aux malveillants la destruction ! Que la puissance de l'orgueil soit affaiblie, brisée, humiliée, bientôt, de nos jours ! Sois loué, ô Éternel, qui brises tes ennemis et abaisses les orgueilleux !

On suppose, non sans apparence de raison, que les ennemis d'Israël visés dans cette prière furent à l'origine les judéo-chrétiens[3], et que ce fut là une

---

1. Épiph., xxix, 9 ; saint Jérôme, sur *Isaïe*, v, 18-19 ; xlix, 7 ; lii, 4 et suiv. Je pense que c'est aussi à cet usage que se rapporte ce que dit Justin (*Dial. cum Tryph.*, c. 16, 47, 137) des anathèmes que les juifs vomissent dans leurs synagogues contre Christ. Cf. saint Jérôme, *In Is.*, xviii, 19.

2. On attribue l'intercalation en question au patriarche Rabbi Gamaliel II, et on suppose qu'elle fut faite à Iabné (*Berakoth*, cité ci-après).

3. On l'appelle aussi « la bénédiction des sadducéens ». *Megilla*, 17 b ; Talm. de Bab., *Berakoth*, 28 b et suiv. (comp. Talm. de Jér., *Berakoth*, iv, 3 ; Schwab, p. 178 et suiv.) Les mots de *sadducéens, philosophes, épicuriens, samaritains (koutiim), minim*, sont mis souvent l'un pour l'autre dans le Talmud. Le premier mot de la malédiction, dans les rituels juifs, est *oulem*[als]*ínim* (les délateurs), qu'on suppose avoir été substitué, par l'addition de deux

sorte de *schibboleth* pour écarter des synagogues les partisans de Jésus. Les conversions de juifs au christianisme n'étaient point rares en Syrie. La fidélité des chrétiens de ce pays aux observances mosaïques fournissait à cela de grandes facilités. Tandis que le disciple incirconcis de saint Paul ne pouvait avoir de relations avec un juif, le judéo-chrétien pouvait entrer dans les synagogues, s'approcher de la *téba* et du lutrin où se tenaient les officiants et les prédicateurs, faire valoir les textes qui favorisaient ses idées. On prit à cet égard diverses précautions [1]. La plus efficace put être d'obliger tous ceux qui voulaient prier dans la synagogue à réciter une prière qui, prononcée par un chrétien, eût été sa propre malédiction.

En résumé, malgré ses apparences étroites, cette Église nazaréo-ébionite de Batanée avait quelque chose de mystique et de saint, qui dut frapper beaucoup. La simplicité des conceptions juives sur la divinité la préservait de la mythologie et de la métaphysique, où le christianisme occidental ne devait pas tarder à verser. Sa persistance à maintenir le sublime paradoxe de Jésus, la noblesse et le bonheur

lettres, à *ouleminim* (Derenb., p. 345, 346). Dans Mischna, *Berakoth*, ix, 9, *minim* désigne réellement les sadducéens.
1. Mischna, *Megilla*, iv, 9; Derenbourg, p. 354-355.

de la pauvreté, avait quelque chose de touchant.
C'était là peut-être la plus grande vérité du christianisme, celle par laquelle il a réussi et par laquelle il se survivra. En un sens, tous, tant que nous sommes, savants, artistes, prêtres, ouvriers des œuvres désintéressées, nous avons encore le droit de nous appeler des *ébionim*. L'ami du vrai, du beau et du bien n'admet jamais qu'il touche une rétribution. Les choses de l'âme n'ont pas de prix; au savant qui l'éclaire, au prêtre qui la moralise, au poëte et à l'artiste qui la charment, l'humanité ne donnera jamais qu'une aumône, totalement disproportionnée avec ce qu'elle reçoit. Celui qui vend l'idéal et se croit payé pour ce qu'il livre est bien humble. Le fier *Ébion*, qui pense que le royaume du ciel est à lui, voit dans la part qui lui est échue ici-bas non un salaire, mais l'obole qu'on dépose dans la main du mendiant.

Les nazaréens de Batanée avaient ainsi un inappréciable privilége, c'était de posséder la tradition vraie des paroles de Jésus; l'Évangile allait sortir de leur sein. Aussi ceux qui connurent directement l'Église d'au delà du Jourdain, tels que Hégésippe [1], Jules Africain [2], en parlent-ils avec la plus grande

---

1. Dans Eusèbe, *H. E.*, III, 32; IV, 22.
2. Jules Africain paraît avoir été en rapport avec les naza-

admiration. Là principalement leur sembla être l'idéal du christianisme ; cette Église cachée au désert, dans une paix profonde, sous l'aile de Dieu, leur apparut comme une vierge d'une pureté absolue. Les liens de ces communautés écartées avec la catholicité se brisèrent peu à peu. Justin hésite sur leur compte ; il connaît peu l'Église judéo-chrétienne ; mais il sait qu'elle existe ; il en parle avec égards ; du moins il ne rompt pas la communion avec elle [1]. C'est Irénée qui ouvre la série de ces déclamations, répétées après lui par tous les Pères grecs et latins, et auxquelles saint Épiphane met le comble par l'espèce de rage qu'excitent chez lui les seuls noms d'*Ébion* et de nazaréens. Une loi de ce monde veut que tout fondateur devienne vite un étranger, un excommunié, puis un ennemi, dans sa propre école, et que, s'il s'obstine à vivre longtemps, ceux qui sortent de lui soient obligés de prendre des mesures contre lui, comme contre un homme dangereux.

réens et avoir reçu leurs traditions orales. Voir Eus., *H. E.,* I, VII, surtout les §§ 8 et 11.

1. Justin, *Dial. cum Tryph.,* 47, 48.

CHAPITRE V.

FIXATION DE LA LÉGENDE ET DES ENSEIGNEMENTS DE JÉSUS.

Quand une grande apparition de l'ordre religieux, moral, politique, littéraire s'est produite, la seconde génération éprouve d'ordinaire le besoin de fixer le souvenir des choses mémorables qui se sont passées au début du mouvement nouveau. Ceux qui ont assisté à l'éclosion première, ceux qui ont connu selon la chair le maître que tant d'autres n'adorent qu'en esprit, ont une sorte d'aversion pour les écrits qui diminuent leur privilége et prétendent livrer à tous une tradition sainte qu'ils gardent précieusement dans leur cœur. C'est quand les derniers témoins des origines menacent de disparaître qu'on s'inquiète de l'avenir et qu'on cherche à dessiner l'image du fondateur en traits durables. Une circonstance, pour Jésus, dut contribuer à retarder l'époque où s'écrivent d'ordinaire les mémoires des disciples et en diminuer l'importance ; c'était la persuasion d'une fin prochaine du monde, l'assurance que la génération apostolique ne passerait pas sans que le doux Nazaréen fût rendu comme pasteur éternel à ses amis.

On a remarqué mille fois que la force de la mémoire est en raison inverse de l'habitude qu'on a d'écrire. Nous avons peine à nous figurer ce que la tradition orale pouvait retenir aux époques où l'on ne se reposait pas sur les notes qu'on avait prises ou sur les feuillets que l'on possédait. La mémoire d'un homme était alors comme un livre ; elle savait rendre même des conversations auxquelles on n'avait point assisté. « Des Clazoméniens avaient entendu parler d'un Antiphon, lequel était lié avec un certain Pythodore, ami de Zénon, qui se rappelait les entretiens de Socrate avec Zénon et Parménide, pour les avoir entendu répéter à Pythodore. Antiphon les savait par cœur, et les répétait à qui voulait les entendre. » Tel est le début du *Parménide* de Platon. Une foule de personnes qui n'avaient point vu Jésus le connaissaient ainsi, sans le secours d'aucun livre, presque aussi bien que ses disciples immédiats. La vie de Jésus, quoique non écrite, était l'aliment de son Église ; ses maximes étaient sans cesse répétées ; les parties essentiellement symboliques de sa biographie se reproduisaient dans de petits récits en quelque sorte stéréotypés et sus par cœur. Cela est certain pour ce qui regarde l'institution de la Cène¹. Il en fut aussi probablement de même pour les lignes essentielles du récit de la Passion; du moins l'accord du quatrième Évangile et des trois autres sur cette partie essentielle de la vie de Jésus porte à le supposer.

Les sentences morales, qui formaient la partie la plus solide de l'enseignement de Jésus, étaient encore plus faciles à garder. On se les récitait assidûment. « Vers minuit, je me réveille toujours de moi-même, fait dire à Pierre un écrit ébionite composé vers l'an 135, et le sommeil ensuite ne me revient plus. C'est l'effet de l'habitude que j'ai prise de rappeler à ma mémoire les paroles de mon Seigneur que j'ai entendues, afin de pouvoir les retenir fidèlement². » Cependant, comme ceux qui avaient reçu directement ces divines paroles

---

1. I Cor., xi, 23 et suiv., passage écrit avant qu'aucun Évangile existât, et que Paul déclare tenir de tradition première, παρέλαβον ἀπὸ τοῦ κυρίου. Voir *l'Antechrist*, p. 60-61. Voyez aussi I Thess., v, 2, οἴδατε, à propos d'une comparaison familière à Jésus. L'Eglise conserva jusqu'au vᵉ siècle l'usage de formules non écrites et sues par cœur, surtout en ce qui touche la Cène. Saint Basile, *De Spir. sancto*, c. 27; saint Cyrille de Jér., Catéch. v, 12; saint Jérôme, Epist. 61 (37) *ad Pamm.*, c. 9, Mart., IV, 2ᵉ part., col. 323.

2. *Récognitions*, II, 1. Comp. Luc, ii, 19.

mouraient chaque jour, et que beaucoup de mots, d'anecdotes, menaçaient de se perdre, on sentit la nécessité de les écrire. De divers côtés il s'en forma de petits recueils. Ces recueils offraient, avec des parties communes, de fortes variantes ; l'ordre et l'agencement surtout différaient; chacun cherchait à compléter son cahier en consultant les cahiers des autres, et naturellement toute parole vivement accentuée, qui naissait dans la communauté, bien conforme à l'esprit de Jésus, était avidement saisie au vol et insérée dans les recueils. Selon certaines apparences, l'apôtre Matthieu aurait composé un de ces mémoriaux, qui aurait été généralement accepté[1]. Le doute cependant à cet égard est permis; il est même plus probable que toutes ces petites collections de paroles de Jésus restèrent anonymes, à l'état de notes personnelles, et

---

1. Papias, dans Eus., *H. E.*, III, xxxix, 16 : Ματθαῖος μὲν οὖν ἑβραΐδι διαλέκτῳ τὰ λόγια συνεγράψατο, ἡρμήνευσε δ'αὐτὰ ὡς ἦν δυνατὸς ἕκαστος. On ne peut dire que Papias entende par τὰ λόγια un simple recueil de sentences sans récit. En effet, Papias, commentant les λόγια κυριακά, n'était amené à parler dans sa préface que de ce qui l'intéressait. Sa phrase peut très-bien s'appliquer à un Évangile mêlé de sentences et de récits. Parlant de Marc (*ibid.*, xxxix, 15), Papias dit que son livre contenait τὰ ὑπὸ τοῦ χριστοῦ ἢ λεχθέντα ἢ πραχθέντα (cf. Platon, *Phédon*, 2), ce qui ne l'empêche pas d'employer à propos de ce livre les mots de σύνταξις τῶν κυριακῶν λόγων. L'ouvrage même de Papias, intitulé Λογίων κυριακῶν ἐξηγήσεις, renfermait des récits (Routh, *Rel. sacræ*, p. 7 et suiv.).

ne furent pas reproduites par les copistes comme des ouvrages ayant une individualité.

Un écrit qui peut nous donner quelque idée de ce premier embryon des Évangiles, c'est le *Pirké Aboth*, recueil des sentences des rabbins célèbres, depuis les temps asmonéens jusqu'au IIᵉ siècle de notre ère. Un tel livre n'a pu se former que par des additions successives. Le progrès des écritures bouddhiques sur la vie de Çakya Mouni suivit une marche analogue. Les soutras bouddhiques répondent aux recueils des paroles de Jésus; ce ne sont pas des biographies; ils commencent simplement par des indications comme celle-ci : « En ce temps-là, Baghavat séjournait à Çravasti, dans le vihâra de Jétavana... etc. » La partie narrative y est très-limitée; l'enseignement, la parabole sont le but principal. Des parties entières du bouddhisme ne possèdent que de pareils soutras. Le bouddhisme du Nord et les branches qui en sont issues ont de plus des livres comme le *Lalita vistara*, biographies complètes de Çakya Mouni, depuis sa naissance jusqu'au moment où il atteint l'intelligence parfaite. Le bouddhisme du Sud n'a pas de telles biographies, non qu'il les ignore, mais parce que l'enseignement théologique a pu s'en passer et s'en tenir aux soutras.

Nous verrons, en parlant de l'Évangile selon Matthieu, que l'on peut encore se figurer à peu près l'état de ces premiers soutras chrétiens. C'étaient des espèces de fascicules de sentences et de paraboles, sans beaucoup d'ordre, que le rédacteur de notre Matthieu a insérés en bloc dans son récit. Le génie hébreu avait toujours excellé dans la sentence morale; en la bouche de Jésus, ce genre exquis avait atteint la perfection. Rien n'empêche de croire que Jésus parlât en effet de la sorte. Mais la « haie » qui, selon l'expression talmudique, protégeait la parole sacrée était bien faible. Il est de l'essence de tels recueils de croître par une concrétion lente, sans que les contours du noyau primitif se perdent jamais. Ainsi le traité *Éduïoth*, petite mischna complète, noyau de la grande Mischna, et où les dépôts des cristallisations successives de la tradition sont très-visibles, se retrouve comme traité à part dans la grande Mischna. Le Discours sur la montagne peut être considéré comme l'*éduïoth* de l'Évangile, c'est-à-dire comme un premier groupement artificiel, qui n'empêcha pas des combinaisons ultérieures de se produire ni les maximes ainsi réunies par un fil léger de s'égrener de nouveau.

En quelle langue étaient rédigés ces petits recueils des sentences de Jésus, ces *Pirké Iéschou*, s'il est permis de s'exprimer ainsi ? Dans la langue même de Jésus [1], dans la langue vulgaire de la Palestine, sorte de mélange d'hébreu et d'araméen, que l'on continuait d'appeler « hébreu » [2], et auquel les savants modernes ont donné le nom de « syro-chaldaïque ». Sur ce point le *Pirké Aboth* est peut-être encore le livre qui nous donne le mieux l'idée des Évangiles primitifs, bien que les rabbins qui figurent dans ce recueil, étant des docteurs de la pure école juive, y parlent peut-être une langue plus rapprochée de l'hébreu que ne le fut celle de Jésus [3].

[1]. Quelques particularités des λόγια, surtout la nuance de ὁ πλησίον (hébreu רע) dans Matth., v, 43, et même dans Luc, x, 27-37, supposent que ces sentences furent d'abord conçues et prononcées en hébreu.

[2]. Ἑβραιστί. Voir *Vie de Jésus*, p. 34, 13ᵉ édit. (et suiv.). C'est ce qu'on appelait ἡ πάτριος γλῶσσα. *Act.*, XXII, 40; Jos., *Ant.*, XX, XI, 2, etc. Voir *Hist. des lang. sémit.*, II, I, 5 ; III, I, 2.

[3]. Les mots de Jésus conservés en dialecte sémitique dans les Évangiles grecs (ρακά, λαμὰ σαβαχθανί, ἀββᾶ, ἐφφαθά, ταλιθὰ κοῦμι) se rapprochent beaucoup plus de l'araméen que de l'hébreu. La même observation s'applique aux mots évangéliques ou apostoliques, ὡσαννα, κορβανᾶς, Γολγοθᾶ, μαμμωνᾶς, σάτον, Βαριωνᾶ, Κηφᾶ, Γαββαθᾶ, Βηθεσδά, Ραββονί, Ἀκελδαμά, Ταβιθά, μαραναθά. Les passages que cite saint Jérôme de l'Évangile hébreu sont araméens. Cf. Hilgenfeld, *Novum Test. extra Canonem receptum*, IV, p. 17, 26. Cf. *Gesta Pilati*, A, 4, p. 210-214, édit. Tischendorf. On ne peut rien conclure de Talm. de Bab., *Schabbath*, 116 *a* et *b*; car il n'est pas du tout sûr que le talmudiste cite le texte du λόγιον. — Le passage sur Hégésippe (Eus., *H. E.*, IV, XXII, 7) prouve que le syriaque abondait dans la langue des Évangiles dits hé-

Naturellement, les catéchistes qui parlaient grec traduisaient ces paroles comme ils pouvaient et d'une façon assez libre[1]. C'est ce qu'on appelait les *Logia kyriaka,* « les oracles du Seigneur », ou simplement les *Logia.* Les recueils syro-chaldaïques de sentences de Jésus n'ayant jamais eu d'unité, les recueils grecs en eurent encore moins, et ne furent écrits que d'une façon individuelle, sous forme de notes, pour l'usage personnel de chacun. Il n'était pas possible que, même d'une façon passagère, Jésus fût résumé tout entier en un écrit gnomique ; l'Évangile ne devait pas se renfermer dans le cadre étroit d'un petit traité de morale. Un choix de proverbes courants ou de préceptes, comme le *Pirké Aboth,* n'eût pas changé l'humanité, le supposât-on rempli de maximes de l'accent le plus élevé.

Ce qui, en effet, caractérise Jésus au plus haut degré, c'est que l'enseignement fut pour lui inséparable de l'action. Ses leçons étaient des actes, des symboles vivants, liés d'une manière indissoluble à ses paraboles, et certainement, dans les plus anciens feuillets qui furent écrits pour fixer ses enseignements, il y avait déjà des anecdotes, des petits-

---

breux. — Les gens parlant syriaque comprenaient parfaitement les gens de Galilée. Jos., *B. J.,* IV, 1, 5.

1. Papias, dans Eus., *H. E.,* III, xxxix, 16.

récits. Bientôt d'ailleurs, ce premier cadre devint totalement insuffisant. Les sentences de Jésus n'étaient rien sans sa biographie. Cette biographie était le mystère par excellence, la réalisation de l'idéal messianique ; les textes des prophètes y trouvaient leur justification. Raconter la vie de Jésus, c'était prouver sa messianité, c'était faire aux yeux des juifs la plus complète apologie du mouvement nouveau.

Ainsi se dressa de fort bonne heure un cadre, qui fut en quelque sorte la charpente de tous les Évangiles[1], et où l'action et la parole étaient entremêlées[2]. Au début, Jean-Baptiste[3], précurseur du royaume de Dieu, annonçant, accueillant, recommandant Jésus ; puis Jésus se préparant à sa mission divine par la retraite et l'accomplissement de la Loi ; puis la brillante période de la vie publique, le plein soleil du royaume de Dieu, Jésus au milieu de ses disciples, rayonnant de l'éclat doux et tempéré d'un prophète fils de Dieu. Comme les disciples n'avaient guère que des souvenirs galiléens, la Galilée fut le

1. Marc, I, 1 ; *Act.*, I, 21-22 ; x, 37-42 ; I Cor., xv, 1-7.
2. Λεχθέντα ἢ πραχθέντα. Papias, dans Eus., *H. E.*, III, xxxix, 15 ; ποιεῖν τε καὶ διδάσκειν. *Act.*, I, 1.
3. Matth., xi, 12-13 ; Luc, xvi, 16 ; Canon de Muratori, lignes 8-9. L'Évangile ébionite débutait aussi par Jean-Baptiste. Épiph., hær. xxx, 13, 14.

théâtre presque unique de cette exquise théophanie. Le rôle de Jérusalem fut presque supprimé. Jésus n'y allait que huit jours avant de mourir. Ses deux derniers jours étaient racontés presque heure par heure. La veille de sa mort, il célébrait la pâque avec ses disciples, et instituait le rite divin de la communion mutuelle. Un de ses disciples le trahissait, les autorités officielles du judaïsme obtenaient sa mort de l'autorité romaine; il mourait sur le Golgotha; il était enseveli. Le surlendemain, son tombeau était trouvé vide ; c'est qu'il était ressuscité, monté à la droite de son Père. Plusieurs disciples étaient ensuite favorisés des apparitions de son ombre errante entre le ciel et la terre.

Le commencement et la fin de l'histoire étaient, comme on le voit, assez arrêtés. L'intervalle, au contraire, était à l'état de chaos anecdotique, sans nulle chronologie. Pour toute cette partie, relative à la vie publique, aucun ordre n'était consacré ; chacun distribuait la matière à sa guise. L'ensemble du récit était ce qu'on appelait « la bonne nouvelle », en hébreu *besora*, en grec *évangélion* [1], par allusion au passage du second Isaïe [2] : « L'esprit de Jéhovah est sur moi; Jéhovah m'a sacré pour annoncer la

1 Marc, I, 1. Cf. Matth., XXVI, 13; Marc, XIV, 9.
2. Is., LXI, 1 et suiv.

bonne nouvelle aux pauvres, pour guérir ceux dont le cœur est brisé, prêcher aux captifs la liberté, aux prisonniers la délivrance ; pour annoncer l'année propice de Jéhovah, le jour de la revanche de notre Dieu ; pour consoler tous ceux qui pleurent. » Le *mebasser* ou « évangéliste »[1] avait pour rôle spécial d'exposer cette histoire excellente, qui fut, il y a dix-huit cents ans, le grand instrument de la conversion du monde, qui reste encore le grand argument du christianisme, en sa lutte des derniers jours.

La matière était traditionnelle ; or la tradition est par essence une matière molle et extensible. Aux paroles authentiques de Jésus se mêlaient chaque année des dires plus ou moins supposés. Se produisait-il dans la communauté un fait nouveau, une tendance nouvelle, on se demandait ce que Jésus en eût pensé ; un mot se répandait, on ne se faisait nulle difficulté de l'attribuer au maître[2]. La collection de la sorte s'enrichissait sans cesse, et aussi

---

1. *Act.*, XXI, 11 ; Éphés., IV, 11 ; II Tim., IV, 5.
2. On voit l'analogie avec les *hadith* de Mahomet. Mais, comme Mahomet laissa un volume authentique, le Coran, qui a tout écrasé de son autorité, les lois qui président d'ordinaire à la rédaction des traditions orales furent déroutées ; les *hadith* n'arrivèrent pas à former un code consacré. Si Jésus avait écrit un livre, les Évangiles n'auraient pas existé.

s'épurait. On éliminait les paroles qui choquaient trop vivement les opinions du moment, ou que l'on trouvait dangereuses. Mais le fond restait ferme. Il avait réellement une base solide. La tradition évangélique, c'est la tradition de l'Église de Jérusalem transportée en Pérée. L'Évangile naît au milieu des parents de Jésus, et, jusqu'à un certain point, est l'œuvre de ses disciples immédiats.

C'est ce qui donne le droit de croire que l'image de Jésus telle qu'elle résulte des Évangiles est ressemblante à l'original dans ses traits essentiels. Ces récits sont à la fois histoire et figure. De ce que la fable s'y mêle, conclure que rien n'y est véritable, c'est errer par trop de crainte de l'erreur. Si nous ne connaissions François d'Assise que par le livre des *Conformités,* nous devrions dire que c'est là une biographie comme celle du Bouddha ou de Jésus, une biographie écrite *a priori*, pour montrer la réalisation d'un type préconçu. Pourtant François d'Assise a certainement existé. Ali, chez les schiites, est devenu un personnage totalement mythologique. Ses fils Hassan et Hossein se sont substitués au rôle fabuleux de Tammuz. Cependant Ali, Hassan, Hossein sont des personnages réels. Le mythe se greffe fréquemment sur une biographie historique. L'idéal est quelquefois le vrai. Athènes offre l'absolu du beau dans les arts, et Athènes existe. Même les personnages qu'on prendrait pour des statues symboliques ont pu, à certains jours, vivre en chair et en os. Ces histoires se passent, en effet, selon des espèces de patrons réglés par la nature des choses, si bien que toutes se ressemblent. Le bâbisme, qui est un fait de nos jours, offre dans sa légende naissante des parties qu'on dirait calquées sur la vie de Jésus ; le type du disciple qui renie, les détails du supplice et de la mort du Bâb, semblent imités de l'Évangile ; ce qui n'empêche pas que ces faits ne se soient passés comme on les raconte [1].

Ajoutons qu'à côté des traits d'idéal qui composent la figure du héros des Évangiles, il y a aussi des traits de temps, de race et de caractère individuel. Ce jeune Juif, à la fois doux et terrible, fin et impérieux, naïf et profond, rempli du zèle désintéressé d'une moralité sublime et de l'ardeur d'une personnalité exaltée, a bel et bien existé. Il aurait sa place dans un tableau de Bida, la figure encadrée de grosses boucles de cheveux. Il fut Juif, et il fut lui-même. La perte de son auréole surnaturelle ne lui a rien ôté de son charme. Notre race rendue à elle-même, et dégagée de tout ce que l'influence

---

[1]. Les récits que nous en avons m'ont été confirmés par deux témoins oculaires.

juive a introduit dans ses manières de penser, continuera de l'aimer.

Certes, en écrivant de pareilles vies, on est sans cesse amené à se dire comme Quinte-Curce[1] : *Equidem plura transscribo quam credo.* D'un autre côté, par un excès de scepticisme, on se prive de bien des vérités. Pour nos esprits clairs et scolastiques, la distinction d'un récit réel et d'un récit fictif est absolue. Le poëme épique, le récit héroïque, où l'homéride, le trouvère, l'*antari*, le *cantistorie* se meuvent avec tant d'aisance, se réduisent, dans la poétique d'un Lucain, d'un Voltaire, à de froids agencements de machines de théâtre qui ne trompent personne. Pour le succès de tels récits, il faut que l'auditeur les admette ; mais il suffit que l'auteur les croie possibles. Le légendaire, l'agadiste, ne sont pas plus des imposteurs que les auteurs des poëmes homériques, que Chrétien de Troyes ne l'étaient. Une des dispositions essentielles de ceux qui créent les fables vraiment fécondes, c'est l'insouciance complète à l'égard de la vérité matérièlle. L'agadiste sourirait, si nous lui posions notre question d'esprits sincères : « Ce que tu racontes est-il vrai ? » Dans un tel état d'esprit, on ne s'inquiète que de la doctrine à incul-

---

1. Quinte-Curce, IX, I, 34.

quer, du sentiment à exprimer. L'esprit est tout ; la lettre n'importe pas. La curiosité objective, qui ne se propose d'autre but que de savoir aussi exactement que possible la réalité des faits, est une chose dont il n'y a presque pas d'exemple en Orient.

De même que la vie d'un Bouddha dans l'Inde était en quelque sorte écrite d'avance, de même la vie d'un Messie juif était tracée *a priori*; on pouvait dire ce qu'il devait faire, ce qu'il était tenu d'accomplir. Son type se trouvait avoir été sculpté en quelque sorte par les prophètes, sans que ceux-ci s'en fussent doutés, grâce à une exégèse qui appliquait au Messie tout ce qui se rapportait à un idéal obscur. Le plus souvent, cependant, c'était le procédé inverse qui prévalait chez les chrétiens. En lisant les prophètes, surtout les prophètes de la fin de l'exil, le second Isaïe, Zacharie, ils trouvaient Jésus à chaque ligne. « Réjouis-toi, fille de Sion ; saute de joie, fille de Jérusalem ; voici que ton roi vient à toi, juste et apportant le salut ; il est la douceur même ; sa monture est un âne, le petit de l'ânesse[1]. » Ce roi des pauvres, c'était Jésus, et l'on croyait se rappeler une circonstance où il accomplit cette prophétie[2]. — « La pierre qu'ils avaient

---

1. Zach., ix, 9. Le vrai Zacharie finit avec le chapitre viii. Les chapitres ix-xiv paraissent d'une main plus ancienne.
2. *Vie de Jésus*, p. 387.

mise au rebut est devenue une pierre d'angle, » lisait-on dans un psaume[1]. « Ce sera une pierre de scandale, lisait-on dans Isaïe[2], un achoppement pour les deux maisons d'Israël, un piége, une cause de ruine pour les habitants de Jérusalem; beaucoup s'y heurteront et tomberont. » Que le voilà bien! se disait-on. On repensait surtout ardemment aux circonstances de la Passion pour y trouver des figures. Tout ce qui se passa heure par heure dans ce drame terrible arriva pour accomplir quelque texte, pour signifier quelque mystère. On se rappelait qu'il n'avait pas voulu boire la *posca*, que ses os n'avaient pas été rompus, que sa robe avait été tirée au sort. Les prophètes l'avaient prédit. Judas et ses pièces d'argent (vraies ou supposées) suggéraient des rapprochements analogues. Toute la vieille histoire du peuple de Dieu devenait une sorte de modèle que l'on copiait. Moïse, Élie, avec leurs lumineuses apparitions, faisaient imaginer des ascensions de gloire. Toutes les théophanies antiques avaient eu lieu sur des points élevés[3]; Jésus se révéla principalement sur les montagnes, se

---

1. Ps. cxviii, 22. Cf. Matth., xxi, 42; Marc, xii, 10; Luc, xx, 17; *Act.*, iv, 11; I Petri, ii, 7.

2. Isaïe, viii, 14-15. Cf. Luc, ii, 34; Rom., ix, 32; I Petri, ii, 8.

3. Le Sinaï, le Moria, le Théou-prosopon (*Phanuel*) de Phénicie, etc.

transfigura sur le Thabor[1]. On ne reculait pas devant ce que nous appellerions des contre-sens : « J'ai appelé mon fils de l'Égypte, » disait Jéhovah dans Osée[2]. Il s'agissait là d'Israël; mais l'imagination chrétienne se figura qu'il s'agissait de Jésus, et on le fit transporter enfant en Égypte. Par une exégèse plus lâche encore, on trouvait que sa naissance à Nazareth avait été l'accomplissement d'une prophétie[3].

Tout le tissu de la vie de Jésus fut ainsi un fait exprès, une sorte d'arrangement surhumain disposé pour réaliser une série de textes anciens, censés relatifs à lui[4]. C'est le genre d'exégèse que les juifs nomment *midrasch*, où toutes les équivoques, tous les jeux de mots, de lettres, de sens, sont admis. Les vieux textes bibliques étaient pour les juifs de ce temps, non comme pour nous un ensemble historique et littéraire, mais un grimoire d'où l'on tirait des sorts, des images, des inductions de

---

[1]. *Évang. des Hébr.*, p. 16, ligne 17, p. 23 (Hilg.). Le nom du Thabor a disparu dans les Évangiles grecs. Il a reparu dans la tradition, à partir du IVe siècle.

[2]. Osée, XI, 1.

[3]. Matth., II, 23.

[4]. De là la formule ἵνα ou ὅπως πληρωθῇ, si fréquente dans Matthieu. Comp. les formules juives analogues, לקיים מה שנאמר, לתכם הזיונות, etc.

toute espèce. Le sens propre pour une telle exégèse n'existait pas ; on touchait déjà aux chimères du cabbaliste, pour lequel le texte sacré n'est qu'un amas mystérieux de lettres. Inutile de dire que tout ce travail se faisait d'une façon impersonnelle et en quelque sorte anonyme. Légendes, mythes, chants populaires, proverbes, mots historiques, calomnies caractéristiques d'un parti, tout cela est l'œuvre de ce grand imposteur qui s'appelle la foule. Assurément chaque légende, chaque proverbe, chaque mot spirituel a un père, mais un père inconnu. Quelqu'un dit le mot ; mille le répètent, le perfectionnent, l'affinent, l'aiguisent ; même celui qui l'a dit n'a été en le disant que l'interprète de tous.

CHAPITRE VI.

— L'ÉVANGILE HÉBREU.

Cette exposition de la vie messianique de Jésus, entremêlée de textes des anciens prophètes, toujours les mêmes, et susceptible d'être récitée en une seule séance, arriva de bonne heure à se fixer en des termes presque invariables, au moins pour le sens [1]. Non-seulement le récit se déroulait selon un plan déterminé, mais de plus les mots caractéristiques étaient arrêtés, si bien même que tel mot guidait souvent la pensée et survivait aux modifications du texte. Le cadre de l'Évangile exista ainsi avant

---

1. L'Apocalypse, écrite sûrement avant les synoptiques, a plus d'une consonnance avec eux. Comp. Apoc., III, 3, à Matth., XXIV, 42-44; Apoc., XIV, 14-17, à Matth., XIII, 30; Apoc., XIX, 7, à Matth., XXII, 2, et XXV, 1; Apoc., XXII, 4, à Matth., V, 8. Il en est de même de l'épître de Jacques. Comp. Jac., V, 12, à Matth., V, 34. Voir aussi Jac., I, 17, 19-20, 22; II, 13; IV, 4, 10; V, 2.

l'Évangile, à peu près comme, dans les drames persans de nos jours sur la mort des Alides, la marche de l'action est réglée, tandis que les parties banales sont laissées à l'improvisation de l'acteur. Destiné à la prédication, à l'apologie, à la conversion des juifs, le récit évangélique eut toute son individualité avant d'être écrit. On eût parlé aux disciples galiléens, aux frères du Seigneur, de la nécessité d'avoir des feuillets où ce récit fût revêtu d'une forme consacrée, ils eussent souri. Avons-nous besoin d'un papier pour retrouver nos pensées fondamentales, celles que nous répétons ou appliquons tous les jours? Les jeunes catéchistes pouvaient recourir pendant quelque temps à de pareils aide-mémoire; les vieux maîtres n'éprouvaient que du dédain pour ceux qui s'en servaient [1].

Voilà comment il se fait que, jusqu'au milieu du IIe siècle, les paroles de Jésus continuent à être citées de souvenir, avec des variantes considérables [2]. Les textes évangéliques que nous possédons existaient ; mais d'autres textes du même genre existaient à côté d'eux, et d'ailleurs, pour citer les paroles ou les traits symboliques de la vie de Jésus, on ne se croyait nullement obligé de recourir à ces textes

1. Papias, dans Eus., *H. E.*, III, xxxix, 4.
2. C'est ce que l'on verra dans le tome VI de cet ouvrage, surtout à propos de saint Justin.

écrits. La tradition vivante[1] était le grand réservoir où tous puisaient. De là l'explication de ce fait, en apparence surprenant, que les textes qui sont devenus ensuite la partie la plus importante du christianisme se sont produits obscurément, confusément, et n'ont été entourés d'abord de presque aucune considération[2].

Le même phénomène se retrouve, du reste, dans presque toutes les littératures sacrées. Les Védas ont traversé des siècles sans être écrits ; un homme qui se respectait devait les savoir par cœur. Celui qui avait besoin d'un manuscrit pour réciter ces hymnes antiques faisait un aveu d'ignorance ; aussi les copies n'en ont-elles jamais été estimées. Citer de mémoire la Bible, le Coran, est encore de nos jours un point d'honneur pour les Orientaux[3]. Une partie de la Thora juive a dû être orale, avant d'être rédigée. Il en a été de même pour les Psaumes. Le Talmud, enfin, exista près de deux cents ans sans être écrit. Même après qu'il fut écrit, les savants préférèrent longtemps les discours traditionnels aux

---

1. Ζώση φωνῇ καὶ μενούσῃ. Papias, dans Eus., *H. E.*, III, xxxix, 4. Comp. La lettre d'Irénée à Florinus, Eus., *H. E.*, V, 20.

2. Voir surtout Papias, dans Eus., endroit cité.

3. La plupart des citations de l'Ancien Testament qui se trouvent dans les écrits du Nouveau sont faites de mémoire.

paperasses qui contenaient les opinions des docteurs. La gloire d'un savant était de pouvoir citer de mémoire le plus grand nombre possible de solutions de casuistes. En présence de ces faits, loin de s'étonner du dédain de Papias pour les textes évangéliques existant de son temps, textes parmi lesquels étaient sûrement deux des livres que la chrétienté a ensuite si fort révérés, on arrive à le trouver parfaitement conforme à ce qu'on devait attendre d'un homme de tradition, d'un « homme ancien », comme l'appellent ceux qui ont parlé de lui.

Nous doutons que, avant la mort des apôtres et avant la destruction de Jérusalem, tout cet ensemble de récits, de sentences, de paraboles, de citations prophétiques ait été mis par écrit. C'est vers l'an 75 que nous plaçons par conjecture le moment où l'on esquissa les traits de l'image devant laquelle dix-huit siècles se sont prosternés. La Batanée, où résidaient les frères de Jésus et où s'étaient réfugiés les restes de l'Église de Jérusalem, paraît avoir été le pays où s'exécuta cet important travail. La langue dont on se servit[1] fut celle dans laquelle étaient conçues les paroles mêmes de Jésus, que l'on savait par cœur, c'est-à-dire le syro-chaldaïque, qu'on appelait abusivement l'hébreu. Les frères de Jésus, les

1. Les preuves de l'existence d'un Évangile hébreu sont les

chrétiens hiérosolymites fugitifs parlaient cette langue, peu différente, au reste, de celle des Batanéotes qui n'avaient pas adopté la langue grecque. C'est dans un dialecte obscur et sans culture littéraire que fut tracé le premier crayon du livre qui a charmé les âmes. Certes, si l'Évangile fût resté un livre hébreu ou syriaque, sa fortune eût bientôt trouvé des limites. C'est en grec que l'Évangile devait arriver à sa perfection, à la forme dernière qui a fait le tour du monde. Il ne faut pas oublier cependant que l'Évan-

textes suivants : Papias, dans Eus., *H. E.*, III, xxxix, 16; Hégésippe, dans Eus., *H. E.*, IV, xxii, 7; Pantænus (?), selon Eus., *H. E.*, V, x, 3 (saint Jérôme, *De viris ill.*, c. 36); Irénée, III, I, 1; Origène, dans Eus., VI, xxv, 4; *In Joh.*, tom. II, 6 (Opp., IV, 63 et suiv.); *In Matth*, t. I (Opp., III, 440); Eusèbe, *H. E.*, III, xxiv, 6; xxvii, 4; *In Psalm.* LXXVIII, 2; *Quæst. ad Marinum*, II, 1; *Theoph.*, xxii (col. 685, Migne); Théophanie syriaque (Lee), IV, 12; Épiphane, hær. xxviii, 5; xxix, 9; xxx, 3, 6, 13; LI, 5; Théodoret, *Hæret. fab.*, II, 1; saint Jean Chrys., *Hom. in Matth.*, I, 3; saint Cyrille de Jér., Catech., xiv, 15; saint Grég. de Naz., *Carm.*, p. 264 (Paris, 1840); saint Augustin, *De cons. Evang.*, I, 4; II, 128; Théophylacte, *In Matth.*, proœm.; saint Jérôme, voir ci-après, p. 102. — Cf. Tischendorf, *Notitia editionis codicis sinaïtici* (Lips., 1860), p. 58. C'est bien à tort qu'on a supposé que la version syriaque de saint Matthieu publiée par Cureton (Londres, 1858) a été faite sur l'original araméen de saint Matthieu. L'idée qu'elle serait cet original même est tout à fait chimérique. — Pour la tradition arabe d'un Évangile hébreu, voir *Hist. génér. des langues sémitiques*, l. IV, c. II, § 3, *initio;* Ibn Khaldoun, *Prolégom.*, trad. Slane, I, p. 472.

gile fut d'abord un livre syrien, écrit en une langue sémitique. Le style évangélique, ce tour charmant de narration enfantine qui rappelle les pages les plus limpides des vieux livres hébreux, pénétrées d'une sorte d'éther idéaliste que le vieux peuple ne connut pas, n'a rien d'hellénique. L'hébreu en est la base. Une juste proportion de matérialisme et de spiritualisme, ou plutôt une indiscernable confusion de l'âme et des sens, fait de cette langue adorable le synonyme même de la poésie, le vêtement pur de l'idée morale, quelque chose d'analogue à la sculpture grecque, où l'idéal se laisse toucher et aimer.

Ainsi fut ébauché par un génie inconscient ce chef-d'œuvre de l'art spontané, l'Évangile, non pas tel ou tel Évangile, mais cette espèce de poëme non fixé, ce chef-d'œuvre non rédigé, où chaque défaut est une beauté, et dont l'indécision même a été la principale condition de succès. Un portrait de Jésus fini, arrêté, classique, n'aurait pas eu tant de charme. L'*agada*, la parabole, ne veulent pas de contours nets. Il leur faut la chronologie flottante, la transition légère, insoucieuse de la réalité. C'est par l'Évangile que l'*agada* juive est arrivée à la vogue universelle. Cet air de candeur a séduit. Celui qui sait conter s'empare de la foule. Or savoir conter est un rare privilége; il faut pour cela une naïveté, une absence de pédantisme, dont n'est guère capable le docteur solennel. Les bouddhistes et les agadistes juifs (les évangélistes sont de vrais agadistes) ont seuls possédé cet art au degré de perfection qui fait accepter un récit à l'univers entier. Tous les contes, toutes les paraboles qui se répètent d'un bout de la terre à l'autre n'ont que deux origines, l'une bouddhique, l'autre chrétienne, parce que seuls les bouddhistes et les fondateurs du christianisme eurent souci de la prédication populaire. La situation des bouddhistes relativement aux brahmanes avait quelque chose d'analogue à celle des agadistes relativement aux talmudistes. Les talmudistes n'ont rien qui ressemble à la parabole évangélique, pas plus que les brahmanes ne fussent arrivés d'eux-mêmes au tour si agile, si leste, si coulant de la narration bouddhique. Deux grandes vies divines bien racontées, celle de Bouddha, celle de Jésus, voilà le secret des deux plus vastes propagandes religieuses qu'ait vues l'humanité.

La *halaka* n'a converti personne; seules, les épîtres de saint Paul n'eussent pas acquis cent adeptes à Jésus. Ce qui a conquis les cœurs, c'est l'Évangile, ce délicieux mélange de poésie et de sens moral, ce récit flottant entre le rêve et la réalité dans un paradis où l'on ne mesure pas le temps. Il y a eu sûrement en tout cela un peu de surprise littéraire. Il faut faire dans le succès de l'Évangile une part à l'étonnement causé chez nos lourdes races par l'étrangeté délicieuse de la narration sémitique, par ces habiles arrangements de sentences et de discours, par ces chutes si heureuses, si sereines, si cadencées. Étrangers aux artifices de l'*agada*, nos bons ancêtres en furent si charmés, qu'à l'heure présente nous avons peine encore à nous persuader combien ce genre de récit peut être vide de vérité objective. Mais, pour expliquer que l'Évangile soit devenu chez tous les peuples ce qu'il est, le vieux livre de famille dont les feuillets usés ont été mouillés de pleurs et où le doigt des générations s'est imprimé, il a fallu plus que cela. La fortune littéraire de l'Évangile tient à Jésus lui-même. Jésus a été, si l'on peut s'exprimer ainsi, l'auteur de sa propre biographie. Une expérience le prouve. On fera longtemps encore des *Vies de Jésus*. Or la *Vie de Jésus* obtiendra toujours un grand succès, quand un écrivain aura le degré d'habileté, de hardiesse et de naïveté nécessaires pour faire une traduction de l'Évangile en style de son temps. On cherchera mille causes à ce succès; il n'y en aura jamais qu'une, c'est l'Évangile lui-même, son incomparable beauté intrinsèque. Que le même écrivain fasse ensuite et avec les mêmes procédés une traduction de saint Paul, le public ne sera pas entraîné. Tant il est vrai que la personne éminente de Jésus, tranchant vigoureusement sur la médiocrité de ses disciples, fut bien l'âme de l'apparition nouvelle et en fit toute l'originalité.

Le protévangile hébreu se conserva en original jusqu'au ve siècle parmi les nazaréens de Syrie. Il en exista des traductions grecques[1]. Un exemplaire s'en trouvait dans la bibliothèque du prêtre Pamphile de Césarée[2]; saint Jérôme dit avoir copié le texte hébreu à Alep et même l'avoir traduit[3]. Tous les Pères

---

1. C'est ce que prouvent les nombreuses citations des Pères. Voir en particulier Clém. Alex., *Strom.*, II, ix, 45; Origène, *In Joh.* tom. ii, 6 (Opp., IV, 63 et suiv.); Eusèbe, *H. E.*, III, xxv, 5; saint Jérôme, endroits cités ci-après, note 3. Cf. Tischendorf, *l. c.*; *Stichométrie* de Nicéphore, dans Credner, *Gesch. des neut. Kan.*, p. 243; Nicéphore Calliste, *ibid.*, p. 256.

2. Voir un autre curieux mais contestable renseignement sur des écritures chrétiennes en langue hébraïque, conservées à Tibériade au ive siècle, dans Épiph., hær. xxx, 6.

3. *De viris ill.*, c. 2, 3, 16 (cf. Pseudo-Ign., *Ad Smyrn.*, 3); *In Matth.*, prol., et vi, 11; xii, 13; xxiii, 35; xxvii, 16, 51; *In Mich.*, vii, 6; *In Ezech.*, xxviii, 7; *In Eph.*, v, 4; *Adv. Pelag.*, III, 2; *Epist. ad Hedibiam* (Opp., edit. Mart., IV, 1re part., col. 173 et 176); *Epist. ad Damasum* (Opp., IV, 1re part., col. 148); *Epist. ad Damasum alia* (Opp., III, col. 519); *Epist. ad Algasiam* (Opp., IV, 1re part., 190); *In Isaïam*, l. XVIII, prol. (Opp., III, 478); *In Isaïam*, xi, 1. Comparez Épiph., hær. xxix, 9; xxx, 13, 14, 16. Voir, au contraire, Théodore de Mopsueste, dans Photius, cod. 177. Cf. Eusèbe, *Theoph.*, xxii (col. 685, Migne); syr., IV, 12. Voir ci-dessus, p. 98, note.

de l'Église ont trouvé que cet Évangile hébreu ressemblait beaucoup à l'Évangile grec qui porte le nom de saint Matthieu. Ils en tirent le plus souvent la conséquence que l'Évangile grec dit de saint Matthieu a été traduit de l'hébreu [1]. C'est là une conséquence erronée. La génération de notre Évangile selon saint Matthieu a suivi des voies plus compliquées. La ressemblance de cet Évangile avec l'Évangile selon les Hébreux n'allait pas jusqu'à l'identité [2]. Notre Évangile selon saint Matthieu n'est rien moins qu'une traduction. Nous expliquerons plus tard comment, de tous les textes évangéliques, il est celui qui se rapproche le plus du prototype hébreu.

La destruction des judéo-chrétiens de Syrie amena la disparition de ce texte hébreu. Les traductions grecques et latines, qui faisaient une dissonance désagréable à côté des Évangiles canoniques,

1. Voir surtout Papias, dans Eus., *H. E.*, III, xxxix, 16; Apollinaris, dans *Chron. pasc.*, p. 6 (Paris); Irénée, I, xxvi, 2; III, xi, 7; Épiphane, hær. xxviii, 5; xxix, 9; xxx, 3, 6, 13, 14; saint Jérôme, passages cités.

2. Si les deux ouvrages avaient été identiques, saint Jérôme n'eût pas pris la peine de traduire l'Évangile des Hébreux. Les fragments que nous possédons de ce dernier Évangile s'écartent souvent beaucoup de saint Matthieu (par exemple, xxviii, 1-10, 18-20). Dans Matthieu, le πνεῦμα ἅγιον joue le rôle de père de Jésus; dans l'Évangile hébreu, il jouait le rôle de mère, par suite du genre féminin du mot *rouah*. Voir ci-après, p. 106.

périrent également. Les nombreuses citations qu'en font les Pères permettent jusqu'à un certain point de se figurer l'ouvrage original[1]. Les Pères avaient raison de le rapprocher du premier de nos Évangiles. Cet Évangile des Hébreux, des Nazaréens, ressemblait en effet beaucoup à celui qui porte le nom de Matthieu pour le plan et l'ordonnance. Pour la longueur, il tenait le milieu entre Marc et Matthieu[2]. On ne peut assez regretter la perte d'un pareil texte. Il est certain cependant que, quand même nous posséderions encore l'Évangile hébreu vu par saint Jérôme, notre Matthieu devrait lui être préféré. Notre Matthieu, en effet, s'est conservé intact depuis sa rédaction définitive, dans les dernières années du Ier siècle, tandis que l'Évangile hébreu, vu l'absence d'une orthodoxie, jalouse gardienne des textes, dans les Églises judaïsantes de Syrie, a été remanié de siècle en siècle, si bien qu'à la fin il n'était pas fort supérieur à un Évangile apocryphe.

A l'origine, il paraît avoir eu les caractères qu'on s'attend à trouver dans une œuvre primitive. Le plan du récit était conforme à celui de Marc, plus

---

[1]. Voir le recueil des fragments qui en restent, dans Hilgenfeld, *Novum Test. extra canonem receptum,* fascic. IV, p. 5-31.

[2]. *Stichométrie* de Nicéphore, *l. c.*

simple que celui de Matthieu et de Luc. La naissance virginale de Jésus n'y figurait pas [1]. En ce qui concerne les généalogies, la lutte fut vive. La grande bataille de l'ébionisme se livra sur ce point. Quelques-uns admettaient les tables généalogiques dans leurs exemplaires; d'autres les rejetaient [2]. Comparé à l'Évangile qui porte le nom de Matthieu, l'Évangile hébreu, autant que nous en pouvons juger par les fragments qui nous restent, était moins raffiné dans le symbolisme [3], plus logique [4], moins sujet à certaines objections d'exégèse [5], mais d'un surna-

1. Hilgenfeld, *op. cit.*, p. 6.
2. Voir *Vie de Jésus*, p. 23, 249-250. Épiphane, qui n'avait pas vu d'exemplaire de cet Évangile hébreu, reste dans le doute sur ce point, en ce qui concerne les nazaréens. Hær. xxix, 9.
3. Ainsi c'est l'ὑπέρθυρον, le linteau de la grande porte du temple, qui se brise au moment de la mort de Jésus (Hilg., 17, 28). Les trois synoptiques y ont substitué le καταπέτασμα, le voile, pour marquer que Jésus déchire le voile des mystères antiques et supprime ce que le judaïsme avait d'étroit, d'exclusif, de fermé. Cf. Hebr. vi, 19 et suiv.; ix, 6 et suiv.; x, 19 et suiv.
4. Comparez surtout Matth., xviii, 22, et le passage parallèle de l'Évangile des Hébreux (Hilg, 16, 24); Math., xix, 16-24, et le passage parallèle (Hilg., p. 16-17, 24-26). Au lieu de la pénible invention, qu'on trouve dans le Matthieu canonique, d'une garde romaine mise au tombeau sur la réquisition du sanhédrin, nous voyons dans l'Évangile hébreu le grand prêtre placer simplement quelques-uns de ses domestiques auprès du tombeau (Hilg., p. 17, 28-29).
5. Ainsi il ne contient pas l'inexactitude de Zacharie, fils de

turel plus étrange, plus grossier, plus analogue à celui de Marc. Ainsi la fable que le Jourdain prit feu lors du baptême de Jésus, fable chère à toute la tradition populaire des premiers siècles, s'y trouvait[1]. La forme sous laquelle on supposait que l'Esprit divin, à ce moment-là, entra en Jésus comme une force distincte de lui, paraît aussi avoir été la plus vieille conception nazaréenne. Pour la transfiguration, l'Esprit, mère de Jésus[2], prend son fils par un cheveu, selon une imagination qui se trouve dans Ézéchiel[3] et dans les additions au livre de Daniel[4], et le transporte sur le Thabor[5]. Quelques détails matériels sont choquants[6], mais tout à fait dans le goût de Marc. Enfin certains traits restés sporadiques dans

Barachie (Matth, XXIII, 35; Hilg., p. 17, 26). Il donne aussi la vraie forme du nom de *Barabbas*.

1. Hilgenfeld, p. 15, 21. Cf. *Carm. sibyll.*, VII, 81-83; *Cerygma Pauli*, dans Pseudo-Cyprien, *De non iter. bapt.* édit. Rigault, Paris, 1648, Observ. ad calc., p. 139; saint Justin, *Dial.*, 88; Eusèbe, *De solemn. paschali*, 4; saint Jérôme, *In Is.*, XI, 1. Cf. Évangile ébionite (Hilg., p. 34).

2. Orig., *In Jer.*, homil. XV, 4. Le mot *rouah* (esprit) est féminin en hébreu. L'Esprit de Dieu chez les elchasaïtes était aussi une femme. *Philos.*, IX, 13; Épiph., hær. XIX, 4; XXX, 17; LIII, 1.

3. Ézéchiel, VIII, 3.

4. *Bel et le Dragon,* 36 (chap. XIV, 35, Vulgate).

5. Hilgenfeld, p. 16, 23-24. C'est à tort qu'on a rapporté ce fragment au récit de la tentation.

6. Hilgenfeld, p. 16, ligne 37.

la tradition grecque, tels que l'anecdote de la femme adultère, qui s'est attachée tant bien que mal au quatrième Évangile, avaient leur place dans l'Évangile hébreu[1].

Les récits des apparitions de Jésus ressuscité offraient évidemment dans cet Évangile un caractère à part. Tandis que la tradition galiléenne, représentée par Matthieu, voulait que Jésus eût donné rendez-vous à ses disciples en Galilée, l'Évangile des Hébreux, sans doute parce qu'il représentait la tradition de l'Église de Jérusalem, supposait que toutes les apparitions eurent lieu dans cette ville, et attribuait la première vision à Jacques. L'une des finales de l'Évangile de Marc et l'Évangile de Luc placent de même toutes les apparitions à Jérusalem[2]. Saint Paul suivait une tradition analogue[3].

Un fait bien remarquable, c'est que Jacques, l'homme de Jérusalem, jouait dans l'Évangile hébreu un rôle plus important que dans la tradition évangélique qui a survécu[4]. Il semble qu'il y a eu chez les évangélistes grecs une sorte de parti pris d'effacer le frère de Jésus ou même de laisser supposer

---

1. Eus., *H. E.*, III, xxxix, 16.
2. Voir *les Apôtres*, p. 36-37, note.
3. I Cor., xv, 5-8.
4. Hilgenfeld, p. 17, 18, 27-28, 29.

qu'il joua un rôle odieux[1]. Dans l'Évangile nazaréen, au contraire, Jacques est honoré d'une apparition de Jésus ressuscité; cette apparition est la première de toutes; elle est pour lui seul; elle est la récompense du vœu, plein de foi vive, que Jacques avait fait de ne plus manger ni boire jusqu'à ce qu'il vît son frère ressuscité. On pourrait être tenté de regarder ce récit comme un remaniement assez moderne de la légende, sans une circonstance capitale. Saint Paul, en l'an 57, nous apprend également que, selon la tradition qu'il avait reçue, Jacques avait eu sa vision[2]. Voilà donc un fait important que les évangélistes grecs ont supprimé, et que l'Évangile hébreu racontait. En revanche, il semble que la première rédaction hébraïque renfermait plus d'une allusion contre Paul. Des gens ont prophétisé et chassé les démons au nom de Jésus; au grand jour, Jésus les repousse « parce qu'ils ont pratiqué l'illégalité »[3]. La parabole de l'ivraie est plus caractéristique encore. Un homme

---

1. Voir *Vie de Jésus,* p. 139, 160, 348.
2. I Cor., xv, 7.
3. Ἐργαζόμενοι τὴν ἀνομίαν. Matth., vii, 21-23 (comp. Ps. xiv, 4, trad. grecque). Ce passage est habilement retourné par Luc contre les juifs. Luc, xiii, 24 et suiv. L'expression de ἄνομοι, υἱοὶ ἀνομίας, etc., était le nom que les ébionites donnaient aux disciples de Paul. C'est peut-être exprès que Luc (xiii, 37) change cette expression en ἐργάται ἀδικίας.

n'a semé dans son champ que de la bonne semence ; mais, pendant qu'il dort, « l'homme ennemi » vient, sème l'ivraie dans le champ et s'en va. « Maître, disent les serviteurs, tu n'as semé que du bon grain; d'où vient donc cette ivraie? — C'est l'homme ennemi qui a fait cela, répond le maître. — Veux-tu que nous allions cueillir ces mauvaises herbes ? — Non ; car en même temps vous arracheriez le froment. Laissez le tout croître jusqu'à la moisson ; alors je dirai aux moissonneurs : «Cueillez d'abord l'ivraie » et liez-la en gerbe pour la brûler; quant au froment, » rassemblez-le dans mon grenier[1]. » Il faut se rappeler que l'expression « l'homme ennemi[2] » était le nom habituel par lequel les ébionites désignaient Paul[3].

L'Évangile hébreu fut-il considéré par les chrétiens de Syrie qui s'en servaient comme l'ouvrage de l'apôtre Matthieu ? Aucune raison sérieuse ne porte à le croire[4]. Le témoignage des Pères de l'Église ne prouve

---

1. Matth., XIII, 24 et suiv., 36 et suiv. Le semeur d'ivraie manque dans Marc, IV, 26-29. Le rédacteur de Matthieu l'a sans doute pris dans l'Évangile hébreu. Luc omet le tout.

2. Ἐχθρὸς ἄνθρωπος.

3. Voir *Saint Paul,* p. 305. Le verset Matth., XIII, 39 n'est pas une raison de repousser toute allusion à Paul. Ὁ διάβολος peut être une atténuation du dernier rédacteur. Τοὺς ποιοῦντας τὴν ἀνομίαν du verset 41 est bien significatif. Voir ci-dessus, p. 108, note 2.

4. Il faudrait pour le prétendre supposer que les circonstances

rien dans la question présente. Vu l'extrême inexactitude des écrivains ecclésiastiques quand il s'agit d'hébreu, cette proposition vraie : « L'Évangile hébreu des chrétiens de Syrie ressemble à l'Évangile grec connu sous le nom de saint Matthieu, » devait se transformer en celle-ci, qui est loin d'en être synonyme : « Les chrétiens de Syrie possèdent l'Évangile de saint Matthieu en hébreu; » ou bien : « Saint Matthieu écrivit en hébreu son Évangile[1]. » Nous croyons que le nom de saint Matthieu ne fut appliqué à une des rédactions évangéliques que quand la rédaction grecque qui porte maintenant son nom fut composée, ainsi qu'il sera dit plus tard[2]. Si

---

décisives qui nous empêchent d'admettre que l'apôtre Matthieu ait écrit l'Évangile grec qui porte son nom, tel que nous le lisons aujourd'hui (voir *Vie de Jésus*, p. 166-167, note), et en particulier la façon dont la conversion de l'apôtre Matthieu y est racontée (Matth., IX, 9), n'existaient pas dans l'Évangile hébreu. Or Épiph., hær. XXX, 13, invite à croire le contraire. Voir ci-après, p. 246.

1. C'est déjà la formule de Papias. Ce que Papias avait entre les mains était le κατὰ Ματθαῖον grec, qu'il regarde comme une traduction de l'hébreu. Il était donc inévitable qu'il crût que l'original hébreu portait aussi le nom de Matthieu. — Épiphane, hær. XXX, 13, est équivoque, et d'ailleurs il s'agit là de la forme la plus moderne de l'Évangile ébionite. L'Évangile nazaréen ne portait aucune désignation claire, puisque saint Jérôme appelle cet Évangile *secundum apostolos, sive, ut plerique autumant, juxta Matthæum. Adv. Pelag.*, III, 2. Cf. *Præf. in evang.* ad Damasum.

2. Voir ci-après, p. 173 et suiv.

l'Évangile hébreu porta jamais un nom d'auteur ou plutôt une désignation de garantie traditionnelle, ce fut le titre d' « Évangile des douze Apôtres [1] », parfois aussi peut-être le nom d' « Évangile de Pierre » [2]. Encore croyons-nous que ces noms ne lui furent donnés que tard, quand les Évangiles portant des noms d'apôtres, comme celui de Matthieu, eurent la vogue. Une manière décisive de conserver au vieil Évangile sa haute autorité était de le couvrir de l'autorité du corps apostolique tout entier.

Comme nous l'avons déjà dit, l'Évangile hébreu fut mal gardé. Chaque secte judaïsante de Syrie y fit des additions et des suppressions, si bien que les orthodoxes le présentent tantôt comme interpolé et plus long que Matthieu [3], tantôt comme mutilé [4]. C'est surtout entre les mains des ébionites du second siècle que l'Évangile hébreu arriva au dernier degré

---

1. Préface de l'Évangile ébionite. Hilg., p. 33, 35; saint Jérôme, *Adv. Pelag.*, III, 2; *In Matth.*, proœm. Cf. Origène, *Homil.* I *in Lucam* (Opp., III, 933) ; saint Ambroise, *In Luc.*, I, 2; Théophylacte, *In Luc.*, proœm. — Notez l'expression ἀπομνημονεύματα τῶν ἀποστόλων, fréquente en saint Justin, pour désigner les Évangiles.

2. Saint Justin, *Dial.*, 106 (αὐτοῦ, douteux). Voir ci-après., p. 112.

3. Épiph., hær. xxviii, 5; xxix, 9.

4. Épiph., hær. xxx, 13. Épiphane attribue l'Évangile complet aux nazaréens et l'Évangile mutilé aux ébionites. Cf. Eusèbe, *H. E.*, VI, 17.

de l'altération. Ces hérétiques s'en firent une rédaction grecque[1], dont la tournure paraît avoir été gauche, pesante, chargée, et où du reste on ne se fit pas faute d'imiter Luc et les autres Évangiles grecs[2]. Les Évangiles dits « de Pierre[3] » et « selon les Égyptiens[4] » provinrent de la même source; ils présentaient également un caractère apocryphe et de médiocre aloi.

1. Ἀκρίδες-confondu avec ἐγκρίδες. Épiph., hær. xxx, 13.
2. Épiph., ibid.; Hilgenfeld, Nov. Test. extra Can. rec., IV, p. 32 et suiv. Saint Jérôme, In Matth., XII, 13, exagère l'identité de l'Évangile des nazaréens et de celui des ébionites.
3. Origène, In Matth., tom. x, 17, Opp., III, 462; De princ., 1, præf., 8, trad. de Rufin, Opp., I, 49 (cf. Ignace, Ad Smyrn., 3; saint Jérôme, De viris ill., 16; In Is., l. XVIII, prol.); Eusèbe, H. E., III, 3, 25, 27; VI, 12; Théodoret, Hæret. fab., II, 2; saint Jérôme, De viris ill., 1; Décret de Gélase, ch. 6; Hilgenfeld, op. cit., IV, p. 39-42.
4. Clément d'Alex., Strom., III, 9, 13 (cf. Clém. Rom., Ép. II, 12); Orig., In Luc, 1; Philosophum., V, 7; Épiphane, hær. LXII, 2; saint Jérôme, In Matth., prol., init.; Théophylacte, In Luc., proœm.; Hilgenfeld, IV, p. 43-4

CHAPITRE VII.

L'ÉVANGILE GREC. MARC.

Le christianisme des pays grecs[1] avait encore plus besoin que celui des pays syriens d'une rédaction écrite de la vie et de l'enseignement de Jésus. Il semble, au premier coup d'œil, qu'il eût été bien simple de traduire, pour satisfaire à ce besoin, l'Évangile hébreu qui, peu après la ruine de Jérusalem, avait pris une forme arrêtée. Mais la traduction pure et simple n'était pas précisément le fait de ces temps; aucun texte n'avait assez d'autorité pour se faire préférer aux autres; il est douteux d'ailleurs que les petits livrets hébreux des nazaréens eussent passé la mer et fussent sortis de Syrie. Les hommes apostoliques qui étaient en rapport avec les églises d'Occident se fiaient à leur

---

1. Nous ne parlons pas des pays latins. Le christianisme, à l'heure où nous sommes, n'a touché que Rome en fait de terre latine, et les chrétiens de Rome parlaient grec.

mémoire, et sans doute n'apportaient pas avec eux ces ouvrages qui eussent été inintelligibles pour leurs fidèles. Quand la nécessité d'un Évangile en grec se fit sentir, on le composa de toutes pièces. Mais, ainsi que nous l'avons déjà dit, le plan, le cadre, le livre presque entier étaient tracés d'avance. Il n'y avait au fond qu'une seule manière de raconter la vie de Jésus, et deux disciples l'écrivant séparément, l'un à Rome, l'autre à Kokaba, l'un en grec, l'autre en syro-chaldaïque, devaient produire deux ouvrages ayant entre eux beaucoup d'analogies.

Les lignes générales, l'ordre du récit n'étaient plus à fixer. Ce qui était à créer, c'était le style grec, le choix des mots essentiels. L'homme qui fit cette œuvre importante, ce fut Jean-Marc, le disciple, l'interprète de Pierre [1]. Marc, ce semble, avait vu, étant enfant, quelque chose des faits évangéliques ; on peut croire qu'il avait été à Gethsémani [2]. Il connaissait personnellement ceux qui avaient joué un rôle dans le

---

[1]. Voir *Vie de Jésus*, 13ᵉ édit. et suiv., p. 406 ; *les Apôtres*, p. 248-249, 278-280 ; *Saint Paul*, p. 20, 32 ; *l'Antechrist*, p. 27, 73-74, 98-99, 111-112, 121-122 ; tradition de *Presbyteros Joannes*, rapportée par Papias, dans Eus., *H. E.*, III, xxxix, 15 ; *Constit. apost.*, II, 57. Marc n'eut pas assez d'importance pour qu'on ait cru relever un écrit en le lui attribuant.

[2]. C'est probablement le νεανίσκος de Marc, xiv, 51-52. Voir *Vie de Jésus*, p. 406.

drame des derniers jours de Jésus[1]. Ayant accompagné Pierre à Rome[2], il y resta probablement après la mort de l'apôtre, et traversa dans cette ville les crises terribles qui suivirent. Ce fut là que, selon toutes les apparences, il rédigea le petit écrit de quarante ou cinquante pages qui a été le premier noyau des Évangiles grecs.

L'écrit, bien que composé après la mort de Pierre, était en un sens l'œuvre de Pierre[3]; c'était la façon dont Pierre avait coutume de raconter la vie de Jésus. Pierre savait à peine le grec; Marc lui servait de drogman; des centaines de fois il avait été le canal par lequel avait passé cette histoire merveilleuse. Pierre ne suivait pas dans ses prédications un ordre bien rigoureux ; il citait les faits, les paraboles, selon que les besoins de l'enseignement l'exigeaient[4].

1. Notez surtout ce qu'il dit de Simon de Cyrène, « père d'Alexandre et de Rufus » (xv, 21), sa connaissance particulière des saintes femmes, de Joseph d'Arimathie.

2. I Petri, v, 14.

3. Papias, dans Eus., III, xxxix, 15; Irénée, III, i, 1 ; Clément d'Alex., dans Eus., *H. E.*, VI, 14 ; Eusèbe, *H. E.*, II, 15; sain Jérôme, *De viris ill.*, 8 ; *Ad Hedibiam,* quæst. 11 ; Gloses finales des manuscrits (Scholtz et Matthæi, *Evang. sec. Marcum,* p. 8). Le passage de Justin, *Dial.*, 106, donne lieu à beaucoup de doutes.

4. Tradition de *Presbyteros Joannes,* rapportée par Papias, dans Eus., *H. E.*, III, xxxix, 15.

Cette liberté de composition se retrouve dans le livre de Marc. La distribution logique des matières y fait défaut; à quelques égards, l'ouvrage est très-incomplet, puisque des parties entières de la vie de Jésus y manquent; on s'en plaignait déjà au IIᵉ siècle [1]. Au contraire, la netteté, la précision de détail, l'originalité, le pittoresque, la vie de ce premier récit ne furent pas dans la suite égalés. Une sorte de réalisme y rend le trait pesant et dur [2]; l'idéalité du caractère de Jésus en souffre; il y a des incohérences, des bizarreries inexplicables. Le premier et le troisième Évangile surpassent beaucoup celui de Marc pour la beauté des discours, l'heureux agencement des anecdotes; une foule de détails blessants y ont disparu; mais, comme document historique, l'Évangile de Marc a une grande supériorité [3]. La forte impression laissée par Jésus s'y retrouve toute entière. On l'y voit réellement vivant, agissant.

1. Papias, *l. c.*
2. Par exemple, Marc, III, 20.
3. Voir, par exemple, Marc, I, 20, 29; II, 4, 14; III, 17; V, 22, 37, 42; VI, 45; VII, 26, 31; VIII, 10, 14; IX, 6; X, 46; XI, 4; XII, 28; XIII, 3; XV, 14, 21, 25, 42, en comparant les endroits parallèles des autres synoptiques. Notez surtout dans Marc le récit de la mort de Jean-Baptiste, la seule page absolument historique qu'il y ait dans tous les Évangiles réunis. Remarquez l'expression « fils de Marie » (VI, 3); voir l'appendice, p. 542.

Le parti qu'a pris Marc d'abréger si singulièrement les grands discours de Jésus nous étonne. Ces discours ne pouvaient lui être inconnus ; s'il les a omis, c'est qu'il a eu quelque motif pour cela. L'esprit de Pierre, un peu étroit et sec, est peut-être la cause d'une telle suppression. Ce même esprit est sûrement l'explication de l'importance puérile que Marc attache aux miracles. La thaumaturgie, dans son Évangile, a un caractère singulier de matérialisme lourd, qui fait songer par moment aux rêveries des magnétiseurs. Les miracles s'accomplissent péniblement, par phases successives. Jésus les opère au moyen de formules araméennes, qui ont un air cabbalistique. Il y a une lutte entre la force naturelle et la force surnaturelle ; le mal ne cède que peu à peu et sur des injonctions réitérées [1]. Ajoutez à cela une sorte de caractère secret, Jésus défendant toujours à ceux qui sont l'objet de ses faveurs d'en parler [2]. On ne saurait le nier, Jésus sort de cet Évangile, non comme le délicieux moraliste que nous aimons, mais comme un magicien

1. Ainsi pour le démoniaque de Gergésa, Marc, v, 1-20 ; pour l'épileptique, ix, 14-29, et surtout pour l'aveugle de Bethsaïde, viii, 22-26 (notez surtout la naïve réponse du verset 24).

2. Cette injonction se retrouve dans Matthieu, mais moins expresse et moins logique. Comp. Marc, i, 44; iii, 12, à Matth., viii, 4; xii, 16.

terrible. Le sentiment qu'il inspire le plus autour de lui, c'est la crainte ; les gens, effrayés de ses prodiges, viennent le supplier de s'éloigner de leurs frontières.

Il ne faut pas conclure de là que l'Évangile de Marc soit moins historique que les autres ; tout au contraire. Des choses qui nous blessent au plus haut degré furent de premier ordre pour Jésus et ses disciples immédiats. Le monde romain était encore plus que le monde juif dupe de ces illusions. Les miracles de Vespasien sont conçus exactement sur le même type que ceux de Jésus dans l'Évangile de Marc. Un aveugle, un boiteux, l'arrêtent sur la place publique, le supplient de les guérir. Il guérit le premier en crachant sur ses yeux, le second en marchant sur sa jambe [1]. Pierre semble avoir été principalement frappé de ces prodiges, et il est permis de croire qu'il insistait beaucoup là-dessus dans sa prédication. De là, dans l'œuvre qu'il a inspirée, une physionomie tout à fait à part. L'Évangile de Marc est moins une légende qu'une biographie écrite avec crédulité. Les caractères de la légende, le vague des circonstances, la mollesse des contours frappent dans Matthieu et

---

[1]. Tac., *Hist.*, IV, 81-82 ; Suétone, *Vesp.*, 7.

dans Luc. Ici, au contraire, tout est pris sur le vif; on sent qu'on est en présence de souvenirs[1].

L'esprit qui domine dans le livret est bien celui de Pierre. D'abord, Céphas y joue un rôle éminent et paraît toujours à la tête des apôtres. L'auteur n'est nullement de l'école de Paul, et pourtant, à diverses reprises, il s'en rapproche bien plus que de la direction de Jacques, par son indifférence à l'égard du judaïsme, par sa haine pour le pharisaïsme, par son opposition vive aux principes de la théocratie juive[2]. Le récit de la Cananéenne[3], qui signifie évidemment que le païen obtient grâce pourvu qu'il ait la foi, qu'il soit humble, qu'il reconnaisse le privilége antérieur des fils de la maison, est bien d'accord avec le rôle que joue Pierre dans l'histoire du centurion Corneille[4]. Pierre, il est vrai, sembla plus tard à Paul un timide; mais il n'en avait pas moins été, à sa date, le premier à reconnaître la vocation des gentils.

Nous verrons plus tard quel genre de modifications on se crut obligé d'introduire dans cette pre-

---

1. Notez le récit domestique, si personnel, Marc, I, 29-34.
2. Marc, II, 16-III, 6; VII, 1-23; VIII, 11-24; XII, 1-17, XIII, 10, 14 et suiv.
3. Marc, VII, 24 et suiv. Cf. Matth., XV, 21-28.
4. *Act.*, X, 1 et suiv. Il est vrai qu'il faut ici faire une part aux tendances personnelles de l'auteur des *Actes*.

mière rédaction grecque, afin de la rendre sans inconvénients pour les fidèles, et comment de cette révision sortirent l'Évangile dit de Matthieu et celui de Luc. Un fait capital de la littérature chrétienne primitive, c'est que ces textes corrigés et en un sens plus complets ne firent pas disparaître le texte primitif. L'opuscule de Marc se conserva, et bientôt, grâce à l'hypothèse commode, mais tout à fait erronée, qui fit de lui « un divin abréviateur », il eut sa place dans le quatuor mystérieux des Évangiles. Est-il sûr que l'écrit de Marc soit resté pur de toute interpolation, que le texte que nous lisons aujourd'hui soit purement et simplement le premier Évangile grec? Il serait téméraire de l'affirmer. En même temps qu'on sentit le besoin de composer, en prenant Marc pour base, d'autres Évangiles portant d'autres noms, il est très-possible qu'on ait retouché Marc lui-même, tout en laissant son nom en tête du livre. Beaucoup de particularités semblent supposer une sorte d'influence rétroactive exercée sur le texte de Marc par les Évangiles composés d'après Marc. Mais ce sont là des hypothèses compliquées, que rien ne démontre[1]. L'Évangile de Marc offre une parfaite

---

1. C'est bien à tort qu'on prétend que le Marc actuel ne répond pas à ce que dit Papias. Le désordre dont se plaint l'évêque d'Hiérapolis n'est que trop réel. Les anecdotes de la vie de Jésus sont

unité, et, à part certains points de détail où les manuscrits diffèrent, à part ces petites retouches que les écrits chrétiens presque sans exception ont souffertes, il ne semble pas qu'il ait reçu d'addition considérable depuis qu'il a été composé.

Le trait caractéristique de l'Évangile de Marc était dès l'origine l'absence de la généalogie et des légendes relatives à l'enfance de Jésus. S'il était une lacune qu'il fût urgent de remplir pour des lecteurs catholiques, c'était celle-là; et pourtant on se garda de le faire. Beaucoup d'autres particularités gênantes au point de vue de l'apologiste ne furent pas effacées. Seuls les récits de la résurrection se présentent dans Marc avec des traces évidentes de violences. Les meilleurs manuscrits s'arrêtent après les mots ΕΦΟΒΟΥΝΤΟΓΑΡ (XVI, 8). On ne peut guère admettre que le texte primitif finît d'une manière aussi abrupte. Il est probable qu'il y avait dans la suite quelque chose qui devint

---

rangées d'une façon tout arbitraire. — Il en est de même, dira-t-on, dans le Matthieu actuel, et cependant Papias ne lui fait pas le même reproche. — C'est que, quand il s'agit de Matthieu, il y a une considération qui prime toutes les autres aux yeux de Papias et l'empêche de parler du reste : c'est la façon complète dont Matthieu rend les λόγια. On suppose toujours que Papias a fait un article *ex professo* sur les Évangiles; or il en parle uniquement du point de vue commandé par son sujet.

choquant pour les idées reçues; on le retrancha; mais la chute ἐφοϐοῦντο γάρ étant très-peu satisfaisante, on supposa diverses clausules, dont aucune n'eut assez d'autorité pour chasser les autres des manuscrits[1].

De ce que Matthieu et surtout Luc omettent tel passage qui est actuellement dans Marc, on en a conclu que ces passages n'étaient pas dans le proto-Marc. Erreur; les rédacteurs de seconde main choisissaient, omettaient, guidés par le sentiment d'un art instinctif et par l'unité de leur œuvre. On a osé dire, par exemple, que la Passion manquait dans le Marc primitif, parce que Luc, qui l'a suivi jusque-là, ne le suit plus dans le récit des dernières heures de Jésus. La vérité est que Luc a pris pour la Passion un autre guide plus symbolique, plus touchant que Marc; or Luc était trop bon artiste pour brouiller les couleurs. La Passion de Marc, au contraire, est la plus vraie, la plus ancienne, la plus historique. La seconde rédaction, en pareil cas, est toujours plus émoussée, plus dominée par les raisons *a priori* que celles qui ont précédé. Les traits de précision sont indifférents aux générations qui n'ont pas

---

[1]. Voir *les Apôtres,* p. 7, note 1. Cf. saint Jérôme, *Ad Hedibiam,* Quæst. 3; saint Grég. de Nysse, *In resurr.,* II, Opp. (Paris, 1638), t. III, p. 411 B.

connu les acteurs primitifs. Ce qu'ils veulent avant tout, c'est un récit aux contours arrondis et significatif dans toutes ses parties.

Tout porte à croire que Marc n'écrivit son Évangile qu'après la mort de Pierre. Papias le suppose, quand il nous dit que Marc écrivit « de souvenir » [1] ce qu'il tenait de Pierre. Irénée dit la même chose [2]. Enfin, ce qui est décisif quand on admet l'unité et l'intégrité de l'ouvrage, l'Évangile de Marc présente des allusions évidentes à la catastrophe de l'an 70 [3]. L'auteur met dans la bouche de Jésus, au chapitre XIII, une sorte d'apocalypse où se croisent les prédictions relatives à la prise de Jérusalem [4] et à la prochaine fin des temps [5]. Nous croyons que cette petite apocalypse, conçue en partie pour décider

---

1. Ὅσα ἐμνημόνευσεν,..... ὡς ἀπεμνημόνευσεν.
2. *Adv. hær.*, III, 1, 4.
3. D'autres allusions se rapporteraient aux tremblements de terre de Laodicée et de Pompéi, au meurtre de Jacques et peut-être à la persécution de Néron. Ces événements appartiennent aux années 60-64.
4. Ce qu'on appelait la θλίψις (comp. *Ass. de Moïse*, 3). Les couleurs étaient empruntées à Ézéchiel, XXXII, 7-8, à Isaïe, II, 9; XXXIV, 4; à Osée, X, 8. On y peut voir, si l'on veut (particulièrement Marc, XIII, 8, 24-27), des imitations de l'Apocalypse johannique.
5. La théorie des signes du Messie se trouve déjà dans l'*Assomption de Moïse*, apocalypse écrite vers l'an de notre ère (ch. 10).

les fidèles à se retirer à Pella, se répandit dans la communauté de Jérusalem vers l'an 68 [1]. Certainement elle ne renfermait pas alors l'annonce de la destruction du temple. L'auteur de l'Apocalypse johannique, si bien au courant de la conscience chrétienne, ne croit pas encore, dans les derniers jours de 68 ou les premiers de 69, que le temple sera détruit [2]. Naturellement, tous les recueils sur la vie et les paroles de Jésus qui adoptèrent ce morceau comme prophétique le modifièrent dans le sens des faits accomplis, et y mirent une prédiction nette de la ruine du temple. Il est probable que l'Évangile hébreu, dès sa première rédaction, contenait déjà le discours apocalyptique dont il s'agit. L'Évangile hébreu, en effet, contenait certainement le passage relatif au meurtre de Zarachie, fils de Barachie [3], trait qui prit naissance dans la tradition vers le même temps que le discours apocalyptique en question [4]. Marc n'eut garde de négliger un trait aussi frappant. Il supposa que Jésus, dans les derniers jours de sa vie, eut la vue claire de la ruine de la nation juive et prit cette ruine pour mesure du temps

---

1. Voir *l'Antechrist*, p. 292 et suiv.
2. Voir *ibid.*, p. 400-401.
3. Saint Jérôme, *In Matth.*, XXIII, 35.
4. Voir *l'Antechrist*, p. 294.

qui devait s'écouler jusqu'à sa seconde apparition. « En ces jours-là, après cette catastrophe [1],... on verra le fils de l'homme... » Une telle formule suppose notoirement que, au moment où l'auteur écrit, la ruine de Jérusalem est accomplie, mais accomplie depuis peu de temps [2].

D'autre part, l'Évangile de Marc a été composé avant que tous les témoins oculaires de la vie de Jésus fussent morts [3]. On voit par là dans quelles limites étroites la date possible de la rédaction du livre se trouve resserrée. De toutes les manières, on est ramené aux premières années de calme qui suivirent la guerre de Judée. Marc pouvait n'avoir pas alors beaucoup plus de cinquante-cinq ans [4].

Selon toutes les apparences, ce fut à Rome que Marc composa ce premier essai d'Évangile grec qui, tout imparfait qu'il était, renfermait les lignes essentielles du sujet. Telle est la vieille tra-

---

1. Ἐν ἐκείναις ταῖς ἡμέραις μετὰ τὴν θλῖψιν ἐκείνην. Marc, XIII, 24.
2. Il est vrai que de telles phrases (Matth., XXIV, 29, en est la preuve) se laissent facilement copier par les rédacteurs qui se succèdent. Notre raisonnement prouve une seule chose avec certitude, c'est que la première rédaction du discours apocalyptique eut lieu très-peu de temps après la fin de la guerre de Judée.
3. Marc, IX, 1, répété en Matth., XVI, 28 ; Luc, IX, 27.
4. En 33, selon une hypothèse plausible, il était un νεανίσκος. Marc, XIV, 51-52.

dition, et elle n'a rien d'invraisemblable[1]. Rome était après la Syrie le point capital du christianisme. Les latinismes sont plus fréquents dans l'opuscule de Marc que dans aucun autre écrit du Nouveau Testament[2]. Les textes bibliques auxquels il est fait allusion se rapprochent des Septante. Plusieurs particularités font supposer que l'écrivain avait en vue des lecteurs connaissant peu la Palestine et les usages juifs[3]. Les citations expresses de l'Ancien Testament, faites par l'auteur lui-même, se réduisent à une[4]; les raisonnements exégétiques qui caractérisent Matthieu et même Luc manquent dans Marc; le nom de la Loi ne vient jamais sous sa plume[5]. Rien donc n'oblige de croire que ce soit à un ouvrage sensiblement différent du nôtre que s'applique ce que *Presby-*

---

1. Irénée, III, 1, 1; Clément d'Alex., dans Eus., *H. E.*, VI, 14; Eusèbe, *H. E.*, II, 15; *Démonstr. évang.*, III, 5; Jérôme, Épiphane, etc.; gloses finales des manuscrits, voir ci-dessus p. 115, note 3.

2. Σπεκουλάτωρ, ξέστης, κῆνσος, φραγελλόω, κεντυρίων, τῷ ὄχλῳ τὸ ἱκανὸν ποιῆσαι.

3. Marc, vii, 2-4; xii, 38; xiii, 3; xiv, 12; xv, 42. Au lieu de χειμῶνος μηδὲ σαββάτῳ, Matth., xxiv, 20, Marc, xiii, 18, a seulement χειμῶνος.

4. Marc, i, 2-3. Le verset xv, 28, est une interpolation. Il manque dans le *Vat.* et le *Sinaït*.

5. L'expression rabbinique βασιλεία τῶν οὐρανῶν (*malkouth hasch-schamaïm*) devient toujours, dans Marc, βασιλεία τοῦ θεοῦ.

teros Joannes, dans les premières années du IIᵉ siècle, disait à Papias[1] : « Le *Presbyteros* disait encore ceci :
« Marc, devenu interprète de Pierre, écrivit exacte-
» ment, mais sans ordre, tout ce qu'il se rappelait
» des paroles ou des actions du Christ. Car il n'en-
» tendit pas et ne suivit pas le Seigneur ; mais plus
» tard, comme je l'ai dit, il suivit Pierre, qui faisait
» ses *didascalies* selon les besoins du moment et non
» comme s'il eût voulu dresser un recueil métho-
» dique des discours du Seigneur ; si bien que Marc
» n'est nullement en faute s'il n'a ainsi écrit qu'un
» petit nombre de traits, tels qu'il se les rappelait ;
» car il n'eut qu'un souci, ne rien omettre de ce qu'il
» avait entendu et n'y rien laisser passer de faux. »

1. Dans Eusèbe, *H. E.*, III, xxxix, 15.

CHAPITRE VIII.

LE CHRISTIANISME ET L'EMPIRE, SOUS LES FLAVIUS.

Loin de diminuer l'importance des juifs à Rome, la guerre de Judée n'avait contribué en un sens qu'à l'augmenter. Rome était de beaucoup la plus grande ville juive du monde; elle avait hérité de toute l'importance de Jérusalem. La guerre de Judée avait jeté en Italie des milliers d'esclaves juifs. De 65 à 72, tous les prisonniers faits durant la guerre avaient été vendus en masse. Les lieux de prostitution étaient pleins de juifs et de juives des familles les plus distinguées. La légende se plut à bâtir sur cette donnée des reconnaissances romanesques [1].

A part la lourde capitation qui pesait sur les juifs, et qui valait aux chrétiens plus d'une avanie [2],

1. Midrasch rabba sur *Éka*, I, 16; IV, 2; Talm. de Bab., *Gittin*, 58 a.
2. V. *l'Antechrist*, p. 538.

le règne de Vespasien ne fut marqué pour les deux branches de la famille d'Israël par aucune tourmente[1]. Nous avons vu que la nouvelle dynastie, loin de puiser en ses origines le mépris du judaïsme, avait été amenée par le fait de la guerre de Judée, inséparable de son avénement, à contracter des obligations envers un grand nombre de juifs. Il faut se rappeler que Vespasien et Titus, avant d'arriver au pouvoir, étaient restés près de quatre ans en Syrie et y avaient formé beaucoup de liens. Tibère Alexandre était l'homme à qui les Flavius devaient le plus. Il continuait d'occuper un rang de premier ordre dans l'État; sa statue était une de celles qui décoraient le forum. *Nec meiere fas est*[2] *!* disaient avec colère les vieux Romains, irrités de cette intrusion des Orientaux. Hérode Agrippa II, tout en continuant à régner et à battre monnaie à Tibériade, à Panéas, vivait à Rome[3], entouré de coreligionnaires, menant grand train, étonnant les Romains

---

[1]. Tertullien, *Apol.*, 5; Eusèbe, *H. E.*, III, 17. Les Actes des prétendus martyrs qui auraient souffert sous le règne de ce prince n'ont pas d'autorité. L'opinion d'après laquelle le Colisée aurait été bâti par des prisonniers juifs n'apparaît que tard, et n'a de valeur que comme conjecture.

[2]. Juv,. sat. I, 128-130. V. *Mém. de l'Acad. des inscr.*, XXVI, 1re partie, p. 294 et suiv. Sur sa famille, voir *ibid.*, p. 302.

[3]. Jos., *B. J.*, III, III, 4, 5; VII, v, 1 ; *Vita,* 65 ; Madden, *Jewish*

par la pompe et l'ostentation avec lesquelles il célébrait les fêtes juives [1]. Il montrait dans ses relations une certaine largeur, puisqu'il eut pour secrétaire le zélote radical Juste de Tibériade [2], lequel ne se fit aucun scrupule de manger le pain d'un homme qu'il avait sûrement plus d'une fois accusé de trahison. Agrippa fut décoré des ornements de la préture [3], et reçut de l'empereur une augmentation de fiefs du côté de l'Hermon [4].

Ses sœurs, Drusille et Bérénice, vivaient également à Rome. Bérénice [5], malgré son âge déjà mûr, exerçait sur le cœur de Titus un tel empire, qu'elle avait la prétention de l'épouser et que Titus le lui avait, dit-on, promis; il n'était arrêté que par des considérations politiques [6]. Bérénice habitait le palais et, elle si pieuse, vivait publiquement avec le destructeur de sa patrie [7]. La jalousie de Titus était

---

coinage, p. 121-133; Eckhel, III, 493 et suiv.; de Saulcy, dans les *Mém. de la soc. franç. de num. et d'arch.,* 1869, p. 26 et suiv.; le même, *Numism. de la terre sainte,* p. 315, 316.

1. Juvénal, v, 179-184. Cf. vi, 159-160.
2. Jos., *Vita,* 65.
3. Dion Cassius, LXVI, 15.
4. Juste de Tibériade, dans Photius, cod. XXXIII.
5. V. *l'Antechrist,* p. 479, 480.
6. Tacite, *Hist.,* II, 2, 81; Suétone, *Titus,* 7; Dion Cassius, LXVI, 15; Aurelius Victor, *Epit.,* X, 7.
7. Dion Cassius, LXXI, 13, 15. Voir Jos., *B. J.,* II, xv, 1:

vive et paraît avoir contribué non moins que la politique au meurtre de Cæcina¹. La favorite juive jouissait encore pleinement de ses droits régaliens. Des causes ressortissaient à sa juridiction, et Quintilien raconte qu'il plaida devant elle un procès où elle était juge et partie². Son luxe étonnait les Romains ; elle réglait la mode ; une bague qu'elle avait portée au doigt se vendait des prix fous ; mais le monde sérieux la méprisait et qualifiait tout haut d'inceste ses rapports avec son frère Agrippa³. D'autres hérodiens vivaient encore en Italie, peut-être à Naples, en particulier cet Agrippa, fils de Drusille et de Félix, qui périt lors de l'éruption du Vésuve⁴. Enfin tous ces dynastes de Syrie, d'Arménie, qui avaient embrassé le judaïsme⁵, restaient avec la nouvelle famille impériale dans des relations journalières d'intimité.

Autour de ce monde aristocratique, rôdait comme serviteur complaisant le souple et prudent Josèphe. Depuis son entrée dans la domesticité de Vespasien et de Titus, il avait pris le prénom de Flavius⁶, et, à la manière d'une âme médiocre, il conciliait des

1. Aurelius Victor, *Épit.*, X, 4.
2. Quintilien, *Instit. orat.*, IV, 1, 2.
3. Juvénal, sat. VI, vers 156-160.
4. Jos., *Ant.*, XX, VII, 2.
5. Voir *les Apôtres*, p. 254.
6. Minucius Felix, 33 (texte douteux, v. l'édit. de Halm); Origène,

rôles contradictoires, à la fois obséquieux pour les bourreaux de son pays, vantard quand il s'agissait de souvenirs nationaux. Sa vie domestique, jusque-là fort peu assise, prenait enfin de la règle. Après sa défection, il avait eu le tort d'accepter de Vespasien une jeune captive de Césarée, qui le quitta dès qu'elle put. A Alexandrie, il prit une autre femme, de laquelle il eut trois enfants, dont deux moururent jeunes, et qu'il répudia vers 74, pour incompatibilité de caractère, dit-il. Il épousa alors une juive de Crète, à laquelle il trouva enfin toutes les perfections, et qui lui donna deux enfants [1]. Son judaïsme avait toujours été large, et le devenait de plus en plus ; il était bien aise de faire croire que, même à l'époque du plus grand fanatisme galiléen, il avait été un libéral, empêchant de circoncire les gens de force et proclamant que chacun doit adorer Dieu selon le culte qu'il a choisi. Cette idée, que chacun choisit son culte [2], inouïe à Rome [3], gagnait du terrain et servait puissamment à la propagande des

---

in Matth., tom. x, 17, Opp., III, p. 463; *Cohortatio ad Græcos*, faussement attribuée à saint Justin, 9; Photius, cod. LXXVI.

1. Jos., *Vita*, 1, 75, 76.

2. Δεῖν ἕκαστον ἄνθρωπον κατὰ τὴν ἑαυτοῦ προαίρεσιν τὸν θεὸν εὐσεβεῖν, ἀλλὰ μὴ μετὰ βίας. *Vita*, 23.

3. Sua cuique civitati religio est, nostra nobis. Cic., *Pro Flacco*, 23.

cultes fondés sur une idée rationnelle de la divinité.

Josèphe avait une instruction hellénique superficielle sans doute, mais dont il savait tirer parti en homme habile ; il lisait les historiens grecs; cette lecture provoquait son émulation ; il voyait la possibilité d'écrire de cette manière l'histoire des dernières catastrophes de sa patrie. Trop peu artiste pour sentir la témérité de son entreprise, il se jeta en avant, comme il arrive parfois aux juifs qui font leurs débuts littéraires dans une langue étrangère pour eux, en homme qui ne doute de rien. Il n'avait pas encore l'habitude d'écrire le grec, et ce fut en syro-chaldaïque qu'il fit la première rédaction de son ouvrage ; puis il en donna l'édition grecque qui est venue jusqu'à nous. Malgré ses protestations, Josèphe n'est pas l'homme de la vérité. Il a le défaut juif, le défaut le plus opposé à la saine manière d'écrire l'histoire, une personnalité extrême. Mille préoccupations le dominent : d'abord le besoin de plaire à ses nouveaux maîtres, Titus, Hérode Agrippa; puis le désir de se faire valoir et de montrer à ceux de ses compatriotes qui lui faisaient mauvais visage qu'il n'avait agi que par les plus pures inspirations du patriotisme[1]; puis un sentiment honnête à beaucoup

---

1. V. *l'Antechrist,* p. 504-505.

d'égards, qui le porte à présenter le caractère de sa nation sous le jour le moins compromettant aux yeux des Romains. La révolte, prétend-il, a été le fait d'une minorité de forcenés ; le judaïsme est une doctrine pure, élevée en philosophie, inoffensive en politique ; les juifs modérés, loin de faire cause commune avec les sectaires, ont été leurs premières victimes. Comment seraient-ils les ennemis irréconciliables des Romains, eux qui demandent aide et protection aux Romains contre les révolutionnaires? Ces vues systématiques faussent à chaque page la prétendue impartialité de l'historien [1].

L'ouvrage fut soumis (Josèphe du moins veut que nous le croyions) à la censure d'Agrippa et de Titus, qui, à ce qu'il paraît, l'approuvèrent. Titus serait allé plus loin : il aurait signé de sa main l'exemplaire qui devait servir de type, pour montrer que c'était d'après ce volume qu'il entendait qu'on racontât l'histoire du siége de Jérusalem [2]. On sent là l'exagération. Ce qui apparaît avec évidence, c'est l'existence autour de Titus d'une coterie juive qui le flattait, voulait lui persuader que, bien loin d'avoir été le destructeur cruel du judaïsme, il avait voulu sauver le temple, que le judaïsme

---

1. V. *l'Antechrist*, ch. x, xii, xviii, xix.
2. Jos., *Vita*, 65. Cf. *Contre Apion*, I, 9.

s'était tué lui-même, et qu'en tout cas un décret supérieur de la Divinité, dont Titus n'avait été que l'instrument, planait sur tout cela. Titus se plaisait évidemment à entendre soutenir cette thèse. Il oubliait volontiers ses cruautés et l'arrêt qu'il avait, selon toute apparence, prononcé contre le temple, quand ses vaincus eux-mêmes venaient lui suggérer de telles apologies. Titus avait un grand fond d'humanité; il affectait une modération extrême[1]; il fut sans doute bien aise que cette version se répandît dans le monde juif; mais il était bien aise aussi quand, dans le monde romain, on racontait la chose d'une tout autre manière et qu'on le représentait sur les murs de Jérusalem comme un vainqueur altier, ne respirant que l'incendie et la mort[2].

Le sentiment de sympathie que tout cela suppose chez Titus pour les juifs devait aussi s'étendre aux chrétiens. Le judaïsme tel que l'entendait Josèphe se rapprochait par plusieurs côtés du christianisme, surtout du christianisme de saint Paul. Comme Josèphe, la plupart des chrétiens avaient condamné l'insurrection, maudit les zélotes; ils professaient hautement la soumission aux Romains. Comme Josèphe, ils tenaient la partie rituelle de

---

1. Philostrate, *Vie d'Apoll.*, VI, 29.
V. *l'Antechrist,* p. 504 et suiv., 511 et suiv.

la Loi pour secondaire et entendaient la filiation d'Abraham dans un sens moral. Josèphe lui-même paraît avoir été favorable aux chrétiens et semble avoir parlé des chefs de la secte avec sympathie[1]. Bérénice, de son côté, et son frère Agrippa avaient eu pour saint Paul un sentiment de curiosité bienveillante[2]. La société intime de Titus était donc plutôt favorable que défavorable aux disciples de Jésus. Ainsi s'explique un fait qui paraît incontestable, c'est que, dans la famille flavienne elle-même, il y eut des chrétiens. Rappelons que cette famille n'appartenait pas à la haute aristocratie romaine ; elle faisait partie de ce qu'on peut appeler la bourgeoisie provinciale ; elle n'avait pas contre les juifs et les Orientaux en général les préjugés de la noblesse romaine, préjugés que nous allons voir bientôt reprendre tout leur pouvoir sous Nerva, et qui amèneront contre les chrétiens cent ans de persécution presque continue. Cette dynastie admettait pleinement le charlatanisme populaire. Vespasien ne se fit aucun scrupule de ses miracles d'Alexandrie, et, quand il se souvenait que des jongle-

---

1. Outre les passages plus ou moins contestés, sur Jean-Baptiste, sur Jésus, sur Jacques, on peut alléguer la prompte adoption de Josèphe par les chrétiens, adoption qui n'eût pas eu lieu, si les exemplaires primitifs eussent porté beaucoup de traces d'hostilité contre le christianisme.

2. V. *Saint Paul,* p. 543 et suiv.

ries avaient eu une grande part à sa fortune, il n'éprouvait sans doute qu'un accès de cette gaieté sceptique qui lui était habituelle.

Les conversions qui portèrent la foi en Jésus si près du trône ne se produisirent probablement que sous le règne de Domitien. L'Église de Rome se reformait lentement. L'inclination que les chrétiens avaient pu éprouver vers l'an 68[1] à fuir une ville sur laquelle allait incessamment tomber le feu de la colère de Dieu, s'était affaiblie. La génération fauchée par les massacres de 64 était remplacée par l'apport continuel que Rome recevait des autres parties de l'empire. Les survivants des massacres de Néron respiraient enfin; ils s'envisageaient comme dans un petit paradis provisoire, et se comparaient aux Israélites ayant traversé la mer Rouge[2]. La persécution de 64 se présentait à eux comme une mer de sang, où tous avaient failli être suffoqués. Dieu avait interverti les rôles, et, comme à Pharaon, il avait donné à leurs bourreaux du sang à boire[3]; c'était le sang des guerres civiles, qui, de 68 à 70, avait coulé par torrents.

La liste exacte des anciens *presbyteri* ou *episcopi*

1. Apoc., xviii, 4.
2. Apoc., xv, 3.
3. Apoc., xvi, 6.

de l'Église romaine est inconnue. Pierre, s'il a été à Rome (comme nous le croyons), y occupa une place exceptionnelle, et n'eut sûrement pas de successeur proprement dit. Ce n'est que cent ans après, quand l'épiscopat fut régulièrement constitué, qu'on tint à présenter une liste suivie d'évêques de Rome, successeurs de Pierre[1]. On n'avait de souvenirs précis qu'à partir de Xyste, mort vers 125. L'intervalle entre Xyste et saint Pierre fut rempli avec des noms de *presbyteri* romains, qui avaient laissé quelque réputation[2].

1. Hégésippe dressa sa διαδοχή sous Anicet, vers 160 ; elle est perdue ; mais il est probable qu'elle ne différait pas de la liste qui fut classique en Orient ; autrement Eusèbe l'aurait dit. Irénée dressa la sienne sous Eleuthère, vers 180. Eusèbe, saint Épiphane et les Pères vraiment instruits suivent la liste d'Irénée (III, III, 3) : « Linus, Anenclet, Clément, Évareste, Alexandre, Xyste, etc. » C'est par erreur qu'on a quelquefois transposé Anenclet entre Clément et Évareste. Comme, d'un autre côté, le nom d'Ἀνέγκλητος s'altéra de bonne heure en Κλῆτος (Epiph., hær. xxvii, 6), on fut amené à prendre *Clet* et *Anaclet* pour deux personnages, l'un prédécesseur, l'autre successeur de Clément, ce que contredit Caïus, dans Eusèbe, *H. E.*, V, xlviii, 3. Quant à l'opinion, répandue surtout chez les Latins, d'après laquelle Clément aurait été consacré par saint Pierre (*Constit. Apost,* VII, 46 ; Tertullien *Præscr.*, 32 ; cf. saint Jérôme, *De viris ill.*, 15), elle fut une conséquence des liens que la littérature pseudo-clémentine établit entre Clément et le chef des apôtres. La liste authentique d'Irénée exclut absolument ce système. Les chiffres marquant la durée des pontificats ont été introduits postérieurement. V. Lipsius, *Chronologie der römischen Bischöfe,* Kiel, 1869.

2. Irénée, *Adv. hær.,* III, III, 3.

Après Pierre, on mit un certain Linus[1], dont on ne sait rien de certain, puis Anenclet[2], dont le nom a été estropié plus tard, et dont on a fait deux personnages, *Clet* et *Anaclet*.

Un phénomène qui se manifestait de plus en plus, c'est que l'Église de Rome devenait l'héritière de celle de Jérusalem, et s'y substituait en quelque sorte. C'était le même esprit, la même autorité traditionnelle et hiérarchique, le même goût de l'autorité. Le judéo-christianisme dominait à Rome comme à Jérusalem. Alexandrie n'était pas encore un grand centre chrétien. Éphèse, Antioche même ne pouvaient lutter contre une prépondérance que la capitale de l'empire, par la force des choses, tendait de plus en plus à s'arroger.

Vespasien arrivait à une vieillesse avancée, estimé de la partie sérieuse de l'empire, réparant au sein d'une paix profonde, avec l'aide d'un fils actif et intelligent, les maux que Néron et la guerre civile avaient faits. La haute aristocratie, sans avoir beaucoup de sympathie pour une famille de parvenus

---

1. Peut-être identique au personnage nommé dans II Tim., IV, 21. V. *l'Antechrist*, p. 13-14.

2. Ἀνέγκλητος « irréprochable ». Cf. *Corpus inscr. græc.*, nº 1240; de Rossi, *Bull.*, 1865, p. 39. C'était, ce semble, un nom servile. Cf. *Arch. des miss. scient.*, nouv. série, t. III, p. 413, 415, note.

capables, mais sans distinction et de mœurs assez communes, le soutenait et le secondait. On était enfin délivré de la détestable école de Néron, école d'hommes méchants, immoraux, sans gravité, administrateurs et militaires pitoyables. Le parti honnête qui, après la cruelle épreuve du règne de Domitien, arrivera définitivement au pouvoir avec Nerva, respirait enfin, et déjà presque triomphait. Seuls les fous et les débauchés de Rome, qui avaient aimé Néron, riaient de la parcimonie du vieux général, sans songer que cette économie était toute simple et on peut presque dire louable. Le fisc de l'empereur n'était pas nettement distinct de sa fortune privée ; or le fisc sous Néron avait été tristement dilapidé. La situation d'une famille sans fortune, comme les Flavius, portée au pouvoir dans de telles circonstances, devenait fort embarrassante. Galba, qui était de grande noblesse, mais d'habitudes sérieuses, s'était perdu, parce qu'un jour, au théâtre, il offrit à un joueur de flûte fort applaudi cinq deniers, qu'il tira lui-même de sa bourse. La foule l'accueillit par la chanson

Onésime vient du village,

dont les spectateurs répétèrent tous en chœur le refrain. — Il n'y avait moyen de plaire à ces impertinents que par le faste et les manières cavalières. On eût plus facilement pardonné à Vespasien des crimes que son bon sens un peu vulgaire et cette espèce de gaucherie que garde d'ordinaire l'officier pauvre engagé dans les rangs du grand monde par son mérite. L'espèce humaine encourage si peu dans les souverains la bonté et l'application, qu'il est surprenant que les fonctions de roi et d'empereur trouvent encore des hommes consciencieux pour les remplir.

Une opposition plus importune que celle des badauds de l'amphithéâtre et des adorateurs de la mémoire de Néron était celle des philosophes ou pour mieux dire du parti républicain [1]. Ce parti, qui avait régné trente-six heures à la mort de Caligula, reprit, à la mort de Néron et durant la guerre civile qui en fut la suite, une importance imprévue [2]. On vit des hommes hautement considérés comme Helvidius Priscus et sa femme Fannia (la fille de Thraséa) se refuser aux fictions les plus simples de l'étiquette impériale, affecter à l'égard de Vespasien une attitude tracassière et pleine d'effronterie. Il faut rendre cette justice à Vespasien qu'il ne sévit qu'à regret

1. Dion Cassius, LXVI, 12, 13, 15; Suétone, *Vesp.*, 13, 15; Arrien, *Dissert. Epict.,* I, c. 2; Philostrate, *Apoll.,* V, 22. Comp. Lucien, *Peregr.*, 18.
2. Voir *Revue numismatique,* 1862, p. 197 et suiv.

contre de grossières provocations, qui ne se produisaient que grâce à la bonté et à la simplicité de cet excellent souverain. Les philosophes croyaient de la meilleure foi du monde, avec leurs petites allusions littéraires [1], défendre la dignité de la nature humaine; ils ne voyaient pas qu'ils ne défendaient en réalité que le privilége d'une aristocratie, et qu'ils préparaient le règne féroce de Domitien. Ils voulaient l'impossible, une république municipale, gouvernant le monde, un esprit public dans un immense empire, composé des races les plus diverses, les plus inégales. Leur folie était presque aussi grande que celle des écervelés que nous avons vus de nos jours rêver Paris commune libre au milieu d'une France que Paris a formée à la monarchie. Aussi les bons esprits du temps, Tacite, les deux Plines, Quintilien, virent-ils bien la vanité de cette école politique. Tout en étant pleins de respect pour les Helvidius Priscus, les Rusticus, les Sénécion, ils abandonnèrent la chimère républicaine. Ne cherchant plus qu'à améliorer le principat, ils en tirèrent les plus beaux fruits durant près d'un siècle.

Hélas! le principat avait un défaut capital, c'était de flotter déplorablement entre la dictature élective

---

1. Voyez *Dialogue des orateurs*, c. 2, 10.

et la monarchie héréditaire. Toute monarchie aspire à être héréditaire, non-seulement par suite de ce que les démocrates appellent égoïsme de famille, mais parce que la monarchie n'a pour les peuples tous ses avantages qu'avec l'hérédité. L'hérédité, d'un autre côté, est impossible sans le principe germanique de la fidélité. Tous les empereurs romains visèrent à l'hérédité; mais l'hérédité ne put jamais aller au delà de la deuxième génération, et elle n'amena guère que des conséquences funestes. Le monde ne respira que quand, par suite de circonstances particulières, l'adoption (le système le mieux accommodé au césarisme) l'emporta; ce ne fut là qu'un hasard heureux; Marc-Aurèle eut un fils et perdit tout.

Vespasien était uniquement préoccupé de cette question capitale [1]. Titus, son aîné, âgé de trente-neuf ans, n'avait pas d'enfant mâle. Domitien, à vingt-sept ans, n'avait pas non plus de fils. L'ambition de Domitien aurait dû se satisfaire de telles espérances. Titus le déclarait hautement son successeur et se contentait de désirer qu'il épousât sa fille Julia Sabina [2]. Mais la nature s'était livrée dans cette famille, sous tant de rapports favorisée, à un jeu atroce. Domi-

---

1. Suétone, *Vesp.*, 25; Dion Cassius, LXVI, 12.
2. Suétone, *Domit.*, 22.

-tien était un scélérat auprès duquel Caligula et Néron pouvaient sembler des facétieux. Il ne cachait pas sa prétention de déposséder son père et son frère. Vespasien et Mucien avaient mille peines à l'empêcher de gâter tout.

Comme il arrive aux bonnes natures, Vespasien gagnait chaque jour en vieillissant. Même sa plaisanterie, qui était souvent, faute d'éducation, d'un genre grossier, devenait juste et fine. On vint lui dire qu'une comète s'était montrée au ciel : « C'est le roi des Parthes, répondit-il que cela concerne ; il porte de longs cheveux. » Puis, son état s'aggravant : « Je crois que je deviens dieu », fit-il en souriant. Il s'occupa d'affaires jusqu'à la fin ; et, se sentant défaillir : « Un empereur doit mourir debout », dit-il. Il expira en effet entre les bras de ceux qui le soutenaient [1] ; grand exemple de ferme tenue et de virile attitude au milieu de temps troublés et qui paraissaient presque désespérés ! Les juifs seuls gardèrent son souvenir comme celui d'un monstre, qui avait fait gémir la terre entière sous le poids de sa tyrannie [2]. Il y eut sans doute quelque légende rabbinique sur sa mort ; il mourut dans son lit, avouait-

---

1. Suétone, *Vesp.*, 22, 24.
2. IV Esdr., xi, 32 ; xii, 23-25.

on ; mais il n'échappa point aux tourments qu'il avait mérités[1].

Titus lui succéda sans difficulté. Sa vertu n'était pas une vertu profonde, comme celle d'Antonin ou de Marc-Aurèle. Il se forçait pour être vertueux, et quelquefois le naturel prenait le dessus [2]. Néanmoins on augurait un beau règne. Chose rare, Titus s'améliora en arrivant au pouvoir [3]. Il avait beaucoup d'empire sur lui-même, et débuta par faire à l'opinion le plus difficile des sacrifices. Bérénice renonçait moins que jamais à son espérance d'être épousée ; elle agissait en tout cas comme si elle l'eût déjà été. Sa qualité de juive, d'étrangère, de « reine », titre qui, comme celui de « roi », sonnait mal aux oreilles d'un vrai Romain et rappelait l'Orient [4], créaient à cette fortune un obstacle insurmontable. On ne parlait d'autre chose dans Rome, et plus d'une impertinence osait se produire tout haut. Un jour, en plein théâtre, un cynique nommé Diogène, qui s'était introduit dans Rome malgré les décrets d'expulsion portés contre les philosophes, se leva et, devant tout le

1. IV Esdr., xii, 26. Peut-être rapportait-on à Vespasien le supplice du moucheron. V. ci-après, p. 153.
2. Suétone, *Titus,* 1, 6, 7.
3. Suétone, *Titus,* 1, 7; Dion Cassius, LXVI, 18.
4. V. *les Apôtres,* p. 247.

peuple, vomit contre les deux amoureux un torrent d'injures; on le fouetta. Héras, autre cynique, qui crut pouvoir jouir de la même liberté au même prix, eut la tête tranchée.[1] Titus céda, non sans peine, aux murmures du public. La séparation fut d'autant plus cruelle que Bérénice résista. Il fallut la renvoyer [2]. Les relations de l'empereur avec Josèphe et probablement avec Hérode Agrippa restèrent ce qu'elles avaient été avant ce déchirement[3]. Bérénice elle-même revint à Rome; mais Titus n'eut plus de rapports avec elle[4].

Les honnêtes gens se sentaient revivre. Avec des spectacles et un peu de charlatanisme on contentait le peuple [5], et on le tenait tranquille. La littérature latine, qui, depuis la mort d'Auguste, avait subi une si forte éclipse, était en voie de renaissance. Vespasien encourageait sérieusement les sciences, les lettres et les arts. Il institua les premiers professeurs payés par l'État, et fut ainsi le créateur

---

1. Dion Cassius, LXVI, 15. On se demande pourtant si αὐτούς ne se rapporte pas à ἀνδρῶν. Le texte paraît mutilé.

2. Dimisit invitus invitam. Suétone, *Titus*, 7; Dion Cassius, LXVI, 15, 18; Aurelius Victor, *Épit.*, X, 7; Julien, *Cæs.*, init.

3. Il est remarquable que Josèphe n'y fait aucune allusion.

4. Dion Cassius, LXVI, 18.

5. C'est ce que Vespasien appelait *plebeculam pascere*. Suét., *Vesp.*, 18.

du corps enseignant; en tête de cette illustre confrérie brille le nom de Quintilien[1]. La fade poésie des épopées et des tragédies artificielles se continuait piteusement. Des bohèmes de talent, tels que Martial et Stace, tout en excellant dans les petits vers, ne sortaient pas d'une littérature basse ou sans portée. Mais Juvénal atteignait, dans le genre vraiment latin de la satire, une maîtrise incontestée de force et d'originalité. Un haut esprit romain, étroit, si l'on veut, fermé, exclusif, mais plein de tradition, patriotique, opposé aux corruptions étrangères, respire dans ses vers. La courageuse Sulpicia osera défendre les philosophes contre Domitien. De grands prosateurs surtout se formèrent, rejetèrent ce qu'il y avait d'excessif dans la déclamation du temps de Néron, en gardèrent ce qui ne choquait pas le goût, animèrent le tout d'un sentiment moral élevé, préparèrent enfin cette noble génération, qui sut trouver et entourer Nerva, qui fit les règnes philosophiques de Trajan, d'Adrien, d'Antonin, de Marc-Aurèle. Pline le jeune, qui ressemble si fort aux esprits cultivés de notre XVIIIe siècle; Quintilien, l'illustre pédagogue, qui a tracé le code de l'instruction publique[2], le maître de nos maîtres dans le grand art de l'éducation; Tacite,

---

1. Suétone, *Vesp.*, 18; Eus., *Chron.*, an 8 de Dom.
2. *Instit. orat.*, I, II et III.

l'incomparable historien; d'autres, comme l'auteur du *Dialogue des orateurs*, qui les égalaient, mais dont les noms sont ignorés, ou dont les écrits sont perdus [1], grandissaient dans le travail ou portaient déjà leurs fruits. Une gravité pleine d'élévation, le respect des lois morales et de l'humanité remplacèrent la haute débauche de Pétrone et la philosophie à outrance de Sénèque. La langue est moins pure que dans les écrivains du temps de César et d'Auguste; mais elle a du trait, de l'audace, quelque chose qui devait la faire apprécier et imiter des siècles modernes, lesquels ont conçu le ton moyen de leur prose sur une note plus déclamatoire que celle des Grecs.

Sous ce règne sage et modéré, les chrétiens vécurent en paix. Le souvenir que Titus laissa dans l'Église ne fut pas celui d'un persécuteur [2]. Un événement arrivé sous lui fit surtout une vive impression : ce fut l'éruption du Vésuve. L'année 79 vit le phénomène peut-être le plus frappant de l'histoire volcanique de la terre. Le monde entier en fut ému. Depuis que l'humanité avait une conscience, on n'avait pas été témoin de quelque chose d'aussi singulier. Un vieux cratère, éteint depuis un temps

1. Voir le *Dialogue des orateurs*.
2. Eusèbe, *H. E.*, III, 17.

immémorial, se remit en activité avec une violence sans égale, comme si, de nos jours, les volcans de l'Auvergne recommençaient leurs plus furieuses manifestations[1]. Nous avons vu, dès l'an 68, la préoccupation des phénomènes volcaniques remplir l'imagination chrétienne et laisser sa trace dans l'Apocalypse. L'événement de l'an 79 fut également célébré par les voyants judéo-chrétiens, et provoqua une sorte de recrudescence de l'esprit apocalyptique. Les sectes judaïsantes surtout considérèrent la catastrophe des villes italiennes, englouties comme la punition de la destruction de Jérusalem[2]. Les fléaux qui continuaient de s'abattre sur le monde justifiaient jusqu'à un certain point de pareilles imaginations. La terreur produite par ces phénomènes était extraordinaire. La moitié des pages qui nous restent de Dion Cassius est consacrée aux pronostics. L'an 80 vit le plus grand incendie que Rome eût éprouvé, après celui de l'an 64. Il dura trois jours et trois nuits ; toute la région du Capitole et du Panthéon brûla[3]. Une peste effroyable ravagea le monde

---

1. Dion Cassius, LXVI, 24; Suétone, *Titus,* 8; Pline, *Epist.,* VI, 16, 20; Tac., *Hist.,* I, 2.

2. *Carm. sib.,* IV, 136.

3. Dion Cassius, LXVI, 24; Suétone, *Titus,* 8; Eusèbe, *Chron.,* à la deuxième année de Titus.

vers le même temps ; on crut que c'était la plus terrible épidémie qu'il y eût jamais eu [1]. Les tremblements de terre faisaient rage de toutes parts [2] ; la famine sévissait [3].

Titus tiendrait-il jusqu'au bout sa gageure de bonté ? Voilà ce qu'on se demandait. Plusieurs prétendaient que le rôle de « Délices du genre humain » est difficile à garder, et que le nouveau César suivrait la voie des Tibère, des Caligula, des Néron, qui, après avoir bien commencé, finirent au plus mal. Il fallait, en effet, l'âme absolument blasée de philosophes, désabusés de tout, comme Antonin et Marc-Aurèle, pour ne pas succomber aux tentations d'un pouvoir sans bornes. Le caractère de Titus était d'une trempe rare ; sa tentative de régner par la bonté, ses nobles illusions sur l'humanité de son temps furent quelque chose de libéral et de touchant ; sa moralité n'était cependant pas d'une parfaite solidité ; elle était voulue. Il réprimait sa vanité, et s'efforçait de proposer à sa vie des fins purement objectives. Mais

1. Dion et Suétone, *l. c.; Carm. sib.*, IV, 142 ; Eusèbe, *Chron.*, année 9 de Vesp.
2. *Carm. sibyll.*, IV, 128-129, 143-144, 151 ; Eusèbe, *Chron.*, à l'année 8 de Vesp. ; Orose, l. VII, c. 9 ; Philostr., *Apoll.*, VI, 16, 17 ; Malala, X, 10 ; Georges le Syncelle, p. 647 (Bonn).
3. *Carm. sib.*, IV, 150-151.

un tempérament philosophe et vertueux vaut mieux qu'une moralité de parti pris. Le tempérament ne change pas, et le parti pris change. On a donc pu supposer que la bonté de Titus ne fut que l'effet d'un arrêt de développement; on s'est demandé si, au bout de quelques années, il n'eût pas tourné comme Domitien.

Ce ne sont là cependant que des appréhensions rétrospectives. La mort vint soustraire Titus à une épreuve qui, trop prolongée, lui eût peut-être été fatale [1]. Sa santé dépérissait à vue d'œil. A chaque instant, il pleurait, comme si, après avoir atteint contre les désignations apparentes le premier rang du monde, il voyait la frivolité de toutes choses. Une fois surtout, à la fin de la cérémonie d'inauguration du Colisée, il fondit en larmes devant le peuple [2]. Dans son dernier voyage pour se rendre à Rieti, il était accablé de tristesse. A un moment, on le vit écarter les rideaux de sa litière, regarder le ciel, jurer qu'il n'avait pas mérité la mort [3]. Peut-être était-ce épuisement, énervation produite par le rôle qu'il s'imposait; la vie de débauches qu'il avait

1. Dion Cassius, LXVI, 18; Ausone, *De duod. imp.*, p. 866 (édit. Migne).
2. Suétone, *Titus,* 10; Dion Cassius, LXVI, 26.
3. Suétone, *Titus,* 10.

menée à diverses reprises avant d'arriver à l'empire le laisserait croire. Peut-être aussi était-ce la protestation qu'une âme noble avait dans un pareil temps le droit d'élever contre la destinée. Sa nature était sentimentale et aimante. L'affreuse méchanceté de son frère le tuait. Il voyait clairement que, s'il ne prenait les devants, Domitien les prendrait. Avoir rêvé l'empire du monde pour s'en faire adorer, voir son rêve accompli, en apercevoir alors la vanité et reconnaître qu'en politique la bonté est une erreur, voir le mal se dresser devant soi sous la forme d'un monstre qui vous dit : « Tue-moi, ou je te tue! » quelle épreuve pour un bon cœur! Titus n'avait pas la dureté d'un Tibère ou la résignation d'un Marc-Aurèle. Ajoutons que son régime hygiénique était des plus mauvais. En tout temps et surtout à sa maison près de Rieti, où les eaux étaient très-froides, Titus prenait des bains capables de tuer les hommes les plus vigoureux [1]. Tout cela dispense assurément de recourir, pour expliquer sa mort prématurée, à la supposition d'un empoisonnement [2]. Domitien ne fut

---

1. Plutarque, *De sanitate prœc.*, 3. Vespasien était mort aussi de l'abus de ces eaux froides. Suétone, *Vesp.*, 24.

2. Dion Cassius, LXVI, 26; Philostrate, *Apoll.*, VI, 32; Aurelius Victor, *Cæs.*, X, 5 (le même, *Epit.*, X, 15, se contredit). Suétone ne parle pas de ce bruit. Plutarque (*l. c.*) l'exclut, et déclare tenir ses renseignements des médecins mêmes

pas fratricide au sens matériel; il le fut par sa haine, par sa jalousie, par ses désirs non dissimulés. Son attitude, depuis la mort de son père, était une conspiration perpétuelle ¹. Titus n'avait pas encore rendu l'esprit que Domitien obligeait tout le monde à l'abandonner comme mort, et, montant à cheval, se rendait en hâte au camp des prétoriens ².

Le monde porta le deuil; mais Israël triompha. Cette mort inexpliquée, par épuisement et mélancolie philosophique, n'était-elle pas un jugement manifeste du Ciel sur le destructeur du temple, sur l'homme le plus coupable qui fût au monde. La légende rabbinique à cet égard prit, comme de coutume, une tournure puérile, qui cependant n'était pas sans quelque justesse. « Titus le méchant », assurent les agadistes, mourut par le fait d'un moucheron, qui s'introduisit dans son cerveau et le fit expirer dans d'atroces tortures ³. Toujours dupes des bruits populaires, les juifs et les chrétiens du temps crurent généralement au fratricide. Selon eux, le cruel Domi-

---

de Titus. Tacite y ferait allusion, par exemple, *Hist.*, I, 2. Le récit du coffre plein de neige (Dion Cassius, LXVI, 26; cf. Zonaras, II, p. 498 c, Bonn) s'explique par Plutarque (*l. c.*)

1. Suétone, *Titus,* 9; *Dom.,* 2; Dion Cassius, LXVI, 26.
2. Suétone, *Dom.,* 2; Dion Cassius, LXVI, 26.
3. *Bereschith rabba,* ch. x; *Vayyikra rabba,* ch. xxii; *Tanhouma,* 62 *a;* Talm. de Bab., *Gittin,* 56 *b.*

tien, meurtrier de Clemens, persécuteur des saints, fut de plus l'assassin de son frère, et cette donnée, comme le parricide de Néron, devint une des bases du nouveau symbolisme apocalyptique, ainsi que nous le verrons plus tard [1].

1. IV Esdr., xi, 35; xii, 27-28; *Car. sib.*, XII, 120-123.

CHAPITRE IX.

PROPAGATION DU CHRISTIANISME.— L'ÉGYPTE.— LE SIBYLLISME.

La tolérance dont jouit le christianisme sous le règne des Flavius fut éminemment favorable à son développement. Antioche, Éphèse, Corinthe, Rome surtout, étaient des centres actifs où le nom de Jésus prenait de jour en jour plus d'importance, et d'où la foi nouvelle rayonnait. Si l'on excepte les ébionites exclusifs de la Batanée, les relations entre les judéo-chrétiens et les païens convertis devenaient chaque jour plus faciles ; les préjugés tombaient ; la fusion s'opérait. Dans beaucoup de villes importantes, il y avait deux presbytérats et deux *episcopi*, l'un pour les chrétiens de provenance juive, l'autre pour les fidèles d'origine païenne. On supposait que l'*épiscopos* des païens convertis avait été institué par saint Paul, et l'autre par quelque apôtre de Jérusalem¹. Il est vrai qu'au ɪɪɪᵉ et au ɪᴠᵉ siècle, on abusa de cette hypothèse pour sortir des embarras où les Églises se trouvèrent, quand elles voulurent faire des successions régulières d'évêques avec les éléments disparates de la tradition. Néanmoins la duplicité de certaines grandes Églises paraît avoir été un fait réel. Telle était la diversité d'éducation des deux fractions de la communauté chrétienne, que les mêmes pasteurs ne pouvaient guère donner aux deux l'enseignement dont elles avaient besoin².

Les choses se passaient surtout ainsi quand à la différence d'origine se joignait la différence de langue, comme à Antioche, où l'un des groupes parlait grec, l'autre syriaque. Antioche paraît avoir eu deux successions de *presbyteri*, l'une se rattachant idéalement à saint Pierre, l'autre à saint Paul. La constitution de ces deux listes se fit par les procédés mêmes qui servirent à dresser la liste des évêques de Rome. On prit les plus anciens noms de *presbyteri* dont on se souvenait, celui d'un certain Evhode, fort respecté³, celui d'Ignace, qui eut beaucoup plus de célébrité, et on en fit les chefs de file

---

1. Épiphane, hær. ʟxvɪɪɪ, 7; *Constit. apost.*, VII, 46.
2. Vers l'an 200, le prêtre Caïus est ordonné à Rome ἐθνῶν ἐπίσκοπος. Photius, cod. xʟᴠɪɪɪ.
3. Épître supposée d'Ignace aux Antiochéniens, § 7.

de deux séries¹. Ignace ne mourut que sous le règne de Trajan ; saint Paul vit pour la dernière fois Antioche en l'an 54. Il se passa donc pour Ignace la même chose que pour Clément, pour Papias, et pour un grand nombre de personnages de la deuxième et de la troisième génération chrétienne ; on força les dates pour qu'ils fussent censés avoir reçu des apôtres leur institution ou leur enseignement.

L'Égypte, qui fut longtemps très en retard avec le christianisme², reçut probablement sous les Flavius le germe de la croyance nouvelle. La tradition de la prédication de Marc à Alexandrie³ est une de ces inventions tardives par lesquelles les grandes Églises cherchèrent à s'attribuer une antiquité apostolique. On sait assez bien les lignes générales de la vie de saint Marc ; c'est vers Rome, non vers Alexandrie, qu'on le voit se diriger. Quand toutes les grandes Églises prétendirent avoir eu des fondateurs apostoliques, l'Église d'Alexandrie, devenue très-considé-

---

1. Cette διαδοχή n'eut jamais la fixité de celle des évêques supposés de Rome. Origène, Eusèbe, Théodoret, saint Jean Chrysostome et saint Jérôme n'y concordent pas bien.

2. Voir *les Apôtres,* p. 283 et suiv.

3. Eusèbe, *H. E.,* II, 16 ; Épiphane, hær LI, 6 ; saint Jérôme, *De viris ill.,* 8 ; Nicéphore, *H. E.,* II, 15, 43. L'*adhuc judaizantem* de saint Jerôme est aussi probablement une supposition *a priori.*

rable à son tour, voulut suppléer aux titres de noblesse qu'elle n'avait pas. Marc était presque le seul entre les personnages de l'histoire apostolique qui n'eût pas encore été adopté. En réalité, la cause de cette absence du nom de l'Égypte dans les récits des *Actes des Apôtres* et dans les épîtres de saint Paul est que l'Égypte eut une sorte de pré-christianisme, qui la tint longtemps fermée au christianisme proprement dit. Elle avait Philon, elle avait les thérapeutes, c'est-à-dire des doctrines si semblables à celles qui se produisaient en Judée et en Galilée, qu'elle était comme dispensée d'accorder à celles-ci une oreille attentive. Plus tard on soutint que les thérapeutes n'étaient autre chose que les chrétiens de saint Marc[1], dont Philon aurait décrit le genre de vie. C'était là une étrange hallucination. Dans un certain sens, cependant, cette bizarre confusion n'était pas tout à fait aussi dénuée de vérité qu'on pourrait le croire au premier coup d'œil.

Le christianisme, en effet, paraît avoir eu longtemps en Égypte un caractère indécis. Les membres des vieilles communautés de thérapeutes du lac Maréotis, s'il faut admettre leur existence, devaient paraître des saints aux disciples de Jésus; les exégètes

1. Philon était mort depuis longtemps à la date où l'apostolat de saint Marc à Alexandrie aurait pu avoir lieu.

de l'école de Philon, comme Apollos, côtoyaient le christianisme, y entraient même, sans toujours y rester; les auteurs juifs alexandrins de livres apocryphes se rapprochaient beaucoup des idées qui prévalurent, dit-on, au concile de Jérusalem. Quand des juifs animés de pareils sentiments entendaient parler de Jésus, ils n'avaient pas à se convertir pour sympathiser avec ses disciples. La confraternité s'établissait d'elle-même. Un curieux monument de cet esprit particulier à l'Égypte nous a été conservé dans l'un des poëmes sibyllins, poëme daté avec une grande précision du règne de Titus ou des premières années de Domitien, et que les critiques ont pu avec des raisons presque égales regarder comme chrétien et comme essénien ou thérapeute. La vérité est que l'auteur est un sectaire juif, flottant entre le christianisme, le baptisme, l'essénisme, et inspiré avant tout par l'idée dominante des sibyllistes, qui était de prêcher aux païens le monothéisme et la morale sous le couvert d'un judaïsme simplifié.

Le sibyllisme naquit à Alexandrie vers le temps même où le genre apocalyptique naissait en Palestine. Ces deux genres parallèles durent leur création à des situations d'esprit analogues. Une des règles de toute apocalypse est l'attribution de l'ouvrage à quelque célébrité des siècles passés. L'opinion de ce temps est que la liste des grands prophètes est close, qu'aucun moderne ne peut avoir la prétention de s'égaler aux anciens inspirés. Que fait alors l'homme possédé du désir de produire sa pensée et de lui donner l'autorité qui lui manquerait s'il la présentait comme sienne? Il prend le manteau d'un ancien homme de Dieu, lance hardiment son livre sous un nom vénéré. Cela ne causait pas une ombre de scrupule au faussaire, qui, pour répandre une idée qu'il croyait juste, faisait abnégation de sa propre personne. Loin qu'il crût faire injure au sage antique dont il prenait le nom, il pensait lui faire honneur en lui attribuant de bonnes et belles pensées. Et quant au public auquel de tels écrits s'adressaient, l'absence complète de critique faisait qu'il ne s'élevait pas une ombre d'objection. En Palestine, les autorités choisies pour servir de prête-nom à ces révélations nouvelles furent des personnages réels ou fictifs dont la sainteté était acceptée de tous, Daniel, Hénoch, Moïse, Salomon, Baruch, Esdras. A Alexandrie, où les juifs étaient initiés à la littérature grecque, et où ils aspiraient à exercer une influence intellectuelle et morale sur les païens, les faussaires choisirent des philosophes ou des moralistes grecs renommés. C'est ainsi que l'on vit Aristobule alléguer de fausses citations d'Homère, d'Hésiode, de Linus, et qu'on eut bientôt un pseudo-Orphée, un pseudo-Pythagore, une correspondance apocryphe d'Héraclite, un poëme moral attribué à Phocylide[1]. Le but de tous ces ouvrages est le même ; il s'agit de prêcher aux idolâtres le déisme[2] et les préceptes dits *noachiques*, c'est-à-dire un judaïsme mitigé à leur usage, un judaïsme réduit presque aux proportions de la loi naturelle. On maintenait seulement deux ou trois abstinences qui, aux yeux des juifs les plus larges, passaient presque pour faire partie de la loi naturelle[3].

Les sibylles devaient s'offrir d'elles-mêmes à l'esprit de faussaires en quête d'autorités incontestées sous le couvert desquelles ils pussent présenter aux Grecs les idées qui leur étaient chères. Il courait déjà dans le public des petits poëmes, prétendus

---

1. Pour les deux derniers ouvrages, voir les éditions de Bernays. Pour les autres, voir le *De monarchia* attribué à saint Justin, 2 ; Clément d'Alex., *Strom.*, V, ch. 14 ; Eusèbe, *Præp. evang.*, XIII, ch. 12. Les citations fausses ou falsifiées des poëtes grecs, épiques, tragiques, comiques, si fréquentes dans les Pères apologistes, peuvent provenir aussi de la fabrique juive alexandrine, en particulier d'Aristobule. Voir surtout Clément d'Alex., *Strom.*, liv. V; Eus. *Præp. evang.*, liv. XIII, et le *De monarchia* entier.

2. Voir surtout le beau passage de Menandre ou Philémon, probablement de fabrique juive alexandrine, dans *De monarchia*, 4 ; Clém. d'Alex., *Strom.*, V, 14 ; Eus., *Præp. evang.* XIII, 13.

3. Voir *Saint Paul*, p. 91-92.

cuméens, érythréens, pleins de menaces, présageant aux différents pays des catastrophes. Ces dictons, dont l'effet était grand sur les imaginations, surtout lorsque des coïncidences fortuites semblaient les justifier, étaient conçus dans le vieil hexamètre épique, en une langue qui affectait de ressembler à celle d'Homère. Les faussaires juifs adoptèrent le même rhythme, et, pour mieux faire illusion à des gens crédules, semèrent dans leur texte quelques-unes de ces menaces que l'on croyait provenir des vierges fatidiques de la haute antiquité.

La forme de l'apocalypse alexandrine fut ainsi le sibyllisme. Quand un juif ami du bien et du vrai, dans cette école tolérante et sympathique, voulait adresser aux païens des avertissements, des conseils, il faisait parler une des prophétesses du monde païen, pour donner à ses prédications une force qu'elles n'auraient pas eue sans cela. Il prenait le ton des oracles érythréens, s'efforçait d'imiter le style traditionnel de la poésie prophétique des Grecs, s'emparait de quelques-unes de ces menaces versifiées qui faisaient beaucoup d'impression sur le peuple, et encadrait le tout dans des prédications pieuses. Répétons-le, de telles fraudes à bonne intention ne répugnaient alors à personne. A côté de la fabrique juive de faux classiques, dont l'artifice consistait à mettre dans la bouche des philosophes et des moralistes grecs les maximes qu'on désirait inculquer, il s'était établi, dès le IIᵉ siècle avant Jésus-Christ, un pseudo-sibyllisme dans l'intérêt des mêmes idées[1]. Au temps des Flavius, un Alexandrin reprit la tradition depuis longtemps interrompue et ajouta aux oracles antérieurs quelques pages nouvelles. Ces pages sont d'une remarquable beauté[2].

Heureux qui adore le grand Dieu, celui que les mains des hommes n'ont pas fabriqué, qui n'a pas de temple, que l'œil des mortels ne peut voir, ni leur main mesurer! Heureux ceux qui prient avant de manger et de boire, qui, à la vue des temples, font un signe de protestation, et ont horreur des autels souillés de sang! Le meurtre, les gains honteux, l'adultère, les crimes contre nature leur font horreur. Les autres hommes, livrés à leurs désirs pervers, poursuivent ces saintes gens de leurs rires et de leurs injures; dans leur folie, ils les accusent des crimes qu'ils commettent eux-mêmes; mais le jugement de Dieu s'accomplira. Les impies seront précipités dans les ténèbres; les hommes pieux, au contraire, habiteront une terre fertile, l'Esprit de Dieu leur donnant vie et grâce.

Après ce début, viennent les parties essentielles de toute apocalypse : d'abord une théorie sur la succession des empires, sorte de philosophie de l'his-

---

1. *Carm. sib.*, III, §§ 2 et 4.
2. *Carm. sib.*, livre IV entier.

toire, imitée de Daniel ; puis les signes au ciel, les tremblements de terre, les îles émergeant du fond des mers, les guerres, les famines, tout l'appareil qui annonce l'approche du jugement de Dieu. L'auteur mentionne en particulier le tremblement de terre de Laodicée, arrivé en l'an 60, celui de Myre, les invasions de la mer en Lycie qui eurent lieu en 68[1]. Les malheurs de Jérusalem lui apparaissent ensuite. Un roi puissant, meurtrier de sa mère, s'enfuit d'Italie, ignoré, inconnu, sous le déguisement d'un esclave, et se réfugie au delà de l'Euphrate. Là, il attend caché, tandis que les compétiteurs de l'empire se font des guerres sanglantes. Un chef romain livrera le temple aux flammes, détruira la nation juive. Les entrailles de l'Italie se déchireront; une flamme en sortira, montera jusqu'au ciel, consumant les villes, faisant périr des milliers d'hommes ; une poussière noire remplira l'atmosphère ; des *lapilli* rouges comme du minium tomberont du ciel. Alors, il faut l'espérer, les hommes reconnaîtront la colère du Dieu Très-Haut, colère qui est tombée sur eux parce qu'ils ont détruit l'innocente tribu des hommes pieux. Pour comble de malheur, le roi

---

1. Voir *l'Antechrist*, p. 328, 337. Pour le tremblement de terre de Chypre, voir Eusèbe, *Chron.*, à l'année 76, 77 ou 78 (édit. Schœne).

fugitif, caché derrière l'Euphrate, tirera sa grande épée et repassera l'Euphrate avec des myriades d'hommes.

On voit quelle suite immédiate cet ouvrage fait à l'Apocalypse de Jean. Reprenant les idées du Voyant de 68 ou 69, le sibylliste de l'an 81 ou 82, confirmé dans ses sombres prévisions par l'éruption du Vésuve, relève la croyance populaire de Néron vivant au delà de l'Euphrate, et annonce son retour comme prochain. Quelques indices, en effet, font croire qu'il y eut un faux Néron sous Titus. Une tentative plus sérieuse eut lieu en 88, et faillit amener une guerre avec les Parthes [1]. La prophétie de notre sibylliste est sans doute antérieure à cette date. Il annonce, en effet, une guerre terrible ; or l'affaire du faux Néron, sous Titus, si elle eut lieu, ne fut pas sérieuse, et, quant au faux Néron de 88, il ne causa non plus qu'une fausse alerte [2].

Quand la piété, la foi, la justice auront entièrement disparu, quand personne n'aura plus souci des hommes pieux, que tous chercheront à les tuer, prenant plaisir à les insulter, plongeant les mains dans leur sang, alors on verra le bout de la patience

1. Voir *l'Antechrist*. p. 319-320, note.
2. « Mota prope Parthorum arma falsi Neronis ludibrio. » Tac., *Hist.*, I, 2.

divine; frémissant de colère, Dieu anéantira la race des hommes par un vaste incendie[1].

Ah! malheureux mortels, changez de conduite; ne poussez pas le grand Dieu aux derniers accès de la fureur; laissant là les épées, les querelles, les meurtres, les violences, baignez dans les eaux courantes votre corps tout entier; tendant vos mains vers le ciel, demandez le pardon de vos œuvres passées, et guérissez[2] par vos prières[3] votre funeste impiété. Alors Dieu reviendra sur sa résolution et ne vous perdra pas. Sa colère s'apaisera, si vous cultivez[4] dans vos cœurs la précieuse piété. Mais, si, persistant dans votre mauvais esprit, vous ne m'obéissez pas, et que, chérissant votre folie, vous receviez mal ces avertissements, le feu se répandra sur la terre, et voici quels en seront les signes. Au lever du soleil, des épées au ciel, des bruits de trompette; le monde entier entendra des mugissements et un fracas terrible. Le feu brûlera la terre; toute la race des hommes périra; le monde sera réduit à une poussière noirâtre.

Quand tout sera en cendres, et que Dieu aura éteint l'énorme incendie qu'il avait allumé, le Tout-Puissant rendra de nouveau la forme aux os et à la poussière des hommes, et rétablira les mortels comme ils étaient auparavant. Alors aura lieu le jugement, par lequel Dieu lui-même jugera le monde. Ceux qui se seront abandonnés aux impiétés, la terre répandue sur leur tête les recou-

1. *Carm. sib.*, IV, 161 et suiv.
2. Ἰάσασθε renferme peut-être une allusion au nom des thérapeutes (θεραπεύειν) ou des esséniens (*asaïa,* médecins).
3. Εὐλογίαις.
4. Ἀσκήσητε.

vrira; ils seront précipités dans les abîmes du sombre Tartare et de la géhenne, sœur du Styx. Au contraire, ceux qui auront pratiqué la piété revivront dans le monde du grand Dieu éternel, au sein du bonheur impérissable, Dieu leur donnant, en récompense de leur piété, l'esprit, la vie et la grâce. Alors tous se verront eux-mêmes, les yeux fixés sur la lumière charmante d'un soleil qui ne se couchera pas. O heureux l'homme qui vivra jusqu'à ce temps-là !

L'auteur de ce poëme était-il chrétien? Il l'était assurément de cœur ; mais il l'était à sa manière. Les critiques qui voient dans ce morceau l'œuvre d'un disciple de Jésus, s'appuient principalement sur l'invitation adressée aux gentils de se convertir et de se laver le corps entier dans les fleuves[1]. Mais le baptême n'était pas exclusivement propre aux chrétiens. Il y avait, à côté du christianisme, des sectes de baptistes, d'hémérobaptistes, à qui le vers sibyllin conviendrait mieux, puisque le baptême chrétien n'était administré qu'une fois, tandis que le baptême dont il est question dans le poëme paraît avoir été, comme la prière qui l'accompagne[2], une pratique pieuse effaçant les péchés, un sacrement susceptible d'être renouvelé, et qu'on s'administrait soi-même. Ce qui serait tout à fait

1. *Carm. sib.*, IV, 164.
2. *Ibid.*, IV, 165-166

inconcevable, c'est que, dans une apocalypse chrétienne de près de deux cents vers, écrite au commencement du règne de Domitien, il ne fût pas une seule fois question de Jésus ressuscité, venant en Fils de l'homme sur les nuées du ciel juger les vivants et les morts. Ajoutons à cela un emploi d'expressions mythologiques, dont il n'y a pas d'exemple chez les écrivains chrétiens du 1ᵉʳ siècle, un style artificiel, pastiche du vieux style homérique, qui suppose chez l'auteur la lecture des poëtes profanes et un long séjour aux écoles des grammairiens d'Alexandrie[1].

La littérature sibylline paraît donc avoir eu son origine dans les communautés esséniennes ou thérapeutes[2]; or les thérapeutes, les esséniens, les baptistes, les sibyllistes, vivaient dans un ordre d'idées fort analogues à celles des chrétiens, et ne différaient de ceux-ci que par le culte de la personne de Jésus. Plus tard, sans doute, toutes ces sectes juives se fondirent dans l'Église. De plus en plus, il ne restait que deux classes de juifs : d'une part, le juif observateur strict de la Loi, talmudiste, casuiste, le pharisien en un mot; de l'autre, le juif large, réduisant le judaïsme à une sorte de religion naturelle ouverte aux païens

---

1. Les épîtres de saint Jacques et de saint Jude offrent cependant une grécité un peu du même genre.
2. Cf. Josèphe, *B. J.*, II, viii, 12.

vertueux. Vers l'an 80, il y avait encore, surtout en Égypte, des sectes qui se plaçaient à ce point de vue, sans pourtant adhérer à Jésus. Bientôt il n'y en aura plus, et l'Église chrétienne contiendra tous ceux qui veulent se soustraire aux exigences excessives de la Loi sans cesser d'appartenir à la famille spirituelle d'Abraham.

Le livre coté le quatrième dans la collection sibylline n'est pas le seul écrit de son espèce qu'ait produit l'époque de Domitien. Le morceau qui sert de préface à la collection tout entière, et qui nous a été conservé par Théophile, évêque d'Antioche (fin du IIe siècle), ressemble beaucoup au livre quatrième et se termine de la même manière [1] : « Une trombe de feu fondra sur vous; des torches ardentes vous brûleront durant l'éternité; mais ceux qui auront adoré le vrai Dieu infini hériteront de la vie, habitant à jamais le riant jardin du Paradis, mangeant le doux pain qui descend du ciel étoilé [2]. » Ce fragment semble, au premier coup d'œil, présenter en quelques expressions des indices de christianisme; mais on trouve dans Philon des expressions tout à fait analogues. Le christianisme naissant eut, en

1. *Carm. sib.*, prooem., v. 84-87; comp. III, 60-64.
2. Cf. Philon, *Allégories de la Loi*, III, § 59; *Carm. sib.*, VIII, 403 et suiv.

dehors du rôle divin prêté à la personne de Jésus, si peu de traits spécialement propres, que la rigoureuse distinction de ce qui est chrétien et de ce qui ne l'est pas devient par moments extrêmement délicate.

Un détail caractéristique des apocalypses sibyllines, c'est que, d'après elles, le monde finira par une conflagration. Plusieurs textes bibliques conduisaient à cette idée[1]. On ne la rencontre pas néanmoins dans la grande Apocalypse chrétienne, celle qui porte le nom de Jean. La première trace qu'on en trouve chez les chrétiens est dans la seconde Épître de Pierre, écrit supposé bien tardivement[2]. La croyance dont il s'agit paraît ainsi s'être développée dans le milieu alexandrin, et l'on est autorisé à croire qu'elle vint en partie de la philosophie grecque; plusieurs écoles, en particulier les stoïciens, avaient pour principe que le monde serait consumé par le feu[3]. Les esséniens avaient adopté la même opinion[4]; elle devint en quelque sorte la base de tous les écrits attribués à la Sibylle[5], tant que cette fiction

1. Deuter., XXVII, 22 (Justin, *Apol. I*, 44, 60); Isaïe, LXVI, 15.
2. II Petri, III, 7, 12.
3. Ἐκπύρωσις. Cf. Cic. *Quæst. acad.*, II, 37; Ovide, *Metam.*, I, 256 et suiv.; Sénèque, *Consol. ad Marciam*, 26; *Quæst. nat.*, III, 28; *De monarchia,* attribué à saint Justin, 3.
4. *Philosophumena*, IX, 27; Josèphe, *B. J.*, II, VIII, 11.
5. Voir, par exemple, II, 194 et suiv.; III, 72 et suiv., 82 et

littéraire continua de servir de cadre aux rêves des esprits inquiets de l'avenir. C'est là et dans les écrits du faux Hystaspe que les docteurs chrétiens la trouvèrent. Telle était l'autorité de ces oracles supposés qu'ils la prirent naïvement pour révélée [1]. L'imagination de la foule païenne était hantée par des terreurs du même genre, exploitées également par plus d'un imposteur [2].

Annianus, Avilius, Cerdon, Primus, qu'on donne pour successeurs à saint Marc [3], furent sans doute d'anciens *presbyteri*, dont le nom s'était conservé, et dont on fit des évêques, quand il fut reçu que l'épiscopat était d'institution divine et que chaque siége devait montrer une succession non interrompue de présidents, jusqu'au personnage apostolique qui était censé en être le fondateur [4]. Quoi qu'il en soit, l'Église d'Alexandrie paraît avoir eu tout d'abord un caractère tranché. Elle était fort antijuive ; c'est de son sein que nous verrons sortir, dans quatorze ou

suiv. ; VII, 118 et suiv. ; 141 et suiv. ; VIII, 203 et suiv., 217 et suiv., 337 et suiv.

1. Cf. Justin, *Apol. I*, 20, 44 ; *Apol. II*, 7 ; Lactance, *De ira Dei*, 23 ; *Div. Inst*, VII, 18.

2. Jules Capitolin, *Marc-Aurèle*, 13.

3. Eusèbe, *H. E.*, II, 24 ; III, 14, 21 ; IV, 1, 4 ; *Constit. apost.*, VII, 46.

4. Voir ci-dessus, p. 137-139 et p. 156-158.

quinze ans, le plus énergique manifeste de séparation complète entre le judaïsme et le christianisme, le traité connu sous le nom d' « Épître de Barnabé ». Ce sera bien autre chose dans cinquante ans, quand le gnosticisme y naîtra, proclamant que le judaïsme est l'œuvre d'un dieu mauvais et que la mission essentielle de Jésus a été de détrôner Jéhovah. Le rôle capital d'Alexandrie ou, si l'on veut, de l'Égypte dans le développement de la théologie chrétienne se dessinera clairement alors. Un Christ nouveau apparaîtra, ressemblant à celui que nous connaissons jusqu'ici comme les paraboles de Galilée ressemblent aux mythes osiriens ou au symbolisme de la mère d'Apis.

CHAPITRE X.

L'ÉVANGILE GREC SE CORRIGE ET SE COMPLÈTE (*MATTHIEU*).

Les défauts et les lacunes de l'Évangile de Marc devenaient chaque jour plus choquants. Ceux qui connaissaient les beaux discours de Jésus tels que les rapportaient les écritures syro-chaldaïques, regrettaient la sécheresse du récit sorti de la tradition de Pierre. Non-seulement les plus belles prédications y figuraient écourtées, mais des parties de la vie de Jésus qu'on était arrivé à regarder comme essentielles ne s'y trouvaient pas représentées. Pierre, fidèle aux vieilles idées du premier âge chrétien, attachait peu d'importance aux récits de l'enfance, aux généalogies. Or c'était surtout dans ce sens que travaillait l'imagination chrétienne. Une foule de récits nouveaux s'étaient formés ; on voulait un Évangile complet qui, à tout ce que renfermait Marc, ajoutât ce que savaient ou croyaient savoir les meilleurs traditionistes de l'Orient.

Ce fut l'origine de notre texte dit « selon Matthieu » [1]. L'auteur de cet écrit a pris pour base de son travail l'Évangile de Marc. Il le suit dans l'ordre, dans le plan général, dans les expressions caractéristiques, d'une façon qui ne permet pas de douter qu'il n'eût sous les yeux ou dans la mémoire l'ouvrage de son devancier. Les coïncidences dans les moindres détails durant des pages entières sont si littérales, qu'on est par moments tenté d'affirmer que l'auteur possédait un manuscrit de Marc [2]. D'un autre côté, certains changements de mots, de nombreuses transpositions, certaines omissions dont il est impossible d'expliquer le motif, feraient plutôt

---

[1]. La date approximative résulte : 1° du verset XVI, 28, qui devait être vrai encore à l'époque de la rédaction; 2° de l'εὐθέως (XXIV, 29-30), qui empêche de trop s'éloigner de la guerre de Judée (comparez Luc, XXI, 24). La circonstance de l'Évangile prêché partout (XXIV, 14) ne donne rien de précis.

[2]. Ainsi, dans les citations de l'Ancien Testament, l'accord est remarquable. Comp. Matth., XV, 8, et Marc, VII, 6; Matth., XIX, 5, et Marc, X, 7; Matth., XXI, 13, et Marc, XI, 17; Matth., XXII, 32, et Marc, XII, 26; Matth., XXII, 44, et Marc, XII, 36; Matth., XXI, 42, et Marc, XXII, 10-11; Matth., XXVI, 31, et Marc, XIV, 27; Matth., XXIV, 15, et Marc, XIII, 14. Pour comprendre ce que ces coïncidences ont de frappant, se rappeler que Jésus parlait araméen et non grec.

croire à un travail fait de souvenir[1]. Cela est de peu de conséquence. Ce qui est capital, c'est que le texte dit de Matthieu suppose celui de Marc comme préexistant et ne fait guère que le compléter. Il le complète de deux manières, d'abord en y insérant ces longs discours qui faisaient le prix des Évangiles hébreux, puis en y ajoutant des traditions de formation plus moderne, fruits des développements successifs de la légende, et auxquelles la conscience chrétienne attachait déjà infiniment de prix. La rédaction dernière a du reste beaucoup d'unité de style; une même main s'est étendue sur les morceaux fort divers qui sont entrés dans la composition[2]. Cette unité porte à croire que, pour les parties étrangères à Marc, le rédacteur travaillait sur l'hébreu; s'il avait utilisé une traduction, on sentirait des différences de style entre le fond et les parties intercalées. D'ailleurs, le goût du temps était plutôt aux remaniements qu'aux traductions proprement dites[3]. Les cita-

---

1. Bizarres consonnances de mots employés en des circonstances plus ou moins parallèles, mais bouleversés : ἀπήγγειλαν, Marc, vi, 30 et Matth., xiv, 12; ἐξέστη et ἐξίσταντο, Marc, iii, 21 ; Matth., xii, 23.

2. Voir les tableaux dressés par M. Réville, *Études crit. sur l'Évang. selon saint Matthieu,* p. 2 et suiv.

3. Que le Matthieu actuel ne soit pas une simple traduction d'un original hébreu, c'est ce que prouvent, outre l'emploi des

tions bibliques de pseudo-Matthieu supposent à la fois l'usage du texte hébreu (ou d'un targum araméen) et de la version des Septante[1]; une partie de son exégèse n'a de sens qu'en hébreu[2].

La façon dont l'auteur opère l'intercalation des grands discours de Jésus est singulière. Soit qu'il les prenne dans les recueils de sentences qui peuvent avoir existé à un certain moment de la tradition évangélique, soit qu'il les tire tout faits de l'Évangile hébreu, ces discours sont insérés par lui comme

---

Septante dans les citations de la Bible, beaucoup d'autres particularités; par exemple, le rôle de père attribué au Saint-Esprit, contrairement au genre de l'hébreu *rouah* (cf. Évang. des Hébr., Hilg., p. 16, 23-24; voir ci-après, p. 185). D'un autre côté, la fidélité de l'interprétation quant au sens général résulte des contradictions que le rédacteur n'a pas effacées. Le plus souvent, il subordonne Marc aux λόγια; ceux-ci constituent son objet principal. Mais Papias atteste qu'il y avait des traductions fort diverses des λόγια (dans Eus., *H. E.,* III, xxxix, 16). Le λόγιον Matth., v, 37, paraît avoir été mal traduit par l'auteur du premier Évangile. Cf. Jac., v, 12; Justin, *Apol. I,* 16; *Homél. pseudoclém.,* III, 55; Clém. d'Alex., *Strom.,* VII, 11.

1. Matth., I, 21, 23 (hébr. et Sept.); II, 6 (hébr. et Sept.); II, 15 (hébr.); II, 18 (hébr. et Sept.); II, 23 (hébr.); IV, 15-16 (hébr. et Sept.); VIII, 17 (hébr.); XII, 17-21 (hébr. et Sept.); XIII, 35 (hébr. et Sept.); XXI, 5 (hébr.); XXIII, 35 (Sept.); XXVII, 9-10 (hébr. et Sept.); XXVII, 43 (hébr. et Sept.). Dans les récits historiques, quand l'auteur copie Marc, il lui emprunte aussi ses citations.

2. Ναζωραῖος κληθήσεται (II, 23), tiré de Isaïe, XI, 1; LX, 21.

de grandes parenthèses dans la narration de Marc[1], à laquelle il pratique pour cela des espèces d'entailles. Le principal de ces discours, le Discours sur la montagne, est évidemment composé de parties qui n'offrent entre elles aucun lien et qui ont été artificiellement rapprochées. Le chapitre XXIII contient tout ce que la tradition avait conservé des reproches que Jésus, à diverses occasions, adressa aux pharisiens. Les sept paraboles du chapitre XIII n'ont sûrement pas été proposées par Jésus le même jour et de suite[2]. Qu'on nous permette une comparaison familière, qui seule rend notre pensée. Il y avait, avant la rédaction du premier Évangile, des paquets de discours et de paraboles, où les paroles de Jésus étaient classées d'après des raisons purement extérieures[3]. L'auteur du premier Évangile trouva ces paquets déjà faits, et les inséra dans le texte de Marc, qui lui servait de canevas, tout ficelés, sans briser le fil léger qui les reliait. Quelquefois le texte de Marc, tout abrégé qu'il

1. Comp. Marc, I, 21-22, à Matth., V, 2; VII, 28; Marc, X, 31-32, à Matth., XIX, 30; XX, 17; Marc, XI, 33; XII, 1, à Matth., XXI, 28-33 (cf. Luc, XX, 7-9). L'intercalation des instructions apostoliques dans Marc, III (comp. Matth., à partir de IX, 37), n'est pas moins sensible.

2. Notez la formule du v. 52.

3. Ch. XIII, d'après la forme parabolique; ch. XXIII, d'après l'analogie du sujet (pharisiens); ch. XVIII, *init.*, idée d'enfance.

est en fait de discours, contenait quelques parties des sermons que le nouveau rédacteur prenait en bloc dans le recueil des *logia*. Il en résultait des répétitions. Le plus souvent, le nouveau rédacteur se soucie peu de ces répétitions [1]; d'autres fois, il les évite au moyen de retranchements, de transpositions et de certaines petites habiletés de style.

L'insertion des traditions inconnues au vieux Marc se fait dans le pseudo-Matthieu par des procédés plus violents encore. En possession de quelques récits de miracles ou de guérisons dont il ne voit pas l'identité avec ceux qui sont déjà racontés dans Marc, l'auteur aime mieux s'exposer à des doubles emplois que d'omettre des faits auxquels il tient. Il veut avant tout être complet et ne s'inquiète pas de tomber, en agençant ainsi des traits de provenances diverses, dans des contradictions et des embarras de narration. De là ces circonstances, obscures au moment où elles sont introduites, qui ne s'expliquent que par la suite de l'ouvrage [2]; ces allusions à

---

1. Comp. Matth., x, 38-39, et xvi, 24-25, avec Marc, viii, 34-35; Matth., v, 29-30, et xviii, 8-9, avec Marc, ix, 43-47; Matth., v, 31-32, et xix, 8-9, avec Marc, x, 11; Matth., xxiii, 11, et xx, 16, avec Marc, x, 43; Matth., x, 22, et xxiv, 9-13, avec Marc, xiii, 13.

2. Ainsi Matth., x, 1, est peu naturel, avant qu'il ait été question des apôtres; au contraire, Marc, iii, 14; vi, 7, est logique. Comp. de même Matth., x, 25; xii, 24 et suiv.

des événements dont il n'est rien dit dans la partie historique [1]. De là ces singuliers doublets qui caractérisent le premier Évangile : deux guérisons de deux aveugles [2] ; deux guérisons d'un démoniaque muet [3] ; deux multiplications des pains [4] ; deux demandes d'un signe miraculeux [5] ; deux invectives contre le scandale [6] ; deux sentences sur le divorce [7]. De là aussi peut-être cette façon de procéder par couples, qui produit l'effet d'une sorte de diplopie narrative : deux aveugles de Jéricho et deux autres aveugles [8] ; deux démoniaques de Gergésa [9] ; deux disciples de Jean [10] ; deux disciples de Jésus [11] ; deux frères [12]. L'exégèse harmonistique produisait dès lors ses résultats ordinaires, la rédondance, la pesanteur.

1. Matth., x, 25 ; xi, 21 ; xxiii, 37.
2. Matth., ix, 27-30 ; xx, 29-34.
3. Matth., ix, 32-34 ; xii, 22-24.
4. Matth., xiv, 13-21 ; xv, 32-39.
5. Matth., xii, 38-42 ; xvi, 1-4.
6. Matth., v, 29-30 ; xviii, 8-9.
7. Matth., v, 32 ; xix, 9.
8. Matth., ix, 27 ; xx, 30 ; cf. Marc, x, 46-53 ; Luc, xviii, 35-43.
9. Matth., viii, 28 ; cf. Marc, v, 1-10.
10. Matth., xi, 2.
11. Matth., xxi, 1.
12. Matth., iv, 18. Cf. δύο πλούσιοι, Évang. des Naz., Hilg., p. 46, lignes 30-31. Comparez la même chose dans le *Schah nameh*, épisode de Siawusch. Mohl, II, préf., p. vii-viii (nouv. édit.).

D'autres fois, on remarque l'incision toute fraîche, l'opération de greffe par laquelle s'est faite l'addition. Ainsi le miracle de Pierre (Matth., xiv, 28-31), récit que Marc ne possède pas, est intercalé entre Marc, vi, 50 et 51, de telle façon que les bords de la plaie sont restés béants. Il en est de même pour le miracle du statère[1], pour Judas se désignant lui-même et interrogé par Jésus[2], pour Jésus blâmant le coup d'épée de Pierre, pour le suicide de Judas, pour le songe de la femme de Pilate, etc. Qu'on retranche tous ces traits, fruits d'un développement postérieur de la légende de Jésus, il restera le texte même de Marc.

Ainsi entrèrent dans le texte évangélique une foule de légendes qui manquaient dans Marc : la généalogie (ī, 1-17), la naissance surnaturelle (I, 18-25), la visite des mages (II, 1-12), la fuite en Égypte (II, 13-15), le massacre de Bethléhem (II, 16-18), Pierre marchant sur les eaux (xiv, 28-31), les prérogatives de Pierre (xvi, 17-19), le miracle de la monnaie trouvée dans la bouche d'un poisson (xvii, 24-27), les eunuques du royaume de Dieu (xix, 11-12), l'émotion de Jérusalem à l'entrée de Jésus (xxi, 10-11), les miracles hiérosolymites et le

---

1. Matth., xvii, 24, 27, inséré dans Marc, ix, 33.
2. Comp. Matth., xxvi, 24-26, 49-50, à Marc, xiv, 21-22, 45-46.

triomphe enfantin (XXI, 14-16), divers traits légendaires sur Judas, en particulier son suicide (XXVI, 25-50; XXVII, 3-10), l'ordre de remettre l'épée au fourreau (XXVI, 52-53), l'intervention de la femme de Pilate (XXVII, 19), Pilate se lavant les mains et le peuple juif prenant toute la responsabilité de la mort de Jésus (XXVII, 25), le grand rideau du temple déchiré, le tremblement de terre et les saints qui ressuscitent au moment de la mort de Jésus (XXVII, 51-53), la garde mise au tombeau et la corruption des soldats (XXVII, 62-66; XXVIII, 11-15). Dans toutes ces parties, les citations sont faites selon les Septante [1]. Le rédacteur, pour son usage personnel, ne se servait que de la version grecque; mais, quand il traduisait l'Evangile hébreu, il se conformait à l'exégèse de cet original, qui souvent aurait manqué de base dans les Septante.

Une sorte de surenchère dans l'emploi du merveilleux, le goût pour des miracles de plus en plus éclatants, une tendance à présenter l'Église comme déjà organisée et disciplinée dès les jours de Jésus, une répulsion toujours croissante pour les juifs, dictèrent la plupart de ces additions au récit primitif. Nous l'avons déjà dit, il y a des moments dans

---

1. Voir surtout Matth., IV, 4, 6, 7, 10; XVIII, 16; XXI, 16.

la croissance d'un dogme où les jours valent des siècles. Une semaine après sa mort, Jésus avait une vaste légende; de son vivant, la plupart des traits que nous venons d'indiquer étaient déjà écrits d'avance [1].

Un des grands facteurs de la création de l'*agada* juive, ce sont les analogies tirées des textes bibliques. Ce procédé servit à combler une foule de lacunes dans les souvenirs. Les bruits les plus contradictoires, par exemple, couraient sur la mort de Judas [2]. Une version domina bientôt; Achitophel, le traître à David, y servit de prototype [3]. Il fut reçu que Judas se pendit comme lui. Un passage de Zacharie [4] fournit les trente deniers, le fait de les avoir jetés dans le temple, ainsi que le champ du potier, et rien ne manqua plus au récit.

L'intention apologétique fut une autre source féconde d'anecdotes et d'intercalations. Déjà les objections contre la messianité de Jésus se produisaient et exigeaient des réponses. Jean-Baptiste, disaient les mécréants, n'avait pas cru en lui ou avait cessé d'y croire; les villes où l'on prétendait qu'il fit des miracles

---

1. *Vie de Jésus*, p. 250 et suiv.
2. Voir *Vie de Jésus*, p. 453 et suiv.
3. Comp. II Sam., xvii, 23 (trad. grecque), et Matth., xxvii, 5.
4. Zach., xi, 12-13.

ne s'étaient pas converties; les savants et les sages de la nation se sont moqués de lui; s'il a chassé des démons, c'est par Béelzeboub; il promettait des signes au ciel qu'il n'a point donnés. — On avait réponse à tout cela[1]. On flattait les instincts démocratiques de la foule. Ce n'est pas la nation qui a repoussé Jésus, disaient les chrétiens; ce sont les classes supérieures, toujours égoïstes, qui n'ont pas voulu de lui. Les simples gens auraient été pour lui; alors les chefs ont usé de ruse pour le prendre; car ils craignaient le peuple[2]. « C'est la faute du gouvernement »; voilà une explication qui en tout temps est facilement acceptée.

La naissance de Jésus et sa résurrection étaient la cause d'objections sans fin de la part des âmes basses et des cœurs mal préparés. La résurrection, nul ne l'avait vue; les juifs soutenaient que les amis de Jésus avaient emporté le cadavre en Galilée. On répondit à cela par la fable des gardiens, auxquels les juifs auraient donné de l'argent pour dire que les disciples avaient enlevé le corps[3]. — Quant à la naissance, deux courants d'opinion contradictoires

1. Matth., XI, 7-30; XII, 25-37, 39-45.
2. Matth., IX, 34; XII, 14-15; XIV, 35-XV, 1; XV, 30-XVI, 1; XIX, 2-3; XXI, 14-15; XXVI, 4; XXVII, 20.
3. Matth., XXVII, 62-66; XXVIII, 11-15.

se dessinaient ; mais, comme tous les deux répondaient à des besoins de la conscience chrétienne, on les conciliait tant bien que mal. D'une part, il fallait que Jésus fût descendant de David [1] ; de l'autre, on ne voulait pas que Jésus eût été conçu dans les conditions ordinaires de l'humanité. Il n'était pas naturel que celui qui n'avait pas vécu comme les autres hommes fût né comme les autres hommes. La descendance de David s'établissait par une généalogie où Joseph était rattaché à la souche davidique. Joseph était père de Jésus [2] ; pour rattacher Jésus à David, il s'agissait donc simplement d'y rattacher Joseph. Cela n'était guère satisfaisant dans l'hypothèse de la conception surnaturelle, Joseph et ses ascendants supposés n'ayant dans une telle hypothèse contribué en rien à la naissance de Jésus. C'est Marie qu'il aurait fallu rattacher à la famille royale ; or aucune tentative ne fut faite au Ier siècle pour cela [3], sans

---

1. Rom., I, 3 ; Apoc., v, 5 ; *Act.*, II, 30. Cf. Talm. de Jér., *Sanhédrin*, 43 a.

2. Luc (III, 23) atténue la difficulté par son ὡς ἐνομίζετο. Cérinthe et Carpocrate étaient ici parfaitement logiques. Épiph., hær. xxx, 14. Peut-être la rédaction du v. 16 du premier chapitre de Matthieu était-elle plus précise dans l'Évangile nazaréen dont se servaient Cérinthe et Carpocrate. Voir Hilgenfeld, p. 15, 19.

3. Les passages Luc, I, 27, et II, 4, impliquent même l'opinion contraire. La logique reprit ses droits au IIe siècle ; on crée alors, ou du moins l'on suppose à Marie une descendance davidique.

doute parce que les généalogies étaient fixées avant que l'on prêtât d'une manière sérieuse à Jésus une naissance en dehors de l'union régulière des deux sexes, et qu'on ne contestât à Joseph ses droits à une réelle paternité. L'Évangile hébreu, au moins à la date où nous sommes, laissait toujours Jésus fils de Joseph et de Marie¹ ; l'Esprit-Saint, dans la conception de cet Évangile était pour Jésus-Messie (personnage distinct de l'homme-Jésus²) une mère, non un père³. L'Évangile selon Matthieu, au contraire, s'arrête à une combinaison tout à fait contradictoire. Jésus chez lui est fils de David par Joseph, qui n'est pas son père. L'auteur sort de cet embarras avec une naïveté extrême⁴. Un ange vient lever les peines

---

Protévangile de Jacques, c. 10 (p. 19, Tisch.); Évang. de la Nat. de Marie, c. 1 (p. 106); Évang. de pseudo-Matth., c. 12 (p. 73); saint Justin, *Dial.*, 23, 43, 45, 100, 101, 120; *Apol. I,* 32; Irénée, III, xxi, 5; Tertullien, *Adv. Marc.*, III, 17, 20 ; IV, 1, 7, 19; V, 8; *Adv. jud.*, 9; *De carne Christi,* 22. (Hilgenfeld, *Krit. Untersuch. uber die Evang. Justin's,* etc., p. 100, 101, 140 et suiv., 153 et suiv., 156 et suiv.)

1. Épiph., hær. xxx, 14. Toutes les sectes ébionites adoptèrent cet Évangile; or une partie au moins de ces sectes niait la naissance surnaturelle de Jésus.

2. Voir ci-dessus, p. 50, 103, note 2; 106, note 2; 176, note.

3. Ἡ μήτηρ μου τὸ ἅγιον πνεῦμα. Hilgenfeld, p. 15 (ligne 22), 16 (ligne 15 et suiv.), 20, 23.

4. Matth., I, 16, 18, 25.

d'esprit que Joseph, en un cas si étrange, avait le droit de concevoir.

La généalogie que nous lisons dans l'Évangile dit selon saint Matthieu n'est sûrement pas l'ouvrage de l'auteur de cet Évangile. Il l'a prise dans un document antérieur. Était-ce dans l'Évangile hébreu lui-même? On en peut douter [1]. Une grande fraction des chrétiens hébreux de Syrie garda toujours un texte où de telles généalogies ne figuraient pas; mais, très-anciennement aussi, certains manuscrits nazaréens présentèrent, en guise de préface, un *sépher toledoth* [2]. Le tour de la généalogie de Matthieu est hébraïque; les transcriptions des noms propres ne sont pas celles des Septante [3]. Nous avons vu d'ailleurs [4] que les généalogies furent probablement l'œuvre des parents de Jésus, retirés en Batanée et parlant hébreu. Ce qu'il y a de sûr, c'est que ce travail des généalogies ne fut pas exécuté avec beaucoup d'unité ni d'autorité; car deux systèmes tout à fait discordants pour rattacher Joseph aux derniers personnages connus de la lignée davidique sont parvenus jusqu'à nous. Il n'est pas impossible que le nom du

---

1. Voir ci-dessus, p. 105. Épiph., hær. xxviii, 5; xxix, 9; xxx, 3, 6, 14.
2. Βίβλος γενέσεως.
3. Βοές, et non Βοόζ.
4. Ci-dessus, p. 60-61. Jules Africain, dans Eus., *H. E.*, I, 7.

père et du grand-père de Joseph fussent connus [1]. A cela près, de Zorobabel à Joseph, tout a été fabriqué. Comme, depuis la captivité, les écrits bibliques ne fournissaient plus de chronologie, l'auteur croit l'espace plus court qu'il n'est en réalité, et y met trop peu d'échelons [2]. De Zorobabel à David, on s'est servi des Paralipomènes, non sans diverses inexactitudes ou bizarreries mnémoniques [3]. La Genèse, le livre de Ruth, les Paralipomènes ont fourni la tige jusqu'à David. Une singulière préoccupation de l'auteur de la généalogie contenue dans Matthieu a été de nommer par privilége exceptionnel ou même d'introduire de force [4] dans la ligne ascendante de Jésus quatre femmes pécheresses, infidèles ou d'une conduite qu'un pharisien aurait pu critiquer, Thamar, Rahab, Ruth et Bethsabé [5]. C'était une invitation aux

1. Cela est peu probable, cependant; car, dans Luc, la divergence commence au père même de Joseph.
2. Luc en met davantage. En général, la généalogie de Luc est la plus étudiée. Il semble qu'on y cherche à corriger celle de Matthieu d'après des vues réfléchies. Eusèbe donne de ces divergences voulues une explication qui montre bien ce que ces généalogies eurent d'artificiel. *Quæst. ad Steph.*, 3.
3. Les séries de quatorze (Matth., I, 17) ne sont obtenues qu'en faisant violence à l'histoire des rois de Juda. La correction que présente ici le texte syriaque curetonien est tout apologétique.
4. C'est ce qui a lieu pour Rahab.
5. La synagogue cherchait, au contraire, à supprimer autant

pécheurs à ne jamais désespérer d'entrer dans la famille élue. La généalogie de Matthieu donne encore à Jésus pour ancêtres les rois de Juda, descendants de David, à commencer par Salomon ; mais bientôt on ne voudra plus de cette généalogie trop empreinte de gloire profane, et on rattachera Jésus à David par un fils peu connu, Nathan, et par une ligne parallèle à celle des rois de Juda.

Du reste, la conception surnaturelle prenait chaque jour une telle importance, que la question du père et des ancêtres charnels de Jésus devenait en quelque sorte secondaire. On croyait pouvoir conclure d'un passage d'Isaïe, mal rendu par les Septante[1], que le Messie naîtrait d'une vierge. Le Saint-Esprit, l'Esprit de Dieu avait tout fait[2]. Joseph, en réalité, paraît avoir été assez âgé quand Jésus naquit[3]; Marie, qui semble avoir été sa seconde femme, pouvait être fort jeune[4]. Ce contraste rendait l'idée du

que possible de la Bible le souvenir de ces femmes et en particulier les traces de mariages avec des étrangères. Geiger, *Urschrift und Uebersetzungen der Bibel*, p. 361 et suiv. Voir Mischna, *Megilla,* 4 et la tosifta sur ce passage.

1. Isaïe, VII, 14.
2. Sur les générations ἐξ οὐδενὸς θνητοῦ, voir Philon, *De cherubim*, § 12 et suiv.
3. V. *Vie de Jésus,* p. 74, et l'appendice à la fin de ce volume.
4. Les mariages disproportionnés quant à l'âge des conjoints ne sont nullement appréciés en Orient comme chez nous.

miracle facile. Certes, la légende se serait créée sans cela; cependant, comme le mythe s'élaborait dans un milieu de gens qui avaient connu la famille de Jésus, une telle circonstance d'un vieux mari et d'une jeune femme n'était pas indifférente. Un trait fréquent dans les histoires hébraïques était de relever la puissance divine par la faiblesse même des instruments qu'elle employait. On se plaisait ainsi à faire naître les grands hommes de parents vieux ou longtemps stériles. La légende de Samuel engendra celle de Jean-Baptiste [1], celle de Jésus, celle de Marie elle-même [2]. Tout cela, d'un autre côté, provoquait l'objection des malveillants. La fable grossière inventée par les adversaires du christianisme, qui faisait naître Jésus d'une aventure scandaleuse avec le soldat Panthère [3], sortit sans trop d'effort du récit chrétien, récit qui présentait à l'imagination le tableau choquant d'une naissance où le père n'avait qu'un rôle apparent. Cette fable ne se

1. Luc, I.
2. *Évang. de la nativité de Marie,* dans Tischendorf, p. 106 et suiv. Au moyen âge, on remonta plus haut encore. Voir *Hist. litt. de la Fr.,* t. XVIII, p. 834 et suiv.
3. *Acta Pilati,* A, 2; Celse, dans Origène, *Contre Celse,* 1, 28, 32; Talm. de Jér. *Schabbath,* XIV, 4; *Aboda zara,* II, 2; Midrasch *Koh.,* X, 5; Épiphane, hær., LXXVIII, 7; saint Jean Damascène, *De fide orthod.,* IV, 15.

montre clairement qu'au IIᵉ siècle; dès le Iᵉʳ, cependant, les juifs paraissent avoir malignement présenté la naissance de Jésus comme illégitime. Peut-être argumentaient-ils pour cela de l'espèce d'ostentation avec laquelle, en tête du livre des *toledoth* de Jésus, on étalait les noms de Thamar, de Rahab, de Bethsabé, en omettant ceux de Sara, de Rebecca, de Lia.

Les récits de l'enfance, nuls dans Marc, se bornent dans Matthieu à l'épisode des mages, lié à la persécution d'Hérode et au massacre des innocents. Tout ce développement paraît d'origine syrienne ; le rôle odieux qu'y joue Hérode fut sans doute une invention des parents de Jésus, réfugiés en Batanée. Ce petit groupe semble, en effet, avoir été une source de calomnies haineuses contre Hérode. La fable sur l'origine infâme de son père, contredite par Josèphe et Nicolas de Damas[1], paraît être venue de là[2]. Hérode était devenu le bouc émissaire de tous les griefs chrétiens. Quant aux dangers dont on supposait que fut entourée l'enfance de Jésus, c'était là une

---

1. Jos., *Ant.*, XIV, I, 3 ; *B. J.*, I, VI, 2. Cf. Ecclésiaste, x, 16. Ce livre peut être du temps d'Hérode.

2. Jules Africain, dans Eus., *H. E.*, I, VI, 2, 3 ; VII, 11, 12. Cf. Macarius Magnes, ch. XI, p. 77, Paris, 1876 (emprunte-t-il à Eusèbe ou à l'Africain, ou à une source indépendante de l'Africain ?), et Justin, *Dial.*, 52.

imitation de l'enfance de Moïse, qu'un roi aussi voulut faire mourir, et qui fut obligé de se sauver à l'étranger. Il arriva pour Jésus comme pour tous les grands hommes. On ne sait rien de leur enfance, par la raison fort simple qu'on ne prévoit jamais la célébrité future d'un enfant ; on y supplée par des anecdotes conçues après coup. L'imagination, d'ailleurs, aime à se figurer que les hommes providentiels ont grandi au travers des périls, par l'effet d'une protection particulière du Ciel [1]. Un conte populaire relatif à la naissance d'Auguste [2] et divers traits de cruauté d'Hérode [3] purent donner origine à la légende du massacre des enfants de Bethléhem.

Marc, dans sa rédaction singulièrement naïve, a des bizarreries, des rudesses, des passages qui s'expliquent mal et prêtent à l'objection. Matthieu procède par retouches et atténuations de détail. Comparez, par exemple, Marc, III, 34-35, à Matthieu, XII, 46-50. Le second rédacteur efface l'idée que les parents de Jésus le crurent fou et voulurent le lier. L'étonnante naïveté de Marc, VI, 5 : « Il ne put faire là (à Nazareth) aucun miracle, etc., » est adoucie

---

1. Voir la *Vie de Zoroastre,* traduite par Anquetil-Duperron ; se rappeler Cyrus, Romulus, etc.
2. Suétone, *Aug.*, 94, d'après Julius Marathus.
3. *Vie de Jésus,* p. 252, note 2.

dans Matthieu, xiii, 58 : « Il ne fit pas là beaucoup de miracles[1]. » L'étrange paradoxe de Marc[2] : « Amen, je vous le dis, il n'est personne qui, ayant abandonné maison, frères, sœurs, mère, père, enfants, champs, à cause de moi et à cause de l'Évangile, ne doive recevoir au centuple, dès maintenant, maisons, frères, sœurs, mères, enfants, champs, dans le temps présent avec des persécutions de la part des hommes, et dans le monde à venir la vie éternelle », devient dans Matthieu[3] : « Quiconque abandonne maisons, frères, sœurs, père, mère, enfants, champs, à cause de mon nom, le recevra multiplié bien des fois et héritera de la vie éternelle. » Le motif assigné à la visite des femmes au tombeau[4], impliquant nettement qu'elles ne s'attendaient pas à la résurrection, est remplacé dans Matthieu[5] par une expression insignifiante.

---

1. Comparez encore Marc, xiii, 12, à Matth., xvi, 4 (cf. xii, 40); Marc, ix, 12-13, à Matth., xvii, 11-12; Marc, xiii, 32, à Matth., xxiv, 36 (omission de οὐδὲ ὁ υἱός, remis plus tard); Marc, xiv, 11, à Matth., xxvi, 15 (promesse devenant une réalité); Marc, xiv, 41, à Matth., xxvi, 44 (suppression de l'obscur ἀπέχει); Marc, xv, 34, à Matth., xxvii, 46 (correction destinée à mieux expliquer le malentendu); Marc, xiii, 14, à Matth., xxiv, 15; Marc, xiv, 49, à Matth., xxvi, 56.
2. Marc, x, 29-30.
3. Matth., xix, 29.
4. Ἵνα ἐλθοῦσαι ἀλείψωσιν αὐτόν. Marc, xvi, 1.
5. Θεωρῆσαι τὸν τάφον.

Le scribe qui interroge Jésus sur le grand commandement le fait, dans Marc, à bonne intention. Dans les deux autres évangélistes, il le fait pour tenter Jésus. Les temps ont marché; on ne peut plus admettre qu'un scribe ait agi sans malice. L'épisode où le jeune riche appelle Jésus « bon maître », et où Jésus le reprend par ces mots : « Dieu seul est bon », parut plus tard scandaleux. Matthieu arrange cela d'une manière moins choquante. La façon dont les disciples sont sacrifiés dans Marc[1] est également atténuée dans Matthieu. Enfin ce dernier commet quelques contre-sens pour obtenir des effets pathétiques : ainsi le vin des condamnés, dont l'institution était humaine et bienveillante[2], devient chez lui un raffinement de cruauté pour amener l'accomplissement d'une prophétie.

Les saillies trop vives de Marc sont ainsi effacées; les lignes du nouvel Évangile sont plus larges, plus correctes, plus idéales. Les traits merveilleux se multiplient[3]; mais on dirait que le merveilleux cherche à

---

1. Marc, IV, 13, 40; VI, 52; VIII, 17 et suiv.; IX, 6, 32; X, 32; XIV, 40.
2. Comp. Marc., XV, 23, à Matth , XXVII, 34. Luc, XXIII, 36-37, commet la même erreur.
3. Dans Marc (III, 10), Jésus guérit « beaucoup de malades »; dans Matthieu (XII, 15), il guérit « tous les malades ».

devenir plus acceptable. Les miracles sont moins pesamment racontés[1] ; certaines prolixités sont omises[2]. Le matérialisme thaumaturgique, l'emploi des moyens naturels pour produire les miracles, signes caractéristiques de Marc, ont disparu ou à peu près dans Matthieu. Comparé à l'Évangile de Marc, l'Évangile attribué à Matthieu offre des corrections de goût et de tact[3]. Diverses inexactitudes sont rectifiées[4] ; des particularités esthétiquement faibles ou inexplicables sont supprimées ou éclaircies[5]. On a souvent considéré Marc comme un abréviateur de Matthieu. C'est le contraire qui est vrai ; seulement l'addition des

---

1. Comp. Matth., VIII, 18-27, à Marc, IV, 35-40 ; Matth., VIII, 28-34, à Marc, V, 1-20 ; Matth., IX, 2 et suiv., à Marc, II, 3-4 ; Matth., IX, 20 et suiv., à Marc, V, 25-26 ; Matth., IX, 23 et suiv., à Marc, V, 40-43 ; Matth., IX, 27-31, à Marc., VIII, 22-26 ; Matth., IX, 32-33, à Marc, VII, 32-37 (cf. Matth., XII, 22) ; Matth., XV, 28, à Marc, VII, 30 ; Matth., XVII, 14-18, à Marc, IX, 16-29 ; Matth., XX, 29 et suiv., à Marc, X, 46.

2. Matth., XXVI, 18, comparé à Marc, XIV, 13-15.

3. Comp. Matth., XIX, 16-24, et l'endroit parallèle dans Marc, X, 17, dans Luc, XVIII, 18, et dans l'Évangile des Hébreux (Hilg., p. 16-17). La préoccupation du manger (Marc, III, 20 ; V, 43 ; VI, 31) a disparu. Le foulon (Marc, IX, 2) disparaît aussi.

4. Comp. Marc, II, 26, et Matth., XII, 4.

5. Marc, XI, 13 et suiv. ; Matth., XXI, 19 et suiv. Luc (XIII, 6 et suiv.) va plus loin ; il moralise toute l'histoire du figuier et en fait une charmante parabole. — La façon particulière de chasser le démon muet (Marc, IX, 29) est généralisée (Matth., XVII, 20).

discours fait que l'étendue de l'abrégé est plus considérable que celle de l'original. Que l'on compare les récits du démoniaque de Gergésa, du paralytique de Capharnahum, de la fille de Jaïre, de l'hémorrhoïsse, de l'enfant épileptique[1], on se convaincra de ce que nous disons. Souvent aussi Matthieu réunit en un seul acte des circonstances qui, dans Marc, constituent deux épisodes[2]. Quelques récits qui, au premier coup d'œil, paraissent lui appartenir en propre, ne sont en réalité que des calques dénudés et appauvris des longues narrations de Marc[3].

C'est surtout à l'égard du paupérisme qu'on découvre dans le texte de Matthieu des précautions et des inquiétudes. En tête des célestes béatitudes, Jésus avait hardiment placé la pauvreté. « Heureux les pauvres » fut probablement le premier mot qui sortit de sa bouche divine quand il commença de parler avec autorité. La plupart des sentences de Jésus (comme il arrive toutes les fois qu'on veut donner à la pensée une forme vive) prêtaient au mal-

---

1. Comp. aussi Matth., xii, 15-16, et Marc, iii, 7-12; Matth., xv, 34, et Marc, viii, 57; Matth , xiii, 58, et Marc, vi, 5.

2. Comp. Matth., ix, 18, à Marc, v, 23, 35; Matth., xii, 46, à Marc, iii, 21, 31 ; Matth., xviii, 1, à Marc, ix, 33-34; Matth., xxi, 18-19, à Marc, xi, 12-14 et 20.

3. Comp. Matth., ix, 27-31, à Marc, viii, 22-26; Matth., ix, 32-33, à Marc, vii, 32-37.

entendu ; les *ébionim* purs tiraient de celle-là des conséquences subversives. Le rédacteur de notre Évangile ajoute un mot pour prévenir certains excès. Les « pauvres » dans le sens ordinaire deviennent les « pauvres en esprit » [1], c'est-à-dire les pieux israélites, jouant dans le monde un rôle humble et qui contraste avec l'air orgueilleux des puissants du jour. Dans une autre béatitude, « ceux qui ont faim » deviennent « les affamés de justice » [2].

Le progrès de la réflexion est donc sensible dans Matthieu ; on entrevoit chez lui une foule d'arrière-pensées, l'intention de parer à certaines objections, une exagération dans les prétentions symboliques [3]. Le récit de la tentation au désert s'est développé et a changé de physionomie [4] ; la Passion s'est enrichie de quelques beaux traits [5]. Jésus parle de « son Église » comme d'un corps déjà constitué et fondé sur la

---

1. Matth., v, 3. Comp. Luc (vi, 20), resté ici fidèle au texte primitif des λόγια. A vrai dire, πτωχός rend médiocrement la nuance d'*ébion*, ce dernier mot impliquant une idée religieuse, une acception pieuse et presque mystique.

2. Matth., v, 6. Comp. Luc, vi, 21. Εἰκῆ, Matth., v, 22, est une autre atténuation, mais postérieure et due à certains copistes.

3. Comparez le récit du baptême de Jésus, simple et nu dans Marc, I, 11-12, plus riche et plus accentué dans Matth., III, 14-15, et dans l'Évangile ébionite (Épiph., hær. xxx, 13).

4. Marc, I, 12-13.

5. Matth., xxvi, 50, 52.

primauté de Pierre[1]. La formule du baptême s'est élargie et comprend sous une forme assez syncrétique les trois mots sacramentels de la théologie du temps, le Père, le Fils, le Saint-Esprit[2]. Le germe du dogme de la Trinité est ainsi déposé dans un coin de la page sacrée, et deviendra fécond. Le discours apocalyptique prêté à Jésus sur la guerre de Judée en rapport avec la fin des temps est plutôt renforcé et précisé qu'affaibli[3]. Nous verrons bientôt Luc employer tout son art pour atténuer ce qu'avaient d'embarrassant ces assertions téméraires sur une fin qui ne venait pas.

1. Matth., XVI, 18 ; XVIII, 17. Les autres évangélistes ne mettent jamais le mot ἐκκλησία dans la bouche de Jésus.
2. Matth., XXVIII, 19.
3. Matth., XXIV, 14, 29 (εὐθέως), 30. Comp. Luc, XXI, 9, 24.

CHAPITRE XI.

SECRET DES BEAUTÉS DE L'ÉVANGILE.

Ce qui est sensible par-dessus tout dans le nouvel Évangile, c'est un immense progrès littéraire. L'effet général est celui d'un palais de fées, construit tout entier en pierres lumineuses. Un vague exquis dans les transitions et les liaisons chronologiques donne à cette compilation divine l'allure légère du récit d'un enfant. « A cette heure-là », « en ce temps-là », « ce jour-là », « il arriva que... », et une foule d'autres formules qui ont l'air d'être précises sans l'être, font planer la narration, comme un rêve, entre ciel et terre. Grâce à l'indécision des temps [1], le récit évangélique ne fait que frôler la réalité. Un génie aérien, qu'on touche, qu'on embrasse, mais qui ne se heurte jamais aux cailloux du chemin, nous

---

1. Il en est de même des désignations de lieu. Ἐν ταῖς πόλεσιν αὐτῶν. Matth., XI, 1.

parle, nous ravit. On ne s'arrête pas à se demander s'il sait ce qu'il nous raconte. Il ne doute de rien et ne sait rien. C'est un charme analogue à celui de l'affirmation de la femme, qui nous fait sourire et nous subjugue. C'est en littérature ce qu'est en peinture un enfant du Corrége ou une Vierge de seize ans de Raphaël.

La langue est du même ordre et parfaitement appropriée au sujet. Par un vrai tour de force, l'allure claire et enfantine de la narration hébraïque, le timbre fin et exquis des proverbes hébreux ont été transportés en un dialecte hellénique assez correct sous le rapport des formes grammaticales, mais où la vieille syntaxe savante est totalement brisée. On a remarqué que les Évangiles sont le premier ouvrage écrit en grec vulgaire. L'antique grécité y est en effet modifiée dans le sens analytique des langues modernes. L'helléniste ne peut se défendre de trouver cette langue plate et faible; il est certain que, au point de vue classique, l'Évangile n'a ni style, ni plan, ni beauté; mais c'est un chef-d'œuvre de littérature populaire, et en un sens le plus ancien livre populaire qui ait été écrit. Cette langue désarticulée a d'ailleurs l'avantage que le charme s'en conserve dans les différentes versions, si bien que, pour de tels écrits, la traduction vaut presque l'original.

Cette naïveté de la forme ne doit pas faire illusion. Le mot de vérité n'a pas pour l'Oriental le même sens que pour nous. L'Oriental raconte avec une adorable candeur et avec l'accent du témoin une foule de choses qu'il n'a pas vues et dont il n'a aucune certitude. Les récits de fantaisie de la sortie d'Égypte que l'on fait dans les familles israélites durant la veillée de Pâques ne trompent personne, et n'en ravissent pas moins ceux qui les entendent. Chaque année, les représentations scéniques par lesquelles on célèbre en Perse les martyres de la famille d'Ali sont enrichies de quelque invention nouvelle destinée à rendre les victimes plus intéressantes et les meurtriers plus odieux. On se passionne à ces épisodes tout autant que si on ne venait pas de les imaginer. C'est le propre de l'*agada* orientale de toucher profondément ceux qui savent le mieux qu'elle est fictive. C'est son triomphe d'avoir fait un tel chef-d'œuvre, que tout le monde s'y est trompé et que, faute de connaître les lois du genre, le crédule Occident a pris pour une enquête testimoniale le récit de faits qu'aucun œil n'a jamais pu voir.

Le propre d'une littérature de *logia*, de *hadith*, est de grossir toujours. Après la mort de Mahomet, le nombre de mots que les « gens du banc » lui attribuèrent fut innombrable. Il en fut de même pour

Jésus. Aux charmants apologues qu'il avait réellement prononcés, et où il avait surpassé Bouddha lui-même, on en ajouta d'autres conçus dans le même style, et qu'il est fort difficile de distinguer des authentiques. Les idées du temps s'exprimèrent surtout dans ces sept admirables paraboles du royaume de Dieu, où toutes les innocentes rivalités de cet âge d'or du christianisme ont laissé leur trace. Quelques personnes étaient blessées du peu de qualité de ceux qui entraient dans l'Église ; les portes des églises de saint Paul, ouvertes à deux battants, leur paraissaient un scandale ; elles eussent voulu un choix, un examen préalable, une censure. Les schammaïtes de même voulaient qu'on n'admît à l'enseignement juif que des hommes intelligents, modestes, de bonne famille et riches[1]. A ces difficiles, on répondait par la parabole de l'homme qui a préparé un dîner et qui, en l'absence des convives régulièrement convoqués, invite les boiteux, les vagabonds, les mendiants[2], — ou bien par celle du pêcheur, qui prend les poissons bons et mauvais, sauf à choisir ensuite[3]. La place éminente que Paul, d'anciens adversaires de Jésus, des tard-venus dans l'œuvre

1. *Aboth de-rabbi Nathan,* ch. II, fin.
2. Matth., XXII, 1-10 ; Luc, XIV, 15-24.
3. Matth., XIII, 47-50.

évangélique, occupaient parmi les fidèles des premiers jours excitait des murmures. Ce fut l'occasion de la parabole des ouvriers de la dernière heure, récompensés à l'égal de ceux qui ont porté le poids du jour. Un mot de Jésus : « Il y a des premiers qui seront les derniers, des derniers qui seront les premiers »[1], y donna origine. Le propriétaire d'une vigne sort à diverses heures de la journée afin de racoler des ouvriers pour sa vigne. Il prend tout ce qu'il trouve, et, le soir, les derniers venus, qui n'avaient travaillé qu'une heure, sont payés autant que ceux qui avaient travaillé tout le temps[2]. La lutte des deux générations chrétiennes se voit ici avec évidence. Quand les convertis semblaient se dire avec tristesse que les places étaient prises et qu'il ne leur restait qu'une part secondaire, on leur citait cette belle parabole, d'où il résultait qu'ils n'avaient rien à envier aux anciens.

La parabole de l'ivraie signifiait aussi à sa manière cette composition mélangée du royaume, où Satan lui-même a parfois le pouvoir de jeter quelques graines. Le sénevé exprimait sa grandeur future ; le

---

1. Matth., xix, 30; xx, 16; Marc, x, 31; Luc, xiii, 30. Ce proverbe avait cours chez les juifs messianistes dans un sens un peu différent. IV Esdr., v, 41. Voir ci-après, p. 358.

2. Matth., xx, 1-16.

levain, sa force de fermentation ; le trésor caché et la perle pour laquelle on vend tout, son prix inestimable ; le filet, son succès, mêlé de dangers pour l'avenir. « Les premiers seront les derniers », « beaucoup d'appelés, peu d'élus »[1], telles étaient les maximes qu'on aimait à répéter. L'attente de Jésus surtout inspirait des comparaisons vives et fortes. Les images du voleur qui arrive quand on n'y pense pas, de l'éclair qui paraît à l'Occident sitôt qu'il a brillé en Orient, du figuier dont les jeunes pousses annoncent l'été, remplissaient les esprits. On se redisait enfin l'apologue charmant des jeunes filles prudentes et des jeunes folles[2], chef-d'œuvre de naïveté, d'art, d'esprit, de finesse. Les unes et les autres attendent l'époux ; mais, comme il tarde, toutes s'endorment. Or, au milieu de la nuit, éclate le cri : « Le voici ! le voici ! » Les vierges sages, qui ont emporté de l'huile dans des fioles, allument bien vite leurs lampes ; mais les petites étourdies restent confondues. Il n'y a pas de place pour elles dans la salle du festin.

Nous ne voulons pas dire que ces morceaux exquis ne soient pas de Jésus. La grande difficulté d'une histoire des origines du christianisme est de distinguer

1. Matth., xx, 16 ; xxii, 14.
2. Matth., xxv, 1 et suiv.

dans les Évangiles, d'une part, ce qui vient de Jésus, de l'autre, ce qui a été seulement inspiré par son esprit. Jésus n'ayant rien écrit, et les rédacteurs des Évangiles nous ayant transmis pêle-mêle ses paroles authentiques et celles qui lui ont été prêtées, il n'y a pas de critique assez subtile pour opérer en pareil cas un discernement sûr. La Vie de Jésus et l'Histoire de la rédaction des Évangiles sont deux sujets qui se pénètrent de telle sorte qu'il faut laisser entre eux la limite indécise, au risque de paraître se contredire. En réalité, cette contradiction est de peu de conséquence. Jésus est le véritable créateur de l'Évangile ; Jésus a tout fait, même ce qu'on lui a prêté ; sa légende et lui-même sont inséparables ; il fut tellement identifié avec son idée, que son idée devint lui-même, l'absorba, fit de sa biographie ce qu'elle devait être. Il y eut en lui ce que les théologiens appellent « communication des idiomes ». La même communication a lieu entre le premier et l'avant-dernier livre de cette histoire. Si c'est là un défaut, c'est un défaut tenant à la nature du sujet, et nous avons cru que ce serait un trait de vérité de ne pas trop chercher à l'éviter. Ce qui frappe, en tout cas, c'est la physionomie originale de ces récits. Quelle que soit la date de leur rédaction, ce sont là des fleurs vraiment galiléennes, écloses aux premiers jours sous les pas embaumés du rêveur divin.

Les instructions apostoliques, telles que nôtre Évangile les présente [1], semblent à quelques égards procéder d'un idéal de l'apôtre formé sur le modèle de Paul. L'impression laissée par la vie du grand voyageur évangélique avait été profonde. Plusieurs apôtres avaient déjà souffert le martyre pour avoir porté aux peuples les appels de Jésus [2]. On se figurait le prédicateur chrétien comparaissant devant les rois, devant les tribunaux les plus élevés, et là proclamant Christ [3]. Le premier principe de cette éloquence apostolique était de ne pas préparer ses discours. L'Esprit saint devait sur l'heure inspirer au missionnaire ce qu'il devait dire. En voyage, nulle provision, nul argent, pas même une sacoche, pas même un vêtement de rechange, pas même un bâton [4]. L'ouvrier mérite son pain quotidien. Quand le missionnaire apostolique est entré dans une maison, il peut sans scrupule y rester, mangeant et buvant ce qu'on lui sert, sans se croire obligé de donner en retour autre chose que la parole et des souhaits de salut. C'était bien là le principe de Paul [5]; mais ce

1. Matth., x, 5-42; ajoutez ix, 37-38.
2. Matth., xxii, 6.
3. Comp. Épître de Clément Romain, ch. 5.
4. Notez l'exagération croissante de Marc, vi, 8, à Matth., x, 10, et à Luc, ix, 3.
5. Voir *Saint Paul,* p. 148, 220, 448; *l'Antechrist,* p. 19.

principe, il ne l'appliquait qu'avec les personnes dont il était tout à fait sûr, par exemple avec les dames de Philippes. Comme Paul, le voyageur apostolique est couvert, dans les dangers de la route, par une protection divine ; il se joue des serpents, les poisons ne l'atteignent pas[1]. Son lot sera la haine du monde, la persécution... Le dire traditionnel exagère toujours le trait primitif. C'est là en quelque sorte une nécessité mnémotechnique, la mémoire retenant mieux les mots fortement aiguisés et hyperboliques que les sentences mesurées. Jésus était trop profond connaisseur des âmes pour ne pas savoir que la rigueur, l'exigence est la meilleure manière de les gagner et de les retenir sous le joug. Nous ne croyons pas cependant qu'il soit jamais allé aux excès qu'on lui attribue[2], et le feu sombre qui anime les instructions apostoliques nous paraît en partie un reflet des ardeurs fiévreuses de Paul.

L'auteur de l'Évangile selon Matthieu n'a pas de parti arrêté dans les grandes questions qui divisaient l'Église. Il n'est ni juif exclusif à la manière de Jacques, ni juif relâché à la façon de Paul[3]. Il sent la

1. Finale postérieure de Marc, xvi, 18. Ces deux traits paraissent faire allusion à l'aventure de Paul à Malte et au miracle de Joseph-Barsabbas que les filles de Philippe racontèrent à Papias. Eus., *H. E.*, III, xxxix, 9. Cf. Luc, ix, 19.
2. Voir *Vie de Jésus*, p. 320 et suiv.
3. On peut citer, dans le sens juif strictement légal : v, 17-20 ;

nécessité de rattacher l'Église à Pierre et insiste sur la prérogative de ce dernier[1]. D'un autre côté, il laisse percer certaines nuances de malveillance contre la famille de Jésus et contre l'orgueil de la première génération chrétienne[2]. Il efface, en particulier, dans le récit des apparitions de Jésus ressuscité[3] le rôle de Jacques, que les disciples de Paul tenaient pour un ennemi déclaré. Les thèses opposées peuvent trouver chez lui des arguments également valables. Par moments, il est parlé de la foi comme dans les épîtres de saint Paul[4]. L'auteur accepte de la tradition les dires, les paraboles, les miracles, les décisions en sens contraires, pourvu qu'ils soient édifiants, sans chercher à les concilier. Ici il est question d'évangéliser Israël[5], là le monde[6]. La Chananéenne[7], accueillie d'abord par de dures paroles, est exaucée ensuite, et une histoire commencée pour prouver que Jésus n'a

---

vii, 6; x, 5-6, 23; xxiv, 20; dans le sens de saint Paul: iii, 9; viii, 10-12; ix, 13, 16-17; xi, 13; xii, 1-13; xv, 11, 16-20, 24; xix, 8; xx, 1-16; xxi, 43; xxii, 37-40, 43; xxiii, 23; xxiv, 14; xxviii, 19.

1. Matth., xvi, 18-19.
2. Voir ci-dessus, p. 63, 201-202.
3. Comp. I Cor., xv, 7, et ci-dessus p. 107-108.
4. Matth., viii, 10, 13; ix, 2, 22; xv, 28.
5. Matth., x, 5, 6, 23.
6. Matth., xxiii, 38; xxviii, 19.
7. Matth., xv, 21-28.

été envoyé qu'en vue d'Israël, finit par l'exaltation de la foi d'une païenne [1]. Le centurion de Capharnahum [2] trouve tout d'abord grâce et faveur. Les chefs légaux de la nation ont été plus contraires au Messie que des païens tels que les mages, Pilate, la femme de ce dernier. Le peuple juif prononce lui-même la sentence de sa malédiction [3]. Il n'a pas voulu du festin du royaume de Dieu, préparé pour lui; des gens de grand chemin (les gentils) prendront sa place [4]. La formule : « Il a été dit aux anciens..., moi, je vous dis... » est placée avec insistance dans la bouche de Jésus [5]. Le cercle auquel l'auteur s'adresse est un cercle de juifs convertis. La polémique contre les juifs non convertis le préoccupe beaucoup. Ses citations de textes prophétiques [6], ainsi qu'un certain nombre de circonstances rapportées par lui ont trait aux assauts que les fidèles avaient à subir de la part de la majorité orthodoxe, et surtout à la grande objection tirée de ce que les représentants officiels de

---

1. Matth., xv, 24-28. Marc, vii, 27, est ici moins dur que Matthieu, xv, 24, 26.
2. Matth., viii, 5-10.
3. Matth., xxvii, 24-25.
4. Matth., xxii, 1-10.
5. Matth., v. 21, 27, 33.
6. Ἵνα πληρωθῇ, formule chère à notre auteur.

la nation avaient refusé de croire à la messianité de Jésus.

L'Évangile de saint Matthieu, comme presque toutes les compositions fines, a été l'ouvrage d'une conscience en quelque sorte double. L'auteur est à la fois juif et chrétien ; sa nouvelle foi n'a pas tué l'ancienne et ne lui a rien ôté de sa poésie. Il aime deux choses en même temps. Le spectateur jouit de cette lutte sans tourments. État charmant que celui où l'on est, sans être encore rien de déterminé! Transition exquise, moment excellent pour l'art que celui où une conscience est le paisible champ de bataille sur lequel les partis contraires se heurtent, sans qu'elle soit elle-même ébranlée! Quoique le prétendu Matthieu parle des juifs à la troisième personne comme d'étrangers[1], son esprit, son apologétique, son messianisme, son exégèse, sa piété sont essentiellement d'un juif. Jérusalem est pour lui « la ville sainte », « le lieu saint »[2]. Les missions sont à ses yeux l'apanage des Douze; il ne leur associe pas saint Paul, et il n'accorde sûrement pas à ce dernier de vocation spéciale, quoique les instructions apostoliques, telles qu'il les donne, contiennent plus d'un trait tiré de la vie du

---

1. Matth., XXVIII, 15. C'est la constante manière de parler du quatrième Évangile.
2. Matth., IV, 5, XXIV, 15; XXVII, 53.

prédicateur des gentils. Son aversion contre les pharisiens ne l'empêche pas d'admettre l'autorité du judaïsme. Le christianisme est chez lui à l'état d'une fleur éclose, mais qui porte encore les enveloppes du bouton d'où elle s'est échappée.

Et ce fut là une de ses forces. L'habileté suprême, dans les œuvres de conciliation, est à la fois de nier et d'affirmer, de pratiquer l'*Ama tanquam osurus* du sage antique. Paul supprime tout le judaïsme et même toute religion, pour tout remplacer par Jésus. Les Évangiles hésitent et restent dans une pénombre bien plus délicate. La Loi subsiste-t-elle? Oui et non. Jésus la détruit et l'accomplit. Le sabbat, il le supprime et le maintient. Les cérémonies juives, il les observe et ne veut pas qu'on y tienne. Tous les réformateurs religieux ont dû observer cette règle ; on ne décharge les hommes d'un fardeau devenu impossible à porter qu'en le prenant pour soi-même sans réserve ni adoucissement. La contradiction était partout. Quand le Talmud a cité sur la même ligne des opinions qui s'excluent absolument, il finit par cette formule : « Et toutes ces opinions sont parole de vie. » L'anecdote de la Chananéenne est l'image vraie de ce moment du christianisme. Elle prie. « Je n'ai été envoyé qu'aux brebis perdues de la maison d'Israël, » lui répond Jésus.

Elle s'approche de lui et l'adore : « Il n'est pas juste de prendre le pain des enfants et de le donner aux chiens. — Sans doute ; mais les petits chiens mangent bien les miettes qui tombent sous la table de leur maître. — O femme, ta foi est grande ; qu'il soit fait selon ce que tu désires [1]. » Le païen converti finissait par l'emporter, à force d'humilité et à condition de subir d'abord le mauvais accueil d'une aristocratie qui voulait être flattée, sollicitée.

Un tel état d'esprit ne comportait à vrai dire qu'une seule haine, la haine du pharisien, du juif officiel. Le pharisien ou pour mieux dire l'hypocrite (car ce mot avait pris un sens abusif, comme chez nous le nom de « jésuite » s'applique à une foule de gens qui ne font pas partie de la compagnie fondée par Loyola) devait paraître le coupable par excellence, l'opposé en tout de Jésus. Notre Évangile groupe en une seule invective, pleine de virulence, tous les discours qu'à diverses reprises Jésus prononça contre les pharisiens [2]. L'auteur prit sans doute ce morceau dans quelque recueil antérieur qui n'avait pas le cadre ordinaire. Jésus y est censé avoir fait de nombreux voyages à Jérusalem ; le châtiment des phari-

---

[1]. Matth., xv, 21-28. Cf. Marc, vii, 24-30, moins accusé.
[2]. Matth., ch. xxiii entier.

siens est prédit d'une façon vague, qui nous reporte avant la révolution de Judée[1].

De tout cela résulte un Évangile infiniment supérieur pour la beauté à celui de Marc, mais d'une valeur historique beaucoup moindre. Marc reste, pour les faits, le seul document authentique de la vie de Jésus. Les récits que pseudo-Matthieu ajoute à ceux de Marc ne sont que légende ; les modifications qu'il apporte aux récits de Marc ne sont que des façons de dissimuler certains embarras. L'assimilation des éléments que l'auteur puise hors de Marc est faite de la manière la plus grossière ; la digestion, si on peut s'exprimer ainsi, n'est pas achevée ; les morceaux sont restés entiers, et on peut les reconnaître. Sous ce rapport, Luc introduira de très-grands perfectionnements. Mais ce qui fait le prix de l'ouvrage attribué à Matthieu, ce sont les discours de Jésus, conservés avec une fidélité extrême, et probablement dans l'ordre relatif où ils furent d'abord écrits.

Cela était plus important que l'exactitude biographique, et l'Évangile de Matthieu, tout bien pesé, est le livre le plus important du christianisme, le livre

---

1. Le discours entier, surtout les versets 2, 3, 5, 15, 16, 18, 21, 23, 27, 29, 34, supposent l'organisation de la nation encore intacte.

le plus important qui ait jamais été écrit. Ce n'est pas sans raison que, dans la classification des écrits de la nouvelle Bible, on lui a donné la première place [1]. La biographie d'un grand homme est une partie de son œuvre. Saint Louis ne serait pas ce qu'il est dans la conscience de l'humanité sans Joinville. La vie de Spinoza par Colerus est le plus bel ouvrage de Spinoza. Épictète doit presque tout à Arrien, Socrate à Platon et à Xénophon. Jésus de même a été en partie fait par l'Évangile. En ce sens, la rédaction des Évangiles est, après l'action personnelle de Jésus, le fait capital de l'histoire des origines du christianisme ; j'ajouterai de l'histoire de l'humanité. La lecture habituelle du monde est un livre où le prêtre est toujours en faute, où les gens comme il faut sont tous des tartufes, où les autorités laïques se montrent comme des scélérats, où tous les riches sont damnés. Ce livre, le plus révolutionnaire et le plus dangereux qu'il y ait, l'Église catholique l'a prudemment écarté ; mais elle n'a pu tout à fait l'empêcher de porter ses fruits. Malveillants pour le sacerdoce, railleurs pour le rigorisme, indulgents pour l'homme relâché qui a bon cœur, les Évangiles ont été le perpétuel cauchemar de

---

1. Irénee, III, 1, 1.

l'hypocrite. L'homme évangélique a été un adversaire de la théologie pédante, de la morgue hiérarchique, de l'esprit ecclésiastique tel que les siècles l'ont fait. Le moyen âge l'a brûlé. De nos jours, la grande invective du vingt-troisième chapitre de saint Matthieu contre les pharisiens est encore la sanglante satire de ceux qui se couvrent du nom de Jésus et que Jésus, s'il revenait au monde, poursuivrait de ses fouets.

Où l'Évangile selon saint Matthieu fut-il écrit ? Tout semble indiquer que ce fut en Syrie, pour un cercle juif, qui ne savait guère que le grec, mais qui avait quelque idée de l'hébreu[1]. L'auteur se sert d'originaux évangéliques écrits en hébreu ; or il est douteux que les originaux hébreux des textes évangéliques soient jamais sortis de Syrie. Dans cinq ou six cas, Marc avait conservé des petites phrases araméennes prononcées par Jésus ; le prétendu Matthieu les efface toutes, excepté une seule. Le caractère des traditions propres à notre évangéliste est essentiellement galiléen. Selon lui, toutes les apparitions de Jésus ressuscité ont lieu en Galilée[2]. Ses premiers lecteurs semblent avoir dû être des Syriens. Il n'a

---

1. Matth., I, 23 ; xv, 5 (comp. Marc, vii, 11) ; xvii, 46. Σώζειν ἀπὸ τῶν ἁμαρτιῶν (Matth., I, 21) est bien peu hébreu.

2. Matth., xxviii, 16 et suiv.

pas ces explications de coutumes et ces notes topographiques qu'on trouve dans Marc. Au contraire, il a des traits qui, dénués de sens à Rome, avaient de l'intérêt en Orient[1]. On peut donc supposer que notre Évangile fut rédigé quand l'Évangile de Marc, composé à Rome, arriva en Orient. Un Évangile grec parut une chose précieuse; mais on fut frappé des lacunes de celui de Marc ; on le compléta. L'Évangile qui résulta de ces additions mit du temps à revenir à Rome. Par là s'explique que Luc ne l'ait pas connu, dans cette ville, vers 95.

Par là s'explique aussi que, pour relever l'écrit nouveau, et opposer au nom de Marc un nom d'une autorité encore supérieure, on ait attribué le texte dont il s'agit à l'apôtre Matthieu. Matthieu était un apôtre judéo-chrétien, menant une vie ascétique analogue à celle de Jacques, s'abstenant de chair, ne vivant que de légumes et de pousses d'arbre[2]. Peut-être sa qualité d'ancien publicain fit-elle penser que, habitué à écrire, il avait dû plus qu'un autre songer à fixer des faits dont il était censé avoir été témoin. Certes Matthieu ne fut pas le rédacteur de

---

1. Comp. Matth., III, 5, et Marc, I, 5; Matth., IV, 25, et Marc, III, 7-8; Matth., XIX, 1, et Marc, X, 1. Notez le trait palestinien sur Haceldama, XXVII, 8.

2. Clément d'Alex., *Pædag.*, II, 1.

l'ouvrage qui porte son nom. L'apôtre était mort depuis longtemps quand l'Évangile fut composé, et d'ailleurs l'ouvrage repousse absolument un tel auteur[1]. Jamais livre ne fut aussi peu d'un témoin oculaire. Comment, si notre Évangile était d'un apôtre, y trouverait-on un canevas si défectueux de la vie publique de Jésus ? Peut-être l'Évangile hébreu avec lequel l'auteur compléta Marc portait-il le nom de Matthieu[2]. Peut-être la collection des *logia* portait-elle ce nom. L'addition des *logia* étant ce qui faisait le caractère du nouvel Évangile, le nom de l'apôtre garant de ces *logia* aura pu être conservé pour désigner l'auteur de l'ouvrage qui tirait son prix de ces additions[3]. Tout cela est douteux. Papias[4] croit

---

1. Comp. surtout Matth., ix, 9; x, 3; Marc, ii, 14; iii, 18; Luc, v, 27; vi, 15; *Act.*, i, 13. Le rédacteur du premier Évangile a substitué le nom de Matthieu à celui de Lévi fils d'Alphée (voir *Vie de Jésus,* p. 166-167, note) ; donc, ce rédacteur n'est pas l'apôtre Matthieu. L'Évangile ébionite (Épiph., xxx, 13) admettait que le texte actuel du premier Évangile fut l'ouvrage de Matthieu; mais c'est là une autorité moderne et sans valeur. Voir ci-dessus, p. 111-112.

2. V. ci-dessus, p. 109-111.

3. Le mot κατά indiquerait bien une telle nuance. Ce mot implique seulement la garantie sous laquelle le livre était placé. Les titres κατὰ τοὺς δώδεκα ἀποστόλους, καθ' Ἑβραίους, κατ' Αἰγυπτίους, en sont la preuve.

4. Dans Eus., *H. E.,* III, xxxix, 16. Nous avons montré (ci-dessus, p. 79, note) que c'est bien de notre texte que parle Papias.

réellement l'ouvrage de Matthieu ; mais, au bout de cinquante ou soixante ans, les moyens de démêler une question aussi compliquée devaient lui manquer.

Ce qui est certain, en tout cas, c'est que l'œuvre attribuée à Matthieu n'eut pas l'autorité que son titre ferait supposer et ne passa pas pour définitive. Il y eut beaucoup de tentatives analogues que nous n'avons plus [1]. Le nom même d'un apôtre ne suffisait pas pour recommander un travail de ce genre [2]. Luc, qui n'était pas apôtre, et que nous verrons bientôt reprendre la tentative d'un Évangile résumant les autres et les rendant inutiles, ignorait, selon toutes les probabilités, l'existence de l'Évangile dit selon Matthieu.

1. Πολλοί. Luc, I, 1-2. Matthieu n'est pas un de ces πολλοί (voir ci-après, p. 257 et suiv.) ; Marc en était un. Luc distingue nettement les rédacteurs d'Évangiles, dont aucun n'était apôtre, des αὐτόπται et ὑπηρέται τοῦ λόγου, dont les πολλοί ont reçu la παράδοσις.

2. L'auteur de l'Épître dite de Barnabé (ch. 4, 7, etc.), écrite, ce semble, vers 97, cite surtout l'Évangile de Matthieu. Cependant il rapporte des mots de Jésus plus conformes à Luc qu'à Matthieu (ch. 19). Son système sur la résurrection et l'ascension (ch. 15) est conforme au troisième Évangile. Il a des mots de Jésus qui lui sont propres (ch. 6). L'auteur de la *II^a Petri* (I, 21) se sert aussi de Matthieu.

CHAPITRE XII.

LES CHRÉTIENS DE LA FAMILLE FLAVIA. FLAVIUS JOSÈPHE.

La loi fatale du césarisme s'accomplissait. Le roi légitime s'améliore en vieillissant sur le trône ; le césar commence bien et finit mal. Chaque année signalait en Domitien le progrès des mauvaises passions. L'homme avait toujours été pervers ; son ingratitude envers son père et son frère aîné fut quelque chose d'abominable ; cependant son premier gouvernement ne fut pas d'un mauvais souverain [1]. C'est peu à peu que la jalousie sombre contre tout mérite, la perfidie raffinée, la noire malice, qui étaient dans sa nature, se décelèrent. Tibère avait été très-cruel, mais par une sorte de rage philosophique contre l'humanité, qui eut sa grandeur et ne l'em-

---

[1]. Suétone, *Dom.*, 3, 8, 9 ; Dion Cassius, Eutrope et Aurélius Victor.

pêcha pas d'être à quelques égards l'homme le plus intelligent de son temps. Caligula fut un bouffon lugubre, à la fois grotesque et terrible, mais amusant et peu dangereux pour ceux qui ne l'approchaient pas. Sous le règne de cette incarnation de l'ironie satanique qui s'appela Néron, une sorte de stupeur tint l'âme du monde en suspens ; on avait la conscience d'assister à une crise sans précédents, à la lutte définitive du bien et du mal. Après sa mort, on respira ; le mal semblait enchaîné ; la perversité du siècle paraissait adoucie. Qu'on songe à l'horreur qui s'empara de toutes les âmes honnêtes quand on vit la Bête renaître[1], quand on reconnut que l'abnégation de tous les gens de bien de l'empire n'avait abouti qu'à livrer le monde à un souverain bien plus digne d'exécration que les monstres qu'on croyait relégués dans les souvenirs du passé.

Domitien est probablement l'homme le plus méchant qui ait jamais existé[2]. Commode est plus odieux, car il est fils d'un père admirable ; mais Commode est une sorte de brute ; Domitien est un homme fort

1. *Subnero, portio Neronis, Nero calvus.* Tertull., *Apol.,* 5; Juvénal, IV, 38.
2. Suétone, *Dom.;* Dion Cassius, livre LXVII; Tacite, *Agricola,* 45, etc.; Pline le Jeune, *Panég. de Traj.;* Philostrate, *Vie d'Apollonius,* VII et VIII.

sensé, d'une méchanceté réfléchie. Chez lui, il n'y avait pas l'atténuation de la folie ; sa tête était parfaitement saine, froide et claire. C'était un homme politique sérieux et logique. Il n'avait pas d'imagination, et si, à une certaine époque de sa vie, il s'exerça en quelques genres de littérature et fit d'assez bons vers, ce fut par affectation, pour paraître étranger aux affaires [1]; bientôt il y renonça et n'y pensa plus [2]. Il n'aimait pas les arts; la musique le laissait indifférent [3]; son tempérament mélancolique ne se plaisait que dans la solitude. On l'observait des heures se promenant seul ; on était sûr alors de voir éclater quelque plan pervers. Cruel sans phrases, il souriait presque toujours avant de tuer. On sentait reparaître une basse extraction. Les Césars de la maison d'Auguste, prodigues et avides de gloire, sont mauvais, souvent absurdes, rarement vulgaires. Domitien est bourgeois dans le crime ; il en tire profit. Peu riche, il fait argent de tout, pousse l'impôt à ses dernières limites [4]. Sa face sinistre ne connut jamais le fou rire de Caligula. Néron, tyran fort littéraire,

---

1. Tacite, *Hist.*, IV, 86 ; Suétone, *Dom.*, 2. Cf. Pline, *Hist. nat.*, præf.; Quintilien, IV, præf.; X, 1, 6 ; Valérius Flaccus, I, 12.
2. Suétone, *Dom.*, 20.
3. Philostrate, *Apoll.*, VII, 2.
4. Suét., *Dom.*, 12.

toujours préoccupé de se faire aimer et admirer du monde, entendait la raillerie et la provoquait ; celui-ci n'avait rien de burlesque ; il ne prêtait pas au ridicule; il était trop tragique[1]. Ses mœurs ne valaient pas mieux que celles du fils d'Agrippine ; mais à l'infamie il joignait l'égoïsme sournois, une affectation hypocrite de sévérité, des airs de censeur rigide (*sanctissimus censor*)[2], qui n'étaient que des prétextes pour faire périr des innocents[3]. C'est quelque chose de pénible à supporter que le ton de vertu austère que prennent ses adulateurs, Martial, Stace, Quintilien, quand ils veulent relever le titre auquel il tenait le plus, celui de sauveur des dieux et de restaurateur des mœurs.

Sa vanité ne le cédait pas à celle qui poussa Néron à tant de pitoyables équipées, et elle était beaucoup moins naïve. Ses faux triomphes, ses victoires prétendues, ses monuments pleins d'une adulation menteuse, ses consulats accumulés étaient quelque chose de nauséabond, de beaucoup plus irritant

---

1. Philostrate, *Vie d'Apoll.*, VII, 12.
2. Quintilien, *Inst.*, IV, præf. Cf. Martial, VI, 2, 4, 7; VIII, 80; IX, 7, 104; Stace, *Silves*, III, iv, 74; IV, iii, 213; Suét., *Dom.*, 7. Le titre de *censor* figure dans la plupart des inscriptions et des monnaies de Domitien (Orelli, n°s 766, 768; Cohen, I, 387 et suiv.).
3. Dion Cassius, LXVII, 8.

que les dix-huit cents couronnes de Néron et sa procession de périodonique.

Les autres tyrannies que l'on avait traversées s'étaient montrées bien moins savantes. Celle-ci était administrative, méticuleuse, organisée. Le tyran jouait lui-même de sa personne le rôle de chef de police et de juge instructeur. Ce fut une Terreur juridique. On procédait avec la légalité dérisoire du tribunal révolutionnaire. Flavius Sabinus, cousin de l'empereur, fut mis à mort pour un *lapsus* du crieur, qui le proclama *imperator* au lieu de *consul;* un historien grec, pour certaines images qui parurent obscures ; tous les copistes furent mis en croix. Un Romain distingué fut tué parce qu'il aimait à réciter les harangues de Tite-Live, qu'il avait chez lui des cartes de géographie, et qu'il avait donné à deux esclaves les noms de Magon et d'Annibal ; un militaire fort estimé, Sallustius Lucullus, périt pour avoir souffert que son nom fût donné à des lances d'un nouveau modèle, dont il était l'inventeur[1]. Jamais l'industrie des délateurs ne fut portée si loin ; les agents provocateurs, les espions pénétraient partout. La folle croyance que l'empereur avait dans les astrologues redoublait le danger. Les suppôts de Cali-

---

1. Suétone, *Dom.,* 10.

gula et de Néron avaient été de vils Orientaux, étrangers à la société romaine et satisfaits quand ils étaient riches. Les délateurs de Domitien, sortes de Fouquier-Tinville, sinistres et blêmes, frappaient à coup sûr. L'empereur concertait avec les accusateurs et les faux témoins ce qu'il fallait qu'ils dissent; il assistait ensuite lui-même aux tortures, se divertissait de la pâleur peinte sur tous les visages, et semblait compter les soupirs qu'arrachait la pitié. Néron s'épargnait la vue des crimes qu'il ordonnait. Celui-ci voulait tout voir. Il avait des raffinements de cruauté sans nom. Son esprit était tellement dissimulé, qu'on l'offensait également en le flattant et en ne le flattant pas ; sa défiance, sa jalousie, n'avaient pas de bornes. Tout homme estimé, tout homme de cœur était pour lui un rival[1]. Néron, du moins, n'en voulait qu'aux chanteurs et ne tenait pas nécessairement tout homme d'État, tout militaire supérieur, pour un ennemi.

Le silence, pendant ce temps, fut effroyable. Le sénat passa quelques années dans une morne stupeur. Ce qu'il y avait de terrible, c'est qu'on n'entrevoyait aucune issue. L'empereur avait trente-six ans. Les accès de fièvre du mal qu'on avait vus jusque-là

---

1. Tacite, *Agric.*, 41.

avaient été courts ; on sentait que c'étaient des crises, qu'elles ne pouvaient durer. Cette fois, il n'y avait pas de raison pour que cela finît. L'armée était contente, le peuple indifférent[1]. Domitien, il est vrai, n'arriva jamais à la popularité de Néron, et, en l'an 88, un imposteur croyait avoir des chances de le renverser en se présentant comme le maître adoré qui avait donné au peuple de si belles journées[2]. Néanmoins on n'avait pas trop perdu. Les spectacles étaient tout aussi monstrueux qu'ils l'avaient jamais été. L'amphithéâtre flavien (le Colisée), inauguré sous Titus, avait même vu des progrès dans l'art ignoble d'amuser le peuple[3]. Nul danger donc de ce côté[4]. Lui, cependant, ne lisait que les Mémoires de Tibère[5]. Il avait du mépris pour la familiarité qu'encouragea son père Vespasien ; il traitait d'enfantillage la bonté de son frère Titus et l'illusion qu'il avait eue de prétendre gouverner l'humanité en se

---

1. Suétone, *Dom.*, 23.
2. Voir *l'Antechrist*, p. 319.
3. Dion Cassius, LXVI, 25 ; LXVII, 8 ; Suét., *Dom.*, 4. Cf. Martial, VI, 4 ; Stace, *Silves*, IV, ix, et le livre *De spectaculis*, recueil de petites pièces de divers auteurs, en tête de Martial. Cf. *Mémoires de l'Acad. des inscriptions*, sav. étr., t. VIII, 2ᵉ part., p. 144, 153-155.
4. Juv., iv, 153-154, se rapporte aux derniers mois de Domitien.
5. Suétone, *Dom.*, 20.

faisant aimer. Il prétendait connaître mieux que personne les exigences d'un pouvoir sans constitution, obligé de se défendre, de se fonder chaque jour.

On sentait, en effet, que ces horreurs avaient leur raison politique, que ce n'était pas les caprices d'un frénétique. La hideuse image de la souveraineté nouvelle, telle que l'avaient faite les nécessités du temps, soupçonneuse, craignant tout de tous, tête de Méduse qui glaçait d'effroi, apparaissait en ce masque odieux, injecté de sang, dont le savant terroriste semblait avoir cuirassé son visage contre toute pudeur[1].

C'était principalement sur sa propre maison que se portaient ses fureurs[2]. Presque tous ses cousins ou neveux périrent. Tout ce qui lui rappelait Titus l'exaspérait. Cette famille singulière, qui n'avait pas les préjugés, le sang-froid aristocratiques, la profonde désillusion de la haute noblesse romaine, offrait des contrastes étranges. D'épouvantables tragédies s'y jouaient. Quel destin, par exemple, que celui de cette Julia Sabina, fille de Titus, traînée de crime en crime, finissant comme l'héroïne d'un roman de bas

---

1. Tacite, *Agric.*, 45; Philostrate, *Apoll.*, VII, 28.
2. Pline, *Panégyr.*, 48, 68.

étage, dans les douleurs de l'avortement[1]! Tant de perversité provoquait d'étranges réactions. Les parties sentimentales et tendres de la nature de Titus se retrouvaient chez quelques membres de la famille, surtout dans la branche de Flavius Sabinus, frère de Vespasien. Flavius Sabinus, qui fut longtemps préfet de Rome, et tint en particulier cette fonction l'an 64[2], put déjà connaître les chrétiens; c'était un homme doux, humain, et auquel on adressait déjà ce reproche « de bassesse d'âme »[3], qui devait perdre son fils. Pour la férocité romaine un tel mot était synonyme d'humanité. Les nombreux juifs qui entraient dans la familiarité de la famille flavienne devaient trouver surtout de ce côté des auditeurs déjà préparés et attentifs[4].

Il est hors de doute, en effet, que les idées chrétiennes ou judéo-chrétiennes pénétrèrent dans la

---

1. Suétone, *Dom.*, 22; Dion Cassius, LXVII, 3; Pline, *Lettres*, IV, 10.

2. Borghesi, *Œuvr. compl.*, t. III, p. 372 et suiv.

3. « Haudquaquam erecto animo,.. mitem virum,... in fine vitæ suæ segnem. » Tacite, *Hist.*, III, 65, 75.

4. Il est vrai que Josèphe ne parle pas des Clemens. La cause en est sans doute dans la jalousie féroce de Domitien. Chez Quintilien (IV, præf.), de même, l'expression *sororis suæ nepotes* semble indiquer la crainte d'exciter la jalousie de Domitien en nommant Clemens ou Domitilla.

famille impériale, surtout dans la branche collatérale de cette famille. Flavius Clemens, fils de Flavius Sabinus, et par conséquent cousin germain de Domitien, avait épousé Flavia Domitilla, sa petite-cousine, fille d'une autre Flavia Domitilla, fille elle-même de Vespasien, morte avant l'avénement de son père à l'empire[1]. Par des voies qui nous sont inconnues,

1. On connaît avec certitude trois Flavie Domitille : 1° la femme de Vespasien, 2° sa fille, 3° sa petite-fille, femme de Clemens. La Flavie Domitille, qui semble être le personnage principal de l'inscription n° 776 d'Orelli (Gruter, 245, 5), serait la femme de Clemens (de Rossi, *Bull.*, 1865, p. 21, 22, 23; *Journ. des sav.*, janv. 1870, p. 24 ; *Corpus inscr. lat.*, tome VI [encore inédit], n° 948; la restitution qu'on propose offre des difficultés venant de la place insolite des mots *filia* et *neptis*). Quant à une Flavie Domitille, distincte de la femme de Clemens, et vierge selon la légende, elle n'a pas de réalité; il y faut voir un pur dédoublement de Flavie Domitille, petite-fille de Vespasien et femme de Flavius Clemens. C'est par erreur que Bruttius (*Chron.* d'Eusèbe, p. 160-163, édit. de Schœne, en observant que la version arménienne de la *Chronique* d'Eusèbe, présente un texte différent de celui qu'a suivi saint Jérôme) fait de la Domitille qui fut persécutée une nièce de Flavius Clemens. L'Église a saisi avec empressement l'assertion de Bruttius, pour laisser subsister la vieille légende d'une Flavie Domitille vierge et vouée à la vie religieuse. Beaucoup de critiques, il est vrai, donnent raison à Bruttius contre Dion. Dans leur système, Flavie Domitille, femme de Clemens, n'aurait rien souffert; la Flavie chrétienne aurait bien été une nièce de Clemens. Mais Suétone indirectement et Philostrate enveloppent Flavie Domitille, femme de Clemens, dans la disgrâce de son mari; l'erreur de Dion serait en elle-même bien plus inexplicable que celle de Bruttius. Cf. Mommsen, *Corp.*

mais qui probablement se rattachaient aux relations de la famille Flavia avec les juifs, Clemens et Domitilla adoptèrent les mœurs juives, c'est-à-dire sans doute ce judaïsme mitigé, qui ne différait du christianisme que par l'importance attachée au rôle de Jésus. Ce judaïsme des prosélytes, borné aux préceptes *noachiques*, était justement celui que prêchait Josèphe, le client de la famille Flavia[1]. C'était celui que l'on représentait comme ayant été défini par l'accord de tous les apôtres à Jérusalem[2]. Clemens s'y laissa séduire. Peut-être Domitille alla-t-elle plus loin, et mérita-t-elle le nom de chrétienne[3]. Il ne faut rien exa-

inscr. lat., VI, p. 172-173. — Les nouvelles découvertes dans le champ de l'archéologie et de l'épigraphie flaviennes (de Rossi, *Bull. di arch. crist.*, 1875, 69 et suiv.; *Revue archéol.*, mars 1876, p. 172-174) n'ont rien changé à ces résultats.

1. *Ant.*, XX, II, et *Vita*, 23.
2. Le livre où se trouve ce canon prétendu de Jérusalem (*Act.*, XV) fut justement rédigé à Rome vers ce temps. Voir ci-après, p. 446-447.
3. Dion Cassius, LXVII, 14; Suétone, *Domit.*, 15, n'impliquent rien qui dépasse le judaïsme. On a cru reconnaître notre Clemens dans le père du célèbre Onkélos, fils de Calonyme, prétendu neveu de Titus, qui, dit-on, se serait converti au judaïsme (Talm. de Bab., *Gittin*, 56 *b*; *Aboda zara*, 11 *a*). Transcrits en hébreu, les noms de *Clemens* et de *Calonyme* diffèrent à peine; mais on n'obtient cette combinaison qu'en attribuant à Calonyme ce qui est dit d'Onkélos. Le passage de Bruttius, allégué par Eusèbe (*Chron.*, loc. cit.; *Hist. ecclés.*, III, 18), ferait nettement de Domitille une chrétienne; mais Eusèbe ne le cite pas

gérer cependant. Flavius Clemens et Flavia Domitilla ne paraissent pas avoir été de véritables membres de l'Église de Rome. Comme tant d'autres Romains distingués, ils sentaient le vide du culte officiel, l'insuffisance de la loi morale qui sortait du paganisme, la repoussante laideur des mœurs et de la société du temps. Le charme des idées judéo-chrétiennes agit sur eux. Ils reconnurent de ce côté la vie et l'avenir;

textuellement. En tout cas, il est singulier qu'Eusèbe ne parle pas en même temps du christianisme de Clemens, qu'il a occasion de nommer. La traduction arménienne de la *Chronique* ne semble l'impliquer que par suite de fautes et de corrections arbitraires. Comment Eusèbe, dans l'*Histoire ecclésiastique,* et saint Jérôme auraient-ils omis une particularité aussi importante, si elle avait été dans la *Chronique* ? Le silence de Tertullien, qui avait tant d'occasions de parler d'un tel fait dans *l'Apologétique,* et des Pères de l'Église est aussi bien bizarre. Le souvenir des Flavius chrétiens est sensible, il est vrai, dans les Homélies pseudo-clémentines, *Hom.,* IV, 7; XII, 8; XIV, 10, mais fort interverti. Ce que dit saint Jérôme (*Ad Eustoch., Epit. Paulœ,* p. 672, Mart., IV, 2ᵉ part.) est un écho d'Eusèbe. Depuis le IVᵉ siècle, du reste, Domitille obtient les honneurs de la sainteté. Un sectaire, ennemi du mariage, comme il y en eut toujours beaucoup à Rome, s'empara tardivement d'elle, en fit une vierge martyre, et construisit sur cette donnée le roman des saints Nérée et Achillée. Quant à Clemens, l'opinion de sa sainteté eut beaucoup de peine à s'établir. Le Syncelle (p. 650, Bonn) en fait expressément un martyr. L'inscription trouvée sous l'autel de saint Clément en 1725 (Greppo, *Trois mém.,* p. 174 et suiv.; de Rossi, *Bull.,* 1863, p. 39, et 1865, p. 23) fut mise au moyen âge sur un corps qu'on crut être le sien, et qu'on transporta dans l'église de son homonyme saint Clément Romain.

mais sans doute ils ne furent pas ostensiblement chrétiens. Nous verrons plus tard Flavie Domitille agir plus en Romaine qu'en chrétienne et ne pas reculer devant l'assassinat d'un tyran. Le seul fait d'accepter le consulat était pour Clemens accepter l'obligation de sacrifices et de cérémonies essentiellement idolâtres [1]. Clemens était la seconde personne de l'État. Il avait deux enfants que Domitien destinait à lui succéder, et auxquels celui-ci avait déjà donné les noms de Vespasien et de Domitien [2]. L'éducation de ces enfants était confiée à un des hommes les plus corrects du temps, au rhéteur Quintilien [3], à qui Clemens fit accorder les insignes honoraires du consulat [4]. Or Quintilien poussait l'horreur des idées juives au même degré que l'horreur des idées républicaines. A côté des Gracques, il place « l'auteur de la superstition judaïque » parmi les révolutionnaires les plus néfastes [5]. Quintilien pensait-il à Moïse

---

1. Ovide, *Fast.*, I, 79-86; *Pont.*, IV, IV, 23-42. Comp. Tertullien, *De idolol.*, 17-20; Origène, *Contre Celse*, VIII, 74, 75.
2. Suét., *Dom.*, 15. Cf. Mionnet, t. III, p. 223, n°⁸ 1246, 1247.
3. Quintilien, *Instit. orat.*, l. IV, præf.
4. Ausone, *Grat. actio ad Grat. pro cons.*, col. 940, Migne. Cf. Juvénal, VII, 197.
5. « Et est conditoribus urbium infame contraxisse aliquam perniciosam ceteris gentem, qualis est primus Judaïcæ superstitionis auctor; et Gracchorum leges invisæ » (III, VII, 21).

ou à Jésus[1] ? Peut-être ne le savait-il pas exactement lui-même. « Superstition judaïque » était encore la catégorie générale qui comprenait les juifs et les chrétiens[2]. Les chrétiens n'étaient pas, du reste, les seuls qui pratiquassent la vie juive sans s'imposer la circoncision. Beaucoup de ceux qu'attirait le mosaïsme se bornaient à l'observation du sabbat[3]. Une même pureté de vie, une même horreur contre le polythéisme [4] réunissaient tous ces petits groupes d'hommes pieux, dont les païens superficiels se contentaient de dire : « Ils mènent la vie juive[5]. »

1. Il s'agit plus probablement de Moïse. Cf. Juv., XIV, 102.
2. « Sub umbraculo insignissimæ religionis certe licitæ. » Tertullien, *Apol.*, 21. Cf. Dion Cassius, LXVIII, 1; Spartien, *Caracalla*, 1; Origène, *Contre Celse*, I, 2; Sulp. Sev., II, 31; Orose, VII, 6. — Tacite, qui distingue nettement les juifs et les chrétiens, regarde la circoncision comme essentielle aux prosélytes juifs (*transgressi in morem eorum*). Tac., *Hist.*, V, 5.
3 *Metuens sabbata*. Juv., XIV, 96. Ces observateurs du sabbat, qui ne sont ni juifs complets ni chrétiens décidés, sont peut-être ceux que Hégésippe appelle *masbothéens* (dans Eus., *H. E.*, IV, XXII, 5 et 6).
4. *Homél. pseudo-clém.*, IV, 24.
5. *Judaicam vivere vitam*. Suétone, *Dom.*, 12. Οἱ ἐς τὰ τῶν Ἰουδαίων ἔθη ἐξοκέλλοντες. Dion Cassius, LXVII, 14. Ἰουδαϊκὸς βίος, *ibid.*, LXVIII, 1. Comp. Josèphe, *Ant.*, XX, II, 5 : χαίρειν τοῖς Ἰουδαίων ἔθεσιν..... ζηλοῦν τὰ πάτρια τῶν Ἰουδαίων. Notez aussi γυνή μου θεοσεβής ἐστιν καὶ μᾶλλον ἰουδαΐζει, dans les *Acta Pilati*, A, ch. II, 1. Tischendorf, *Evang. apocr.*, p. 214.

Si les Clemens furent chrétiens, ce furent donc, on l'avouera, des chrétiens bien indécis. Ce que vit le public de la conversion de ces deux personnes illustres fut peu de chose. Le monde distrait qui les entourait ne savait pas bien dire s'ils étaient juifs ou chrétiens. Ces sortes de changements se reconnaissaient seulement à deux symptômes, d'abord une aversion mal dissimulée pour la religion nationale, un éloignement de tout rite apparent, qu'on supposait tenir au culte secret d'un Dieu intangible, innomable[1]; en second lieu, une apparente indolence, un total abandon des devoirs et des honneurs de la vie civique, inséparables de l'idolâtrie[2]. Goût de la retraite, recherche d'une vie paisible et retirée, aversion pour les théâtres, pour les spectacles et pour les scènes cruelles que la vie romaine offrait à chaque pas, relations fraternelles avec ces personnes d'un rang humble, n'ayant rien de militaire, que les Romains méprisaient, éloignement des affaires publiques[3], devenues choses frivoles pour celui qui croyait à la prochaine venue du Christ, habitudes méditatives, esprit de détachement, voilà

---

1. Ἀθεότης. Dion Cassius, LXVII, 14. Cf. Justin, *Apol. I,* 6, 8, 10, 13; *Actes* de saint Polycarpe, 3, 9, 12; Tertullien, *Apolog.,* 24; Arnobe, *Adv. nat.,* III, 28; Minucius Félix, *Octav.,* 8, 10, 12.
2. *Contemptissima ignavia.* Suétone, *Dom.,* 15.
3. Tertullien, *Apol.,* ch. 38, 42, 43.

ce que le Romain désignait d'un seul mot, *ignavia*. Selon les idées du temps, chacun était obligé d'avoir autant d'ambition que le comportaient sa naissance et sa fortune. L'homme d'un rang élevé qui se désintéressait de la lutte de la vie, qui craignait de répandre le sang, qui prenait un air doux et humain était un paresseux, un homme avili, incapable d'aucune entreprise[1]. Impie et lâche, telles étaient les qualifications qui s'attachaient à lui, et qui, dans une société très-vigoureuse encore, devaient infailliblement finir par le perdre.

Clemens et Domitilla ne furent pas, du reste, les seuls que le coup de vent du règne de Domitien inclina vers le christianisme. La terreur et la tristesse des temps fléchissaient les âmes. Beaucoup de personnes de l'aristocratie romaine prêtaient l'oreille à des enseignements qui, au milieu de la nuit qu'on traversait, montraient le ciel pur d'un royaume idéal[2]. Le monde était si sombre, si méchant! Jamais, d'ailleurs, la propagande juive n'avait été aussi active[3]. Peut-être faut-il rapporter à ce temps la conversion

---

1. Voir, par exemple, Tacite, *Hist.*, III, 65, 75. La cause principale de la mort de Sénécion fut qu'il ne demandait pas les fonctions auxquelles il avait droit. Dion Cassius, LXVII, 13.
2. Dion Cassius, LXVII, 11 : πολλοί.
3. Juvénal, VI, 541 et suiv.; XIV, 96 et suiv.

d'une dame romaine, Veturia Paulla, qui se convertit à l'âge de soixante et dix ans, prit le nom de Sara, et fut mère des synagogues du Champ de Mars et de Volumnus, durant seize ans encore[1]. Une grande partie du mouvement de ces immenses faubourgs de Rome, où s'agitait un bas peuple bien supérieur en nombre à la société aristocratique renfermée dans l'enceinte de Servius Tullius[2], venait des enfants d'Israël. Relégués près de la porte Capène[3], le long du ruisseau malsain de la fontaine Égérie[4], ils étaient là, mendiant, exerçant des métiers interlopes, des arts de tsiganes, disant la bonne aventure, levant des contributions sur les visiteurs du bois d'Égérie, qu'on leur avait loué. L'impression produite sur les esprits par cette race étrange était plus vive que jamais[5] : « Tel à qui le sort a donné pour père un observateur du sabbat, non content d'adorer le Dieu du ciel et de

---

1. Orelli, n° 2522. L'inscription paraît postérieure à l'époque des Flavius ; malheureusement on n'en possède plus l'original. On a identifié cette Véturie avec la *Bélurit* du Talmud, qui se convertit avec tous ses esclaves et eut des entretiens avec Gamaliel sur les Écritures. Grætz, *Gesch. der Jud.*, IV, p. 123, 506, 507.

2. On évalue cette dernière à 280,000 âmes.

3. Au-dessous de la villa Mattei. V. *Saint Paul*, p. 101 ; Levy, *Epigr. Beiträge*, p. 307.

4. Juvénal, III, 11 et suiv. Cf. VI, 542 et suiv.

5. Voir *les Apôtres*, p. 288 et suiv.

mettre au même rang la chair de porc et la chair humaine, se hâte bientôt de se débarrasser du prépuce. Habitué à mépriser les lois romaines, il étudie et observe avec tremblement le droit juif que Moïse a déposé dans un volume mystérieux. Là, il apprend à ne montrer le chemin qu'à celui qui pratique la même religion que lui, et, quand on lui demande où est la fontaine, à n'y conduire que les circoncis. La faute en est au père qui adopta le repos du septième jour et s'interdit ce jour-là tous les actes de la vie [1]. »

Le samedi, en effet, malgré toute la mauvaise humeur des vrais Romains, ne ressemblait pas, à Rome, aux autres jours[2]. Le monde de petits marchands qui, les jours ordinaires, remplissait les places publiques semblait rentrer sous terre. Cette irrégularité, plus encore que leur type facilement reconnaissable, attirait l'attention et faisait de ces bizarres étrangers l'objet de la conversation des oisifs.

Les juifs souffraient, comme tout le monde, de la dureté des temps. L'avidité de Domitien fit porter à l'excès tous les impôts, et en particulier la capitation, nommée *fiscus judaïcus*, à laquelle les juifs

1. Juvénal, xiv, 96-106.
2. Voir *les Apôtres,* p. 295.

étaient sujets¹. Jusque-là, on n'avait exigé ce tribut que de ceux qui s'avouaient juifs. Beaucoup dissimulaient leur origine et ne le payaient pas. Pour écarter cette tolérance, on eut recours à des constatations odieuses. Suétone se souvenait d'avoir vu, dans sa jeunesse, un vieillard de quatre-vingt-dix ans mis à nu devant une nombreuse assistance, pour que l'on vérifiât s'il était circoncis. Ces rigueurs eurent pour conséquence de faire pratiquer, dans un grand nombre de cas, l'opération de l'épispasme ; le nombre des *recutiti* à cette date est très-considérable². De telles recherches, d'un autre côté, amenèrent les fonctionnaires romains à une découverte qui les étonna : c'est qu'il y avait des gens menant en tout la vie juive et qui pourtant n'étaient pas circoncis. Le fisc décida que cette catégorie de personnes, les *improfessi,* ainsi qu'on les appelait³, paye-

1. Voir *l'Antechrist,* p. 538. Cf. Pline, *Hist. nat.,* XII, 111-113.
2. Martial, VII, xxix, 4 ; Talm. de Bab., *Jebamoth,* 72 a.
3. Suétone, *Dom.,* 12. La leçon *uti professi* est une faute (voir l'édition de Roth). On entend quelquefois cette *professio* d'une déclaration que les prosélytes auraient dû faire devant un magistrat ; mais l'ensemble de la phrase prouve que *professio* signifie ici ce qui constituait la profession complète du judaïsme, dont le signe était la circoncision. Ces *improfessi* étaient ceux qu'on appelait aussi οἱ σεϐόμενοι (Jos., *Ant.,* XIV, vii, 2 ; *Act.,* x, 2), *religioni judaïcæ metuentes* (Orelli, n° 2523 ; *Corpus inscr. lat.,* V, 88, en observant

raient la capitation comme les circoncis[1]. « La vie juive », et non la circoncision, fut ainsi taxée, et les chrétiens se virent assujettis à l'impôt. Les plaintes que soulevèrent ces abus émurent même les hommes d'État les moins sympathiques aux juifs et aux chrétiens; les libéraux furent choqués de ces visites corporelles, de ces distinctions faites par l'État sur le sens de certaines dénominations religieuses, et mirent la suppression de cet abus à leur programme pour l'avenir[2].

Les vexations introduites par Domitien contribuèrent beaucoup à enlever au christianisme le caractère indécis qu'il avait encore. A côté de l'orthodoxie sévère des docteurs de Jérusalem, puis de Iabné, il y avait eu jusque-là, dans le judaïsme, des écoles analogues au christianisme sans être identiques avec lui. Apollos, au sein de l'Église, fut un exemple de ces juifs chercheurs qui essayaient beaucoup de sectes sans se tenir résolûment à aucune. Josèphe, quand il écrivait pour les Romains, réduisait son judaïsme à une sorte de déisme, avouant que la circoncision et

les erreurs de Levy, *Epigr. Beiträge*, p. 312-313, et d'Apianus, p. 358 ; cf. *Corp.*, V, 240, 123, 88, 102, 161), ou simplement *metuentes* (cf. Juv., XIV, 96, 101). Les mots *intra Urbem* qu'on lisait autrefois dans le passage de Suétone doivent être biffés.

1. Suétone, *Dom.*, 12.
2. V. ci-après, p. 346.

les pratiques juives étaient bonnes pour les Juifs de race, que le vrai culte est celui que chacun adopte en toute liberté. Flavius Clemens fut-il chrétien dans la rigueur du mot? On en peut douter. Il aimait la « vie juive », il pratiquait les mœurs juives : voilà ce qui frappa ses contemporains. Ils n'approfondirent pas davantage, et peut-être Clemens lui-même ne sut-il jamais bien à quelle catégorie de juifs il appartenait. La clarté ne se fit que quand le fisc s'en mêla. La circoncision reçut ce jour-là un coup fatal. L'avidité de Domitien étendit l'impôt des juifs, le *fiscus Judaïcus,* même à ceux qui, sans être Juifs de race et sans être circoncis, pratiquaient les mœurs juives. Alors les catégories furent tranchées ; il y eut le juif pur, dont on établissait la qualité par des visites corporelles, et le juif par à peu près, l'*improfessus,* qui ne prenait du judaïsme que sa morale honnête et son culte épuré.

Les peines édictées par une loi spéciale contre la circoncision des non-juifs contribuèrent au même résultat. On ignore la date précise de cette loi ; mais elle paraît bien être de l'époque des Flavius. Tout citoyen romain qui se fait circoncire est puni de la déportation perpétuelle et de la perte de tous ses biens. Un maître s'expose à la même peine en permettant à ses esclaves de se soumettre à l'opération ; le médecin opérateur est puni de mort. Le juif qui fait circoncire ses esclaves non-juifs s'expose également à la mort[1]. Cela était bien conforme à la politique romàine, tolérante envers les cultes étrangers, quand ils se renfermaient dans le cercle de leurs nationaux; sévère, dès que ces cultes faisaient de la propagande. Mais on conçoit combien de telles mesures étaient décisives dans la lutte des juifs circoncis et des incirconcis ou *improfessi*. Ces derniers seuls pouvaient exercer un prosélytisme sérieux. Par loi d'empire, la circoncision était condamnée à ne plus sortir de la famille étroite des enfants d'Israël.

Agrippa II et probablement Bérénice moururent vers ce temps[2]. Ce fut une perte immense pour la

---

1. *De seditiosis*, dans Paul, *Sentent.*, V, xxii, §§ 3 et 4. Antonin renouvelle les mêmes defenses. Digeste, XLVIII, viii, 11.

2. Agrippa II était sûrement mort avant que Josèphe écrivî son autobiographie (ch. 65). Il l'était même probablement avant que Josèphe achevât ses *Antiquités* (notez XX, ix, 4). Le passage *Contre Apion*, I, 9, ne prouve rien. L'assertion de Photius, cod. xxxii, qui fait mourir Agrippa en l'an 100, est inconciliable avec Josèphe. Les dernières monnaies connues d'Agrippa, émises sous le règne de Domitien, correspondraient, selon M. Madden (*Jew. coin.*, p. 133; cf. p. 143 et suiv.), à l'année 95, et, selon M. de Saulcy (*Num. de la terre sainte*, p. 316), à l'année 86. Les points de départ des ères qui figurent sur les monnaies d'Agrippa donnent lieu aux difficultés les plus graves. D'un autre côté, les indications qu'on croit tirer de la *Chronique* d'Eusèbe pour le faire mourir

colonie juive, que ces hauts personnages couvraient de leur crédit auprès des Flavius. Quant à Josèphe, au milieu de cette lutte ardente, il redoublait d'activité. Il avait cette facilité superficielle qui fait que le Juif, transporté dans une civilisation qui lui est étrangère, se met avec une merveilleuse prestesse au courant des idées au milieu desquelles il se trouve jeté, et voit par quel côté il peut les exploiter. Domitien le protégeait, mais fut probablement indifférent à ses écrits. L'impératrice Domitia le comblait de faveurs[1]. Il était, en outre, le client d'un certain Épaphrodite, personnage considérable[2], supposé identique à l'Épaphrodite de Néron, que Domitien avait pris à son service[3]. Cet Épaphrodite, esprit curieux, libéral et qui encourageait les études historiques, s'intéressait au judaïsme. Ne sachant pas

peu après la prise de Jérusalem reposent sur des malentendus. Les monnaies s'y opposent absolument.

1. Jos., *Vita,* 76.
2. Jos., *Ant.,* I, proœm., 2; *Contre Apion,* II, 41 ; *Vita,* 76.
3. Le nom d'Épaphrodite était très-commun. Si l'Épaphrodite de Josèphe avait rempli une fonction importante (*a libellis,* Suét., *Dom.,* 14) auprès de Domitien, Josèphe le dirait. Il dit seulement que son Épaphrodite a été mêlé à de grandes affaires, et a traversé des fortunes diverses, dans lesquelles il a montré beaucoup de force et de vertu. Il serait surprenant, d'un autre côté, qu'un tel personnage ne nous fût pas connu d'ailleurs. L'Épaphrodite, maître d'Épictète, n'a rien à faire ici.

l'hébreu, et probablement ne comprenant pas bien la version grecque de la Bible, il engagea Josèphe à composer une histoire du peuple juif. Josèphe accueillit une telle pensée avec empressement. Elle répondait parfaitement aux suggestions de sa vanité littéraire et de son judaïsme libéral. L'objection que faisaient aux juifs les personnes instruites, imbues des beautés de l'histoire grecque et de l'histoire romaine, était que le peuple juif n'avait pas d'histoire, que les Grecs ne s'étaient pas souciés de le connaître, que les bons auteurs ne prononçaient pas son nom, qu'il n'avait jamais eu de rapport avec les peuples nobles, qu'on ne trouvait pas dans son passé d'histoires héroïques comme celles des Cynégire et des Scævola. Prouver que le peuple juif, lui aussi, avait une haute antiquité, qu'il possédait le souvenir de héros comparables à ceux de la Grèce, qu'il avait eu dans le cours des siècles les plus belles relations de peuple à peuple, que beaucoup d'Hellènes savants avaient parlé de lui ; tel fut le but que le protégé d'Épaphrodite réalisa en une vaste composition, divisée en vingt livres et intitulée *Archéologie judaïque*. La Bible en fournit naturellement la base ; Josèphe y fait des additions, sans valeur pour les temps antiques, puisqu'il n'avait sur ces temps d'autres documents hébreux que ceux que nous possédons nous-mêmes, mais qui, pour les périodes plus modernes, sont d'un intérêt de premier ordre, puisqu'elles remplissent une lacune dans la série de l'histoire sacrée.

Josèphe ajouta à ce curieux ouvrage, en guise d'appendice, une autobiographie ou plutôt une apologie de sa propre conduite[1]. Ses anciens ennemis de Galilée, qui, à tort ou à raison, le qualifiaient de traître, vivaient encore et ne lui laissaient pas de repos. Juste de Tibériade, écrivant de son côté l'histoire de la catastrophe de sa patrie, l'accusait de mensonge et présentait sa conduite en Galilée sous le jour le plus odieux[2]. Il faut rendre cette justice à Josèphe qu'il ne fit rien pour perdre ce dangereux rival, ce qui lui eût été facile, vu la faveur dont il jouissait en haut lieu. Josèphe, d'un autre côté, est assez faible, quand il se défend contre les accusations de Juste, en invoquant les approbations officielles de Titus et d'Agrippa. On ne peut trop regretter qu'un écrit qui nous eût montré l'histoire de la guerre de Judée écrite au point de vue révolutionnaire soit perdu pour nous[3]. Il semble du reste que les témoins de

1. Cet écrit est antérieur à la mort de Domitien (voir ch. 76).
2. Jos., *Vita*, 9, 17, 37, 65, 70, 74.
3. Diog. Laërte, II, v, 41; Photius, cod. XXXIII; Comment. sur l'œuvre des six jours, attribué à Eustathe, *init.* (Lyon, 1629, p. 4); saint Jérôme, *De viris ill.*, 14; Suidas, au mot Τιβεριάς.

cette catastrophe étrange éprouvassent le besoin de la raconter. Antonius Julianus, un des lieutenants de Titus, en fit un récit qui servit de base à celui de Tacite[1], et que le sort nous a pareillement envié.

La fécondité de Josèphe était inépuisable. Comme beaucoup de personnes élevaient des doutes sur ce qu'il disait dans son *Archéologie* et objectaient que, si la nation juive eût été aussi ancienne qu'il la faisait, les historiens grecs en auraient parlé, il entreprit à ce sujet un mémoire justificatif, qu'on peut regarder comme le premier monument de l'apologétique juive et chrétienne. Déjà, vers le milieu du IIe siècle avant Jésus-Christ, Aristobule, le péripatéticien juif, avait soutenu que les poëtes et les philosophes grecs avaient connu les écrits hébreux et y avaient emprunté tous les passages de leurs écrits qui ont une apparence monothéiste. Pour le prouver, il forgea sans scrupule des passages d'auteurs profanes, d'Homère, d'Hésiode, de Linus, qu'il prétendait empruntés à l'Écriture[2]. Josèphe reprit la tâche avec plus d'honnêteté, mais aussi peu de critique. Il fallait réfuter des savants qui, comme Lysimaque d'Alexandrie, Apol-

---

1. Minucius Felix, 33. Voir *l'Antechrist*, p. 511, note. Vespasien et Titus avaient, à ce qu'il paraît, écrit des mémoires sur le même sujet. Jos., *Vita*, 65.

2. Clém. d'Alex., *Strom.*, V, 14; Eus., *Præp. evang.*, XIII, 12.

lonius Molon (vers cent ans avant Jésus-Christ), s'étaient exprimés d'une manière défavorable sur le compte des Juifs. Il fallait surtout détruire l'autorité du savant égyptien Apion, qui, cinquante ans avant le temps où nous sommes, avait, soit dans son histoire d'Égypte, soit dans un traité distinct, déployé une immense érudition pour contester l'ancienneté de la religion juive. Aux yeux d'un Égyptien, d'un Grec, cela équivalait à lui enlever toute noblesse. Apion avait eu des relations à Rome avec le monde impérial ; Tibère l'appelait « la cymbale du monde »[1] ; Pline trouvait qu'il eût mieux valu l'en appeler le tam-tam[2]. Son livre pouvait être encore lu à Rome sous les Flavius.

La science d'Apion était celle d'un pédant vaniteux et léger[3] ; mais celle que Josèphe lui oppose ne vaut guère mieux. L'érudition grecque était pour lui une spécialité improvisée, puisque sa première éducation avait été juive et toute consacrée à la Loi[4]. Son livre n'est et ne pouvait être qu'un plaidoyer sans cri-

1. *Cymbalum mundi.*
2. *Tympanum famæ.* Pline, *Hist. nat.,* præf., 25.
3. Pline, *Hist. nat.,* præf., *l. c.*; Sénèque, Epist. 88 ; Aulu-Gelle, VI, 8 ; VII, 8.
4. Saint Jérôme en fait la remarque, Epist. 84 (Mart., IV, 2ᵉ part., col. 655) : « Tanta sæcularium profert testimonia ut mihi miraculum subeat quomodo vir hebræus et ab infantia sacris litteris eruditus cunctam Græcorum bibliothecam evolverit. Cf. *Ant.,* XX, xi, 2.

tique : on sent à chaque page le parti pris de l'avocat, faisant flèche de tout bois. Josèphe ne fabrique pas de textes; mais il reçoit de toute main; les faux historiens, les classiques frelatés de l'école juive d'Alexandrie, les documents sans valeur entassés dans le livre « sur les Juifs » qui circulait sous le nom d'Alexandre Polyhistor [1], sont par lui avidement acceptés; par lui cette littérature suspecte des Eupolème, des Cléodème, des soi-disant Hécatée d'Abdère, Démétrius de Phalère, etc., fait son entrée dans la science et la trouble gravement. Les apologistes et les historiens chrétiens, Justin, Clément d'Alexandrie, Eusèbe, Moïse de Khorène le suivront dans cette mauvaise voie. Le public auquel s'adressait Josèphe était superficiel en fait d'érudition; il se contentait facilement; la culture rationnelle du temps des Césars avait disparu; l'esprit humain baissait rapidement et offrait à tous les charlatanismes une proie assurée.

Telle était cette littérature de juifs lettrés et libéraux, groupés autour des principaux représentants d'une dynastie libérale elle-même en son origine,

---

[1]. Si l'on croit qu'un Περὶ Ἰουδαίων a été écrit par Polyhistor, il faut admettre au moins que ce célèbre érudit a été grossièrement trompé par les fraudes des Juifs d'Alexandrie. V. *Mém. de l'Acad. des inscr.*, t. XXIII, 2ᵉ partie, p. 318.

mais pour le moment dévorée par un furieux. Josèphe formait des projets d'ouvrages sans fin. Il avait cinquante-six ans. Avec son style artificiel et bigarré de lambeaux hétérogènes, il se croyait sérieusement grand écrivain; il s'imaginait savoir le grec, dont il n'avait qu'un usage d'emprunt. Il voulait reprendre sa *Guerre des Juifs,* l'abréger, en faire une suite de son *Archéologie* et raconter tout ce qui était arrivé aux Juifs depuis la fin de la guerre jusqu'au moment où il écrivait. Il méditait surtout un ouvrage philosophique en quatre livres sur Dieu et son essence, selon les opinions des juifs, et sur les lois mosaïques, afin de rendre compte des prohibitions qui y sont contenues et qui étonnaient fort les païens[1]. La mort l'empêcha sans doute d'exécuter ses nouveaux desseins. Il est probable que, s'il avait composé ces écrits, ils nous seraient arrivés comme les autres. Josèphe, en effet, eut une destinée littéraire fort étrange. Il resta inconnu à la tradition juive talmudique ; mais il fut adopté par les chrétiens comme un des leurs, et presque comme un écrivain sacré. Ses écrits complétaient l'histoire sainte, laquelle, réduite aux documents bibliques, n'offre qu'une page blanche pour certains siècles. Ils formaient une sorte

---

1. Jos., *Ant.,* proœm., 4; I, ɪ, 1 ; x, 5; III, v, 6; vi, 6; viii, 10; IV, viii, 4; XX, xi, 2 (cf. X̄X̄, ii, 6); *Contre Apion,* I, 14.

de commentaire des Évangiles, dont la suite historique eût été inintelligible sans les données que fournissait l'historien juif sur l'époque des Hérodes. Ils flattaient surtout une des théories favorites des chrétiens et fournissaient une des bases de l'apologétique chrétienne, par le récit du siége de Jérusalem [1].

Une des idées, en effet, auxquelles les chrétiens tenaient le plus, c'est que Jésus avait prédit la ruine de la ville rebelle à sa voix [2]. Quoi de plus fort, pour montrer l'accomplissement littéral de cette prophétie, que le récit, fait par un Juif, des atrocités inouïes qui accompagnèrent la destruction du temple [3] ? Josèphe devint ainsi un témoin fondamental et un supplément de la Bible. Il fut lu et copié assidûment par les chrétiens. Il s'en fit, si j'ose le dire, une édition chrétienne, où l'on put se permettre certaines corrections pour les passages qui choquaient les copistes. Trois passages surtout pré-

1. Saint Justin ne paraît pas avoir connu les écrits de Josèphe; mais l'auteur du roman de Clément les avait lus (Homél. v, 2). La première citation expresse est dans Théophile, *Ad Autol.*, III, 23. Puis viennent Minucius Félix, 33 (passage douteux, voy. Halm); *Cohortatio ad Græcos* (faussement attribuée à Justin), 9; plus tard, Eusèbe, saint Chrysostome, saint Augustin.

2. Matth., XXIII, 38; Luc, XIII, 35; XXIII, 27 et suiv., et les discours apocalyptiques.

3. Minucius Félix, 33; Eusèbe, *Démonstr. évang.*, VI, ch. 18; *Théophanie*, 8 et 9.

sentent sous ce rapport des doutes que la critique n'a pas encore levés complétement : ce sont les passages relatifs à Jean-Baptiste, à Jésus et à Jacques [1]. Certes, il est possible que ces passages, au moins celui qui est relatif à Jésus, soient des interpolations faites par les chrétiens à un livre qu'ils s'étaient en quelque sorte approprié. Nous préférons croire cependant qu'aux trois endroits en question il était parlé en effet de Jean-Baptiste, de Jésus et de Jacques, et que le travail de l'éditeur chrétien, si l'on peut s'exprimer ainsi, s'est borné à retrancher du passage sur Jésus certains membres de phrase, à modifier quelques expressions choquantes pour un lecteur orthodoxe [2].

1. *Ant.*, XVIII, III, 3 ; v, 2 ; XX, IX, 1.
2. Surtout ἦν pour ἐνομίζετο. Voir *Vie de Jésus*, p. XL, XLI, Cf. saint Jérôme, *De viris ill.*, c. 13. La transition par laquelle reprend le paragraphe suivant (*Ant.*, XVIII, III, 4) semble supposer que l'apparition de Jésus était présentée comme un événement fâcheux pour la nation (ἕτερον τι δεινόν), et même comme une œuvre d'imposture, puisque le fait que Josèphe est amené à raconter pour suivre le même ordre d'idées est une supercherie religieuse. Que la nature de cette supercherie renferme, comme on l'a quelquefois supposé, une allusion à la conception surnaturelle de Jésus, c'est ce qui est tout à fait invraisemblable. Il y a plus : si Josèphe s'était exprimé sur le compte de Jésus d'une façon tout à fait désavantageuse, les chrétiens l'eussent traité en ennemi et ne l'eussent pas adopté. On n'admet à correction que les écrivains qui ne sont pas tout à fait pervers.

Quant au cercle réduit des prosélytes aristocratiques, d'un goût littéraire médiocre, pour qui Josèphe composa son livre, la satisfaction dut y être entière. Les difficultés des vieux textes étaient habilement déguisées. L'histoire juive prenait l'allure d'une histoire hellénique, semée de harangues, conduite selon les règles de la rhétorique profane. Grâce à un étalage charlatanesque d'érudition, à un choix de citations douteuses ou légèrement falsifiées, on avait réponse à toutes les objections. Un rationalisme discret jetait un voile sur les merveilles trop naïves des anciens livres hébreux ; après avoir lu le récit des plus grands miracles, on restait libre d'en croire ce qu'on voulait[1]. Pour les non-israélites, jamais un mot blessant ; pourvu qu'on veuille bien reconnaître la noblesse historique de sa race, Josèphe est satisfait. A chaque page, une douce philosophie, sympathique à toute vertu, envisageant les préceptes rituels de la Loi comme un devoir pour les seuls israélites, et proclamant hautement que chaque homme juste a la qualité essentielle pour devenir fils d'Abraham. Un simple déisme métaphysique et rationaliste, une morale purement naturelle, voilà ce qui remplace la sombre théologie de Jéhovah. La Bible, ainsi ren-

---

1. Voir surtout *Ant.*, II, xvi, 5.

due tout humaine, paraissait au transfuge de Jotapata devenue plus acceptable. Il se trompait; son livre, précieux pour le savant, ne dépasse point en valeur, aux yeux de l'homme de goût, une de ces Bibles fades du xvii® siècle, où les vieux textes les plus terribles sont traduits en une langue académique et décorés de vignettes en style rococo.

CHAPITRE XIII.

L'ÉVANGILE DE LUC.

Comme nous avons déjà eu maintes fois l'occasion de le remarquer, les écrits évangéliques, à l'époque où nous sommes arrivés, étaient nombreux[1]. La plupart de ces écrits ne portaient pas des noms d'apôtres ; c'étaient des essais de seconde main, fondés sur une tradition orale, qu'ils n'avaient pas la prétention d'épuiser[2]. Seul l'Évangile de Matthieu se présentait comme ayant le privilége d'une origine apostolique ; mais cet Évangile n'était pas fort répandu ; écrit pour les juifs de Syrie, il n'avait pas encore, ce semble, pénétré à Rome. C'est dans ces conditions qu'un des membres les plus marquants de l'Église de Rome, entreprit, lui aussi[3], de faire

1. Πολλοί. Luc, I, 1.
2. Luc, I, 1-2. Ἐπεχείρησαν, etc.
3. Ἔδοξε κἀμοί... Luc, I, 3.

son Évangile, en combinant les textes antérieurs, et en ne s'interdisant pas plus que ses devanciers d'y intercaler ce que lui fournissaient la tradition et ses propres sentiments. Cet homme n'était autre que Lucanus ou Lucas, ce disciple que nous avons vu s'attacher à Paul en Macédoine, le suivre dans ses voyages, dans sa captivité, et jouer en sa correspondance un rôle important. On a le droit de supposer que, après la mort de Paul, il resta à Rome, et, comme il pouvait être jeune quand Paul le connut (vers l'an 52)[1], il n'aurait guère eu vers l'époque où nous sommes plus de soixante ans. Il n'est pas permis en de pareilles questions de s'exprimer avec certitude ; rien de très-grave, pourtant, ne s'oppose à ce qu'on tienne Luc pour l'auteur de l'Évangile qu'on lui attribue[2]. Luc n'avait pas assez de célébrité pour qu'on exploitât son nom en vue de donner de l'autorité à un livre, ainsi que cela eut lieu pour les apôtres Matthieu et Jean, plus tard pour Jacques, Pierre, etc.

La date ne saurait non plus laisser place à beaucoup d'incertitude. Tout le monde admet que le

---

1. *Saint Paul*, p. 130 et suiv., 498 et suiv., etc. Canon de Muratori, lignes 3 et suiv. (lisez *itineris socium*, avec Bunsen). Irénée, III, i, 1.

2. Voir *Vie de Jésus*, p. XLIX et suiv.

livre est postérieur à l'an 70[1] ; mais d'un autre côté il ne peut être de beaucoup postérieur à cette année. Sans cela les annonces sur la proximité de l'apparition du Christ dans les nues, que l'auteur du troisième Évangile copie sans broncher dans les documents plus anciens[2], seraient des non-sens. L'auteur rejette le moment du retour de Jésus à un avenir indéterminé ; « la fin »[3] est reculée le plus possible ; mais la connexion entre la catastrophe de Judée et le bouleversement du monde est maintenue[4]. L'auteur conserve également l'assertion de Jésus d'après laquelle la génération qui l'écoute ne passera pas sans que les prédictions sur la fin des temps s'accomplissent[5]. Malgré l'extrême latitude que se donnait l'exégèse apostolique dans l'interprétation des discours du Seigneur, il n'est pas admissible qu'un rédacteur aussi intelligent que l'est celui du troisième Évangile, un rédacteur qui sait si bien faire subir aux paroles de Jésus les changements exigés par les

1. Luc, XIX, 43-44 ; XXI, 20, 24 ; XXIII, 27 et suiv., etc. Cf. *l'Antechrist*, p. 60, note 1.
2. Voir ci-dessus, p. 123-125, 197.
3. Τὸ τέλος.
4. Comp. Marc, XIII, 24 ; Matth., XXIV, 29, à Luc, XXI, 9, 23, 24, 28, 29-32. Notez Luc, XVII, 20-24. Cf. *Vie de Jésus*, p. XLIX-L. Le trait Luc, XXI, 24, fixe l'année de la reconstruction d'Ælia Capitolina comme limite en deçà pour la composition de l'ouvrage.
5. Luc, IX, 27.

nécessités des temps, eût transcrit une phrase qui contenait contre le don de prophétie attribué au maître une objection péremptoire.

Ce n'est sûrement que par conjecture que nous rattachons Lucanus et son Évangile à la société chrétienne de Rome au temps des Flavius. Il est certain cependant que le caractère général de l'œuvre de Luc répond bien à ce qu'exige une telle hypothèse. Luc, nous l'avons déjà remarqué, a une sorte d'esprit romain ; il aime l'ordre, la hiérarchie ; il a un profond respect pour les centurions, pour les fonctionnaires romains et se plaît à les montrer favorables au christianisme [1]. Par un tour habile, il réussit à ne pas dire que Jésus a été crucifié, insulté par les Romains [2]. Entre lui et Clément Romain, il y a de sensibles analogies. Clément cite souvent les paroles de Jésus d'après Luc ou une tradition analogue à celle de Luc [3]. Le style de Luc, d'un autre

1. Voir *les Apôtres,* p. XXII et suiv.; *Saint Paul,* p. 133, etc.
2. Luc, XXIV, 20. Il supprime Marc, XV, 16-19 ; cf. Luc, XXIII, 25, 26, 32, 33. Aux versets 36-37, 47, les soldats figurent, mais le centurion joue un rôle quasi chrétien. La flagellation infligée par les Romains est supprimée. La mention du recensement de Quirinius (Luc, II, 1-2) est destinée à faire de l'effet sur les Romains, en rattachant à un fait connu les incidents singuliers de l'enfance de Jésus.
3. Clém. Rom., *Ad Cor,* I, 13 (Luc, VI, 31, 37, 38), 24 (Luc, VIII, 5), 46 (Luc, XVII, 2).

côté, par ses expressions latines, sa tournure générale, ses hébraïsmes, rappelle le *Pasteur* d'Hermas[1]. Le nom même de Lucanus est romain et peut se rattacher, par un lien de clientèle ou d'affranchissement, à quelque M. Annæus Lucanus, parent du célèbre poëte ; ce qui ferait une relation de plus avec cette famille Annæa, qu'on trouve partout sur ses pas quand on fouille la vieille poussière de la Rome chrétienne[2]. Les chapitres xxv et xxvi des *Actes* feraient croire que l'auteur eut des relations, comme Josèphe, avec Agrippa II, Bérénice et la petite coterie juive de Rome[3]. Il n'y a pas jusqu'à Hérode Antipas dont il ne cherche à diminuer les méfaits et à présenter l'intervention dans l'histoire évangélique comme bienveillante à quelques égards[4]. Ne peut-on pas trouver enfin une pratique romaine dans cette dédicace à Théophile, qui rappelle celle de Josèphe à Épaphrodite, et paraît tout à fait en dehors des habitudes syriennes et palestiniennes au 1er siècle de notre ère? On voit, du reste, combien une telle situation rappelle celle de Josèphe. Luc et Josèphe, écrivant presque en même temps, racontent

1. Hermas, *vis.* iii, 1.
2. Voir *l'Antechrist*, p. 12.
3. Notez aussi Luc, viii, 3.
4. Luc, ix, 7-9 (comparé à Marc, vi, 14 et suiv.), xxiii, 6-16. Luc supprime le récit du meurtre de Jean-Baptiste par Antipas.

l'un les origines du christianisme, l'autre la révolution juive, avec un sentiment fort analogue, modération, antipathie contre les partis extrêmes, ton officiel, impliquant plus de souci des positions à défendre que de la vérité, respect mêlé de crainte envers l'autorité romaine, dont on s'efforce de présenter les rigueurs mêmes comme des nécessités excusables, et dont on affecte d'avoir été plusieurs fois le protégé. C'est ce qui nous fait croire que le monde où vivait Luc et celui où vivait Josèphe étaient fort voisins l'un de l'autre et devaient avoir plus d'un point de contact.

Ce Théophile est inconnu d'ailleurs ; son nom peut n'être qu'une fiction [1] ou un pseudonyme pour désigner quelqu'un des adeptes puissants de l'Église de Rome, par exemple un des Clemens. Une petite préface explique nettement l'intention et la situation de l'auteur :

Plusieurs ayant déjà essayé de rédiger le récit des choses accomplies parmi nous, comme nous l'ont transmis ceux qui, dès le commencement, en ont été les témoins et les acteurs, j'ai cru bon, moi aussi, après avoir tout examiné avec soin depuis l'origine, de t'en écrire une narra-

---

1. Ces adresses à des personnages imaginaires ne sont pas rares dans la première littérature chrétienne. Comp. Justin. *Dial. cum Tryph.*, 141 ; *Épître à Diognète*, 1.

tion suivie, cher Théophile, pour que tu reconnaisses la solidité des enseignements que t'ont donnés ceux qui t'ont catéchisé.

Il ne suit pas rigoureusement de cette préface que Luc ait eu sous les yeux, en travaillant, ces écrits « nombreux » dont il nous atteste l'existence ; mais la lecture du livre ne laisse aucun doute à cet égard. Les coïncidences verbales du texte de Luc avec celui de Marc et, par suite, avec Matthieu sont très-fréquentes. Nul doute que Luc n'ait eu sous les yeux un texte de Marc qui différait très-peu du nôtre. On peut dire qu'il se l'est assimilé tout entier, excepté la partie Marc VI, 45-VIII, 26, et le récit de la Passion, pour lequel il a préféré une ancienne tradition. Dans le reste, la coïncidence est littérale, et, quand il y a variante, on voit facilement le motif qui a déterminé Luc à corriger, en vue de son public, l'original qu'il avait entre les mains. Dans les passages parallèles des trois textes, les détails que Matthieu ajoute à Marc, Luc ne les a pas[1] ; ce que Luc semble

---

1. Comp. Matth., XII, 1-8; Marc, II, 23-28; Luc, VI, 1-5; — Matth., XVIII, 1-14; Marc, IX, 38-50; Luc, IX, 46-50; — Matth., XIX, 16-30; Marc, X, 17-34; Luc, XVIII, 18-30; — Matth., XXIII entier; Marc, XII, 38-40; Luc, XX, 45-47. — Remarquez encore Matth., XII, 33 et suiv.; XIII, 42; XVI, 17 et suiv., 27; XXI, 28 et suiv.

ajouter à Matthieu, Marc l'a toujours[1]. Dans les passages qui manquent chez Marc, il y a chez Luc une autre recension que chez Matthieu[2]. En d'autres termes, dans les parties communes aux trois Évangiles, Luc n'offre un accord sensible dans les termes avec Matthieu que quand celui-ci présente un accord semblable avec Marc. Luc n'a pas certains passages de Matthieu, sans qu'on puisse concevoir pourquoi il les aurait négligés[3]. Les discours de Jésus sont fragmentaires dans Luc comme dans Marc; il serait incompréhensible que Luc, s'il avait connu Matthieu, eût toujours brisé les grands discours que nous donne

1. Comp. Matth., IX, 1-8; Marc, II, 1-12; Luc, V, 17-26; — Matth., VIII, 28-34; Marc, V, 1-20; Luc, VIII, 26-39; — Matth., IX, 18-26; Marc, V, 21-43; Luc, VIII, 40-56; — Matth., XIX, 13-15; Marc, X, 13-16; Luc, XVIII, 18-30; — Matth., XX, 19-34; Marc, X, 46-52; Luc, XVIII, 35-43.

2. Luc, VII, 1 et suiv.; XIV, 1 et suiv.; XIX, 11 et suiv. Luc, III, 7-17, comparé à Matth., III, 7-12, constitue une difficulté. Il se peut qu'il y ait eu là un effet rétroactif, comme saint Jérôme croit qu'il s'en est produit beaucoup. *Præf. in evang., ad Damas.* Luc., XIX, 20, et Matth., XVIII, 11, offrent un autre exemple de ces interpolations de Luc en Matthieu. Comp. aussi Luc, IX, 57-60, et Matth., VIII, 19-22. Enfin les deux récits de la tentation, Matth., IV, 1-11; Luc, IV, 1-13, sont bien semblables.

3. Exemples : Matth., IX, 27-34, 47 et suiv.; XIII, 24-35; XVII, 24-27; XVIII, 10-35; XX, 1-16; XXI, 17-22; XXII, 34-40; XXV, 1-13, 31-48; XXVI, 6-13; XXVII, 28-31; XXVIII, 11-15, 16-20, surtout XIV, 22-XVI, 12, et le passage XX, 1-16, qui répond si bien à l'idée dominante de Luc.

celui-ci. Luc, il est vrai, rappelle une foule de *logia* qui ne se lisent pas chez Marc; mais ces *logia* n'étaient pas venus à sa connaissance dans l'arrangement que nous trouvons chez Matthieu. Ajoutons que les légendes de l'enfance et les généalogies n'ont dans les deux Évangiles en question rien de commun. Comment Luc se fût-il exposé de gaieté de cœur à des objections évidentes? Cela permet de conclure que Luc ne connaissait pas notre Matthieu; et, en effet, les essais dont il parle dans son prologue pouvaient porter des noms de disciples d'apôtres; aucun d'eux ne portait un nom comme celui de Matthieu, puisque Luc distingue nettement les apôtres, témoins et acteurs[1] de l'histoire évangélique et auteurs de la tradition[2], des rédacteurs, qui n'ont fait que coucher par écrit la tradition à leurs risques et périls et sans titre spécial pour cela[3].

A côté du livre de Marc, Luc avait sûrement sur sa table d'autres récits du même genre[4], auxquels il fait aussi de larges emprunts. Le long morceau de IX, 51, à XVIII, 14, par exemple, a été copié dans une source antérieure, car on y remarque

1. Αὐτόπται καὶ ὑπηρέται.
2. Καθὼς παρέδοσαν.
3. Ἐπεχείρησαν.
4. Luc, I, 1.

un grand désordre ; Luc compose mieux que cela quand il ne suit que la tradition orale. On a calculé qu'un tiers du texte de Luc ne se trouve ni dans Marc ni dans Matthieu. Quelques-uns des Évangiles perdus pour nous, à qui Luc fait des emprunts, contenaient des traits fort précis : « ceux sur qui une tour tomba en Siloé » (XIII, 4) ; « ceux dont Pilate mêla le sang à leurs sacrifices » (XIII, 1). Plusieurs de ces documents n'étaient que des remaniements de l'Évangile hébreu, fortement empreint d'ébionisme, et se rapprochaient ainsi de Matthieu. Par là s'expliquent en Luc certains passages analogues à Matthieu, qui ne figurent pas en Marc[1]. La plupart des *logia* primitifs se retrouvent en Luc, non disposés sous forme de grands discours comme dans notre Matthieu, mais découpés, taillés, rattachés à des circonstances particulières. Non-seulement Luc n'a pas eu entre les mains notre Évangile de Matthieu, mais il ne semble pas qu'il ait utilisé aucun recueil des Discours de Jésus où déjà les grandes suites de maximes dont nous avons constaté l'insertion dans notre Matthieu fussent constituées. S'il a possédé de tels recueils, il les a

---

[1]. Par exemple, le centurion de Capharnahum, Matth., VIII, 5 et suiv.; Luc, VII, 1-10; la parabole des conviés, Matth., XXII, 1 et suiv.; Luc, XIV, 15 et suiv.; la brebis perdue, Matth., XVIII, 12-14; Luc, XV, 4-7.

négligés. D'un autre côté, Luc se rapproche parfois de l'Évangile hébreu, surtout dans les cas où celui-ci est supérieur à Matthieu [1]. Peut-être eut-il entre les mains une traduction grecque de l'Évangile hébreu.

On voit d'après cela que Luc occupe à l'égard de Marc une position analogue à celle que Matthieu occupe à l'égard de ce même Marc. De part et d'autre, Marc a été grossi par des additions empruntées à des documents dérivant plus ou moins de l'Évangile hébreu. Pour expliquer ces additions nombreuses que Luc fait au fonds commun de Marc et qui ne sont pas dans Matthieu, il faut aussi attribuer une large part à la tradition orale. Luc plongeait pleinement dans cette tradition ; il y puisait ; il s'envisageait comme sur le même pied que les nombreux auteurs d'essais d'histoire évangélique qui existèrent avant lui. S'est-il fait scrupule d'insérer dans son texte des récits de son invention, afin d'inculquer à l'œuvre de Jésus la direction qu'il croyait la vraie? Non certes. La tradition elle-même ne s'était pas faite autrement. La tradition est œuvre collective, puisqu'elle exprime l'esprit de tous ;

---

[1]. Hilgenfeld, p. 24, 26, 27, 29 (pluries), 36, surtout le passage p. 18, lignes 3-8. Comparez aussi un passage de l'Évangile ébionite, *ibid.*, p. 33, lignes 18-19, à Luc, chap. I. Voir ci-après, p. 281.

mais il y a eu pourtant quelqu'un qui a émis pour la première fois tel beau mot, telle anecdote significative. Luc a été souvent ce quelqu'un. La source des *logia* était tarie, et, à vrai dire, nous croyons que, hors de la Syrie, il ne s'en produisit jamais beaucoup[1]. Au contraire, la liberté de l'*agada* se montre tout entière dans le droit que Luc se donne de remanier ses documents selon ses convenances, de tailler, d'intercaler, de transposer, de combiner à sa guise, pour obtenir l'arrangement qui lui paraît le meilleur. Pas une fois il ne se dit : Si l'histoire est vraie comme ceci, elle ne l'est pas comme cela. Le vrai matériel n'est rien pour lui ; l'idée, le but dogmatique et moral sont tout. J'ajouterai même : l'effet littéraire. Ainsi il est possible que ce qui l'a porté à ne pas admettre les faisceaux de *logia* constitués avant lui, ou même à les diviser violemment, soit un scrupule de son goût délicat, qui lui a fait trouver ces groupements artificiels et un peu lourds. Rien n'égale l'habileté avec laquelle il découpe les recueils antérieurs, crée des encadrements aux *logia* ainsi désagrégés, les enchâsse, les sertit comme de petits brillants dans des récits délicieux qui les provoquent, les amènent. L'art

[1]. Pas un seul des *logia* qui n'ait une forte empreinte syrienne. Notez, par exemple, le toit syrien dans Matth., x, 27 ; Luc, xii, 3 ; image qui n'a de sens ni en Asie Mineure, ni en Grèce,

de l'arrangeur n'a jamais été porté plus loin. Naturellement, cependant, cette façon de composer entraîne chez Luc, — comme chez Matthieu et en général dans tous les Évangiles de seconde main, rédigés artificiellement d'après des documents écrits antérieurs, — des répétitions, des contradictions, des incohérences venant des documents disparates que le dernier rédacteur cherche à fondre ensemble[1]. Marc seul, par son caractère primitif, est exempt de ce défaut, et c'est la meilleure preuve de son originalité.

Nous avons insisté ailleurs[2] sur les erreurs que

ni en Italie, ni même à Antioche. Les toits plats cessent avant l'embouchure de l'Oronte. Antioche a déjà les toits inclinés.

1. Comp. Luc, v, 29-30, et xv, 1-2; ix, 45, et xviii, 34; ix, 46, et xxii, 24; x, 16, et ix, 48; x, 25, et xviii, 18; xi, 33, et viii, 16; xii, 2, et viii, 17; xiv, 11, et xviii, 14. Notez surtout la contradiction de ix, 50, et de xi, 23. Comme exemple d'incohérence, remarquez Luc, iv, 23, supposant qu'il a été question de Capharnahum auparavant.

2. *Vie de Jésus*, p. LXXXIII et suiv. On s'était exagéré quelques-unes de ces erreurs. Pour Lysanias, voir *Mém. de l'Acad. des inscr.*, t. XXVI, 2e partie. L'image du temple conçu comme un oratoire peut se défendre par *Apoc.*, xi, 1. Ce qui concerne Emmaüs, au contraire, n'est justifiable dans aucune hypothèse topographique. Voir *l'Antechrist*, p. 301-302, note. Kulonié est à six kilomètres de Jérusalem (Guérin, *Palest.*, I, p. 259); or soixante stades valent dix kilomètres. Ἑκατὸν ἑξήκοντα du *Sinaiticus* est une correction apologétique. Ἰωάννα (Luc, viii; xxiv, 10) est un féminin difficile à admettre. Dans son récit v, 19, Luc suppose par distraction le toit couvert de tuiles, par conséquent incliné. Les toits plats sont toujours en terrasse.

l'éloignement des lieux fait commettre à l'évangéliste romain. Son exégèse ne repose que sur la version des Septante, qu'il suit dans ses plus grandes erreurs[1]. L'auteur n'est pas un juif de naissance ; il écrit sûrement pour des non-juifs ; il n'a qu'une connaissance superficielle de la géographie de la Palestine[2] et des mœurs des juifs ; il omet tout ce qui serait sans intérêt pour des non-israélites[3], et il ajoute des notes insignifiantes pour un Palestinien[4]. La généalogie qu'il prête à Jésus suppose qu'il s'adressait à des gens qui ne pouvaient pas facilement vérifier un texte biblique[5]. Il atténue ce qui montre l'origine juive du christianisme, et, quoiqu'il ait pour Jérusalem bien des traits d'une compassion tendre[6], la Loi n'existe plus pour lui que comme un souvenir.

L'esprit qui a inspiré Luc est ainsi bien plus facile à déterminer que celui qui a inspiré Marc et l'auteur de l'Évangile selon Matthieu. Ces deux derniers

---

1. *Act.*, xiii, 41 (comp. Habacuc, i, 5).
2. Luc, xvii, 11.
3. Par exemple, les longues disputes de Jésus et des pharisiens, Marc, vii, 1-23.
4. Luc, iv, 31 ; xix, 29 ; xxii, 1.
5. Ainsi il suffisait d'avoir une Bible pour voir que Salathiel était fils de Jéchonias (I Chron., iii, 17 ; Matth., i, 12) et non de Néri (Luc, iii, 27).
6. Luc, xix, 41-44 ; xxiii. 27-30.

évangélistes sont neutres, sans parti dans les querelles qui déchiraient l'Église. Les partisans de Paul et ceux de Jacques auraient pu également les adopter. Luc, au contraire, est un disciple de Paul, disciple modéré assurément, tolérant, plein de respect pour Pierre, même pour Jacques, mais partisan décidé de l'adoption dans l'Église des païens, des samaritains, des publicains, des pécheurs et des hérétiques de toute sorte. Chez lui se trouvent ces miséricordieuses paraboles du bon Samaritain, de l'enfant prodigue, de la brebis égarée, de la drachme perdue[1], où la position du pécheur repentant est presque mise au-dessus de celle du juste qui n'a point failli[2]. Sûrement, Luc était en cela d'accord avec l'esprit même de Jésus; mais il y a de sa part préoccupation, parti pris, idée fixe. Son coup le plus hardi a été de convertir un des larrons du Calvaire. Selon Marc et Matthieu, les deux malfaiteurs insultaient Jésus. Luc prête à l'un d'eux un bon sentiment : « Nous, nous l'avons mérité ; mais ce juste !... » En retour, Jésus lui promet que ce jour-là même il sera avec lui dans le paradis[3]. Jésus

1. Chapitres xv et xvi, où réside la grande originalité de Luc. De ces paraboles, Matthieu n'a que celle de la brebis égarée, et encore est-elle chez lui beaucoup moins accentuée.
2. *Vie de Jésus,* p. LXXXVI.
3. Luc, XXIII, 39-43.

va plus loin encore : il prie pour ses bourreaux, « qui ne savent ce qu'ils font ». Dans Matthieu[1], Jésus semble malveillant pour la Samarie, et recommande à ses disciples d'éviter les villes des Samaritains comme la voie des païens. Chez Luc, au contraire, Jésus est en rapports fréquents avec les Samaritains ; il parle d'eux avec éloge[2]. C'est au voyage en Samarie que Luc rattache une foule d'enseignements et de récits. Loin d'emprisonner Jésus en Galilée, comme Marc et Matthieu, Luc obéit à une tendance antigaliléenne et antijudaïque, tendance qui sera plus visible encore dans le quatrième Évangile. A beaucoup d'autres égards, l'Évangile de Luc forme une sorte d'intermédiaire entre les deux premiers Évangiles et le quatrième, qui semble d'abord n'avoir aucun trait d'union avec eux[3].

A peine est-il une anecdote, une parabole propre à Luc qui ne respire cet esprit de miséricorde et d'appel aux pécheurs. La seule parole un peu dure qui ait été conservée de Jésus[4] devient chez lui un apologue plein d'indulgence et de longanimité.

---

1. Matth., x, 5.
2. Luc, ix, 51-56; x, 33; xvii, 16. Comp. Jean, iv, 9 et suiv.; viii, 48; *Act.,* viii, 25.
3. Voir *Vie de Jésus,* 13ᵉ édit. et suiv., l'appendice.
4. Marc, xi, 12-14, 20-21; Matth., xxi, 18-20.

L'arbre infructueux ne doit pas être trop vite coupé ; un bon vigneron s'oppose aux emportements du propriétaire, et demande à fumer la terre au pied de l'arbre malheureux avant de le condamner tout à fait[1]. L'Évangile de Luc est par excellence l'Évangile du pardon et du pardon obtenu par la foi. « Il y a plus de joie dans le ciel pour un pécheur qui fait pénitence que pour quatre-vingt-dix-neuf justes qui n'ont pas besoin de pénitence[2] ». « Le Fils de l'homme est venu, non pas perdre les âmes, mais les sauver[3] ». Toutes les détorses lui sont bonnes pour faire de chaque histoire évangélique une histoire de pécheurs réhalités. Samaritains, publicains, centurions, femmes coupables, païens de bonne volonté, tous les méprisés du pharisaïsme sont ses clients. L'idée que le christianisme a des pardons pour tout le monde est bien la sienne. La porte est ouverte ; la conversion est possible pour tous. Il ne s'agit plus de la Loi ; une dévotion nouvelle, le culte de Jésus, l'a remplacée. Ici, c'est le Samaritain qui fait la bonne action, tandis

---

1. Luc, XIII, 6-9. Il y a là probablement une allusion aux juifs qui, en présence de Jésus, sont restés stériles, mais que la prédication apostolique améliorera peut-être.

2. Luc, xv, 7.

3. Luc, IX, 54 (authenticité douteuse) ; mais Luc, XIX, 20, est certain, et paraît avoir été interpolé dans Matth., XVIII, 11.

que le prêtre et le lévite passent indifférents[1]. Là, le publicain sort du temple justifié par son humilité, tandis que le pharisien irréprochable, mais orgueilleux, sort plus coupable[2]. Ailleurs, la femme pécheresse est relevée par son amour pour Jésus et est admise à lui donner des marques particulières de tendresse [3]. Ailleurs encore, le publicain Zachée devient d'emblée fils d'Abraham par le seul fait d'avoir montré de l'empressement à voir Jésus [4]. L'offre d'un pardon facile a toujours été le principal moyen de succès des religions. « L'homme même le plus coupable, dit Bhagavat, s'il vient à m'adorer et à tourner vers moi tout son culte, doit être cru bon[5]. » Luc y joint le goût de l'humilité. « Ce qui est haut aux yeux des hommes est abomination aux yeux de Dieu[6]. » Le puis-

---

1. Luc, x, 30 et suiv. On entrevoit derrière le récit de Luc la trilogie juive : « le *cohen*, le *lévite* et l'*israël* ». Luc substitue à l'*israël* « le samaritain ». Comparez l'ἀληθῶς Ἰσραηλίτης (Jean, I, 48), qui n'est ni cohen, ni lévite.

2. Luc, xviii, 10 et suiv.

3. Luc, vii, 37 et suiv.

4. Luc, xix, 1-10.

5. *Bhāgavadgita,* ix, 30. Lire tout ce chapitre pour comprendre comment les religions chargées de rituel n'ont qu'un moyen pour se dégager du fardeau des œuvres, c'est le culte unique ou la *gnosis* d'un principe proclamant qu'il est à la fois le rite et l'objet du rite.

6. Luc, xvi, 15. Cf. Luc, xiv, 7 et suiv.

sant sera renversé de son trône ; l'humble sera exalté[1] : voilà pour lui le résumé de la révolution opérée par Jésus. Or l'orgueilleux, c'est le juif fier de descendre d'Abraham ; l'humble, c'est le gentil, qui ne tire aucune gloire de ses ancêtres et doit tout ce qu'il est à sa foi en Jésus.

On voit la parfaite conformité de ces vues avec celles de Paul. Assurément, Paul n'avait pas d'Évangile dans le sens où nous prenons ce mot[2]. Paul n'avait pas entendu Jésus[3], et à dessein il mit beaucoup de réserve dans ses rapports avec les disciples immédiats[4]. Il les avait très-peu vus, n'avait passé que quelques jours au centre des traditions, à Jérusalem. A peine entendit-il parler des *logia* ; de la tradition évangélique il ne connut que des fragments. Il faut dire au moins que ces fragments coïncident bien avec ce que nous lisons dans Luc[5]. Le récit de

---

1. Luc, I, 52.
2. « Mon Évangile » (Rom., II, 16 ; XVI, 25 ; I Cor., XV, 1 ; II Cor., IV, 3 ; Gal., I, 11 ; II, 2) signifie « mon genre de prédication orale ». Si quelque ouvrage devait être pris pour type de ce que Paul entendait par là, ce serait l'Épître aux Romains. Cf. Clement Romain, *Ad Cor. I*, c. 47.
3. Voir *les Apôtres*, p. 173.
4. Gal., I, 17 et suiv.
5. Irénée, III, 1, 1 ; Tertullien, *Adv. Marc.*, IV, 5 ; Origène, dans Eus., *H. E.*, VI, XXV, 6 ; Eus., *H. E.*, III, IV, 8 ; S. Jérôme, *De viris ill.*, 7.

la Cène comme Paul le donne est identique, sauf des détails de très-peu d'importance, à celui du troisième Évangile[1]. Luc évite sans doute avec soin tout ce qui pourrait blesser le parti judéo-chrétien et réveiller des controverses qu'il désire assoupir; il est aussi respectueux qu'on peut l'être pour les apôtres[2]; il craint pourtant qu'on ne leur fasse une place trop exclusive. Sa politique à cet égard lui a inspiré l'idée la plus hardie. A côté des Douze, il crée de sa propre autorité soixante-dix disciples[3], à qui Jésus donne une mission qui, dans les autres Évangiles, est réservée aux Douze seuls.

C'était là une imitation du chapitre des Nombres où Dieu, afin de soulager Moïse d'un fardeau devenu trop pesant, répand sur soixante-dix anciens une partie de l'esprit de gouvernement qui jusque-là avait été le don de Moïse seul[4]. Comme pour rendre plus sensible ce partage et cette similitude de pouvoirs, Luc divise entre les Douze et les Soixante-Dix les instructions apostoliques qui, dans

---

1. I Cor., xi, 23-26; Luc, xxii, 17-20. Luc, x, 8 : ἐσθίετε τὰ παρατιθέμενα ὑμῖν; I Cor., x, 27 : πᾶν παρατιθέμενον ὑμῖν ἐσθίετε.

2. Le trait d'ambition des fils de Zébédée est supprimé.

3. Luc, x, 1-24 : καὶ ἑτέρους ἑβδομήκοντα. Le Codex Vaticanus porte ἑβδομήκοντα δύο. Cf. *Recognitions*, II, 42; Homél. pseudo-clém., xviii, 4.

4. *Nombres,* xi, 17, 25.

les collections de *logia*, ne faisaient qu'un seul discours adressé aux Douze[1]. Ce chiffre de soixante et dix ou de soixante et douze[2] avait d'ailleurs l'avantage de répondre au nombre des nations de la terre, comme le chiffre douze répondait aux tribus d'Israël. C'était une opinion, en effet, que Dieu avait partagé la terre entre soixante et douze nations, à chacune desquelles préside un ange[3]. Ce chiffre était mystique; outre les soixante et dix anciens de Moïse[4], il y avait les soixante et onze membres du sanhédrin, les soixante et dix ou soixante et douze traducteurs grecs de la Bible. La pensée secrète qui a dicté à Luc cette addition si grave aux textes évangéliques est donc évidente. Il s'agit de sauver la légitimité de l'apostolat de Paul, de présenter cet apostolat comme parallèle au pouvoir des Douze, de montrer qu'on peut être apôtre sans être des Douze, ce qui était justement la thèse de Paul. Les Soixante et Dix chassent les démons et ont les mêmes pouvoirs surnaturels que les apôtres[5]. Les Douze, en un mot, n'épuisent pas l'apos-

1. Luc, ix, 1-6; x, 1 et suiv.
2. Ces deux nombres se confondaient souvent. Comparez les *Septante*, qui sont au nombre de soixante et douze dans pseudo-Aristéas.
3. *Recogn.* et Hom., *l. c.* Cf. notes de Cotelier. Dans *Gen.*, x, on comptait soixante et dix peuples. Cf. Horapollon, *Hierogl.*, I, 14.
4. Comp. *Epist. Petri ad Jac.,* 1, 2 (en tête des Homélies pseudo-clémentines).
5. Luc, x, 17 et suiv.

tolat ; la plénitude de leurs pouvoirs n'empêche pas qu'il n'y en ait pour d'autres..., « et, du reste, se hâte d'ajouter le sage disciple de Paul, ces pouvoirs eux-mêmes ne sont rien ; ce qui importe, c'est d'avoir, comme chaque fidèle, son nom écrit dans le Ciel[1] ». La foi est tout ; or la foi est un don de Dieu, qui la donne à qui il veut[2].

Sous un tel point de vue, le privilége des Abrahamides se réduisait à bien peu de chose[3]. Jésus, repoussé par les siens, n'a trouvé sa vraie famille que parmi les gentils. Des hommes de pays éloignés (les gentils de Paul) l'ont accepté pour roi, tandis que ses compatriotes, ceux dont il était le souverain naturel, lui ont signifié qu'ils ne voulaient pas de lui. Malheur à eux ! Quand le roi légitime reviendra, il les fera mettre à mort en sa présence[4]. Les juifs s'imaginent que, parce que Jésus a bu, mangé parmi eux, enseigné dans leurs rues, ils auront toujours leur privilége ; erreur ! Des gens du Nord et du Midi prendront place à la table d'Abraham, d'Isaac et de Jacob, et eux se lamenteront à la

---

1. Luc, x, 20.
2. Luc, xvii, 5 ; xxii, 32.
3. Luc, iii, 8-9 ; ce passage se retrouve dans Matthieu, iii, 7-10 ; peut-être y a-t-il été reporté de Luc.
4. Luc, xix, 11-27.

porte¹. L'impression vive des malheurs arrivés à la nation juive se retrouve à chaque page, et ces malheurs, l'auteur trouve que la nation les a mérités par le fait de n'avoir pas compris Jésus et la mission dont il était chargé pour Jérusalem ². Dans la généalogie, Luc évite de faire descendre Jésus des rois de Juda. De David à Salathiel, la descendance s'opère par des collatéraux.

D'autres signes plus cachés décèlent des intentions favorables à Paul. Ce n'est point sans doute par hasard que, après avoir rapporté comment Pierre fut le premier à reconnaître Jésus pour le Messie, l'auteur ne donne pas les fameuses paroles : « Tu es Pierre, et sur cette pierre je bâtirai mon Église, » paroles qui déjà prenaient place dans la tradition³. Le trait de la Chananéenne, que l'auteur avait certainement lu dans Marc, est omis⁴, à cause des mots si durs qu'il contient et que la fin miséricordieuse ne compense pas suffisamment. La parabole de l'ivraie, qui semble avoir été imaginée contre Paul, ce semeur fâcheux, qui venait derrière les semeurs autorisés et faisait d'une moisson pure une

1. Luc, XIII, 24 et suiv.
2. Luc, XIX, 43-44; XXI, 24; XXIII, 27 et suiv.
3. Matth., XVI, 17-19.
4. Marc, VII, 24-30. Cf. Matth., XV, 21-28.

moisson mêlée [1], est également négligée. Un autre passage où l'on croit voir une injure contre les chrétiens qui s'affranchissaient de la Loi est rétorqué et devient une sortie contre les judéo-chrétiens [2]. La rigueur des principes de Paul sur l'esprit apostolique est encore poussée plus loin que dans Matthieu [3], et ce qu'il y a de grave, c'est que des préceptes adressés ailleurs au petit groupe des missionnaires s'appliquent ici à l'universalité des fidèles. « Si quelqu'un vient à moi et ne hait pas son père et sa mère, sa femme et ses enfants, ses frères et ses sœurs, et même sa propre vie, il ne peut être mon disciple [4]. » « Quiconque ne renonce pas à tout ce qu'il a ne peut être mon disciple [5]. » Et, après ces sacrifices, il faut dire encore : « Nous n'avons fait que notre devoir ; nous sommes des serviteurs inutiles [6]. » Entre l'apôtre et Jésus, du reste, nulle différence. Celui qui entend l'apôtre entend Jésus ;

---

1. Voir ci-dessus, p. 108-109.
2. Luc, XIII, 27 ; comp. Matth., VII, 23. Voir ci-dessus, p. 108.
3. Luc, IX, 62. Luc, IX, 59-60, se retrouve dans Matth., VIII, 21-22 ; mais peut-être est-ce là un effet rétroactif de Luc sur Matthieu. Voir ci-dessus, p. 258, note 2.
4. Luc, XIV, 26. Matth., X, 37, est bien plus doux.
5. Luc, XIV, 33.
6. Luc, XVII, 10.

celui qui méprise l'apôtre méprise Jésus, et méprise celui qui l'a envoyé [1].

La même exaltation se remarque dans tout ce qui touche à la pauvreté [2]. Luc hait la richesse, regarde le simple attachement à la propriété comme un mal. Quand Jésus vient au monde, il n'y a pas de place pour lui dans l'hôtellerie [3]; il naît au milieu des êtres les plus simples, des bœufs, des moutons. Ses premiers adorateurs sont des bergers [4]. Toute sa vie il fut pauvre [5]. L'épargne est une absurdité, puisque le riche n'emporte rien avec lui [6]; le disciple de Jésus n'a rien à faire avec les biens de la terre; il doit renoncer à ce qu'il possède [7]. L'homme heureux, c'est le pauvre [8]; le riche est toujours coupable; l'enfer est son lot assuré [9]. Aussi la pauvreté de Jésus fut-elle absolue [10]. Le royaume de Dieu sera le festin des pauvres; une substitution de

---

1. Luc, x, 16. Matth., x, 40, est moins fort.
2. Voir *Vie de Jésus*, p. LXXXVI.
3. Luc, II, 7. Cf. Justin, *Dial. cum Tryph.*, 78.
4. Luc, II, 8 et suiv.
5. Luc, II, 24.
6. Luc, XII, 16-21.
7. Luc, VI, 30; XII, 13-15, 22 et suiv., 33; XVI, 13; XVIII, 22.
8. Luc, VI, 20-21.
9. Luc, VI, 24-25; XVI, 19-25. Cf. *Vie de Jésus*, p. 181-182.
10. Luc, VIII, 2-3; IX, 58.

couches sociales, un avénement de nouvelles classes aura lieu. Chez les autres évangélistes, les gens que l'on substitue aux conviés primitifs sont des gens racolés sur les chemins, les premiers venus; chez Luc, ce sont les pauvres, les estropiés, les aveugles, les boiteux [1], tous les disgraciés du sort. Dans ce royaume nouveau, il vaudra mieux s'être fait des amis parmi les pauvres, même par l'injustice, que d'avoir été un économe correct [2]. Ce ne sont pas les riches qu'il faut inviter à ses dîners ; ce sont les pauvres, pour que cela vous soit rendu dans la résurrection des justes [3], c'est-à-dire dans le règne de mille ans [4]. L'aumône est le précepte suprême ; l'aumône a même la force de purifier les choses impures ; elle est au-dessus de la Loi [5].

La doctrine de Luc est, on le voit, le pur *ébionisme*, la glorification de la pauvreté. Selon les ébionites, Satan, roi du monde, est le grand propriétaire du monde ; il en donne les biens à ses suppôts [6]. Jésus est le prince du monde à venir. Participer aux biens du monde diabolique équivaut à s'exclure de l'autre.

1. Luc, XIV, 15 et suiv.
2. Luc, XVI, 1 et suiv.
3. Luc, XIV, 12-14.
4. Apoc., XX, 5.
5. Luc, XI, 41.
6. Luc, IV, 6.

Satan est l'ennemi juré des chrétiens et de Jésus; le monde, les princes, les riches sont ses alliés dans l'œuvre d'opposition au royaume de Jésus. La démonologie de Luc est matérielle et bizarre [1]. Sa thaumaturgie a aussi quelque chose de la crudité matérialiste de Marc ; elle fait peur [2]. Luc ne connaît pas à cet égard les tons adoucis de Matthieu.

Un admirable sentiment populaire, une fine et touchante poésie, le son clair et pur d'une âme tout argentine, quelque chose de dégagé de la terre et d'exquis, empêchent de songer à ces taches, à plusieurs manques de logique, à des contradictions singulières. Le juge et la veuve importune [3], l'ami aux trois pains [4], l'économe infidèle, l'enfant prodigue, la pécheresse pardonnée, beaucoup de combinaisons propres à Luc, paraissent d'abord à des esprits positifs peu conformes à une raison scolastique et à une étroite moralité ; mais ces apparentes faiblesses, qui ressemblent aux défaillances aimables de la pensée d'une femme, sont un trait de vérité de plus, et peuvent bien

---

[1]. Luc, iv, 1-13 (notez les particularités des versets 6, 13, en comparant Matthieu, iv, 1 et suiv.), 34-35; x, 18-19; xxii, 3, 53; xxii, 31-32.

[2]. Luc, v, 8 et suiv., 26; vii, 16; viii, 25, 37, 45 et suiv.

[3]. Luc, xviii, 1 et suiv.

[4]. Luc, xi, 5-8.

rappeler le ton ému, tantôt expirant, tantôt haletant, le mouvement tout féminin de la parole de Jésus, menée par l'image et le sentiment bien plus que par le raisonnement. C'est surtout dans les récits de l'enfance et de la Passion que l'on trouve un art divin. Ces épisodes délicieux de la crèche, des bergers, de l'ange qui annonce aux humbles la grande joie, du ciel descendant sur terre auprès de ces pauvres gens pour chanter le cantique de la paix aux hommes de bonne volonté ; puis ce vieillard Siméon, respectable personnification du vieil Israël, dont le rôle est fini, mais qui s'estime heureux d'avoir fait son temps, puisque ses yeux ont vu la gloire de son peuple et la lumière révélée aux nations ; et cette veuve de quatre-vingts ans qui meurt consolée ; et ces cantiques si purs, si doux, *Magnificat...*, *Gloria in excelsis...*, *Nunc dimittis...*, *Benedictus Dominus Deus Israël...*, qui vont servir de bases à une liturgie nouvelle; toute cette exquise pastorale, tracée d'un contour léger au fronton du christianisme, tout cela est bien l'œuvre de Luc. On n'inventa jamais plus douce cantilène pour endormir les douleurs de la pauvre humanité.

Le goût qui portait Luc vers les narrations pieuses l'amena par une pente naturelle à créer pour Jean-Baptiste des « enfances » analogues à celles de

Jésus[1]. Élisabeth et Zacharie longtemps stériles, la vision du prêtre à l'heure de l'encens, la visite des deux mères, le cantique du père de Jean-Baptiste, furent comme des propylées avant le portique, imités du portique lui-même et en reproduisant les lignes principales. On n'entend pas nier que Luc n'ait trouvé dans les documents dont il se servait le germe de ces jolis récits, qui ont été une des principales sources de l'art chrétien. En effet, le style des « enfances » de Luc, coupé, chargé d'hébraïsmes, n'est guère celui du prologue. De plus, cette partie de l'ouvrage est plus juive que le reste : Jean-Baptiste est d'origine sacerdotale ; les rites de la purification, de la circoncision, sont soigneusement accomplis ; les parents de Jésus vont chaque année au pèlerinage[2] ; plusieurs anecdotes sont tout à fait dans le goût juif[3]. Un trait remarquable, c'est que le rôle de Marie, nul dans Marc, grandit peu à peu, à mesure qu'on s'éloigne de la Judée et que Joseph perd son rôle paternel. La légende a

---

1. Le Protévangile de Jacques et l'Évangile de la nativité de Marie appliquent les mêmes procédés d'amplification à la naissance de Marie, mère de Jésus.
2. Luc, II, 41.
3. Ainsi Luc, II, 42 et suiv. De tout temps, les juifs ont aimé les enfants prodiges, en remontant pour la science de la Loi aux docteurs. Josèphe, *Vita*, 2.

besoin d'elle et se laisse entraîner à parler longuement d'elle. On ne peut se figurer que la femme que Dieu a choisie pour la féconder par l'Esprit soit une femme ordinaire ; c'est elle qui sert de garant à des parties entières de l'histoire évangélique [1]; on lui crée dans l'Église un rôle chaque jour plus considérable [2].

Très-beaux et tout aussi peu historiques sont les récits propres au troisième Évangile sur la Passion, la mort et la résurrection de Jésus. En cette partie de son livre, Luc a presque abandonné son exemplaire de Marc et a suivi d'autres textes. Il en résulte un récit plus légendaire encore que celui de Matthieu. Tout y est exagéré. A Gethsémani[3], Luc ajoute l'ange, la sueur de sang, la guérison de l'oreille coupée. La comparution devant Hérode Antipas est toute de son invention. Le bel épisode des filles de Jérusalem, destiné à présenter la foule comme innocente de la mort de Jésus et à en rejeter tout l'odieux sur les grands et les chefs [4], la conversion d'un des malfaiteurs[5], la prière de Jésus pour

1. Luc, II, 19, 51.
2. Luc, ch. I et II (comp. Matth., I et II); *Act.*, I, 14 ; Justin, *Dial. cum Tryph.*, 100.
3. Luc, XX, 36-46.
4. Luc, XXIII, 27-30.
5. Luc, XXIII, 39-43.

ses bourreaux[1], tirée d'Isaïe, LIII, 12, sont des additions réfléchies. Au sublime cri de désespoir : *Elohi, elohi lamma sabacthani,* qui n'était plus en rapport avec les idées qu'on se faisait de la divinité de Jésus, il substitue un texte plus calme : « Père, entre tes mains je remets mon esprit[2]. » Enfin la vie de Jésus ressuscité est racontée sur un plan tout à fait artificiel, conforme en partie à celui de l'Évangile des Hébreux[3], d'après lequel cette vie d'outre-tombe n'aurait duré qu'un jour et se serait terminée par une ascension que Marc et Matthieu ignorent tout à fait[4].

L'Évangile de Luc est donc un Évangile amendé, complété, fortement engagé déjà dans la voie de la légende. Comme pseudo-Matthieu, Luc corrige Marc, en prévenant des objections[5], en effaçant des contradictions réelles ou apparentes[6], en supprimant les traits plus ou moins choquants, les détails vul-

---

1. Luc, XXIII, 34. Ce verset manque dans le manuscrit du Vatican et dans quelques autres. Le *Sinaïticus* l'a; Irénée le connaît. Cf. *Act.,* VII, 60. Voir *l'Antechrist,* p. 60, note 1.
2. Luc, XXIII, 46.
3. Voir ci-dessus, p. 107.
4. Voir *les Apôtres,* p. 33, note; 36-37, note; 52, note 5; 54-55.
5. Addition de ὡς ἐνομίζετο. Luc, III, 23.
6. Οὗ ἦν τεθραμμένος. IV, 16.

gaires, exagérés ou insignifiants[1]. Ce qu'il ne comprend pas, il le supprime, ou le tourne avec art[2]. Il ajoute des traits touchants et délicats[3]. Il invente peu, mais modifie beaucoup. Les transformations esthétiques qu'il opère sont surprenantes. Le parti qu'il a tiré de Marie et de Marthe, sa sœur, est chose merveilleuse ; aucune plume n'a laissé tomber dix lignes plus charmantes[4]. Son arrangement de « la femme qui verse des parfums[5] » n'est pas moins exquis. L'épisode des disciples d'Emmaüs[6] est un des récits les plus fins, les plus nuancés qu'il y ait dans aucune langue.

L'Évangile de Luc est le plus littéraire des Évangiles. Tout y révèle un esprit large et doux, sage, modéré, sobre et raisonnable dans l'irrationnel. Ses exagérations, ses invraisemblances, ses inconsé-

1. Ainsi il supprime, dans Marc, la perpétuelle préoccupation du manger (Marc, III, 20; v, 43; vi, 31), l'oreiller sur lequel Jésus dormait sur le lac (Marc, iv, 38). Dans la description des vêtements blancs de la Transfiguration, il n'est plus dit « qu'il n'est pas de foulon sur la terre qui puisse en faire d'aussi blancs » (Marc, ix, 2).

2. Ainsi l'anecdote du figuier, inintelligible dans Marc, xi, 12-14, 20-21, et Matth., xxi, 18-20, est remplacée par la douce parabole, Luc, xiii, 6-9.

3. Par exemple, Luc, xxii, 61, le regard de Jésus.

4. Luc, x, 38-42.

5. Luc, vii, 37 et suiv.

6. Luc, xxiv, 13-35.

quences tiennent à la nature même de la parabole et en font le charme. Matthieu arrondit les contours un peu secs de Marc ; Luc fait bien plus ; il écrit, il montre une vraie entente de la composition. Son livre est un beau récit bien suivi, à la fois hébraïque et hellénique[1], joignant l'émotion du drame à la sérénité de l'idylle. Tout y rit, tout y pleure, tout y chante ; partout des larmes et des cantiques ; c'est l'hymne du peuple nouveau, l'*hosanna* des petits et des humbles introduits dans le royaume de Dieu. Un esprit de sainte enfance, de joie, de ferveur, le sentiment évangélique dans son originalité première répandent sur toute la légende une teinte d'une incomparable douceur. On ne fut jamais moins sectaire. Pas un reproche, pas un mot dur pour le vieux peuple exclu ; son exclusion ne le punit-elle pas assez ? C'est le plus beau livre qu'il y ait. Le plaisir que l'auteur dut avoir à l'écrire ne sera jamais suffisamment compris.

La valeur historique du troisième Évangile est sûrement moindre que celles des deux premiers. Cependant, un fait remarquable, qui prouve bien que les Évangiles dits synoptiques contiennent vraiment un

---

1. Le préambule est d'un style tout hellénique (comparez, par exemple, le prologue du traité *De la matière médicale* de Dioscoride) ; dans le reste de l'ouvrage, ce sont les documents utilisés par l'auteur qui font la couleur hébraïque.

écho de la parole de Jésus, résulte de la comparaison de l'Évangile de Luc et des *Actes des apôtres*. De part et d'autre, l'auteur est le même. Or, que l'on rapproche les discours de Jésus dans l'Évangile et les discours des apôtres dans les *Actes;* la différence est complète: ici le charme du plus naïf abandon ; là (je veux dire dans les discours des *Actes,* surtout vers les derniers chapitres) une certaine rhétorique, par moments assez froide. D'où peut venir cette différence ? Évidemment, de ce que, dans le second cas, Luc tire les discours de lui-même, tandis que, dans le premier cas, il suit une tradition. Les paroles de Jésus étaient écrites avant Luc ; celles des apôtres ne l'étaient pas. Une induction considérable, d'ailleurs, se tire du récit de la Cène dans la première épître de saint Paul aux Corinthiens[1]. Voilà le texte évangélique le plus anciennement écrit qu'il y ait (la première épître aux Corinthiens est de l'an 57) ; or ce texte coïncide bien avec celui de Luc[2]. Luc peut donc avoir sa valeur de fond, même quand il se sépare de Marc et de Matthieu.

Luc marque bien le dernier degré de rédaction réfléchie où pouvait arriver la tradition évangélique. Après lui, il n'y a plus que l'Évangile apocryphe, pro-

1. I Cor., xi, 23 et suiv.
2. V. ci-dessus, p. 78.

cédant par la pure amplification et la supposition *a priori,* sans user de documents nouveaux. Nous verrons plus tard comment les textes du genre de Marc, de Luc, de pseudo-Matthieu ne suffirent pourtant pas à la piété chrétienne, et comment il naquit un nouvel Évangile qui eut la prétention de les surpasser. Nous aurons surtout à expliquer comment aucun des textes évangéliques ne réussit à supprimer les autres, et comment l'Église chrétienne s'exposa, par sa bonne foi, aux formidables objections qui naissent de leur diversité.

CHAPITRE XIV.

PERSÉCUTION DE DOMITIEN.

Les monstruosités du « Néron chauve » suivaient une effrayante progression [1]. Il arrivait à la rage, mais à une rage sombre, réfléchie. Jusque-là, il y avait eu dans ses fureurs des intervalles; maintenant, c'était un accès continu [2]. La méchanceté, avec ce quelque chose de fiévreux, de colère, qui semble un des fruits du climat de Rome, le sentiment d'être ridicule par sa nullité militaire et par les triomphes menteurs qu'il se décernait, le remplissaient contre tout homme honnête ou sensé d'une haine implacable. On eût dit un vampire s'acharnant sur le cadavre de l'humanité expirante [3]; une guerre ouverte était

---

1. Tacite, *Agric.*, 44; Pline, *Panég.*, c. 95.
2. Tacite, *Agric.*, 44.
3. Juvénal, IV, 37.

déclarée à toute vertu. Faire la biographie d'un grand homme était un crime ; il semblait que l'on voulût abolir l'esprit humain et enlever à la conscience sa voix. Tout ce qu'il y avait d'illustre tremblait; le monde était plein de meurtres et d'exils[1]. Il faut dire à l'honneur de notre pauvre espèce qu'elle traversa cette épreuve sans fléchir. La philosophie se reconnut et s'affirma plus que jamais dans sa lutte contre les tourments ; il y eut des épouses héroïques, des maris dévoués, des gendres constants, des esclaves fidèles. La famille de Thrasea et de Barea Soranus était toujours au premier rang de l'opposition vertueuse. Helvidius Priscus (le fils), Arulenus Rusticus, Junius Mauricus, Sénécion, Pomponia Gratilla, Fannia, toute une société de grandes et fortes âmes, résistaient sans espérance. Épictète leur répétait chaque jour de sa voix grave : « Supporte et abstiens-toi. Douleur, tu ne me feras pas convenir que tu es un mal. Anytus et Melitus peuvent me tuer ; ils ne peuvent me nuire [2]. »

C'est une chose bien honorable pour la philosophie et le christianisme que, sous Domitien de même

---

1. Tacite, *Agric.*, 2, 44, 45, 82; *Hist.*, I, 2; Pline, *Lettres*, I, 5; III, 11; VII, 19, 33; IX, 13; Suétone, *Dom.*, 10; Dion Cassius, LXVII, 3 et suiv., 13.
2. *Manuel*, c. 1, 5, 21, 53, etc.

que sous Néron, ils aient été persécutés de compagnie. Comme dit Tertullien[1], ce que de tels monstres condamnèrent dut être quelque chose d'excellent. Il est un comble de méchanceté dans le gouvernement qui ne permet pas au bien de vivre, même sous sa forme la plus résignée. Le nom de philosophe impliquait dès lors une profession de pratiques ascétiques, un genre de vie particulier, un manteau. Ces espèces de moines séculiers, protestant par leur renoncement contre les vanités du monde, furent, durant tout le Ier siècle, les plus grands ennemis du césarisme. La philosophie, disons-le à sa gloire, ne prend pas facilement son parti de la bassesse de l'humanité et des tristes conséquences que cette bassesse entraîne dans la politique. Héritiers de l'esprit libéral de la Grèce, les stoïciens de l'époque romaine rêvaient des démocraties vertueuses, dans un temps qui ne comportait que la tyrannie[2]. Les politiques, qui ont pour principe de se renfermer dans les bornes du possible, avaient naturellement une forte antipathie contre une telle manière de voir. Tibère a déjà les philosophes en aversion. Néron (en 66) chassa ces importuns, dont la présence était pour sa vie un per-

---

1. *Apolog.*, 5.
2. Exemple de Maternus. Dion Cass., LXVII, 12. Lire surtout Philostrate, *Vie d'Apollonius*.

pétuel reproche¹. Vespasien (en 74) eut des raisons meilleures d'agir de même. Sa jeune dynastie était sapée chaque jour par l'esprit républicain que le stoïcisme entretenait; il ne fit que se défendre en prenant des précautions contre ses plus mortels ennemis.

Domitien, pour être porté à persécuter les sages, n'eut besoin que de sa propre méchanceté. Il avait de bonne heure eu la haine des gens de lettres²; toute pensée était une condamnation tacite de ses crimes et de sa médiocrité. Dans les derniers temps, il n'y put tenir. Un décret du sénat chassa les philosophes de Rome et de l'Italie³. Épictète, Dion Chrysostome, Artémidore partirent. La courageuse Sulpicia⁴ osa élever la voix pour les bannis et adresser à Domitien des menaces prophétiques. Pline le jeune n'échappa que par mi-

---

1. Ce ne fut pas par un édit en règle, comme Philostrate le ferait croire.

2. Pline, *Panég.*, ch. 95; Tacite, *Agric.*, 2.

3. Dion Cassius, LXVII, 13; Tacite, *Agric.*, 2; Suétone, *Dom.*, 10; Pline, *Lettres*, III, 11; *Panég.*, 47; Aulu-Gelle, XV, 11; Arrien, *Mém. sur Épictète*, IV, 1; Lucien, *Peregrinus*, 4, 18; Philostrate, *Apoll.*, VII, 1, 4; *Vie des soph.*, I, 7; Suidas, au mot Δομετιανός; Eusèbe, *Chron.*, aux années 9 et 13 de Dom. L'opinion qu'il y eut deux expulsions des philosophes ne repose que sur une erreur d'Eusèbe.

4. Satire, dans Wernsdorf, etc.

racle au supplice que méritaient sa distinction et sa vertu [1]. La pièce d'*Octavie*, composée vers ce temps, renferme de cruels accès d'indignation et de désespoir [2] :

> Urbe est nostra mitior Aulis
> Et Taurorum barbara tellus :
> Hospitis illic cæde litatur
> Numen superum ; civis gaudet
> Roma cruore.

Il n'est pas surprenant que les juifs et les chrétiens aient subi le contre-coup de ces redoutables fureurs. Une circonstance rendait la guerre inévitable : c'est que Domitien, imitant la folie de Caligula, voulait recevoir les honneurs divins. Le chemin du Capitole était encombré de troupeaux qu'on menait à sa statue pour être immolés ; le formulaire des lettres de sa chancellerie commençait par : *Dominus et Deus noster* [3]. Il faut lire la monstrueuse préface que met en tête d'un de ses volumes l'un des meilleurs esprits du temps, Quintilien, le lendemain du jour où Domitien l'a chargé de l'éducation de ses héritiers adoptifs, les

---

1. Pline, *Lettres,* III, 11 ; VII, 27 ; *Panég.,* 95.
2. Derniers vers.
3. Suétone, *Dom.,* 13 ; Dion Cassius, LXVII, 13 ; Pline, *Panég.,* 11 ; saint Jérôme, *Chron.,* année 6 de Dom. ; Aurel. Victor, *Cæs.,* xi, 2 ; Orose, VII, 10 ; Philostrate, *Apoll.,* VII, 24, 32.

fils de Flavius Clemens [1] : « ... Et maintenant ce serait ne pas comprendre l'honneur des appréciations célestes que de rester au-dessous de ma tâche. Quels soins exigeront des mœurs qui doivent obtenir l'approbation du plus saint des censeurs ! Quelle attention je devrai donner aux études pour ne pas tromper l'attente d'un prince très-éminent dans l'éloquence comme en tout le reste ! On ne s'étonne pas que les poëtes, après avoir invoqué les muses au début, renouvellent leurs vœux quand ils arrivent aux passages difficiles de leur ouvrage... On me pardonnera de même d'appeler à mon secours tous les dieux et, en premier lieu, celui qui se montre plus qu'aucune autre divinité propice à nos études. Qu'il souffle en moi le génie que font attendre les fonctions qu'il m'a confiées ; qu'il m'assiste sans cesse ; qu'il me fasse ce qu'il m'a cru. »

Voilà le ton que prenait un homme « pieux » selon la nuance du temps. Domitien, comme tous les souverains hypocrites, se montrait sévère conservateur des vieux cultes [2]. Le mot d'*impietas*, surtout à

---

[1]. Quintil., *Inst. orat.*, IV, præf.
[2]. Suétone, *Dom.*, 4, 15 ; Martial, VI, 10 ; VIII, 80 ; Dion Cassius, LXVII, 1 ; Philostr., *Apoll.*, VII, 24 ; VIII, 25. De là vint, autant que de sa cruauté, sa sévérité pour les vestales. Suét., *Dom.*, 8 ; Pline, *Epist.*, IV, 11 ; Philostr., *Apoll.*, VII, 6.

partir de son règne, eut en général une signification politique[1], et fut synonyme de lèse-majesté. L'indifférence religieuse et la tyrannie en étaient venues à ce point que l'empereur était le seul dieu dont la majesté fût redoutée. Aimer l'empereur, voilà la piété ; être soupçonné d'opposition ou seulement de froideur, voilà l'impiété. Et l'on ne croyait pas que le mot eût perdu pour cela son sens religieux. L'amour de l'empereur, en effet, impliquait l'adoption respectueuse de toute une rhétorique sacrée qu'aucun esprit sensé ne pouvait plus prendre au sérieux. On était révolutionnaire, si on ne s'inclinait devant ces absurdités, dont on avait fait une routine d'État ; or le révolutionnaire, c'était l'impie. L'empire en venait à une sorte d'orthodoxie, à une pédagogie officielle, comme la Chine. Admettre ce que voulait l'empereur avec une sorte de *loyalisme* semblable à celui que les Anglais affectent envers leur souverain et leur Église établie, voilà ce qu'on appelait *religio*[2], ce qui valait à un homme le titre de *pius*.

1. Pline le jeune, *Épitres*, I, 5. *Pietas*, dans Quintilien (III, vii, 2), c'est le soin que Domitien a eu d'élever un temple à la *gens Flavia*. Cf. ἀσέβεια, dans Philostrate, *Apollonius*, IV, xliv, 1.

2. Quintilien, *Instit.*, IV, præf. Lire surtout l. III, c. vii, pour prendre une idée des niaiseries incroyables que ce très-honnête homme veut que l'on conserve et respecte.

Dans un tel état du langage et des esprits, le monothéisme juif et chrétien devait paraître la suprême impiété. La religion du juif et du chrétien s'attachait à un dieu suprême, dont le culte était une sorte de larcin fait au dieu profane. Adorer Dieu, c'était donner un rival à l'empereur ; adorer d'autres dieux que ceux dont l'empereur était le patron légal constituait une injure pire encore. Les chrétiens, ou plutôt les juifs pieux, se croyaient obligés de faire un signe de protestation plus ou moins apparent en passant devant les temples [1] ; au moins s'interdisaient-ils absolument le baiser que les païens pieux envoyaient à l'édifice sacré en passant devant lui [2]. Le christianisme, par son principe cosmopolite et révolutionnaire, était bien « l'ennemi des dieux, des empereurs, des lois, des mœurs, de la nature tout entière » [3]. Les meilleurs empereurs ne sauront pas toujours démêler ce sophisme, et, sans le savoir, presque sans le vouloir, seront persécuteurs. Un esprit étroit et méchant comme celui de Domitien devait l'être avec pédantisme et avec une sorte de volupté.

La politique romaine avait toujours fait, dans la

1. Οἳ νηοὺς μὲν ἅπαντας ἀπαρνήσονται ἰδόντες. *Carm. sib.*, IV, 26 ; Minucius Felix, 8.
2. Apulée, *De magia*, 56. Cf. Pline, *Hist. nat.*, XVIII, 2.
3. Tertullien, *Apolog.*, 2.

législation religieuse, une différence fondamentale. Que le provincial pratiquât sa religion dans son pays, sans esprit de prosélytisme, les hommes d'État romains n'y voyaient aucun mal. Quand ce même provincial voulait exercer son culte en Italie et surtout à Rome, la chose devenait déjà plus délicate; les yeux du vrai Romain étaient choqués du spectacle de cérémonies bizarres, et de temps en temps des coups de police venaient balayer ce que ces aristocrates envisageaient comme des ignominies. Les religions étrangères avaient d'ailleurs un grand attrait pour la basse population, et on regardait comme une nécessité d'État d'y opposer des digues. Mais ce qu'on tenait pour tout à fait grave, c'est que des citoyens romains, des personnages de marque abandonnaient la religion de Rome pour ces superstitions orientales. Il y avait là crime d'État. Le Romain était encore la base de l'empire. Or le Romain n'était complet qu'avec la religion romaine; pour lui, passer à un culte étranger était une trahison de la patrie. Ainsi un citoyen romain ne pouvait être initié au druidisme[1]. Domitien, qui aspirait à passer pour un restaurateur du culte des dieux latins[2], ne devait pas

---

1. Suétone, *Claude*, 25.
2. Voir ci-dessus, p. 221.

manquer une si belle occasion de se livrer à sa joie suprême, qui était de punir.

Nous savons, en effet, avec certitude qu'un grand nombre de personnages ayant embrassé les mœurs juives (les chrétiens étaient fréquemment rangés dans cette catégorie) furent mis en jugement [1] sous l'accusation d'impiété ou d'athéisme [2]. Comme sous Néron, ce furent des calomnies venant peut-être de faux frères qui furent la cause du mal [3]. Les uns furent condamnés à mort, les autres exilés ou privés

---

1. Dion Cassius, LXVII, 14; Brettius ou Bruttius (?), cité par Eusèbe, *Chron.*, p. 160-163, édit. Schœne; Meliton, dans Eusèbe, *H. E.*, IV, xxvi, 9; Hégésippe, dans Eusèbe, *H. E.*, III, xx, 7; Tertullien, *Apolog.*, 5; Lactance, *De mort. persec.*, ch. 3; Eusèbe, *H. E.*, III, ch. 17, 18, 19, 20; Théodoret, *De cura græc. aff.*, serm. ix (t. IV, p. 611-612, Paris, 1642); Sulp. Sev., II, 31; Orose, VII, 10; *Chron. pasc.*, p. 250, Paris, 1688. Nous croyons que c'est à la persécution de Domitien que se rapportent les premiers mots de l'Épître de Clément Romain : Διὰ τὰς αἰφνιδίους καὶ ἐπαλλήλους γενομένας ἡμῖν συμφορὰς καὶ περιπτώσεις (*Ad Cor. I*, ch. 1). Comparez les passages nouvellement découverts, p. 104, 105, 107, de l'édition de Philothée Bryenne. Le passage de Pline (*Epist.*, X, xcvii, 6) sur des apostasies qui auraient eu lieu vingt ans avant la date où il écrivait, et les allusions du faux Hermas (Vis. ii, 3; iv, 3) se rapportent également à la persécution de Domitien.

2. Le synonyme légal d'*impietas* était ἀσέβεια; ἀθεότης s'en rapprochait beaucoup. Ailleurs (LXVIII, 1), Dion, racontant l'abolition par Nerva des lois de Domitien, rapproche encore ἀσέβεια et Ἰουδαϊκὸς βίος. Évidemment ces deux délits n'en faisaient qu'un.

3. Méliton, dans Eus., *H. E.*, IV, xxvi, 9.

de leurs biens. Il y eut quelques apostasies[1]. En l'an 95, justement, Flavius Clemens était consul. Dans les derniers jours de son consulat[2], Domitien le fit mourir, sur les plus légers soupçons[3] venant de basses délations[4]. Ces soupçons étaient assurément politiques; mais le prétexte fut la religion. Clemens avait sans doute montré peu de zèle pour les formes païennes que revêtait chez les Romains tout acte civil; peut-être s'était-il abstenu de quelque cérémonie jugée capitale. Il n'en fallut pas davantage pour lancer contre lui et contre Flavie Domitille l'accusation d'impiété. Clemens fut mis à mort. Quant à Flavie Domitille, elle fut reléguée dans l'île de Pandatarie[5], qui avait déjà vu l'exil de Julie,

---

1. Pline, *l. c.*; Clem. Rom., *Epist.*, ch. 59, τοὺς πεπτωκότας (édit. Philothée Bryenne).

2. Dion dit ὑπατεύοντα; Suétone : *tantum non in ipso ejus consulatu.* Il était rare que l'on tînt alors le consulat plus de six mois.

3. Suétone, *Dom.*, 15; Dion Cassius, LXVIII, 14; Philostrate, *Apoll.*, VIII, 25; Syncelle, p. 650 (les mots αὐτός τε Κλήμης ὑπὲρ Χριστοῦ ἀναιρεῖται sont du Syncelle et non de la *Chron.* d'Eusèbe, comp. saint Jérôme et l'arménien). V. ci-dessus p. 229, note.

4. Méliton, *l. c.*

5. Dion Cass., LXVII, 14; cf. Tac., *Agric.*, 45. On a mal compris Philostr., *Apoll.*, VIII, 25. Domitien n'ordonne pas que Domitille, « trois ou quatre jours après la mort de Clemens, épouse un autre mari »; il ordonne « qu'elle aille rejoindre son mari » (κἀκείνην ἐς

fille d'Auguste, d'Agrippine, femme de Germanicus, d'Octavie, femme de Néron. Ce fut le crime que Domitien paya le plus cher [1]. Domitille, quel que fût le degré de son initiation au christianisme, était une Romaine. Venger son mari, sauver ses enfants, compromis par les caprices d'un monstre fantasque, lui parut un devoir. De Pandatarie, elle continua d'entretenir des relations avec le nombreux personnel d'esclaves et d'affranchis qu'elle avait à Rome et qui paraît lui avoir été fort dévoué.

De toutes les victimes de la persécution de Domitien, nous n'en connaissons qu'une par son nom ; c'est Flavius Clemens. Le mauvais vouloir du gouvernement semble s'être porté bien plus sur les prosélytes romains entraînés vers le judaïsme ou le christianisme [2], que sur les juifs et les chrétiens orientaux

ἀνδρὸς φοιτᾶν); c'est-à-dire il la fait mettre à mort, assertion qui, n'ayant pour elle que le romancier Philostrate, a peu de valeur.— Pandatarie est aujourd'hui Ventotene, entre le cap Circello et le cap Misène. Bruttius, cité par Eusèbe (*Chron.*, loc. cit.; *Hist. eccl.*, III, 18), assigne pour lieu de déportation à Flavie Domitille l'île Pontia, située près de Pandatarie, et qui fut le lieu d'exil de Néron, fils de Germanicus, et des sœurs de Caligula. Ce fut la version adoptée par l'Église (saint Jérôme, *Epit. Paulæ*, Opp., IV, 2, p. 672; martyrologes, légende des saints Nérée et Achillée, tradition actuelle).

1. Suétone, *l. c.*; Philostrate, *Apoll.*, VIII, 25.
2. Ἄλλοι ἐς τὰ τῶν Ἰουδαίων ἔθη ἐξοκέλλοντες πολλοί. Dion Cassius, LXVII, 14.

établis à Rome. Il ne paraît pas qu'aucun des *presbyteri* ou *episcopi* de l'Église ait subi le martyre[1]. Parmi les chrétiens qui souffrirent, aucun ne paraît non plus avoir été livré aux bêtes dans l'amphithéâtre; car presque tous appartenaient aux classes relativement élevées de la société. Comme sous Néron, Rome fut le lieu principal de ces violences; il y eut cependant des vexations dans les provinces [2]. Quelques chrétiens faiblirent et quittèrent l'Église, où ils avaient un moment trouvé consolation pour leur âme, mais où il était trop dur de rester. D'autres, au contraire, furent héroïques de charité, dépensèrent leurs biens pour nourrir les confesseurs, et se mirent dans les fers pour délivrer des captifs qu'ils jugeaient plus précieux à l'Église qu'ils ne l'étaient eux-mêmes [3].

L'année 95 ne fut pas sûrement pour l'Église aussi solennelle que l'an 64; elle eut cependant son importance. Ce fut comme une seconde consécration de Rome. A trente et un ans d'intervalle, le plus

---

[1]. Inutile de faire remarquer que le système des Pères de l'Église sur le bannissement et les épreuves de saint Jean sous Domitien vient de la fausse idée que l'Apocalypse se rapporte à la persécution de ce prince. Il a été prouvé jusqu'à l'évidence qu'elle se rapporte à la persécution de Néron.

[2]. Cela résulte de Pline, *Lettres*, X, xcvii, 6, « non nemo etiam ante viginti ».

[3]. Clém. Rom., *Ad Cor. I*, ch. 55.

fou et le plus méchant des hommes semblèrent s'entendre pour détruire l'Église de Jésus, et, en réalité, la fortifièrent, si bien que les apologistes pourront faire cet argument spécieux : « Tous les monstres nous ont haïs ; donc nous sommes le vrai. »

Ce furent probablement les renseignements que Domitien eut à ce propos sur le judéo-christianisme qui lui firent connaître les bruits qui circulaient sur l'existence de descendants encore vivants de l'ancienne dynastie de Juda. L'imagination des agadistes se donnait, en effet, carrière sur ce point, et l'attention qui, durant des siècles, ne s'était guère portée sur la famille de David, était maintenant fort attirée de ce côté[1]. Domitien en prit ombrage et ordonna de mettre à mort ceux qui lui furent désignés[2] ; mais bientôt on lui signala, parmi ces descendants supposés de l'antique race royale de Jérusalem, des gens que leur caractère inoffensif aurait dû assurément mettre en dehors de ses soupçons. C'étaient les petits-fils de Jude, frère de Jésus, paisiblement retirés en Batanée[3]. Le

---

1. Derenbourg, *Pal.*, p. 348 et suiv. Voir ci-dessus, p. 60 et suiv.
2. Eusèbe, *H. E.*, III, 19 ; *Chron.*, an 14 ou 16 de Dom.
3. Hégésippe, dans Eus., *H. E.*, III, 19, 20 et 32. Eusèbe (ch. 19) veut que la dénonciation soit venue « de certains hérétiques » ; mais le texte d'Hégésippe, qu'il cite (ch. 20), donne un sujet indéterminé à ἐδηλατόρευσαν. Les τῶν αἱρετικῶν τινες du ch. 19

défiant empereur avait d'ailleurs entendu parler de la venue triomphante de Christ; tout cela l'inquiétait. Un *evocatus*[1] vint chercher les saintes gens en Syrie; ils étaient deux; on les mena vers l'empereur. Domitien leur demanda d'abord s'il était vrai qu'ils fussent descendants de David. Ils répondirent que oui. L'empereur les questionna ensuite sur leurs moyens d'existence. « Entre nous deux, dirent-ils, nous possédons seulement neuf mille deniers, dont chacun de nous a la moitié. Et, cette valeur, nous la possédons non pas en argent, mais en la forme d'une terre de trente-neuf arpents, sur laquelle nous payons les impôts et nous vivons de notre propre travail [2]. » — Puis ils montrèrent leurs mains, couvertes de callosités et dont la peau rugueuse témoignait d'habitudes de travail. Domitien les interrogea sur le Christ et son royaume, sur sa future apparition, sur les temps et les lieux de cette apparition. Ils répondirent que le royaume dont il s'agissait n'était pas de ce monde, qu'il était céleste, angélique; qu'il se révélerait à la fin des siècles, quand Christ viendrait dans sa gloire

---

viennent d'une autre citation d'Hégésippe qu'il fait au ch. xxxii, §§ 3 et 6, et dont il force le sens. Comp. *Chron. pasc.*, p. 252.

1. Cf. Cæsar, *De bello gall.*, VII, lxv, 5; Suétone, *Galba*, 10; Dion Cassius, XLV, 12.

2. Cf. *Constit. apost.*, II, 63, titre.

juger les vivants et les morts, et rendre à chacun selon ses œuvres. Domitien n'eut que du mépris pour une telle simplicité; il fit remettre en liberté les deux petits-neveux de Jésus. Il paraît que cet idéalisme naïf le rassura complétement sur les dangers politiques du christianisme, et qu'il donna ordre de cesser la persécution contre des rêves[1].

Certains indices, en effet, portent à croire que Domitien, vers la fin de sa vie, se relâcha de ses rigueurs[2]. On ne peut cependant rien dire de certain à cet égard; car d'autres témoignages font penser que la situation de l'Église ne s'améliora que par l'avénement de Nerva[3]. Au moment où Clément écrit sa lettre, le feu paraît avoir diminué[4]. On est comme au lendemain d'une bataille; on compte ceux qui sont tombés; on s'apitoie sur ceux qui sont encore

1. Hégésippe, dans Eus., *H. E.*, III, xx, 7.
2. Hégésippe, *l. c.*; Tertullien, *Apol.*, 5.
3. Lactance (*De mort. persec.*, 3) et Eusèbe (*H. E.*, III, xx, 10, 11) le supposent, et Clément d'Alexandrie (dans Eus., *H. E.*, III, xxiii, 6) est avec eux. Ce qu'il y a de plus grave, c'est que Dion Cassius (LXVIII, 1) attribue l'acquittement de ceux qui étaient accusés d'ἀσεβεία, le rappel des exilés et l'édit de tolérance à Nerva. Si les *cerdones* de Juvénal (iv, 153) ont quelque chose à faire ici, ce serait là aussi une preuve que les sévérités contre les chrétiens ne finirent qu'avec la mort du tyran.
4. Au lieu de γενομένας (ch. i, init.), la traduction syriaque suppose la leçon γινομένας, comme si la persécution durait encore.

dans les fers; mais on est loin de croire que tout soit fini, on prie Dieu de détourner les desseins pervers des gentils [1] et de délivrer son peuple de ceux qui le haïssent injustement [2].

La persécution de Domitien frappa également les juifs et les chrétiens [3]. La maison flavienne mit ainsi le comble à ses crimes, et devint pour les deux branches d'Israël la plus hideuse représentation de l'impiété [4]. Il n'est pas impossible que Josèphe ait été victime des dernières fureurs de la dynastie qu'il avait adulée. Passé l'année 93 ou 94, il n'est plus question de lui. Les ouvrages qu'en 93 il comptait exécuter, il ne les a pas écrits. A la date de 93, sa vie avait déjà été mise en danger par le fléau du temps, les délateurs. Deux fois il échappa au péril; ceux qui l'avaient accusé furent même punis [5]; mais l'habitude abominable de Domitien était, en pareil cas, de revenir sur les acquittements qu'il avait prononcés, et, après avoir châtié le délateur, de faire périr l'accusé. L'effroyable rage de meurtre que Domitien montra en 95 et

---

1. Clem. Rom., *Epist.*, 59 (édit. Phil. Bryenne) : τοὺς ἐν θλίψει ἡμῶν σῶσον... τοὺς πεπτωκότας ἔγειρον... λύτρωσαι τοὺς δεσμίους ἡμῶν.
2. *Ibid.*, ch. 60.
3. Dion Cassius, *l. c.*
4. IV Esdr., xii, 23-25.
5. Jos., *Vita*, 76.

96 contre tout ce qui tenait au monde juif et à sa famille, permet à peine de supposer qu'il ait laissé sans le frapper un homme qui avait parlé de Titus sur le ton du panégyrique (crime, à ses yeux, le plus irrémissible de tous [1]), et ne l'avait loué lui-même qu'en passant [2]. La faveur de Domitia, qu'il détestait et qu'il avait résolu de faire mourir [3], était d'ailleurs un grief suffisant. Josèphe, en 96, n'avait que cinquante-neuf ans. S'il avait vécu sous le règne tolérant de Nerva, il eût continué ses écrits et probablement expliqué quelques-uns des sous-entendus que la crainte du tyran lui avait imposés.

Aurions-nous un monument de ces sombres mois de terreur, où tous les adorateurs du vrai Dieu ne songèrent qu'au martyre, dans ce discours « Sur l'empire de la raison » qui porte dans les manuscrits le nom de Josèphe [4] ? Les pensées du moins sont bien

1. Dion Cassius, LXVII, 2.
2. Jos., *B. J.*, VII, iv, 2.
3. Dion Cassius, LXVII, 3.
4. Cf. Eusèbe, *H. E.*, III, x, 6 ; saint Jérôme, *De viris ill.*, 13. Le principal argument sur lequel on se fonde pour retirer l'ouvrage à Josèphe, contrairement au témoignage des manuscrits, n'est pas décisif. Josèphe, dit-on, énumère soigneusement les ouvrages qu'il a composés ou qu'il composera, et ne mentionne pas celui-ci. Mais il est possible que Josèphe ait conçu l'idée de cette exhortation au martyre durant la persécution de l'an 95-96, dont il fut peut-être victime, comme un ouvrage de

du temps où nous sommes. Une âme forte est maîtresse du corps qu'elle anime et ne se laisse pas vaincre par les plus cruels supplices. L'auteur prouve sa thèse par les exemples d'Éléazar et de la mère qui, dans la persécution d'Antiochus Épiphane, endura courageusement la mort avec ses sept fils, histoires racontées aussi aux chapitres VI et VII du deuxième livre des Macchabées[1].

Malgré le ton déclamatoire et certains hors-d'œuvre qui sentent trop la leçon de philosophie, le livre contient de belles doctrines. Dieu se confond avec l'ordre éternel qui se manifeste à l'homme par la raison; la raison est la loi de la vie; le devoir consiste à la préférer aux passions. Comme dans le second livre des Macchabées, les idées de récompenses futures sont d'un ordre tout spiritualiste[2]. Les

---

circonstance auquel il n'avait pas pensé auparavant. Une objection plus sérieuse est que très-rarement, dans les manuscrits, ce traité est réuni aux œuvres authentiques de Josèphe. Les preuves qu'on croit tirer des ch. 14, 4, 7 (p. 294, 28 et suiv., 277, 21 et suiv., 276, 28 et suiv., 283, 7 et suiv., édit. Bekker), pour établir que le livre a été composé avant 70, sont bien faibles.

1. L'auteur du discours ne paraît pas avoir consulté directement le deuxième livre des Macchabées. Les auteurs des deux ouvrages semblent puiser à une source commune, Jason de Cyrène. Dans les œuvres certaines de Josèphe, on ne trouve non plus aucune connaissance du deuxième livre des Macchabées.

2. Ch. 20 : ψυχὰς ἁγνὰς καὶ ἀθανάτους.

justes morts pour la justice vivent à Dieu, pour Dieu, au regard de Dieu, Ζῶσι τῷ Θεῷ [1]. Dieu, pour l'auteur, est en même temps le Dieu absolu de la philosophie et le dieu national d'Israël [2]. Le juif doit mourir pour sa loi, d'abord parce que c'est la loi de ses pères, puis parce qu'elle est divine et vraie [3]. Les viandes défendues par la Loi l'ont été parce qu'elles sont nuisibles à l'homme; en tout cas, violer les lois dans les petites choses est aussi coupable que de les violer dans les grandes, puisque, dans les deux cas, l'autorité de la raison est également méconnue [4]. On voit combien une telle manière de voir se rapproche de celle de Josèphe et des juifs philosophes. Par la colère qui éclate à chaque page contre les tyrans, par les images de tortures qui obsèdent l'esprit de l'auteur, le livre se rapporte bien au moment culminant des fureurs de Domitien [5].

---

1. Comparez Luc, xx, 38 : πάντες γὰρ αὐτῷ ζῶσιν. Se rappeler : *Animas prœlio aut suppliciis peremptorum œternas putant.* Tac., *Hist.*, V, 5. Voir *l'Antechrist*, p. 467.

2. Πατρῷος θεός, ch. 12, p. 292, 10.

3. Ch. 5, 6, 9.

4. Principe stoïcien.

5. Certains procédés d'amplification, surtout l'emploi des exemples de l'Ancien Testament, rappellent Clément Romain. On observe des ressemblances avec les Évangiles. Ainsi Matth., xxii, 34 et suiv., trouve un écho dans le ch. 16; Matth., x, 28, dans le ch. 13, et Luc, xvi, 22, aussi dans le ch. 13. — L'influence du

Nous ne voyons rien d'impossible à ce que la composition de ce bel écrit ait été la consolation des derniers jours de Josèphe, quand, à peu près sûr de mourir dans les supplices, il cherchait à recueillir toutes les raisons que le sage peut avoir de ne pas craindre la mort.

Le livre réussit chez les chrétiens [1] ; sous le titre de *Quatrième livre des Macchabées*, il entra presque dans le canon [2] ; beaucoup de manuscrits grecs du Vieux Testament le contiennent [3]. Moins heureux cependant que le livre de Judith, il ne sut pas y garder sa place; le second livre des Macchabées ne lui laissait pas une suffisante raison d'être à côté de lui. Ce qui en fait pour nous l'intérêt, c'est qu'on y peut voir le premier type d'un genre de littérature, plus tard

stoïcisme est sensible. Or, dans la première école des juifs hellénisés, chez Philon par exemple, c'est le platonisme, non le stoïcisme qui domine. Le stoïcisme ne pénétra chez les juifs qu'à Rome sous Domitien.

1. Eus., *H. E.*, III, x, 6; saint Jérôme, *De viris ill.*, 13. Saint Grégoire de Nazianze, saint Ambroise, saint Jean Chrysostome en font usage.

2. Philostorge, *Hist. eccl.*, I, 1 (abrégé fait par Photius); le Syncelle, p. 529 (Bonn); *Synopsis* de saint Athanase (mention douteuse); textes publiés par Cotelier, *Patres apost.*, I, p. 197, 452, note 4. Pour les manuscrits, voir Freudenthal, *Die Flav. Jos. beigelegte Schrift über die Herrschaft der Vernunft* (Breslau, 1869), p. 117 et suiv.

3. Fritzsche, *Libri apocr. Vet. Test.*, p. XXI.

fort cultivé, des exhortations au martyre où l'orateur fait valoir, pour exciter à souffrir, l'exemple d'êtres faibles qui se sont montrés héroïques, ou, mieux encore, de ces *Acta martyrum* devenus des pièces de rhétorique, ayant pour but l'édification, procédant par l'amplification oratoire sans aucun souci de la vérité historique, et demandant aux hideux détails de la torture antique les ferments d'une volupté sombre et des moyens d'émotion.

Un écho indistinct de tous ces événements se retrouve dans les traditions juives[1]. Au mois de septembre ou d'octobre, quatre anciens de Judée, Rabbi Gamaliel, patriarche du tribunal de Iabné, Rabbi Éléazar ben Azaria, Rabbi Josué, Rabbi Aquiba, plus tard si célèbre, se rendent à Rome. Le voyage est décrit en détail : chaque soir, à cause de la saison, on relâche dans un port; au jour de la fête des Tabernacles, les rabbins trouvent moyen de dresser sur le

---

1. Mischna, *Érubin,* IV, 1; *Maaser schéni,* v, 9; *Aboda zara,* IV, 7; baraïta, *ibid.,* 54 *b; Debarim rabba,* c. II; *Midrasch Jalkout,* sur Ps. XVII, 10; *Bereschith rabba,* c. XX; *Schemoth rabba,* c. XXX; Talm. de Jér., *Succa,* 52 *d;* Tos., *ibid.,* c. II; *Érubin,* I, 7 (19 *b*); *Aboda zara,* 44 *a; Mechilta,* sur Exode, XX, ch. VI (p. 76, édit. Weiss); Talm. de Rab., *Aboda zara,* 10 *b; Maccoth,* 24 *b; Succa,* 23 *a,* 41 *b; Horaioth,* 10 *a; Sifre,* sur Deutér., § 43; *Sifra,* sur *Emor,* c. XVI, § 2; Grætz, *Monatsschrift,* I, p. 192 et suiv.; *Gesch. der Juden,* III, 435 et suiv.; Derenbourg, *Hist. de la Pal.,* p. 334 et suiv.

pont du navire une hutte de feuillage, que le vent emporte le lendemain; le temps de la navigation se passe à discuter sur la manière de payer la dîme et de suppléer au *loulab* [1], dans un pays où il n'y a pas de palmiers. A cent vingt milles de la ville, les voyageurs entendent un roulement sourd; c'est le bruit du Capitole qui vient jusqu'à eux. Tous alors versent des larmes; Aquiba seul éclate de rire. « Comment ne pas pleurer, disent les rabbins, en voyant heureux et tranquilles des idolâtres qui sacrifient aux faux dieux, tandis que le sanctuaire de notre Dieu a été consumé par le feu et sert de tanière aux bêtes des champs? — Eh bien, dit Aquiba, c'est cela même qui me fait rire. Si Dieu accorde tant de grâces à ceux qui l'offensent, quelle destinée attend ceux qui font sa volonté et à qui appartient le royaume? »

Pendant que ces quatre anciens sont à Rome, le sénat de l'empereur décrète qu'il n'y aura plus de juifs dans le monde entier. Un sénateur, homme pieux (Clemens? [2]), révèle à Gamaliel ce redoutable

---

1. Palme entourée de branches de saule et de myrte, qu'on porte à la main le jour de la fête des Tabernacles.

2. Cette identification et celles qui suivent, si problématiques en elles-mêmes, seraient encore infirmées si Clemens figurait déjà dans le Talmud sous le nom de Calonyme. Voir ci-dessus, p. 228, note 3.

secret. La femme du sénateur, plus pieuse encore que lui (Domitille??), lui conseille de se donner la mort en suçant un poison qu'il garde dans sa bague, ce qui sauvera les Juifs (on ne voit pas comment). Plus tard, on eut la conviction que ce sénateur était circoncis, ou, selon l'expression figurée, « que le vaisseau n'avait pas quitté le port sans avoir payé l'impôt ». Selon un autre récit, le César ennemi des juifs dit aux grands de son empire : « Si l'on a un ulcère au pied, faut-il amputer le pied ou garder son pied au risque de souffrir? » Tous furent pour l'amputation, excepté *Katia ben Schalom* [1]. Ce dernier fut mis à mort par ordre de l'empereur, et dit en mourant : « Je suis un vaisseau qui a payé son impôt; je puis me mettre en route. »

Ce sont là de bien vagues images et comme les souvenirs d'un hémiplégique. Quelques-unes des controverses que les quatre docteurs eurent à Rome sont rapportées. « Si Dieu désapprouve l'idolâtrie, leur demande-t-on, pourquoi ne la détruit-il pas? — Mais il faudrait alors que Dieu détruisît le soleil, la lune, les étoiles. — Non, il pourrait détruire les idoles inutiles et laisser subsister les idoles utiles.— Mais ce serait justement ériger en divinités les choses

---

1. Ce mot paraît signifier *curtus filius integri*.

nécessaires qui n'auraient pas été détruites. Le monde va son train. La semence volée germe comme toute autre ; la femme impudique n'est pas stérile parce que l'enfant qui naîtra d'elle sera un bâtard. » En prêchant, un des quatre voyageurs émit cette pensée : « Dieu n'est pas comme les rois terrestres, qui font des édits et ne les observent pas eux-mêmes. » Un mîn (un judéo-chrétien?) entendit ces paroles, et, au sortir de la salle, dit au docteur : « Pourtant Dieu n'observe pas le sabbat, puisque le monde marche le samedi. — N'est-il pas permis à chacun de remuer le jour du sabbat tout ce qu'il a dans sa cour ? — Oui, dit le mîn. — Eh bien, le monde entier est la cour de Dieu [1]. »

1. *Schemoth rabba*, c. xxx. Ce dialogue est rapporté à Aquiba et à Tyrannus Rufus dans *Bereschith rabba*, c. xi, source meilleure que *Schemoth rabba*.

CHAPITRE XV.

CLÉMENT ROMAIN. — PROGRÈS DU PRESBYTÉRAT.

Les listes les plus correctes des évêques de Rome, forçant un peu [1] la signification du mot d'évêque pour des temps aussi reculés, placent après Anenclet un certain Clément [2], que la similitude de nom et le rapprochement des temps ont fait nombre de fois confondre avec Flavius Clemens. Ce nom n'était point rare dans le monde judéo-chrétien [3]. On peut, à la rigueur, supposer une relation de clientèle entre notre Clément et Flavius Clemens [4]. Mais il faut

1. Irénée, III, III, 3; Épiphane. XXVII, 6, etc. Voir ci-dessus, p. 138, 156-158, 170.
2. C'est fautivement que certaines listes placent Clément entre Linus et Anenclet, ou bien entre le prétendu Clet et Anaclet. Voir ci-dessus, p. 137-139.
3. Phil., IV, 3. L'identification de Clément Romain avec le Clément de Phil., IV, 3, est tout à fait arbitraire.
4. C'est peu probable. Le *presbyteros*, en ce cas, se serait appelé *Flavius* et non pas *Clemens*.

écarter absolument et l'imagination de certains critiques modernes, qui ne veulent voir dans l'évêque Clément qu'un personnage fictif, un dédoublement de Flavius Clemens[1], et l'erreur qui, à diverses reprises, se fait jour dans la tradition ecclésiastique, d'après laquelle l'évêque Clément aurait été de la famille flavienne[2]. Clément Romain ne fut pas seulement un personnage réel, ce fut un personnage de premier ordre, un vrai chef d'Église, un évêque, avant que l'épiscopat fût nettement constitué, j'oserais presque dire un pape, si ce mot ne faisait ici un trop fort anachronisme. Son autorité passa pour la plus grande de toutes en Italie, en Grèce, en Macédoine, durant les dix dernières années du Ier siècle[3]. A la

---

1. L'épître ne saurait en aucune façon être de Flavius Clemens. Elle est beaucoup trop juive pour cela. Le ch. LXI de la partie nouvelle publiée par Philothée Bryenne détonnerait tout à fait dans la bouche d'un membre de la famille impériale.

2. *Récognitions,* VII, 8; IX, 35; Homélies pseudo-clém., v, 7; XII, 8; XIV, 10; saint Eucher, *De contemptu mundi,* 32 (*Max. bibl. Patr.,* Lugd., VI, p. 859); légende des SS. Nérée et Achillée (*Acta SS. Maii,* III, p. 4 et suiv.); Nicéphore, II, 33; III, 18. L'évêque Clément n'est jamais appelé *Flavius.* Il est singulier, au contraire, que Clément d'Alexandrie porte les prénoms de *Titus Flavius* (Eus., *H. E.,* VI, XIII, 1; Photius, cod. CXI).

3. Pseudo-Hermas, vis. II, 4; Irénée, *Adv. hær.,* III, III, 3; Denys de Corinthe, dans Eus., *H. E.,* IV, XXIII, 11; Tertullien, *Præscr.,* 32.

limite de l'âge apostolique, il fut comme un apôtre[1], un épigone de la grande génération des disciples de Jésus, une des colonnes de cette Église de Rome, qui, depuis la destruction de Jérusalem, devenait de plus en plus le centre du christianisme.

Tout porte à croire que Clément était d'origine juive[2]. Sa familiarité avec la Bible, le tour du style de certains passages de son Épître[3], l'usage qu'il y fait du livre de Judith et des apocryphes tels que l'Assomption de Moïse ne conviennent pas à un païen converti. D'un autre côté il paraît peu hébraïsant[4]. Il semble donc qu'il était né à Rome d'une de ces

1. Ὁ ἀπόστολος Κλήμης. Clément d'Alexandrie, *Strom.*, IV, XVII, nit. Saint Jérôme l'appelle « Vir apostolicus ». *In Is.*, LII, 13.

2. Notez surtout, dans son épître, l'expression ὁ πατὴρ ἡμῶν Ἰακώβ (ch. 4) et ce qu'il dit du temple de Jérusalem (ch. 40, 41). Le récit des Homél. pseudo-clém., XII, 8, est de pure invention, sauf un vague souvenir de ce fait qu'il y avait eu des chrétiens dans la branche des Clemens de la famille flavienne. Les noms de Mattidie, de Faustinus, de Faustinianus, trahissent une date postérieure aux Flavius. Le *Liber pontificalis* emprunte le nom du père de Clément aux Homélies et indique le quartier qu'il habitait d'après le site de l'église de saint Clément.

3. Par exemple, ch. III.

4. L'hebraïsme οὗ ἡ πνοὴ αὐτοῦ, ch. 21, fin, vient peut-être d'une citation tacite d'un texte biblique. Les hébraïsmes comme τοῖς υἱοῖς τῶν ἀνθρώπων (ch. 61, édit. Phil. Bry.), ἐνώπιόν σου (*ibid.*) ἐν τῷ ἀπολιπεῖν (ch. 3), τίς οὖν.... (ch. 54), l'emploi de ἐν dans le sens du *be* hébreu, etc., peuvent être des imitations de la traduction grecque de la Bible.

familles juives qui habitaient la capitale du monde depuis une ou plusieurs générations[1]. Ses connaissances en cosmographie[2] et en histoire profane[3] supposent une éducation soignée. On admit qu'il avait été en relation avec les apôtres, surtout avec Pierre[4], sans avoir peut-être à cet égard de preuve bien décisive. Ce qui est hors de doute, c'est le haut rang qu'il eut dans la hiérarchie toute spirituelle de l'Église de son temps et le crédit sans égal dont il jouit. Son approbation faisait loi[5]. Tous les partis se l'attribuèrent et voulurent se couvrir de son autorité. Un voile épais nous dérobe ses opinions particulières ; son épître est un beau morceau neutre, dont les disciples de Pierre et ceux de Paul durent se contenter également. Il est probable qu'il fut un des agents les plus énergiques de la grande œuvre qui était en train de s'accomplir, je veux dire de

---

1. Ch. 40, 41, l'auteur de l'épître parle du temple comme existant, parce qu'il ne le connaissait que par les livres.

2. Voir surtout ch. 20 et en particulier le passage sur « les mondes situés derrière l'Océan ». Notez la comparaison du phénix, ch. 25.

3. Ch. 55.

4. Irénée, *l. c.* Irénée a besoin, pour sa thèse sur la tradition apostolique, que ces relations aient eu lieu. Tertullien, *Prœscr.*, 32 ; Origène, *De princ.*, II, 6 ; Rufin, *De adult. libr. Orig.*, p. 50 (Delarue, t. IV, append.).

5. Pseudo-Hermas, vis. II, 4.

la réconciliation posthume de Pierre et de Paul et de la fusion des deux partis, sans l'union desquels l'œuvre du Christ ne pouvait que périr.

L'extrême importance à laquelle Clément était arrivé résulte surtout de la vaste littérature apocryphe qu'on lui attribua. Quand, vers l'an 140, on prétendit réunir en un corps d'écritures revêtues d'un caractère ecclésiastique les traditions judéo-chrétiennes sur Pierre et son apostolat, on choisit Clément pour auteur supposé de l'ouvrage. Quand on voulut codifier d'anciens usages ecclésiastiques et faire passer le recueil ainsi formé pour un *corpus* de « constitutions apostoliques », c'est Clément qui fut le garant de cette œuvre apocryphe. D'autres écrits, tous plus ou moins relatifs à l'établissement d'un droit canonique, lui furent également attribués [1]. Le fabricateur d'apocryphes cherche à donner du poids aux écrits qu'il fabrique. Le nom qu'il met en tête de ses compositions est toujours une célébrité. La sanction de Clément nous apparaît ainsi comme la plus haute qu'on imaginât au IIe siècle pour recommander un livre. Aussi, dans *le Pasteur* du faux Hermas, Clément a-t-il pour fonction spéciale d'envoyer les livres nouvellement éclos dans Rome aux

---

1. Les deux Épîtres sur la virginité, les Épîtres dites décrétales, etc. (Voir l'édit. de Cotelier.)

autres Églises et de les leur faire accepter[1]. Sa littérature supposée, bien qu'il n'en doive pas porter personnellement la responsabilité, est une littérature d'autorité, inculquant à chaque page la hiérarchie, l'obéissance aux prêtres, aux évêques. Toute phrase qu'on lui attribue est une loi, une décrétale. On lui accorde pleinement le droit de parler à l'Église universelle. C'est le premier type de « pape » que présente l'histoire ecclésiastique. Sa haute personnalité, grandie encore par la légende, fut, après celle de Pierre, la plus sainte image de la primitive Rome chrétienne. Sa face vénérable fut pour les siècles suivants celle d'un législateur doux et grave, une prédication perpétuelle de soumission et de respect.

Clément traversa la persécution de Domitien sans en souffrir[2]. Quand les rigueurs s'apaisèrent, l'Église de Rome reprit ses relations avec le dehors. Déjà l'idée d'une certaine primauté de cette Église commençait à se faire jour. On lui accordait le droit d'avertir les autres Églises, de régler leurs différends.

---

1. *Pasteur*, vis. II, 4. Ἐκείνῳ γὰρ ἐπιτέτραπται.
2. Épître, ch. I. Selon la traduction de saint Jérôme, Eusèbe (*Chron.*, p. 160-163, édit. Schœne) plaçait la mort de Clément en la deuxième année de Trajan. Selon la traduction arménienne, cette mort eut lieu en l'an 14 de Domitien. Irénée (III, III, 3) ne connaît qu'un seul évêque de Rome martyr : c'est saint Télesphore.

Pareils priviléges, on le croyait du moins[1], avaient été accordés à Pierre entre les disciples. Or un lien de plus en plus étroit s'établissait entre Pierre et Rome. Des dissensions graves déchiraient l'Église de Corinthe [2]. Cette Église n'avait guère changé depuis saint Paul [3]. C'était le même esprit d'orgueil, de dispute, de légèreté. On sent que la principale opposition contre la hiérarchie résidait en cet esprit grec, toujours mobile, frivole, indiscipliné, ne sachant pas réduire une foule à l'état de troupeau. Les femmes, les enfants étaient en pleine révolte. Des docteurs transcendants s'imaginaient posséder sur toute chose des sens profonds, des secrets mystiques, analogues à la glossolalie et au discernement des esprits. Ceux qui étaient honorés de ces dons surnaturels méprisaient les anciens et aspiraient à les remplacer. Corinthe avait un presbytérat respectable, mais qui ne visait pas à la haute mysticité. Les illuminés prétendaient le rejeter dans l'ombre et se mettre à sa place ; quelques anciens furent même destitués [4]. La lutte de la hiérarchie établie et des révélations

[1]. Luc, XXII, 32.
[2]. Hégésippe, dans Eus., *H. E*, III, 16; IV, 22.
[3]. Voir *Saint Paul,* ch. XIV. Comp. Clément, *Ép.,* 1, 2, 3, 14, 46, 47, 54.
[4]. Clém. Rom., *Ad Cor. I,* ch. 44.

personnelles commençait, et cette lutte remplira toute l'histoire de l'Église, l'âme privilégiée trouvant mauvais que, malgré les faveurs dont elle est honorée, un clergé grossier, étranger à la vie spirituelle, la domine officiellement. Non sans analogie avec le protestantisme, les révoltés de Corinthe faisaient Église à part, ou du moins distribuaient l'eucharistie hors des lieux consacrés [1].. L'eucharistie avait toujours été l'écueil de l'Église de Corinthe [2]. Cette Église avait des riches et des pauvres ; elle s'accommodait difficilement du mystère d'égalité par excellence. Enfin les novateurs, fiers à l'excès de leur haute vertu, exaltaient la chasteté au point de déprécier le mariage [3]. C'était, on le voit, l'hérésie du mysticisme individuel, maintenant les droits de l'esprit contre l'autorité, prétendant s'élever au-dessus du commun des fidèles et du clergé ordinaire, au nom de ses rapports directs avec la divinité.

L'Église romaine, consultée sur ces troubles intérieurs, répondit avec un sens admirable. L'Église romaine était dès lors l'Église de l'ordre, de la subordination, de la règle. Son principe fondamental était que l'humilité, la soumission valent mieux que

1. Clém. Rom., *Ad Cor. I,* ch. 40 et suiv.
2. Voir *Saint Paul,* p. 384 et suiv.
3. Clém. Rom., *Ad Cor. I,* ch. 38, 48. Cf. ch. 1, 21.

les dons les plus sublimes [1]. L'épître adressée à l'Église de Corinthe était anonyme ; mais une tradition des plus anciennes veut que Clément ait tenu la plume pour l'écrire [2]. On chargea trois anciens des

---

1. Clém. Rom., *Ad Cor. I*, ch. 38, 48.
2. Peu d'écrits sont aussi authentiques : Denys de Corinthe (dans Eus., *H. E.*, IV, xxiii, 11), Hégésippe (dans Eus., *H. E*, III, xvi ; IV, xxii, 1), Irénée (*Adv. hær.*, III, iii, 3), Clément d'Alexandrie (*Strom.*, I, 7 ; IV, 17-19 ; V, 12 ; VI, 8), Origène (*De princ.*, II, 6 ; *Selecta in Ezech*, viii, 3, Opp., t. III, 422 ; *In Johann.*, i, 28, tom. vi, 36. Opp., t. IV, 153), Eusèbe (*H. E.*, III, xvi ; xxxviii, 1 ; VI, xiii, 6). L'ouvrage n'était connu jusqu'à ces derniers temps que par le *Codex Alexandrinus*. Il s'y trouvait une lacune de deux pages. En 1875, Philothée Bryenne, métropolite de Serres, l'a publié complet d'après un manuscrit de la Bibliothèque du Saint-Sépulcre au Fanar (Constantinople, in-8°). Voir les nouvelles publications de M. Hilgenfeld, de MM. de Gebhardt et Harnack (Leipzig 1876), de M. Lightfoot (Londres 1877). Dans le *Codex Alexandrinus*, l'écrit est expressément attribué à Clément (catal. en tête du volume). Dans le manuscrit du Fanar, la même attribution fait partie du titre. La prétendue seconde lettre aux Corinthiens, gardée par les mêmes volumes, et complète seulement dans le second, n'est pas de Clément. Irénée (*l. c.*), Clément d'Alexandrie (*Strom.*, V, 12), Origène ne parlent que d'une seule lettre de Clement aux Corinthiens. Cf. Eusèbe, *H. E.*, III, 38 ; et Jérôme, *De viris ill.*, 16. Photius, cxii, cxiii. La prétendue seconde épître est plutôt un sermon qu'une lettre. Elle appartient au iie siècle. V. *Journ. des savants*, janv. 1877. Il circula, du reste, d'autres épîtres supposées sous le nom de Clément. Epiph., hær., xxii, 6 ; xxx, 15 ; Hilgenfeld, *Nov. Test. extra can. rec.*, I, p. 64, 74-76. Cf. *Zeitschrift fur Kirchengesch*, I, p. 272 et suiv., 329 et suiv.

plus considérés, Claudius Ephebus, Valerius Biton et Fortunatus, de porter la lettre, et on leur donna les pleins pouvoirs de l'Église de Rome pour opérer la réconciliation[1].

L'Église de Dieu qui demeure a Rome a l'Église de Dieu qui demeure a Corinthe, aux élus sanctifiés par la volonté de Dieu en Notre-Seigneur Jésus-Christ, que la grace et la paix vous viennent en abondance du Dieu tout-puissant par Jésus-Christ.

Les malheurs, les catastrophes imprévues qui nous ont accablés coup sur coup, frères, ont été cause que nous nous sommes occupés tardivement des questions que vous nous avez adressées, chers amis, touchant l'impie et détestable révolte, maudite des élus de Dieu, qu'un petit nombre de personnages insolents et audacieux ont allumée et portée jusqu'à ce point d'extravagance, que votre nom si fameux, si vénérable et si aimable à tous, en a souffert un grand dommage. Quel était celui qui, ayant demeuré parmi vous, n'estimât votre vertu et la fermeté de votre foi? Qui n'admirait la sagesse et la modération chrétienne de votre piété? Qui ne publiait la largeur de votre hospitalité? Qui ne vous estimait heureux pour la perfection et la sûreté de votre science? Vous faisiez tout sans acception de personne, et vous marchiez suivant les lois de Dieu, soumis à vos chefs[2]. Vous rendiez l'honneur convenable à vos anciens[3]; vous

1. Ch. 63 et 65 de l'édition du métropolite Philothée.
2. Ταῖς ἡγουμένοις ὑμῶν. Ὑμῶν manque dans le ms. du Fanar.
3. Ταῖς παρ' ὑμῖν πρεσβυτέροις.

avertissiez les jeunes gens d'avoir des sentiments honnêtes et graves, et les femmes d'agir en tout avec une conscience pure et chaste, aimant leurs maris comme elles doivent, demeurant dans la règle de la soumission, s'appliquant à la conduite de leur maison avec une grande modestie.

Vous étiez tous dans des sentiments d'humilité, exempts de forfanterie, plutôt disposés à vous soumettre qu'à soumettre les autres, et à donner qu'à recevoir. Contents des viatiques du Christ [1], et vous appliquant soigneusement à sa parole, vous la gardiez dans votre cœur et aviez toujours ses souffrances [2] devant les yeux. Ainsi vous jouissiez de la douceur d'une profonde paix ; vous aviez un désir insatiable de faire le bien et la pleine effusion du Saint-Esprit avait lieu sur tous. Remplis de bonne volonté, de zèle et d'une sainte confiance, vous étendiez vos mains vers le Dieu tout-puissant, le suppliant de vous pardonner les péchés involontaires. Vous luttiez jour et nuit pour toute la communauté, afin que le nombre des élus de Dieu fût sauvé à force de piété et de conscience. Vous étiez sincères et innocents, sans ressentiment des injures. Toute rébellion, toute division vous faisait horreur. Vous pleuriez les chutes du prochain ; vous estimiez que ses fautes étaient les vôtres. Une conduite vertueuse et respectable était votre ornement, et vous faisiez tout dans la crainte de Dieu : ses commandements étaient écrits sur les

---

1. Ταῖς ἐφοδίοις τοῦ Χριστοῦ. Ms. du Fanar et traduction syriaque, et non τοῦ θεοῦ, comme porte l'*Alexandrinus*.

2. Παθήματα, comme portent les deux manuscrits et le syriaque. La nécessité de la correction μαθήματα disparaît dès qu'on lit ci-dessus τοῦ Χριστοῦ au lieu de τοῦ θεοῦ. Cf. Gal., III, 1.

tables de votre cœur. Vous étiez dans la gloire et l'abondance, et en vous s'est accompli ce qui est écrit : « Le bien-aimé a bu et mangé; il a été dans l'abondance, il s'est engraissé, et il a regimbé[1]. De là, en effet, sont venus la jalousie et la haine, les disputes et la sédition, la persécution et le désordre, la guerre, et la captivité. Ainsi les personnes les plus viles se sont élevées contre les plus considérables; les insensés contre les sages, les jeunes contre les anciens. Ainsi la justice et la paix se sont éloignées, depuis que la crainte de Dieu a fait défaut, que la foi s'est obscurcie, que tous veulent non suivre les lois, ni se gouverner suivant les maximes de Jésus-Christ, mais suivre leurs mauvais désirs, en s'abandonnant à la jalousie injuste et impie, par laquelle la mort est entrée dans le monde.

Après avoir rapporté plusieurs exemples funestes de jalousie, tirés de l'Ancien Testament, il ajoute [2] :

Mais laissons là les anciens exemples, et venons aux athlètes qui ont combattu depuis peu. Prenons les illustres exemples de notre génération. C'est par suite de la jalousie et de la discorde [3] que les hommes grands et justes qui furent les colonnes de l'Église [4] ont été persécutés et ont combattu jusqu'à la mort[5]. Mettons-nous devant les yeux les saints apôtres, Pierre, par exemple, qui, par suite d'une

1. Deutér., xxxii, 15.
2. Ch. 5 et 6.
3. Ms. du Fanar, διὰ ζῆλον καὶ ἔριν.
4. Comparez Gal., ii, 9.
5. Ms. du Fanar, ἤθλησαν.

jalousie injuste, a souffert, non pas une ou deux fois, mais plusieurs fois, et qui, ayant ainsi accompli son martyre [1], est allé dans le lieu de gloire qui lui était dû. C'est par l'effet de la jalousie et de la discorde [2] que Paul a montré jusqu'où peut aller la patience, sept fois mis aux fers, banni, lapidé, et que, après avoir été le héraut de la vérité en Orient et en Occident, il a reçu la noble récompense de sa foi, après avoir enseigné la justice au monde entier et être venu jusqu'à l'extrémité de l'Occident. Ayant ainsi accompli son martyre devant les puissances terrestres, il a été délivré du monde, et est allé dans le saint lieu, nous donnant un grand exemple de patience. A ces hommes dont la vie a été sainte fut réunie en tas une grande multitude d'élus, qui, toujours par suite de la jalousie, ont enduré beaucoup d'affronts et de tourments, laissant parmi nous un illustre exemple. C'est enfin poursuivies par la jalousie que ces pauvres femmes, les Danaïdes et les Dircés, après avoir souffert de terribles et monstrueuses indignités, ont atteint le but dans la course sacrée de la foi et ont reçu la noble récompense, toutes faibles de corps qu'elles étaient [3].

L'ordre et l'obéissance, voilà la loi suprême de la famille et de l'Église.

Il vaut mieux déplaire à des hommes imprudents et insensés, qui s'élèvent et se glorifient par la vanité de leurs

1. Μαρτυρήσας n'implique la mort que d'une façon indirecte.
2. Ms. du Fanar, διὰ ζῆλον καὶ ἔριν.
3. Voir *l'Antechrist,* ch. VII et VIII. Comp. ch. 62 (édition Bryenne).

discours, qu'à Dieu[1]... Respectons nos supérieurs, honorons les anciens, instruisons les jeunes gens dans la crainte de Dieu, corrigeons nos femmes pour le bien. Que les habitudes aimables de la chasteté éclatent dans leur conduite; qu'elles montrent une douceur simple et vraie; que leur silence fasse paraître comme elles gouvernent leur langue; qu'au lieu de laisser aller leur cœur au gré de leurs inclinations, elles témoignent saintement une égale amitié à tous ceux qui craignent Dieu...

Considérons les soldats qui servent sous nos souverains[2], avec quel ordre, quelle ponctualité, quelle soumission ils exécutent ce qui leur est commandé. Tous ne sont pas préfets, ni tribuns, ni centurions; mais chacun en son rang exécute les ordres de l'empereur ou des chefs. Les grands ne peuvent exister sans les petits, ni les petits sans les grands. En toute chose il y a mélange d'éléments divers, et c'est grâce à ce mélange que tout marche. Prenons pour exemple notre corps. La tête sans les pieds n'est rien; les pieds ne sont rien sans la tête. Les plus petits de nos organes sont nécessaires et servent au corps entier; tous conspirent et obéissent à un même principe de subordination pour la conservation du tout. Que chacun donc soit soumis à son prochain, suivant l'ordre où il a été placé par la grâce de Christ Jésus. Que le fort ne néglige pas le faible,

---

1. Ch. 21. Cf. ch. 34.
2. Ch. 37. On a proposé de lire τοῖς ἡγουμένοις αὐτῶν. Mais les deux manuscrits portent ἡμῶν; en outre, le passage ch. 61, perdu dans l'*Alexandrinus,* d'accord avec le syriaque, τοῖς τε ἄρχουσι καὶ ἡγουμένοις ἡμῶν (v. ci-après p. 330) justifie pleinement la leçon du ch. 37. Voir *Journal des Savants,* janv. 1877, p. 8-9.

que le faible respecte le fort ; que le riche soit généreux envers le pauvre, et que le pauvre remercie Dieu de lui avoir donné quelqu'un pour subvenir à ses besoins. Que le sage montre sa sagesse, non par des discours, mais par des bonnes œuvres ; que l'humble ne se rende pas témoignage à soi-même ; qu'il laisse ce soin aux autres. Que celui qui garde la pureté de la chair n'en soit pas plus vain, reconnaissant qu'il tient d'un autre le don de continence.

Les offices doivent être célébrés dans les lieux, aux heures fixées, par les ministres désignés, comme dans le temple de Jérusalem [1]. Tout pouvoir, toute règle ecclésiastique vient de Dieu.

Les apôtres nous ont évangélisés de la part de Notre-Seigneur Jésus-Christ [2], et Jésus-Christ avait reçu sa mission de Dieu. Le Christ a été envoyé par Dieu, et les apôtres ont été envoyés par le Christ. Les deux choses ont donc été faites régulièrement par la volonté de Dieu. Munis des instructions de leur maître, persuadés par la résurrection de Notre-Seigneur Jésus-Christ, affermis dans la foi en la parole de Dieu par la confirmation du Saint-Esprit, les apôtres sont-allés ensuite, annonçant l'approche du royaume de Dieu. Prêchant ainsi à travers les pays et les villes, ils choisissaient ceux qui avaient été les prémices de leur apostolat, et, après les avoir éprouvés par l'Esprit, ils les établissaient *episcopi* et *diaconi* [3] de ceux qui devaient

1. Ch. 40, 41. Voir ci-dessus, p. 314, note 1.
2. Ch. 42.
3. Sur la synonymie de *presbyteros* et d'*episcopos,* voir *saint Paul,* p. 238-239.

croire. Et ce ne fut pas là une nouveauté; il y avait longtemps que l'Écriture parlait d'*episcopi* et de *diaconi*, puisqu'elle dit quelque part : « J'établirai leurs *episcopi* sur les fondements de la justice, et leurs *diaconi* sur les bases de la foi[1]... » Nos apôtres, éclairés par Notre-Seigneur Jésus-Christ, connurent parfaitement qu'il y aurait des compétitions pour le titre d'*episcopos*[2]. C'est pourquoi ils conférèrent ce titre dans leur parfaite prescience, à ceux que nous avons dit, et ils prescrivirent qu'après leur mort d'autres hommes éprouvés prendraient leurs fonctions. Ceux donc qui ont été établis par les apôtres ou ensuite par d'autres hommes excellents, du consentement de toute l'Église, et qui ont servi sans reproches le troupeau de Jésus-Christ, humblement, paisiblement, honorablement, à qui tous ont rendu bon témoignage pendant longtemps, nous ne croyons pas juste de les rejeter du ministère; car nous ne saurions sans faute grave rejeter de l'épiscopat ceux qui présentent dignement les offrandes sacrées. Heureux les anciens qui ont achevé leur carrière avant nous et sont morts saintement et avec fruit[3]! Ceux-là du moins ne craignent pas que quelqu'un vienne les tirer de la place qui leur a été assignée. Nous voyons, en effet, que vous en avez destitué quelques-uns qui vivaient bien du ministère dont ils s'acquittaient sans reproches et avec honneur...

N'avons-nous pas un même Dieu, un même Christ, un

1. Citation par à peu près de la traduction grecque d'Isaïe, LX, 17.
2. Ch. 44.
3. Ressemblance avec II Tim., IV, 6.

même esprit de grâce répandu sur nous, une même vocation en Christ[1]? Pourquoi déchirons-nous, écartelons-nous les membres de Christ? Pourquoi faisons-nous la guerre à notre propre corps, et en venons-nous à ce point de folie d'oublier que nous sommes les membres les uns des autres?... Votre schisme a égaré plusieurs personnes, en a découragé d'autres, en a jeté certains dans le doute et nous a mis tous dans l'affliction; et néanmoins votre sédition persévère. Prenez l'épître du bienheureux Paul l'apôtre[2]. Quelle est la première chose dont il vous écrivit, au début de l'Évangile? Certes, l'esprit de vérité lui dictait ce qu'il vous manda touchant Cephas, Apollon et lui-même[3]. Dès lors vous aviez parmi vous des cabales; mais ces cabales étaient moins coupables qu'aujourd'hui. Vos préférences se partageaient entre des apôtres autorisés et un homme qu'ils avaient approuvé. Maintenant, considérez qui sont ceux qui vous ont dévoyés et ont porté atteinte à cette réputation de charité fraternelle qui vous rendait vénérables. Il est honteux, mes bien-aimés, il est très-honteux et indigne de la piété chrétienne d'entendre dire que cette Église de Corinthe, si ferme, si ancienne, est en révolte contre ses anciens, à cause d'un ou deux personnages. Et ce bruit est venu non-seulement jusqu'à nous, mais jusqu'à ceux qui nous sont peu bienveillants; en sorte que le nom du Seigneur est blasphémé par suite de votre imprudence[4], et que vous vous créez des périls... Tel fidèle est spécia-

1. Ch. 46.
2. Ch. 47.
3. I Cor., I.
4. Comp. Rom., II, 24.

lement doué pour expliquer les secrets de la gnose, il a la sagesse qu'il faut pour discerner les discours, il est pur en ses actions; qu'il s'humilie d'autant plus qu'il paraît plus grand, qu'il cherche l'utilité commune de tous avant la sienne propre.

Ce que les auteurs des troubles auraient de mieux à faire, c'est de s'expatrier.

Est-il parmi vous quelqu'un de généreux, de tendre, de charitable, qu'il dise : « Si je suis cause de la sédition, de la querelle, des schismes, je me retire, je m'en vais où vous voudrez, je fais ce qu'ordonne la majorité. Je ne demande qu'une seule chose, c'est que le troupeau du Christ soit en paix avec les anciens qui ont été établis. » Celui qui en usera ainsi s'acquerra une grande gloire dans le Seigneur et sera reçu partout où il voudra se rendre avec empressement. « La terre, avec tout ce qu'elle contient, est au Seigneur [1]. » Voilà ce qu'ont fait, ce que feront encore ceux qui pratiquent la politique de Dieu, qui n'amène jamais le repentir [2].

Des rois, des chefs païens sont allés au-devant de la mort en temps de peste pour sauver leurs concitoyens ; d'autres se sont exilés pour mettre fin à une guerre civile. « Nous savons que plusieurs parmi nous se sont livrés aux chaînes pour en délivrer

1. Ps. XXIII, 1.
2. Ch. 54.

d'autres. » Judith, Esther se sont dévouées pour leur peuple[1]. Si ceux qui ont été les causes de la révolte reconnaissent leurs torts, ce n'est pas à nous, c'est à Dieu qu'ils céderont. Tous doivent recevoir avec joie la correction de l'Église[2].

Vous donc qui avez commencé la sédition, soumettez-vous aux anciens, et recevez la correction en esprit de pénitence, fléchissant les genoux de vos cœurs[3]. Apprenez à vous soumettre, renonçant à la hardiesse vaine et insolente de votre langue ; car il vaut mieux pour vous être petits mais estimés dans le troupeau du Christ que de garder vos apparences de supériorité et d'être mis au ban des espérances du Christ.

La soumission qu'on doit avoir envers les évêques et les anciens, le chrétien la doit aux puissances de la terre. Au moment des plus diaboliques atrocités de Néron, nous avons entendu Paul et Pierre déclarer que le pouvoir de ce monstre venait de Dieu[4]. Clément, dans les jours mêmes où Domitien sévissait le plus cruellement contre l'Église et le genre humain, le tient également pour le lieutenant de Dieu.

---

1. Ch. 55. Cf. ch. 59, édit. de Philothée Bryenne.
2. Ch. 56.
3. Expression empruntée peut-être à la *Prière de Manassé*, verset 11.
4. Rom., XIII, 1 et suiv.; I Petri, II, 13, 17. Cf. Tit., III, 1.

Dans une prière qu'il adresse à Dieu, il s'exprime ainsi :

C'est toi, maître suprême, qui, par ta grande et inénarrable puissance, as donné à nos souverains et à ceux qui nous gouvernent sur la terre le pouvoir de la royauté, pour que, connaissant la gloire et l'honneur que tu leur as départis, nous leur soyons soumis, évitant ainsi de nous mettre en contradiction avec ta volonté. Donne-leur, Seigneur, la santé, la paix, la concorde, la stabilité, pour qu'ils exercent sans obstacle la souveraineté que tu leur as confiée. Car c'est toi, maître céleste, roi des mondes, qui as donné aux enfants des hommes la gloire et l'honneur et le pouvoir sur tout ce qui est à la surface de la terre. Dirige, Seigneur, leur volonté selon le bien et selon ce qui t'est agréable, afin que, exerçant en paix, avec douceur, pieusement, le pouvoir que tu leur as donné, ils te trouvent propice.

Tel est cet écrit, monument insigne de la sagesse pratique de l'Église de Rome, de sa politique profonde, de son esprit de gouvernement. Pierre et Paul y sont de plus en plus réconciliés[1] ; tous deux ont eu raison ; le débat de la Loi et des œuvres est pacifié[2] ; l'expression vague « nos apôtres », « nos colonnes »[3] masque le souvenir des luttes passées.

---

1. Ch. 5. Les deux apôtres sont nommés οἱ πατέρες ἡμῶν, au ch. 62 de la partie retrouvée par Philothée.
2. Ch. 31, 32, 33.
3. Ch. 5, 42, 44.

Quoique hautement admirateur de Paul[1], l'auteur est profondément juif. Jésus est simplement pour lui « l'enfant aimé de Dieu », « le grand prêtre, le chef des chrétiens »[2]. Loin de rompre avec le judaïsme, il conserve dans son intégrité le privilége d'Israël ; seulement un nouveau peuple choisi parmi les gentils est adjoint à Israël. Toutes les prescriptions antiques gardent leur force, bien que détournées de leur sens primitif[3]. Tandis que Paul abroge, Clément conserve et transforme. Ce qu'il veut avant tout, c'est la concorde, l'uniformité, la règle, l'ordre dans l'Église comme dans la nature[4] et dans l'empire romain[5]. L'armée lui paraît le modèle de l'Église[6]. Obéir chacun dans son rang, voilà la loi du monde. Les petits ne peuvent exister sans les grands, ni les grands sans les petits ; la vie du corps est la résultante de l'action commune de tous les membres. L'obéissance est donc le résumé, le synonyme du mot « devoir ». L'inégalité des hommes, la subordi-

---

1. Ch. 47.
2. Ch. 59, 61, 64 (édit. de Philothée). Ce sont probablement ces passages qui parurent à Photius (cod. CXXVI) renfermer une doctrine incomplète de la divinité de Jésus-Christ.
3. Ch. 40-44.
4. Ch. 20
5. Ch. 37.
6. *Ibid.*

nation des uns aux autres est une loi de Dieu.

L'histoire de la hiérarchie ecclésiastique est l'histoire d'une triple abdication, la communauté des fidèles remettant d'abord tous ses pouvoirs entre les mains des anciens ou *presbyteri*, le corps presbytéral arrivant à se résumer en un seul personnage qui est l'*episcopos* ; puis les *episcopi* de l'Église latine arrivant à s'annuler devant un d'entre eux qui est le pape. Ce dernier progrès, si on peut l'appeler ainsi, ne s'est accompli que de nos jours. La création de l'épiscopat est l'œuvre du IIe siècle. L'absorption de l'Église par les *presbyteri* est un fait accompli avant la fin du premier. Dans l'épître de Clément Romain, ce n'est pas encore l'épiscopat, c'est le presbytérat qui est en cause[1]. On n'y trouve pas trace d'un *presbyteros* supérieur aux autres et devant détrôner les autres. Mais l'auteur proclame hautement que le presbytérat, le clergé, est antérieur au peuple. Les apôtres, en établissant des Églises, ont choisi, par l'inspiration de l'Esprit, « les évêques et les diacres des futurs croyants ». Les pouvoirs émanant des apôtres ont été transmis par une succession

---

1. Ch. 39. Les mots πρεσβύτεροι, ἐπίσκοποι (ch. 42, 44), sont synonymes dans notre épître, comme dans Phil., I, 1 ; *Act.*, XX, 17 et suiv., 28. Les mots ἡγούμενοι, προηγούμενοι ont le même sens. Cf. Hebr., XIII, 7, 17, 24. Voir *saint Paul*, p. 238-239.

régulière. Aucune Église n'a donc le droit de destituer ses anciens [1]. Le privilége des riches est nul dans l'Église. Pareillement ceux qui sont favorisés de dons mystiques, loin de se croire au-dessus de la hiérarchie, doivent être les plus soumis.

On touchait au grand problème : qui existe dans l'Église? Est-ce le peuple? Est-ce le clergé? Est-ce l'inspiré? La question s'était déjà posée du temps de saint Paul[2], qui la résolvait de la vraie manière, par la charité mutuelle. Notre Épître tranche la question dans le sens du pur catholicisme. Le titre apostolique est tout; le droit du peuple est réduit à rien. On peut donc dire que le catholicisme a eu son origine à Rome, puisque l'Église de Rome en a tracé la première règle. La préséance n'appartient pas aux dons spirituels, à la science, à la distinction ; elle appartient à la hiérarchie, aux pouvoirs transmis par le canal de l'ordination canonique, laquelle se rattache aux apôtres par une chaîne non interrompue. On sentait que l'Église libre, comme l'avait conçue Jésus[3] et comme saint Paul l'admettait encore[4], était une utopie anarchique, dont il n'y avait rien à tirer pour l'avenir. Avec la liberté

1. Ch. 44.
2. *Saint Paul,* p. 405 et suiv.
3. Matth., XVIII, 20.
4. II Cor., I, 21.

évangélique on avait le désordre ; on ne voyait pas qu'avec la hiérarchie on aurait à la longue l'uniformité et la mort.

Au point de vue littéraire, l'épître de Clément a quelque chose de faible et de mou. C'est le premier monument de ce style prolixe, chargé de superlatifs, sentant le prédicateur, qui est resté jusqu'à nos jours celui des bulles papales. L'imitation de saint Paul y est sensible ; l'auteur est dominé par le souvenir des Écritures sacrées. Presque à chaque ligne, ce sont des allusions aux écrits de l'Ancien Testament. Quant à la nouvelle Bible en train de se former, Clément s'en montre singulièrement préoccupé. L'Épître aux Hébreux, qui était une sorte de patrimoine de l'Église de Rome[1], formait évidemment sa lecture habituelle[2] ; il en faut dire autant des grandes épîtres de saint Paul[3]. Ses allusions aux textes évangéliques semblent se partager entre Matthieu, Marc et Luc[4] ; on peut dire qu'il avait à peu près la même matière évangélique que nous[5], sans doute distribuée

---

1. Voir *l'Antechrist,* p. xviii et suiv.
2. Ch. 9, 10. 12, 17, 27, 36, 43, 51, 56, 58.
3. Ch. 13, 24, 32, 34, 35, 37, 47, 49.
4. Ch. 13, 15, 16, 24, 46. Ἄγραφον, ch. 2. Cf. *Act.,* xx, 35.
5. Naturellement, il n'est pas question ici du quatrième Évangile.

autrement que nous ne l'avons. Les allusions aux épîtres de Jacques et de Pierre sont douteuses[1]. Mais ce qui frappe, c'est l'usage des apocryphes juifs, auxquels Clément accorde la même autorité qu'aux écrits de l'Ancien Testament[2], Judith[3], un apocryphe d'Ézéchiel[4], l'Assomption de Moïse[5], peut-être la prière de Manassé[6]. Comme l'apôtre Jude, Clément admettait dans sa Bible tous ces produits récents des passions ou de l'imagination juives, si inférieurs à la vieille littérature hébraïque, mais plus susceptibles que cette dernière de plaire au temps par un ton d'éloquence pathétique et de vive piété.

L'épître de Clément atteignit, du reste, le but qu'elle s'était proposé. L'ordre se rétablit dans l'Église de Corinthe[7]. Les hautes prétentions des docteurs spirituels s'abaissèrent. Telle était la foi ardente de ces petits conventicules, qu'on subissait les plus grandes humiliations plutôt que de quitter l'Église. Mais l'ouvrage eut un succès qui dépassa

1. Ch. 12, 30, 49.
2. Cf. Photius, cod. cxxvi.
3. Ch. 55.
4. Ch. 8.
5. Ch. 17, 23, 25, 26, 46 (Hilgenfeld).
6. Comp. ch. 57, κάμψαντες τὰ γόνατα τῆς καρδίας ὑμῶν. Manassé, κλίνω γόνυ καρδίας μου.
7. Hégésippe, dans Eusèbe, *H. E.*, IV, xxii, 2.

de beaucoup les limites de l'Église de Corinthe. Il n'y eut pas d'écrit plus imité, plus cité. Polycarpe[1] ou celui qui a écrit l'épître qu'on lui attribue, l'auteur des épîtres apocryphes d'Ignace[2], l'auteur du morceau faussement appelé Deuxième Épître de saint Clément[3], y font des emprunts comme à un écrit presque su par cœur et qu'on s'était incorporé. La pièce fut lue dans les Églises comme une écriture inspirée[4]. Elle prit place parmi les annexes du canon du Nouveau Testament. C'est dans un des plus anciens manuscrits de la Bible (le *Codex Alexandrinus*) qu'elle a été retrouvée à la suite des livres de la nouvelle alliance et comme l'un d'eux[5].

La trace laissée à Rome par l'évêque Clément fut profonde[6]. Dès les temps les plus anciens, une église

---

1. Comp. Clém., 1, à Polyc., 4; Clém., 5, à Polyc., 9 ; Clém., 7, à Polyc., 7; Clém., 9, à Polyc., 2; Clém., 13, à Polyc., 2; Clém., 21, à Polyc., 4.

2. *Ad Polyc.*, 5. Cf. Clém., 38, 48.

3. Ch. 11. Comp. I Clém., 23. Les traces d'imitation de Clément qu'on croit trouver dans l'Épître dite de Barnabé sont peu caractérisées.

4. Denys de Cor., *l. c.*; Eusèbe, *H. E.*, III, 16, 38; IV, 23; saint Jérôme, *De viris ill.*, 15; *Canones apostol.*; 85 (Lagarde, *Rel. jur. eccl. ant.*, p. 35.)

5. Credner, *Gesch. des neut. Kan.*, p. 239, 244. Cf. *ibid.*, p. 247, 252, etc.

6. Irénée, III, III, 3.

consacra sa mémoire[1], dans la vallée entre le Cœlius et l'Esquilin, à un endroit où la tradition veut qu'ait été placée sa maison paternelle[2] et où d'autres, par suite d'une hésitation séculaire, voulurent rapporter le souvenir de Flavius Clemens[3]. Nous le verrons plus tard devenir le héros d'un roman à surprises, très-populaire à Rome et intitulé « les Reconnaissances », parce que son père, sa mère et ses frères, pleurés comme morts, se retrouvent et se reconnaissent. On lui associait une certaine Grapté, chargée à côté de lui du gouvernement et de l'enseignement des veuves et des orphelins[4]. Dans la pénombre où il reste, enveloppé et comme perdu dans la poussière lumineuse d'un beau lointain historique, Clément est une des grandes figures du christianisme naissant. Quelques rayons sortent seuls du mystère qui l'en-

---

1. Saint Jérôme, *De viris ill.*, 15; *Conc.* de Labbe, II, 1558 D. Voir *Bullettino* de Rossi, 1re série, 1863, p. 25 et suiv.; 2e série, 1870, p. 129 et suiv; *Revue archéologique,* juillet, août et sept. 1872.

2. Les curieuses substructions que l'on a découvertes sous l'église Saint-Clément n'éclaircissent pas la question, mais infirment plutôt l'opinion traditionnelle. Parmi ces substructions il y a un *mithrœum*.

3. Voir ci-dessus, p. 229, note. Cf. *Journal des sav.,* janv. 1870, p. 24.

4. *Pasteur*, Vis. II, 4.

toure; on dirait une tête sainte d'une vieille fresque effacée de Giotto, reconnaissable encore à son auréole d'or et à quelques vagues traits d'un éclat pur et doux.

CHAPITRE XVI.

FIN DES FLAVIUS. — NERVA. — RECRUDESCENCE D'APOCALYPSES.

La mort de Domitien suivit de près celle de Flavius Clemens et la persécution contre les chrétiens. Il y eut entre ces événements des relations qu'il ne nous est pas permis de préciser [1]. « Impunément, dit Juvénal, il put priver Rome de ses plus illustres âmes, sans que nul s'armât pour les venger ; mais il périt quand il s'avisa d'être redoutable aux savetiers. Voilà ce qui perdit un homme teint du sang des Lamia [2]. » Ce qui paraît probable, c'est que Domitille et les gens de Flavius Clemens entrèrent dans le complot [3]. Domitille pouvait avoir été rappelée

---

1. Suétone, *Domitien,* 15 ; Lactance, *De mort. persec.,* 3.
2. Juvénal, Sat. IV, 151-154.
3. Suétone, *Dom.,* 15, 17 ; Philostrate, *Apoll.,* VIII, 25. Philostrate est un romancier analogue à M. Alexandre Dumas père. Il arrange l'histoire ; mais il l'avait fort bien étudiée. On peut user

de Pandatarie dans les derniers mois de Domitien [1]. C'était, du reste, autour du monstre une conspiration universelle. Domitien le sentait; comme tous les égoïstes, il était très-exigeant sur la fidélité des autres. Il fit mettre à mort Épaphrodite, qui avait aidé Néron à se tuer, pour montrer quel crime commet l'affranchi qui porte la main sur son maître, même à bonne intention [2]. Domitia, sa femme, tous les gens de son entourage tremblaient, et résolurent de prévenir le coup qui les menaçait. A eux se joignit Stéphanus [3], affranchi de Domitille et intendant de ses biens. Comme il était très-robuste, il s'offrit pour l'attaque corps à corps. Le 18 septembre, vers onze heures du matin [4], Stéphanus, le bras en écharpe, se présenta pour remettre à l'empereur un mémoire sur une prétendue conspiration qu'il avait découverte. Le chambellan Parthénius, qui était du complot, l'introduisit et ferma les portes. Pendant que Domitien lisait avec

de lui comme on userait de M. Alexandre Dumas pour l'histoire du xvie et du xviie siècle, si tous les mémoires de ce temps avaient disparu.

1. Tertullien, *Apol.*, 5. Voyez cependant ci-dessus, p. 301.
2. Suétone, *Dom.*, 14; Dion Cassius, LXVII, 14.
3. Nom qui va bien à un chrétien.
4. Suétone, *Dom.*, 17; Dion Cassius, LXVII, 15 et suiv.; Philostrate, *Apollonius,* VIII, 25; Orose, VII, 10, 11; Aurelius Victor, *Epit.,* XI, 11-12.

attention, Stéphanus tire un poignard de son bandage, et frappe dans l'aîne. Domitien eut le temps de crier au petit valet qui soignait l'autel des Lares de lui donner la lame qu'il avait sous son chevet et d'appeler au secours. L'enfant court au chevet, ne trouve que la poignée. Parthénius avait tout prévu et intercepté les issues. La lutte fut assez longue. Tantôt Domitien cherchait à tirer le poignard de la plaie; tantôt, de ses doigts à moitié coupés, il arrachait les yeux du meurtrier; il réussit même à le terrasser et à le mettre sous lui. Parthénius alors fit entrer d'autres conjurés, qui achevèrent le misérable. Il était temps; les gardes arrivèrent un instant après et tuèrent Stéphanus.

Les soldats, que Domitien avait couverts de honte, mais dont il avait augmenté la paye, voulurent le venger et le proclamèrent *Divus*. Le sénat fut assez fort pour empêcher cette dernière ignominie. Il fit briser ou fondre toutes ses statues, effacer son nom dans les inscriptions, abattre ses arcs de triomphe. On décida qu'il serait enterré comme un gladiateur; mais sa nourrice réussit à enlever le corps et à réunir clandestinement les cendres à celles des autres membres de la famille dans le temple de la *gens Flavia* [1].

1. Suétone, *Dom.*, 17, 23; Pline, *Panég.*, 52; Dion Cassius,

Cette maison, élevée par le hasard des révolutions à de si étranges destinées, tomba dès lors dans un grand discrédit. Les personnes de mérite et de vertu qu'elle contenait encore furent oubliées. Les aristocrates fiers, honnêtes et de haute noblesse, qui vont régner, ne pouvaient avoir que de l'aversion pour les restes d'une famille bourgeoise dont le dernier chef était l'objet de leur juste exécration. Pendant tout le IIe siècle, on n'entend point parler d'un Flavius. Flavie Domitille acheva sa vie dans l'obscurité. On ne sait ce que devinrent ses deux fils, que Domitien avait destinés à l'empire. Un indice [1] porte à croire que la postérité de Domitille se continua jusqu'à la fin du IIIe siècle. Cette maison conserva toujours, ce semble, des attaches au christianisme. Sa sépulture de famille [2], située sur la voie Ardéatine, devint une

LXVII, 18 ; LXVIII, 1 ; Philostrate, *Vies des soph.*, I, VII, 4 ; Macrobe, *Saturn.*, I, 12 ; Lactance, *De mort. persec.*, 3 ; Procope, *Hist. secrète*, ch. VIII, 4 ; Orose, VII, 11 ; Aurelius Victor, *Cæs.*, XI, 13.

1. Trebell. Pollion, *Trig. tyr.*, ch. 11. Selon des conjectures ingénieuses, Petronilla, la prétendue fille de saint Pierre, aurait appartenu à cette famille. De Rossi, *Bull. di arch. crist.*, 1865, p. 22, 23, 46-47, 95 ; 1874, p. 5 et suiv., 68 et suiv., 122 et suiv., et 1875, p. 5 et suiv. Voyez la note suivante. Sur Plautille, voyez de Rossi, travaux cités.

2. C'est, selon toutes les apparences, la belle sépulture antique de la Tor Marancia, déblayée vers 1865. De Rossi, *Bull. di arch.*

des plus anciennes catacombes chrétiennes. Elle se distingue de toutes les autres par ses abords spacieux, son vestibule de style classique, ouvert en plein sur la voie publique, la largeur de son principal couloir, destiné à recevoir des sarcophages, l'élégance et le caractère tout profane des peintures décoratives de la voûte de ce couloir [1]. Si l'on s'en tient au frontispice, tout vous rappelle Pompéi, ou mieux encore la *villa* de Livie *ad gallinas albas,* sur la voie Fla-

crist., 1865, mars, mai, juin, décembre; *Roma sotterranea,* t. I, p. 131 et suiv., 186, 265 et suiv., 319-321. En 1873, les fouilles ont été reprises et ont amené la découverte du *cœmeterium Domitillæ Nerei et Achillei ad Sanctam Petronillam.* Voir de Rossi, *Bull.,* 1874 et 1875, loc. cit. *Revue archéol.,* juin 1874, août 1874, p. 128-129; janv. 1875, p. 70; mars 1875, p. 198-199; juill. 1875; mars 1876; *Comptes rendus de l'Acad. des inscr.,* 12 mars 1875. M. de Rossi n'a pas réussi à donner une valeur historique à ce qui concerne sainte Pétronille, Nérée, Achillée. Il a trouvé les traces matérielles, les titres brisés de l'ancienne légende; mais il n'a pas prouvé que cette légende, dépourvue de références vraiment antiques, doive faire exception entre tant d'autres que la critique a depuis longtemps repoussées. Si, comme on se le figure quelquefois, la maison flavienne eût traversé le IIe et le IIIe siècle en constituant un gros centre chrétien, il est impossible que Tertullien et tant d'autres n'en eussent rien su, qu'Eusèbe eût été réduit à la misérable bribe qu'il a trouvée dans Bruttius.

1. Vignes, oiseaux, fleurs, enfants vendangeurs, génies ailés, repas funèbres, Psyché, paysages. Il est bien douteux que les peintures tout à fait chrétiennes qui décorent les parois soient de l'époque de Domitille.

minienne. A mesure qu'on s'enfonce dans l'hypogée, l'aspect devient de plus en plus chrétien. Il est donc fort admissible que cette belle sépulture ait reçu sa première consécration de Domitille, dont la *familia* doit avoir été en grande partie chrétienne [1]. Au IIIe siècle, on élargit encore les abords, et l'on y construisit une *schola* collégiale, destinée probablement aux agapes ou festins sacrés.

Les circonstances qui amenèrent à l'empire le vieux Nerva sont obscures. Les conjurés qui tuèrent le tyran eurent sans doute dans ce choix un rôle prépondérant. Une réaction contre les abominations du règne précédent était inévitable; les conjurés cependant, ayant pris part aux actes principaux de ce règne, ne voulaient pas une réaction trop forte. Nerva était un homme excellent, mais réservé, timide, portant la modération et le goût des demi-mesures presque à

---

1. *Ex indulgentia Flaviæ Domitillæ,* ou *Flaviæ Domitillæ Cæsaris Vespasiani neptis beneficio* (de Rossi). Il y aurait grand intérêt à savoir si l'inscription 776 d'Orelli (948 du t. VI du *Corpus inscr. lat.; Bull.,* 1865, p. 61; voir ci-dessus, p. 227, note) porta primitivement la suscription D. M. Il reste un petit fragment de cette inscription à Saint-Clément, un autre fragment au Capitole. L'état de ces fragments ne permet de former à cet égard aucune conjecture. — Autres traces de christianisme ou de judaïsme dans la *familia* des Flavius dans Rossi, *Roma sott.,* I, 188; *Journ. des sav.,* janv. 1870, p. 23 et suiv.; *Revue archéol.,* octobre 1874, p. 271).

l'excès [1]. L'armée voulait le châtiment des meurtriers de Domitien ; la partie honnête du Sénat voulait la punition de ceux qui avaient été les ministres des crimes du dernier gouvernement; tiraillé entre ces exigences opposées, Nerva parut souvent faible. Un jour, à sa table, se trouvèrent réunis l'illustre Junius Mauricus, qui avait risqué sa vie pour la liberté, et l'ignoble Veiento, l'un des hommes qui avaient fait le plus de mal sous Domitien. La conversation tomba sur Catullus Messalinus, le plus abhorré des délateurs : « Que ferait maintenant ce Catullus, s'il vivait? dit Nerva. — Ma foi! dit Mauricus, à bout de patience, il dînerait avec nous [2]. »

Tout le bien qu'on peut faire sans rompre avec le mal, Nerva le fit. On n'aima jamais plus sincèrement le progrès ; un esprit remarquable d'humanité, de douceur entra dans le gouvernement et même dans la législation. Le sénat retrouva son autorité. Les bons esprits crurent le problème du temps, l'alliance

---

1. Dion Cassius, LXVIII, 1-4; Aurelius Victor, *Epit.,* XII; Eutrope, *Brev.,* VIII, 1 ; Zonaras, *Ann.,* XI, 20; *Chron. pasc.,* p. 254; Pline, *Panég.,* 7, 8, 35, 89, et *Lettres,* I, 5 ; II, 1 ; IV, 22; V, 3 ; VII, 33; IX, 13; X, 62, 63; Tacite, *Agricola,* 3 ; Henzen, *Inscr.,* n° 5436 ; Philostrate, *Apoll.,* VIII, VII, 34-36 ; XXVII; Martial, VIII, 70; Eusèbe, *H. E.,* III, XX, 10, et *Chron.,* p. 162, 163, Schœne.

2. Pline, *Epist.,* IV, 22; Aur. Vict , *Epit.*

du principat et de la liberté, résolu définitivement [1].
La manie de persécution religieuse, qui avait été un des travers les plus funestes de Domitien, disparut tout à fait. Nerva fit absoudre ceux qui étaient sous le coup d'accusations de ce genre, et rappela les bannis [2]. Il fut interdit de poursuivre qui que ce soit pour le fait de pratiquer les mœurs juives ; les procès d'impiété furent supprimés [3]; les délateurs punis [4]. Le *fiscus judaïcus* comme nous l'avons vu, donnait lieu dans la perception à beaucoup d'injustices. On le faisait payer à des gens qui ne le devaient pas ; on avait recours pour constater la qualité des personnes à des inquisitions choquantes. Des mesures furent prises pour empêcher le retour de semblables abus et un monnayage exprès (FISCI IVDAICI CALVMNIA SVBLATA) rappela le souvenir de cette mesure [5].

---

[1] Tacite, *Agric.*, 3.

[2] Eusèbe, *H. E.* III, xx, 10; *Chron.*, p. 162, 163, Schœne; Zonaras, XI, 20; Pline, *Epist.*, I, v, 16; IV, ix, 2; xi, 14. Plusieurs étaient peut-être rentrés avant la mort de Domitien. Voir ci-dessus, p. 301.

[3] Οὔτ' ἀσεβείας, οὔτ' ἰουδαϊκοῦ βίου καταιτιᾶσθαί τινας συνεχώρησε. Dion Cass., LXVIII, 1. Voir ci-dessus, p. 295, note 2.

[4] Dion, *l. c.*; Pline, *Panégyr.*, 35.

[5] Eckhel, *Doctrina num. vet.*, II, vol. VI, p. 404 et suiv.; Cohen, *Méd. imp.*, I, pl. xix, 86; Madden, *Jewish coinage*, p. 199.

Toutes les familles d'Israël jouirent ainsi, après un cruel orage, d'un calme relatif. On respira. Durant quelques années, l'Église de Rome fut plus heureuse et plus florissante qu'elle n'avait jamais été [1]. Les idées apocalyptiques reprirent leur cours ; on croyait que Dieu avait fixé le temps de sa venue en terre pour le moment où le nombre des élus atteindrait un certain chiffre ; chaque jour on voyait avec consolation croître ce nombre[2]. La croyance au retour de Néron n'avait pas disparu. Néron, s'il avait vécu, aurait eu soixante ans, ce qui était beaucoup pour le rôle qu'on lui prêtait ; mais l'imagination raisonne peu ; d'ailleurs, Néron l'Antechrist devenait de jour en jour un personnage idéal, placé en dehors des conditions de la vie naturelle. On continua longtemps à parler de son retour, lorsqu'il était déjà clair qu'il ne pouvait plus vivre[3].

Quant aux Juifs, ils étaient plus ardents et plus sombres que jamais. Il semble que ce fût une loi de la conscience religieuse de ce peuple d'émettre, à chacune des grandes crises qui déchiraient l'empire romain, une de ces compositions allégoriques où il

1. Lactance, *De mort. persec.*, 3.
2. Clém. Rom., *Epist.*, ch. 2, 58, 59 (édit. Philothée). Cf. Apoc., VI, 11 ; IV Esdr., IV, 36.
3. Voir *l'Antechrist,* p. 317, 318, note 3. Comp. *Carm. sib.,* II, 167 ; III, 73.

donnait carrière à ses préoccupations d'avenir. La situation de l'an 97 ressemblait à beaucoup d'égards à celle de l'an 68. Les prodiges naturels semblaient redoubler [1]. La chute des Flavius fit presque autant d'impression que la disparition de la maison des Jules. Les juifs crurent que l'existence de l'empire était de nouveau mise en question. Les deux chutes avaient été précédées de sanglantes folies et furent suivies de troubles civils, qui firent douter de la vitalité d'un État aussi agité. Durant cette nouvelle éclipse de la puissance romaine, l'imagination des messianistes se remit en campagne ; les supputations bizarres sur la fin de l'empire et sur la fin des temps reprirent leur cours.

L'Apocalypse du règne de Nerva parut, selon l'habitude de ces sortes de compositions, sous un nom supposé, celui d'Esdras [2]. Ce scribe commen-

1. Eusèbe, *Chron.*, p. 162, 163, Schœne ; Suétone, *Dom.*, 15.
2. C'est le livre communément appelé « IVe livre d'Esdras », dégagé de ses deux premiers et de ses deux derniers chapitres, ainsi qu'on l'observe dans le manuscrit d'Amiens (ixe siècle), et dans la plupart des manuscrits latins. Cf. Garnier, *Catal. des mss. d'Amiens* (1843), n° 10. Ces quatre chapitres sont des compositions chrétiennes, du iiie siècle environ. Voir les éditions critiques d'Ewald (Gœttingue, 1863), Volkmar (Tubingue, 1863), Hilgenfeld, *Messias Jud.* (Leipzig, 1869), Fritzsche (Leipzig, 1871). M. Bensly a découvert, dans le susdit manuscrit d'Amiens, les soixante et dix versets qui manquaient à la version latine (ch. vii),

çait à devenir fort célèbre. On lui attribuait un rôle exagéré dans la reconstitution des livres sacrés [1]. Le

---

The missing fragment, etc. (Cambridge, 1875). La date du livre résulte des chap. XI et XII (voir ci-après, p. 365 et suiv.). Les combinaisons qui résultent de ces passages n'ont pas tout à fait la même certitude que celles qui fixent la date de l'Apocalypse de Jean. Les versets XII, 14, 20, 29, sont difficiles à expliquer; on peut supposer que, dans le texte primitif, il y avait ἒξ καὶ ἒξ, notation qui aura paru singulière et qu'on aura bien vite changée en δώδεκα. En tout cas, cela est moins invraisemblable que le système d'après lequel chaque aile représente individuellement un souverain; jamais, dans les combinaisons relatives aux ailes qu'imagine notre voyant, il n'y a de nombres impairs, comme cela a lieu dans les combinaisons relatives aux têtes, ce qui prouve qu'il faut toujours prendre les ailes deux à deux. Les deux ailes correspondantes composant une même force, il est naturel que l'auteur ait adopté la paire comme unité symbolique. Une aile seule, sans sa parallèle, eût été, pour désigner un souverain, une image peu conforme à l'espèce de logique qu'observent ces visionnaires au milieu de leurs plus étranges fantaisies. On peut dire, d'ailleurs, que, même abstraction faite de ces deux chapitres, l'Apocalypse d'Esdras devrait être rapportée au règne de Nerva, puisque le livre est postérieur à la ruine de la maison flavienne et antérieur à la restauration de l'empire par Trajan. Passé le mois de janvier 98, l'opinion de l'auteur sur la prochaine dissolution de l'empire ne se comprendrait plus. Les trente ans dont il est question, III, 1, 28; IX, 45; X, 46, montrent que trente ans s'étaient à peu près écoulés depuis la catastrophe de Jérusalem. Le verset III, 1, rapporté historiquement à Esdras, constituerait un anachronisme. L'allusion qu'on croit voir à la dynastie des Hérodes, ch. VI, 7 et suiv., est sans fondement. Édom, selon l'usage, doit désigner ici l'empire romain.

1. IV Esdr., XIV, 36 et suiv.

faussaire, pour son but, avait besoin d'ailleurs d'un personnage qui eût été contemporain d'une situation du peuple juif analogue à celle qu'on traversait. L'ouvrage paraît avoir été écrit primitivement en ce grec rempli d'hébraïsmes qui avait déjà été la langue de l'Apocalypse de Jean[1]. L'original est perdu; mais sur le texte grec ont été faites des traductions latines, syriaques, arméniennes, éthiopiennes, arabes, qui nous ont conservé ce précieux document et ont permis de le rétablir en son premier état. C'est un assez bel écrit, d'un goût vraiment hébreu, composé par un pharisien[2], probablement à

---

1. Hilgenfeld, p. XLIII. Comp. IV Esdr., VI, 56, et Isaïe, XL, 15 (Septante). Quelques particularités feraient supposer un original hébreu. Derenbourg, *Revue critique*, 26 août 1876, p. 132, note 4.

2. Cf. ch. IX, 37; XII, 7. Les imitations qu'on a voulu y voir de l'Apocalypse de Jean (IV Esdr., VI, 20; VIII, 52; XIV, 13; XX, 12) sont douteuses. Beaucoup de ressemblances viennent du modèle commun qui a servi aux deux visions, le livre de Daniel, ou d'images qui couraient les rues, telles que l'appellation de lion appliquée au Messie (XII, 31; cf. Apoc., V, 5). Voyez cependant ci-après, p. 358, ce qui concerne l'ange Jérémiel. L'auteur a sur la prédestination et le péché originel des idées analogues à celles de Paul, sans qu'on puisse affirmer qu'il a lu les Épîtres de Paul. Les ressemblances avec certains passages de Matthieu (IV Esdr., V, 18, 42; VI, 26; VII, 6; VIII, 3, 41; XIII, 31) n'ont rien de concluant. Au contraire, les coïncidences avec l'Apocalypse de Baruch se remarquent très-fréquemment (Hilgenfeld, p. 38-113, presque à chaque page, 232-234). Voir ci-après, p. 517 et suiv.

Rome[1]. Les chrétiens le lurent avec avidité, l'adoptèrent, et n'eurent besoin que de retoucher légèrement un ou deux passages pour en faire un livre chrétien très-édifiant[2].

L'auteur peut à beaucoup d'égards être considéré comme le dernier prophète d'Israël. L'ouvrage se divise en sept visions, affectant pour la plupart la forme d'un dialogue entre Esdras, supposé exilé à Babylone, et l'ange Uriel; mais il est facile de voir, derrière le personnage biblique, le juif ardent de l'époque flavienne, plein de rage à cause de la destruction du temple par Titus. Le souvenir de ces jours sombres de l'an 70 monte dans son âme comme la fumée de l'abîme et la remplit de saintes fureurs. Que nous sommes loin avec ce zélote fougueux d'un Josèphe, traitant de scélérats les défenseurs de Jérusalem! Voici enfin un Juif véritable, qui regrette de n'avoir pas été avec ceux qui périrent dans l'incendie du temple. La révolution de Judée, selon lui, n'a

---

1. Ch. I, 1, etc., en tenant compte de l'emploi du mot « Babylone » pour « Rome », trait commun à toutes les Apocalypses.

2. Ces changements se firent principalement sur la version latine. Voir surtout VII, 28, où *Iesus* a été substitué à *christus*, leçon que supposent dans l'original toutes les versions orientales. Ce changement est antérieur à saint Ambroise, *Comment. in Luc.*, II, 31, t. I, fol. 1292, édit. Bénéd. Autres retouches, Volkmar, p. 175 et suiv., 186, 190, 294-295. Les versions orientales ont aussi modifié certains passages (Volkmar, p. 36 et suiv., 293 et suiv.).

pas été une folie. Ceux qui défendirent Jérusalem à outrance, ces sicaires que les modérés sacrifiaient et rendaient seuls responsables des malheurs de la nation, ces sicaires ont été des saints. Leur sort fut digne d'envie[1]. Ils seront les grands hommes de l'avenir.

Jamais israélite plus pieux, plus pénétré des malheurs de Sion [2], ne versa ses plaintes avec ses prières devant Jéhovah. Un doute profond le déchire, le grand doute juif par excellence, le même qui dévorait le Psalmiste, « quand il voyait la paix des pécheurs ». Israël est le peuple élu[3]. Dieu lui a promis le bonheur s'il observe la Loi. Sans avoir rempli cette condition dans toute sa rigueur, ce qui serait au-dessus des forces humaines, Israël vaut beaucoup mieux que les autres peuples. En tout cas, il n'a jamais observé la loi avec plus de scrupule que dans ces derniers temps. Pourquoi donc Israël est-il le plus malheureux des peuples, et d'autant plus malheureux qu'il est plus juste? L'auteur voit bien que les vieilles solutions matérialistes de ce problème[4] ne sont pas tolérables. Aussi son âme est-elle troublée jusqu'à la mort.

1. Ch. xii, 44-45.
2. Ch. x, 7-8.
3. Comparez Habacuc, ch. i et ii.
4. Comparez, par exemple, *Assomption de Moïse,* ch. 9.

Seigneur, maître universel, s'écrie-t-il, de toutes les forêts de la terre et de tous les arbres qui s'y trouvent, tu t'étais choisi une vigne; de tous les pays de l'univers, tu avais élu un canton; de toutes les fleurs du monde, tu t'étais choisi un lis. Dans toute la masse des eaux, tu as préféré un petit torrent[1]: entre toutes les villes bâties, tu t'es sanctifié Sion; de tous les oiseaux, tu t'es dédié une colombe, et, de toutes les bêtes créées, tu n'as voulu pour toi qu'une brebis. Ainsi, parmi tous les peuples répandus sur la surface de la terre, tu en as adopté un seul, et à ce peuple aimé tu as donné une loi que tous admirent. Et maintenant, Seigneur, comment se fait-il que tu aies livré l'unique aux profanations, que sur la racine d'élection tu aies greffé d'autres plants, que tu aies dispersé le chéri au milieu des nations. Ceux qui te renient foulent aux pieds tes fidèles. Si tu en es venu à haïr ton peuple, à la bonne heure! Mais il fallait au moins alors le punir de tes propres mains et ne pas charger des infidèles de ce soin[2].

Tu as dit que c'est pour nous que tu as créé le monde[3], que les autres nations nées d'Adam ne sont à tes yeux qu'un vil crachat... Et maintenant, Seigneur, voilà que ces nations, ainsi traitées de néant, nous dominent, nous foulent aux pieds. Et nous, ton peuple, nous que tu as appelés ton premier-né, ton fils unique, nous l'objet de ta jalousie, nous sommes livrés entre leurs mains. Si le monde a été créé pour nous, pourquoi ne possédons-nous pas du moins

1. Celui de Cédron.
2. Ch. v, 23-30.
3. Ch. vi, 55-59.

notre héritage? Jusqu'à quand cela durera-t-il, Seigneur?...

Sion est déserte, Babylone est heureuse. Est-ce bien juste? Sion a donc beaucoup péché? Soit; mais Babylone est-elle plus innocente? Je le croyais avant d'y être venu; mais, depuis que j'y suis, que vois-je? De telles impiétés, que j'admire vraiment que tu les supportes, après avoir détruit Sion pour beaucoup moins. Quelle nation t'a connu hors Israël? Quelle tribu a cru en toi si ce n'est Jacob? Et qui en a été moins récompensé? Passant à travers les nations, je les ai vues florissantes et parfaitement insoucieuses de tes commandements. Mets dans la balance ce que nous avons fait et ce qu'elles font. Chez nous, j'en conviens, il y a peu de fidèles; mais, chez elles, il n'y en a pas du tout. Or elles jouissent d'une paix profonde, et nous, notre vie est celle de la sauterelle fugitive; nous passons nos jours dans la crainte et l'angoisse. Il nous eût été plus avantageux de ne pas exister que d'être tourmentés de la sorte sans savoir en quoi a pu consister notre faute[1]...

Ah! que n'avons-nous été brûlés nous aussi dans l'incendie de Sion! Nous ne valons pas mieux que ceux qui y périrent[2].

L'ange Uriel, l'interlocuteur d'Esdras, élude le plus qu'il peut l'inflexible logique de cette protestation. Les mystères de Dieu sont si profonds! L'esprit de l'homme est si borné! Pressé de questions, Uriel

1. IV Esdr., ch. III, IV.
2. Ch. XII, 44-45. « Quanto erat nobis melius si essemus succensi et nos in incendio Sion; nec enim nos meliores sumus eorum qui ibi mortui sunt. »

se sauve par une théorie messianique analogue à celle des chrétiens [1]. Le Messie, fils de Dieu, mais simple homme [2], de la race de David [3], est sur le point de paraître au-dessus de Sion [4] dans sa gloire, accompagné des personnages qui n'ont pas goûté la mort, c'est-à-dire de Moïse, d'Hénoch, d'Élie, d'Esdras lui-même [5]. Il rappellera les dix tribus de la terre d'*Arzareth* [6]. Il livrera de grands combats contre les méchants. Après les avoir vaincus, il régnera quatre cents ans sur la terre, avec ses élus [7]. Au bout de ce temps, le Messie mourra [8] et tous les vivants avec lui. Le monde rentrera dans son silence primitif durant sept jours. Puis un monde nouveau apparaîtra; la résurrection générale aura lieu. Le

---

1. Ch. vii, 27 et suiv; viii, xiii entiers.
2. Ch. xiii, 3 et suiv., 25 et suiv., 51-52. Cf. Justin, *Dial.*, 49.
3. xii, 32, selon les versions orientales (édit. Hilgenfeld).
4. Ch. xiii, 35 et suiv.
5. Ch. vi, 26; vii, 28; xiii, 52; xiv, 9, et l'épilogue des versions orientales, qui manque dans le latin (Hilg., p. 108-140; Fritzsche, p. 639). Cf. saint Ambroise, *De bono mortis,* c. 11. Voir ci-après, p. 529, idée analogue pour Baruch.
6. Ch. xii, 45. *Arzareth* est un nom fictif tiré de ארץ אחרת « terre étrangère ». *Deutér.,* xxix, 27; Jerémie, xxii, 26. Cf. Mischna, *Sanhédrin,* x, 6. (Explic. Schiller-Szinessy.)
7. Ce chiffre venait de Gen., xv, 13, combiné avec Ps. xc, 15. Cf. Talm. de Bab., *Sanhédrin,* 99 *a*.
8. Ch. vii, 29.

Très-Haut se montrera sur son trône [1], et procédera au jugement définitif.

Le tour particulier que tendait à prendre le messianisme juif paraît ici avec clarté. Au lieu d'un règne éternel, que rêvaient les anciens prophètes pour la postérité de David, et que les messianistes, à partir de pseudo-Daniel, transfèrent à leur roi idéal [2], on arrive à concevoir le royaume messianique comme ayant une durée limitée. Nous avons vu l'auteur de l'Apocalypse chrétienne fixer cette durée à mille ans. Pseudo-Esdras se contente de quatre cents ans. Les opinions les plus diverses couraient à cet égard dans le judaïsme [3]. Pseudo-Baruch, sans préciser la limite, dit clairement que le règne messianique ne durera qu'autant que la terre périssable [4]. Le jugement du monde, dans cette manière de voir, est distingué de l'avénement du règne messianique, et la présidence en est attribuée au Très-Haut seul, non au Messie. La conscience chrétienne hésita quelque temps sur ce point, ainsi que le prouve l'Apocalypse de Jean. Puis la conception du

---

1. Le jugement, selon le faux Esdras, n'est nullement présidé par le Messie. Ch. v, 55; vi, 1-6. Cf. xii, 33-34.
2. Daniel, vii, 2; *Carm. sib.*, III, 49-50, 766 et suiv.; *Psalt. Salom.*, xvii, 4; Henoch, lxii, 14.
3. Talm. de Bab., *Sanhédr.*, 99 a.
4. Ch. 40, déterminant le sens du ch. 73.

Messie éternel¹, inaugurant un règne sans fin² et jugeant le monde, l'emporta tout à fait, et devint le trait essentiel et distinctif du christianisme.

Une pareille théorie soulevait une question dont nous avons déjà vu saint Paul et ses fidèles fort préoccupés³. Dans une telle conception, énorme est la différence entre le sort de ceux qui vivront au moment de l'apparition du Messie et de ceux qui mourront auparavant⁴. Notre voyant arrive même à se poser une question bizarre, mais assez logique : Pourquoi Dieu n'a-t-il pas fait vivre tous les hommes en même temps⁵ ? Il sort d'embarras par l'hypothèse de dépôts provisoires⁶, où sont tenues en réserve jusqu'au jugement les âmes des saints décédés. Au

1. Jean, XII, 34. Ce sont les juifs qui parlent à cet endroit; mais le peu de connaissance que le quatrième évangéliste a des doctrines intérieures du judaïsme ne laisse d'autorité au passage en question que comme témoignage de l'opinion chrétienne qui prévalait autour de l'auteur.

2. Évangiles synoptiques.

3. Voir *Saint Paul,* p. 249 et suiv.

4. Ch. IV, 25; V, 41 et suiv.; VII, 28; IX, 8; XII, 34; XIII, 16-24, 26. Cf. I Thess., IV, 15 et suiv.

5. IV Esdr., V, 43 et suiv.

6. Ch. IV, 35 et suiv.; VII, 32. Le mot grec était probablement ταμεῖα, « magasins ». Latin : *promptuaria.* Ce sont les limbes de la future théologie chrétienne. Comp. la φυλακή, I Petri, III, 19. Voir *l'Antechrist,* p. 58-59.

grand jour, les dépôts seront ouverts¹, en sorte que les contemporains de l'apparition du Messie n'auront qu'un avantage sur les autres, c'est d'avoir joui du règne de quatre cents ans². En comparaison avec l'éternité, c'est peu de chose ; aussi l'auteur se croit-il autorisé à soutenir qu'il n'y aura point de privilége, les premiers et les derniers devant être absolument égaux au jour du jugement³. Naturellement les âmes des justes, ainsi tenues dans une sorte de prison, ressentent quelque impatience et disent souvent : « Jusqu'à quand cela durera-t-il? Quand viendra l'heure de la moisson? » L'ange Jérémiel leur répond : « Quand le nombre de vos semblables sera complété⁴. » Ces temps approchent. Comme les flancs de la femme, après neuf mois de grossesse, ne peuvent retenir le fruit qu'ils portent, ainsi les

---

1. Ch. vii, 32.
2. Ch. vii, 28-35.
3. Ch. v, 41 et suiv. Cf. Matth., xix, 30 (xx, 16) ; Épître de Barnabé, ch. 6 ; Apocal. de Baruch, 51.
4. Ch. iv, 36 et suiv. Rapport frappant avec Apoc., vi, 10-11. On a supposé que *Jérémiel* était un équivalent de *Johanan*. Il est plus probable qu'il est fait ici allusion à une apocalypse perdue, qui ressemblait à celle de Jean, et où le personnage, innomé dans l'Apocalypse, qui fait patienter les justes, s'appelait Jérémiel. Les noms de Ramiel, d'Uriel, se retrouvent dans Hénoch, Fragm. grecs, dans le Syncelle, p. 12, 24 (Paris). Cf. Apoc. de Baruch, 55, 63.

dépôts du *scheol*, trop pleins en quelque sorte, ont hâte de rendre les âmes qui y sont renfermées [1]. La durée totale de l'univers se partage en douze parties [2]; dix parties et demie de cette durée sont écoulées [3]. Le monde court à sa fin avec une rapidité incroyable [4]. L'espèce humaine est en pleine décadence; la taille des hommes diminue; comme des enfants nés de vieux parents, nos races n'ont plus la vigueur des premiers âges [5]. « Le siècle a perdu sa jeunesse, et les temps commencent à vieillir [6]. »

Les signes des derniers jours sont ceux dont nous avons trouvé vingt fois l'énumération. La trompette sonnera [7]. L'ordre de la nature sera renversé, le sang coulera du bois, la pierre parlera [8]. Hénoch et Élie apparaîtront pour convertir les hommes [9]. Il faut se hâter de mourir; car les maux présents ne

---

1. Ch. IV.
2. Cette idée paraît d'origine persane. Comp. Apoc. de Baruch, c. 26-28.
3. Ch. XIV, 11.
4. IV Esdr., IV, 26.
5. IV Esdr., V, 52-55.
6. XIV, 10. « Seculum perdidit juventutem suam, et tempora appropinquant senescere. »
7. Ch. VI, 23.
8. Ch. V; VI, 18 et suiv.; IX, 3, 6.
9. Ch. VI, 26.

sont rien auprès de ceux qui viendront [1]. Plus le monde s'affaiblira par vieillesse, plus il deviendra méchant. La vérité se retirera de jour en jour de la terre; le bien semblera exilé.

Le petit nombre des élus est la pensée dominante de notre sombre rêveur [2]. L'entrée de la vie éternelle est comme le goulet resserré d'une mer, comme un passage étroit et glissant qui donne accès à une ville; à droite, il y a un précipice de feu; à gauche, une eau sans fond; un seul homme à peine y peut tenir. Mais la mer où l'on entre ainsi est immense, et la ville est pleine de toute sorte de biens [3]. Il y a dans le monde plus d'argent que d'or, plus de cuivre que d'argent, plus de fer que de cuivre. Les élus sont l'or; les choses sont d'autant plus rares qu'elles sont plus précieuses [4]. Les élus sont la parure de Dieu; cette parure n'aurait aucune valeur si elle était commune [5]. Dieu ne s'attriste pas de la multitude de ceux qui périssent. Les misérables! ils n'existent pas plus qu'une fumée, plus qu'une flamme; ils sont brû-

---

1. Comp. XIII, 23-24.
2. Fragment retrouvé par M. Bensly, verset 45 et suiv. Cf. IX, 15-16.
3. Ch. VII, 3-14. Comp. Matth., VII, 13-14.
4. Comp. VIII, 2-3.
5. Fragm. de M. Bensly, v. 49 et suiv.

lés, ils sont morts¹... On voit quelles racines profondes avaient déjà dans le judaïsme les atroces doctrines d'élection et de prédestination qui devaient causer plus tard à tant d'âmes excellentes de si cruelles tortures. Ces effroyables duretés, dont toutes les écoles préoccupées de damnation sont coutumières, révoltent par moments le sentiment pieux de l'auteur. Il se laisse aller à s'écrier :

O terre, qu'as-tu fait en donnant la naissance à tant d'êtres destinés à la perdition? Qu'il eût mieux valu que la conscience ne nous eût pas été donnée, puisqu'elle n'aboutit qu'à nous faire torturer! Que l'humanité pleure; que les bêtes se réjouissent : la condition de ces dernières est préférable à la nôtre; elles n'attendent pas le jugement, elles n'ont pas de supplice à craindre, après la mort il n'y a plus rien pour elles. Que nous sert la vie, puisque nous lui devons un avenir de tourments? Mieux vaudrait le néant que la perspective du jugement.

L'Éternel répond que l'intelligence a été donnée à l'homme pour qu'il soit inexcusable au jour suprême et qu'il n'ait rien à répliquer ².

L'auteur s'enfonce de plus en plus dans les questions bizarres que soulèvent ces dogmes redoutables³. Est-ce dès le moment où l'on a rendu le dernier

---

1. Fragm. de M. Bensly, v. 64.
2. Fragm. Bensly, v. 62-69.
3. Il n'y a pas de raison suffisante pour voir dans toute cette

soupir qu'on est damné et torturé, où bien s'écoule-t-il un intervalle durant lequel on est gardé en repos jusqu'au jugement [1]. Selon l'auteur, le sort de chacun est fixé à la mort [2]. Les méchants, exclus des dépôts d'âmes, sont à l'état d'esprits errants, tourmentés provisoirement de sept supplices, dont les deux principaux sont de voir le bonheur dont on jouit dans l'asile des âmes justes et d'assister aux préparatifs du supplice qui leur est destiné à eux-mêmes [3]. Les justes, gardés dans les dépôts par des anges, jouissent de sept joies, dont la plus sensible est de voir les angoisses des méchants et les supplices qui les attendent [4]. L'âme, au fond miséricordieuse, de l'auteur proteste contre les monstruosités de sa théologie. « Les justes du moins, demande Esdras, ne pourront-ils pas prier pour les damnés, le fils pour son

partie une interpolation chrétienne. L'interpolation serait antérieure à saint Ambroise et à Vigilance (voir ci-après, p. 374); elle devrait être du IIIe siècle; or, à cette époque, la tendance de la théologie chrétienne n'était pas d'exagérer les doctrines de la damnation.

1. Fragm. Bensly, v. 75-76.
2. Fragm. Bensly, 78 et suiv. Comp. saint Luc (Lazare et le bon larron).
3. Comp. saint Hippolyte, édit. Lagarde, p. 68-69.
4. Fragm. Bensly, v. 93 et suiv. Comp. *Recogn.*, II, 13; saint Hippolyte, *l. c.*, et surtout l'horrible passage de Tertullien, *De spectaculis,* 30.

père, le frère pour son frère, l'ami pour son ami[1]? »
La réponse est terrible. « De même que, dans la vie
présente, le père ne saurait donner procuration à son
fils, le fils à son père, le maître à son esclave, l'ami
à son ami, pour être malade, pour dormir, pour
manger, pour être guéri à sa place; de même ce
jour-là personne ne pourra intervenir pour un autre;
chacun portera sa propre justice ou sa propre injustice. » Esdras objecte en vain à Uriel les exemples
d'Abraham et d'autres saints personnages qui ont
prié pour leurs frères[2]. Le jour du jugement inaugurera un état définitif, où le triomphe de la justice
sera tel que le juste lui-même ne pourra avoir pitié
du damné[3]. Certes nous sommes avec l'auteur quand
il s'écrie après ces réponses, censées divines :

Je l'ai déjà dit, et je le dirai encore : « Mieux eût valu

1. Fragm. Bensly, v. 102 et suiv. C'est ici certainement le motif pour lequel le feuillet contenant ce passage a été coupé dans le manuscrit de la traduction latine (Paris, fonds de Saint-Germain, maintenant n° 11505. écrit l'an 822) d'où sont provenus tous les autres manuscrits que l'on connaît, excepté celui d'Amiens. Le moyen âge tenait beaucoup à la prière pour les morts; or le passage dont il s'agit en était la négation directe et servait de base à l'erreur de Vigilance (saint Jérôme, *Ad Vigil.*, c. 10, Opp., IV, 2ᵉ part., col. 283, 284, Mart.). Cf. saint Ambroise (*De bono mortis*, c. 10, 11, 12; Épître 34, *ad Horontianum*, Opp., t. II, col. 921-924).
2. Ch. vii, 36 et suiv.
3. Ch. vii, 45 (versions syr. et éthiop.).

pour nous qu'Adam n'eût point été créé sur la terre. Du moins, après l'y avoir placé, Dieu devait-il l'empêcher de mal faire. Quel avantage y a-t-il pour l'homme à passer sa vie dans la tristesse et la misère, sans attendre après sa mort autre chose que des supplices et des tourments[1]? O Adam, quelle a été l'énormité de ton crime! En péchant, tu t'es perdu toi-même et tu as entraîné dans ta chute tous les hommes dont tu étais le père. Et que nous sert l'immortalité, si nous avons fait des œuvres dignes de mort[2]?

Pseudo-Esdras admet bien la liberté[3]; mais la liberté a peu de raison d'être dans un système où l'on se fait une idée aussi exaltée de la prédestination. C'est pour Israël que le monde a été créé, le reste du genre humain est damné[4].

Et maintenant, Seigneur, je ne vous prierai point pour tous les hommes (vous savez mieux que moi ce qui les regarde); mais je vous prierai en faveur de votre peuple, de votre héritage, sujet continuel de mes larmes[5]...

Interrogez la terre, et elle vous dira que c'est à elle qu'il appartient de pleurer. Tous ceux qui sont nés ou naîtront sortent de la terre; cependant ils courent presque

1. Ch. vii, v. 46-47.
2. Ch. vii, 48-49.
3. Ch. vii, 57 et suiv.; Fragm. Bensly, v. 71 et suiv.; viii, 56 et suiv.
4. Ch. vii, 10-11.
5. Ch. viii, 45 et suiv.

tous à leur perte, et le plus grand nombre d'entre eux est destiné à périr [1]...

Ne t'inquiète pas du grand nombre de ceux qui doivent périr; car, ayant eux aussi reçu la liberté, ils ont dédaigné le Très-Haut, rejeté sa loi sainte, foulé aux pieds ses justes, dit dans leur cœur : « Il n'y a point de Dieu. » Aussi, pendant que vous jouirez des récompenses promises, ils auront en partage la soif et les tourments qui leur ont été préparés [2]. Ce n'est pas que Dieu ait voulu la perte de l'homme; mais ce sont les hommes formés de ses mains qui ont souillé le nom de celui qui les a faits et qui ont été ingrats envers celui qui leur a donné la vie [3]...

Je me suis réservé un grain de la grappe, une plante de toute une forêt. Périsse donc la multitude qui est née en vain [4], pourvu que me soit gardé mon grain de raisin, ma plante que j'ai élevée avec tant de soin [5]!...

Une vision spéciale [6] est destinée, comme dans presque toutes les apocalypses, à donner d'une façon énigmatique la philosophie de l'histoire contemporaine, et, comme d'ordinaire aussi, on en peut conclure la date du livre avec précision. Un aigle immense (l'aigle est le symbole de l'empire romain dans Da-

1. Ch. x, 9-10.
2. Comp. Matth., xxv, 34, 41, et IV Esdr., ix, 8.
3. Ch. viii, 55-61.
4. « Multitudo quæ sine causa nata est. »
5. Ch. ix, 21-22.
6. Ch. xi et xii. Voir l'édition et les explications de M. Volkmar.

niel[1]) étend ses ailes sur toute la terre et la tient dans ses serres. Il a six paires de grandes ailes, quatre paires d'ailerons ou contre-ailes[2], et trois têtes. Les six paires de grandes ailes sont six empereurs. Le second d'entre eux règne si longtemps, qu'aucun de ceux qui lui succèdent n'arrive à la moitié du nombre d'années qui lui est départi. C'est notoirement Auguste, et les six empereurs dont il s'agit sont les six empereurs de la maison des Jules : César[3], Auguste[4], Tibère, Caligula, Claude, Néron, maîtres de l'Orient et de l'Occident. Les quatre ailerons ou contre-ailes sont les quatre usurpateurs, ou anticésars, Galba, Othon, Vitellius, Nerva, qui, selon l'auteur, ne doivent pas être considérés comme de vrais empereurs[5]. Le règne des trois premiers anticésars est une période de troubles, durant laquelle on croira que c'en est fait de l'empire ; mais l'empire se relève, non cependant tel qu'il était à l'origine [6]. Les trois têtes

---

1. Dan., ch. xi. Comp. les monnaies de Domitien (aigle avec une palme).

2. Ἀντιπτερύγια.

3. Voir *l'Antechrist*, p. 407. Ajoutez comme exemples de cette manière de compter : *Carm. sib.*, V, 12-41 (écrit vers 118); Théophile, *Ad Autol.*, III, 25 ; Épiph., *De pond. et mens.*, c. 12.

4. Ch. xi, 13-17 ; xii, 15.

5. Ch. xi, 25-27 ; xii, 20.

6. Ch. xii, 18.

(les Flavius) représentent ce nouvel empire ressuscité. Ces trois têtes agissent toujours ensemble, innovent beaucoup, dépassent en tyrannie les Jules, mettent le comble aux impiétés de l'empire de l'aigle (par la destruction de Jérusalem), et en marquent la fin[1]. La tête du milieu (Vespasien) est la plus grande; toutes les trois dévorent les ailerons (Galba, Othon, Vitellius) qui aspiraient à régner. La tête du milieu meurt ; les deux autres (Titus et Domitien) règnent; mais la tête de droite dévore celle de gauche (allusion évidente à l'opinion populaire sur le fratricide de Domitien)[2] ; la tête de droite, après avoir tué l'autre, est tuée à son tour ; seule la grande tête meurt dans son lit, mais non sans de cruels tourments (allusion aux fables rabbiniques sur les maladies par lesquelles Vespasien aurait expié son crime envers la nation juive[3]).

Alors vient le tour de la dernière paire d'ailerons, c'est-à-dire de Nerva, usurpateur qui succède à la tête de droite (Domitien), et est avec les Flavius dans la même relation que Galba, Othon, Vitellius furent avec les Jules. Ce dernier règne est court et plein de trouble[4];

1. Ch. XII, 23-25.
2. Ch. XI, 35; XII, 27-28. Voir ci-dessus, p. 153, 154.
3. Ch. XII, 26. Voir ci-dessus, p. 144, 145.
4. Ch. XII, 1-2, 29-30. Cf. XI, 24.

c'est moins un règne qu'un acheminement ménagé par Dieu pour amener la fin des temps [1]. En effet, au bout de quelques instants, selon notre visionnaire, le dernier anticésar (Nerva) disparaît ; le corps de l'aigle prend feu, et toute la terre en est frappée d'étonnement. La fin du monde profane arrive, et le Messie vient accabler l'empire romain de reproches sanglants [2] :

Tu as régné sur le monde par la terreur et non par la vérité. Tu as écrasé les hommes doux[3], tu as persécuté les gens paisibles, tu as haï les justes, tu as aimé les menteurs, tu as humilié les murailles de ceux qui ne t'avaient fait aucun mal. Tes violences sont montées jusqu'au trône de l'Éternel, et ton orgueil est venu jusqu'au Tout-Puissant. Le Très-Haut a consulté alors sa table des temps, et a vu que la mesure était pleine, que son moment était venu. C'est pourquoi tu vas disparaître, toi, ô aigle et tes ailes horribles et tes ailerons maudits, et tes têtes perverses et tes ongles détestables[4], et tout ton corps sinistre, afin que la terre respire, qu'elle se ranime, délivrée de la tyrannie, et qu'elle recommence à espérer en la justice et en la pitié de celui qui l'a faite.

Les Romains seront jugés ensuite, jugés vivants

1. Ch. xii, 30.
2. Ch. xi, 40 et suiv.; xii, 32 et suiv.
3. *Anavim* ou *aniyyim,* synonyme d'*ébionim.*
4. Les ongles de l'aigle sont sans doute les légions, par lesquelles il tient l'Orient et l'Occident.

et exterminés sur place. Alors le peuple juif respirera. Dieu le conservera en joie jusqu'au jour du jugement [1].

On ne peut guère douter d'après cela que l'auteur n'ait écrit sous le règne de Nerva, règne qui parut sans solidité ni avenir, à cause de l'âge et de la faiblesse du souverain, jusqu'à l'adoption de Trajan (fin de 97). L'auteur de l'Apocalypse d'Esdras, comme l'auteur de l'Apocalypse de Jean [2], étranger à la vraie politique, croit que l'empire qu'il hait et dont il ne voit pas les ressources infinies, touche au terme de ses destinées. Les auteurs des deux révélations, juifs passionnés, battent des mains par avance sur la ruine de leur ennemie. Nous verrons les mêmes espérances se renouveler après les échecs de Trajan en Mésopotamie [3]. Toujours à l'affût des moments de faiblesse de l'empire, le parti juif, à chaque point noir à l'horizon, poussait d'avance des cris de triomphe et applaudissait par anticipation. L'espérance d'un empire juif, succédant à l'empire romain [4], remplissait encore ces brûlantes âmes, que les effroyables massacres de l'an 70 n'avaient pas abat-

1. Ch. xii, 33-34.
2. V. *L'Antechrist*, p. 434 et suiv.
3. Ci-après, p. 503 et suiv.
4. Cf. Ch. vi, 7 et suiv.

tues. L'auteur de l'Apocalypse d'Esdras avait peut-être dans sa jeunesse combattu en Judée ; parfois il semble regretter de ne pas y avoir trouvé la mort[1]. On sent que le feu n'est pas éteint, qu'il couve sous la cendre et que, avant d'abdiquer ses espérances, Israël tentera encore plus d'une fois le sort. Les révoltes juives sous Trajan et sous Adrien répondront à ce cri enthousiaste. Il faudra l'extermination de Béther pour avoir raison de la nouvelle génération de révolutionnaires sortie des cendres des héros de 70.

La fortune de l'Apocalypse d'Esdras fut aussi étrange que l'ouvrage lui-même. Comme le livre de Judith et le discours sur l'*Empire de la raison,* elle fut négligée des juifs, aux yeux desquels tout livre écrit en grec devint bientôt un livre étranger ; mais, dès son apparition, elle fut adoptée avec empressement par les chrétiens et tenue pour un livre du canon du Vieux Testament, écrit réellement par Esdras. L'auteur de l'épître attribuée à saint Barnabé[2], l'auteur de l'épître apocryphe qu'on appelle la Deuxième de Pierre[3], l'ont certainement lue. Le faux

---

1. Ch. XII, 44-45.
2. Comp. surtout Barn., c. 6, et IV Esdr., v, 42 (rapprochement douteux); Barn., c. 12, et IV Esdr., v, 5; Barn., c. 4, et IV Esdr., VIII, 3 (confusion avec Matth., XX, 16 ; XXII, 41).
3. Comp. II Petri, I, 19, et IV Esdr., XII, 42.

Hermas paraît l'imiter pour le plan, l'ordre et l'agencement des visions, le tour du dialogue. Clément d'Alexandrie en fait grand cas encore [1]. L'Église grecque, s'éloignant de plus en plus du judéo-christianisme, l'abandonne et laisse se perdre l'original [2]. L'Église latine est partagée. Les docteurs instruits, tels que saint Jérôme [3], voient le caractère apocryphe de toute la composition et la repoussent avec mépris, tandis que saint Ambroise en fait plus d'usage que de n'importe quel livre saint, et ne la distingue en rien des Écritures révélées [4]. Vigilance y puise le germe de son hérésie sur l'inutilité de la prière pour les morts. La liturgie y fait des emprunts [5]. Roger Bacon l'allègue avec respect. Christophe Colomb [6] y trouve des arguments pour l'existence d'une autre terre.

1. *Strom.*, I, xxi, p. 330 édit. Paris; III, xvi, p. 468. Cf. IV Esdr., v, 35.
2. Elle n'est pas dans la *Synopse* attribuée à saint Athanase. Nicéphore (canon 4) la rejette. Anastase le Sinaïte (§ 1) et le catalogue publié par Cotelier (*Patres apost.*, I, p. 197) la rangent parmi les apocryphes.
3. *Præf. in Esdr. et Neh., ad Domnionem et Rogatianum; Contre Vigilance*, c. 10.
4. *De bono mortis*, c. 10, 11, 12; *De Spir. sancto*, II, 6; *De excessu Satyri*, I, 66, 68, 69; *Epist.* 38, *ad Horontianum; Comment. sur Luc*, II, 31.
5. Hilg., *Mess. Jud.*, p. xxiv, 70, 147; Volkmar, *IV Buch Esra*, p. 273, 376; Le Hir, *Études bibl.*, I, p. 140, 141, 173.
6. Navarrete, *Colleccion*, I, p. 261.

Les enthousiastes du xvi⁰ siècle s'en nourrirent. L'illuminée Antoinette Bourignon y voyait le plus beau des livres saints.

En réalité, peu de livres ont fourni autant d'éléments à la théologie chrétienne que cette œuvre antichrétienne. Les limbes [1], le péché originel [2], le petit nombre des élus [3], l'éternité des peines de l'enfer [4], le supplice du feu [5], les préférences libres de Dieu, y ont trouvé leur expression la moins adoucie ; si les terreurs de la mort ont été fort aggravées par le christianisme, c'est sur des livres comme celui-ci qu'il en faut faire peser la responsabilité. Ce sombre Office, si plein de rêves grandioses, que l'Église récite sur les cercueils, semble inspiré des visions ou, si l'on veut, des cauchemars de pseudo-Esdras. L'iconographie chrétienne elle-même emprunta beaucoup à ces pages bizarres pour tout ce qui touche à la représentation de l'état des morts. Les mosaïques byzantines [6] et les miniatures qui offrent l'image de la ré-

---

1. Voir ci-dessus, p. 357.
2. Ch. iii, 10, 21-22; iv, 30; vii, 10-11, 46, 48; Frag. Bensly, v. 70; viii, 34 et suiv.
3. Voir ci-dessus, p. 360-361.
4. Ch. ix, 9 et suiv.
5. Ch. xiii, 38.
6. Par exemple, celle de Torcello (photographiée par Naya, Venise).

surrection ou du jugement dernier semblent calquer la description que fait notre auteur des dépôts d'âmes. De ses assertions dérive principalement l'idée qu'Esdras recomposa les Écritures perdues[1]. L'ange Uriel lui doit son droit de cité dans l'art chrétien[2] ; l'adjonction de ce nouveau personnage céleste à Michel, Gabriel et Raphaël donna aux quatre angles du trône de Dieu, et par suite aux quatre points cardinaux, leurs gardiens respectifs[3]. Le concile de Trente, tout en excluant du canon latin le livre tant admiré des anciens Pères, n'empêcha pas de le réimprimer à la suite des éditions de la Vulgate, dans un caractère différent.

Si quelque chose prouve la promptitude avec laquelle la fausse prophétie d'Esdras fut accueillie par les chrétiens, c'est l'emploi qui en est fait dans le petit traité d'exégèse alexandrine, imité de l'Épître aux Hébreux, auquel on attacha très-anciennement le nom de Barnabé[4]. L'auteur de ce traité cite le faux

1. Ch. xiv, 42 et suiv.
2. Il figurait déjà dans le livre d'Hénoch (Syncelle, p. 24; Cédremus, p. 9 et 11).
3. *Bammidbar rabba,* sect. 2. Buxtorf, au mot אוריאל. Cf. Waddington, *Inscr. de Syrie,* n° 2068.
4. Barnabé étant l'auteur vraisemblable de l'Épître aux Hébreux, on comprend qu'une imitation de ce dernier écrit lui ait été attribuée. L'erreur vint peut-être aussi de ce que Barnabé passait pour avoir présidé l'Église d'Alexandrie. Le texte grec original de cet écrit n'est connu dans son intégrité que depuis

Esdras [1], comme il cite Daniel, Hénoch [2] et les anciens prophètes. Un trait d'Esdras l'a surtout frappé, c'est le bois d'où le sang découle [3] ; naturellement il y voit l'image de la croix. Or tout porte à croire que le traité attribué à Barnabé a été composé, comme l'Apocalypse d'Esdras, sous le règne de Nerva [4]. Celui qui l'a écrit applique ou plutôt altère pour l'appliquer à son temps une prophétie de Daniel sur dix règnes (César, Auguste, Tibère, Caligula, Claude, Néron, Galba, Othon [5], Vespasien, Titus) et

la découverte du *Codex Sinaïticus*. Le manuscrit du Fanar, déjà utilisé par le métropolite Philothée Bryenne pour les Épîtres de saint Clément, contient également l'Épître de Barnabé (Κλήμ. ἐπιστ., p. π'). La publication de ce dernier texte lèvera les doutes qui restent encore sur des passages importants, comme Barn., 4.

1. Barn., 12 (ἐν ἄλλῳ προφήτῃ); cf. 4, 16. Voir ci-dessus, p. 370, note 2.

2. Ch. 4, peut-être 16 (Cf. *Hénoch*, c. 89).

3. V. ci-dessus, p. 359. Tout cela vient peut-être de Habacuc, II, 11-12, mal lu et mal compris. Cf. Le Hir, *Études bibl., I, p.* 198-200.

4. Le prétendu Barnabé semble aussi faire usage de l'Épître de Clément, qui n'existait guère que depuis un an ou deux (Hilgenfeld, *Clém.*, p. xix-xxi). Cela ne doit pas surprendre. Les écrits de ce temps étaient très-lus pendant les années qui suivaient leur publication. Dans l'ordre de recherches qui nous occupe, le moment où l'on commence à voir un livre cité est presque toujours celui où il venait de paraître.

5. Vitellius était supprimé en Égypte dans le canon des empereurs. Lepsius, *Das Kœnigsbuch der alten Ægypt.*, Berlin 1858, pl. 63; Volkmar, *IV Buch Esra,* p. 346, note.

sur un « petit roi »[1] (Nerva), qui viendra humilier les trois (Flavius), réduits à un (Domitien), qui l'ont précédé[2].

La facilité avec laquelle l'auteur a cru pouvoir adopter la prophétie du faux Esdras est d'autant plus singulière, que peu de docteurs chrétiens expriment aussi énergiquement que lui la nécessité de se séparer absolument du judaïsme. Les gnostiques, à cet égard, n'ont rien dit de plus fort. L'auteur se montre à nous comme un ex-juif très-versé dans le rituel, l'agada et les discussions rabbiniques, mais fort animé contre la religion qu'il a quittée. La circoncision lui paraît avoir été de tout temps une méprise des juifs, un malentendu qui leur a été inspiré par quelque génie pervers[3]. Le temple même fut une erreur ; le culte qu'on y pratiquait était presque idolâtrique ; il reposait tout entier sur l'idée païenne qu'on peut renfermer Dieu dans une maison. Le temple, détruit par la faute des Juifs, ne se relèvera plus ; le vrai temple est celui qui s'élève spirituel dans le cœur des chrétiens[4]. Le judaïsme en général n'a été qu'une

---

1. Comp. « Regnum exile ». IV Esdr., xii, 2.
2. Barn., 4. Cf. Daniel, vii, 7, 8, 24.
3. Barn., 9.
4. Barn., 16. Nous réfuterons dans notre livre suivant (chap. i) les fausses inductions qu'on a voulu tirer de ce passage.

aberration, l'ouvrage d'un mauvais ange [1], qui a fait prendre aux juifs tout de travers les ordres de Dieu. Ce que l'auteur craint le plus, c'est que le chrétien n'ait l'air d'un prosélyte juif [2]. Tout a été changé par Jésus, même le sabbat. Le sabbat représentait autrefois la fin d'un monde ; maintenant, transféré au huitième jour, il marque, par la joie avec laquelle on le célèbre, le début d'un monde nouveau, inauguré par la résurrection et l'ascension de Jésus-Christ [3]. C'en est fait des sacrifices, c'en est fait de la Loi ; tout l'Ancien Testament ne fut que symbole [4]. La croix de Jésus est le mot de toutes les énigmes [5] ; l'auteur la retrouve partout au moyen de bizarres *ghematrioth*. La Passion de Jésus est le sacrifice propitiatoire dont les autres n'étaient que l'image [6]. Le goût que l'Égypte ancienne et l'Égypte juive eurent pour les allégories semble se retrouver dans ces explications, où il nous est impossible de voir autre chose que des jeux arbitraires. Comme tous les lecteurs des apocalypses [7], l'auteur croit que l'on

1. Ἄγγελος πονηρός.
2. Barn., 3.
3. Barn., 15.
4. Barn., 2, 7-12, 14.
5. Barn., 9, 11.
6. Barn., 5, 6.
7. Barn., 4, 16.

est à la veille du jugement ¹. Les temps sont mauvais ; Satan a tout pouvoir sur les affaires d'ici-bas² ; mais le jour n'est pas loin où il périra ainsi que les siens ; « Le Seigneur est proche, avec sa récompense ³. »

Les scènes de désordre qui se succédaient de jour en jour dans l'empire ne donnaient, du reste, que trop raison aux sombres prédictions de pseudo-Esdras et du prétendu Barnabé. Le règne du faible vieillard que tous les partis s'étaient trouvés d'accord pour mettre au pouvoir, dans les heures de surprise qui suivirent la mort de Domitien, était une agonie ⁴. La timidité qu'on lui reprochait n'était que de la sagesse. Nerva sentait que l'armée regrettait toujours Domitien, et ne supportait qu'impatiemment la domination de l'élément civil. Les honnêtes gens étaient au pouvoir; mais le règne des honnêtes gens, quand il n'est pas appuyé sur l'armée, est toujours faible Un terrible incident montra la profondeur du mal. Vers le 27 octobre de l'an 97 ⁵, les prétoriens, ayant trouvé un chef dans Casperius Ælianus, viennent assiéger le palais, demandant à grand cris le châ-

1. Barn., 4, 21.
2. Barn., 2, 4, 8.
3. Barn., 21.
4. « Regnum exile et tumultu plenum ». IV Esdr., XII, 2.
5. Tillemont, *Hist. des emp.*, II, p. 487-488.

timent de ceux qui avaient tué Domitien. Le tempérament un peu mou de Nerva n'était pas fait pour de pareilles scènes. Il s'offrit vertueusement à la mort, mais ne put empêcher le massacre de Parthénius et de ceux qui l'avaient fait empereur. Ce jour fut décisif et sauva la république. Nerva, en véritable sage, comprit qu'il devait s'associer un jeune capitaine, dont l'énergie suppléât à ce qui lui manquait. Il avait des parents; mais, uniquement attentif au bien de l'État, il chercha le plus digne. Le parti libéral possédait dans son sein un admirable homme de guerre, Trajan, qui commandait alors sur le Rhin, à Cologne. Nerva le choisit. Ce grand acte de vertu politique assura la victoire des libéraux, qui était restée toujours douteuse depuis la mort de Domitien. La vraie loi du césarisme, l'adoption, était trouvée. La soldatesque est réfrénée. La logique voulait qu'un Septime Sévère, avec sa maxime détestable : « Contente le soldat; moque-toi du reste », succédât à Domitien. Grâce à Trajan, la fatalité de l'histoire fut ajournée et retardée d'un siècle. Le mal est vaincu, non pas pour mille ans, comme le croyait Jean, ni même pour quatre cents ans, comme rêvait pseudo-Esdras, mais pour cent ans, ce qui est beaucoup.

CHAPITRE XVII.

TRAJAN. — LES BONS ET GRANDS EMPEREURS.

L'adoption de Trajan assurait à l'humanité civilisée, après de cruelles épreuves, un siècle de bonheur. L'empire était sauvé. Les haineuses prédictions des faiseurs d'apocalypses recevaient un complet démenti. Le monde voulait vivre encore; l'empire, malgré la chute des Jules et des Flavius, trouvait en sa forte organisation militaire des ressources que les provinciaux superficiels ne soupçonnaient pas. Trajan, que le choix de Nerva venait de porter à l'empire, était un très-grand homme, un vrai Romain, maître de lui-même, froid dans le commandement, d'une attitude digne et grave. Il avait sûrement moins de génie politique qu'un César, qu'un Auguste, qu'un Tibère; mais il leur était supérieur par la justice et par la bonté; pour les talents militaires, il ne le cédait qu'à César. Il ne faisait pas profession de philosophie, comme Marc-

Aurèle ; mais il l'égalait en sagesse pratique, en bienveillance[1]. Sa ferme croyance dans le libéralisme[2] ne se démentit jamais ; il montra par un illustre exemple que le parti héroïquement optimiste qui nous fait admettre que les hommes sont bons, quand il n'est pas prouvé qu'ils sont mauvais, peut se concilier avec la fermeté d'un souverain. Chose surprenante ! ce monde d'idéologues et d'hommes d'opposition, que la mort de Domitien porta au pouvoir, sut gouverner. Il se réconcilia franchement avec la nécessité, et l'on vit alors quelle chose excellente est la monarchie faite par des républicains convertis. Le vieux Verginius Rufus, ce grand citoyen qui avait rêvé toute sa vie la république, et qui fit tout ce qu'il put pour qu'elle fût proclamée à la mort de Néron, comme elle l'avait été à la mort de Caligula, Verginius, illustre pour avoir plusieurs fois refusé l'empire[3], était complétement rallié et servait de centre à cette société d'élite[4]. Le parti radical renonçait à sa chimère, et reconnaissait que, si le principat

1. « Favorabilis, civilis animus. »
2. Notez ses phrases habituelles : *Non est ex justitia temporum nostrorum..., nec nostri seculi est* (Corresp. de Pline et de Trajan, lettres 55, 97).
3. Voir sa belle épitaphe républicaine, faite par lui-même. Pline, *Lettres,* VI, 10 ; IX, 19.
4. Pline, *Lettres,* II, 1 ; Dion Cassius, LXVIII, 2.

et la liberté avaient été jusque-là inconciliables[1], le bonheur des temps voulait que ce miracle fût devenu aisé.

Galba le premier avait entrevu un moment cette combinaison d'éléments en apparence contradictoires. Nerva et Trajan la réalisèrent. L'empire avec eux devient républicain, ou plutôt l'empereur est le premier et le seul républicain de l'empire. Les grands hommes qu'on vante dans le monde qui entoure le souverain sont Thraséa, Helvidius, Sénécion, Caton, Brutus, les héros grecs qui expulsèrent les tyrans de leur patrie[2]. Là est l'explication de ce fait que, à partir de l'an 98, il n'y a plus de protestation contre le principat. Les philosophes, qui avaient été jusque-là en quelque sorte l'âme de l'opposition radicale, et dont l'attitude avait été si hostile sous les Flavius, se taisent tout à coup; ils sont satisfaits. Entre le régime nouveau et la philosophie il y a une alliance intime. Il faut dire qu'on ne vit jamais au gouvernement des choses humaines un groupe d'hommes aussi dignes d'y présider. C'étaient Pline, Tacite, Verginius Rufus, Junius Mauricus, Gratilla, Fannia[3], nobles hommes, femmes pudiques,

---

1. Tacite, *Agricola*, 3.
2. Pline, *Lettres*, I, 17; Juvénal, *Sat.*, v, 36 et suiv.; Marc-Aurèle, *Pensées*, I, 14.
3. Voir la belle Lettre de Pline, III, 11. Comp. V, 1.

tous ayant été les persécutés de Domitien, tous pleurant quelque parent, quelque ami, victime du règne abhorré.

L'âge des monstres était passé. Cette haute race des Jules et des familles qui leur étaient alliées avait déroulé devant le monde le plus étrange spectacle de folie, de grandeur, de perversité. Désormais l'âcreté du sang romain semble épuisée. Rome a sué toute sa malice. C'est le propre d'une aristocratie qui a mené la vie sans frein de devenir sur ses vieux jours réglée, orthodoxe, puritaine. La noblesse romaine, la plus terrible qui ait jamais existé, n'a plus maintenant que des raffinements extrêmes de vertu, de délicatesse, de modestie.

Cette transformation fut en grande partie l'œuvre de la Grèce[1]. Le pédagogue grec avait réussi à se faire accepter de la noblesse romaine, à force de subir ses dédains, sa grossièreté, son mépris pour les choses de l'esprit. Dès le temps de Jules César, Sextius le père apportait d'Athènes à Rome la fière discipline morale du stoïcisme, l'examen de conscience, l'ascétisme, l'abstinence, l'amour de la pauvreté[2]. Après lui, Sextius fils, Sotion d'Alexandrie, Attale, Démétrius le cynique, Métronax, Claranus,

---

1. Livre Ier des *Pensées* de Marc-Aurèle, tout entier.
2. Fabianus, dans Sénèque le Rhéteur, *Controv.*, II, 9.

Fabianus[1], Sénèque, donnent le modèle d'une philosophie active et pratique, employant tous les moyens, la prédication, la direction des consciences, pour la propagande de la vertu[2]. La noble lutte des philosophes contre Néron et Domitien, leurs bannissements, leurs supplices achevèrent de les rendre chers à la meilleure société romaine. Leur crédit va toujours grandissant jusqu'à Marc-Aurèle, sous lequel ils règnent. La force d'un parti est toujours en proportion du nombre de ses martyrs. La philosophie avait eu les siens. Elle avait souffert, comme tout ce qui était noble, des abominables régimes qu'on avait traversés ; elle bénéficia de la réaction morale provoquée par l'excès du mal. Alors naît une idée, chère aux rhéteurs, le tyran ennemi-né du philosophe, le philosophe ennemi-né du tyran[3]. Tous les

1. Sénèque, *Epist.*, 52, 59, 62, 64, 66, 67, 73, 93, 98, 100, 108, 110; *De ira*, III, 36; *Quæst. nat.*, VII, 32; *De provid.*, 3, 5. Sénèque le Rhét., *Controv.*, II, præf.

2. « Disserebat populo Fabianus. » Sén., *Épîtres*, 52. Cf. ép. 100.

3. Voir surtout, dans la *Vie d'Apollonius* de Philostrate, la façon dont l'auteur insiste sur le rôle brillant du philosophe, en lutte avec les mauvais empereurs, honoré de leur haine personnelle, persécuté nommément par eux, puis, à partir de Nerva, recherché, flatté, ayant ses entrées particulières au palais. Voir aussi du même *Vies des soph.*, I, VII; Lucien, *Nero seu de isthmo*; Arrien, *Dissert. Epict.*, I, VIII, 12; Spartien, *Adrien*, 16; Thémistius, Orat. 5, ad Jov. imp., p. 63, édit. Hardouin.

maîtres des Antonins sont pleins de cette idée ; le bon Marc-Aurèle passa sa jeunesse à déclamer contre les tyrans ; l'horreur pour Néron et pour ces empereurs que Pline l'Ancien appelait les « brandons incendiaires du genre humain »[1] remplit la littérature du temps[2]. Trajan eut toujours pour les philosophes les plus grands égards et les plus délicates attentions[3]. Entre la discipline grecque et la fierté romaine l'alliance est désormais intime. « Vivre comme il convient à un Romain, à un homme »[4], est le rêve de quiconque se respecte : Marc-Aurèle n'est pas au monde encore ; mais il est né moralement ; la maîtrise spirituelle d'où il sortira est complétement instituée.

Certes, la philosophie ancienne avait eu des jours de plus grande originalité ; elle n'avait jamais pénétré plus profondément la vie et la société. Les différences des écoles étaient à peu près effacées ; les systèmes généraux étaient abandonnés ; un éclectisme superficiel, comme celui qu'aiment les gens du monde soucieux de bien faire, était à la mode. La philoso-

---

1. Pline, *Hist. nat.*, VII, 45.
2. Voir, par exemple, la pièce d'*Octavie*, attribuée faussement à Sénèque. Remarquez l'aversion de Marc-Aurèle pour les Césars, *Pensées*, VI, 30 ; son opinion sur Néron, III, 16.
3. Pline, *Panégyr.*, 44.
4. Marc-Aurèle, *Pensées*, II, 5 ; III, 5.

phie devenait oratoire, littéraire, prêcheuse, visant plus à l'amélioration morale qu'à la satisfaction de la curiosité. Une foule de personnes en faisaient leur règle et même la loi de leur vie extérieure. Musonius Rufus et Artémidore étaient de vrais confesseurs de leur foi, des héros de la vertu stoïque[1]. Euphrate de Tyr offrait l'idéal du philosophe galant homme ; sa personne avait un grand charme, ses manières étaient de la plus rare distinction[2]. Dion Chrysostome créait un genre de conférences voisin du sermon, et obtenait d'immenses succès sans sortir jamais du ton le plus élevé[3]. Le bon Plutarque écrivait pour l'avenir la *Morale en action* du bon sens, de l'honnêteté, et imaginait cette antiquité grecque, douce et paterne, peu ressemblante à la vraie (laquelle fut resplendissante de beauté, de liberté et de génie), mais mieux accommodée que la vraie aux besoins de l'éducation. Épictète, lui, avait les paroles de l'éternité, et prenait

---

1. Pline, *Lettres*, III, 11. Se défier de Philostrate, qui, surtout dans sa *Vie d'Apollonius*, a tout à fait faussé le caractère de ces grands hommes, et leur a donné un air de théosophie qu'ils n'eurent pas. Lucien, en ces matières, est aussi plus romancier qu'historien de la philosophie.

2. Pline, *Lettres*, I, 10. Cf. *Manuel* d'Epict., xxix, 1 ; Arrien, *Dissert. Epict.*, IV, viii, 15 ; Philostrate, *Soph*, I, vii, 3 ; xxv, 11, Dion Cassius, LXIX, 8.

3. Voir ses œuvres et Philostrate, *Soph.*, I, vii.

place à côté de Jésus, non sur les montagnes d'or de Galilée, éclairées par le soleil du royaume de Dieu, mais dans le monde idéal de la vertu parfaite. Sans résurrection, sans Thabor chimérique, sans royaume de Dieu, il prêcha le sacrifice, le renoncement, l'abnégation. Il fut le pic de neige sublime que l'humanité contemple avec une sorte de terreur à son horizon ; Jésus eut le rôle plus aimable de dieu parmi les hommes ; le sourire, la gaieté, le pardon lui furent permis.

La littérature, de son côté, devenue tout à coup grave et digne, atteste un immense progrès dans les mœurs de la haute société. Déjà Quintilien, aux plus mauvais jours du règne de Domitien, avait tracé ce code de la probité oratoire, qui devait se trouver en un si parfait accord avec nos meilleurs esprits du xviie et du xviiie siècle, Rollin, MM. de Port-Royal ; or l'honnêteté littéraire ne va jamais seule ; il n'y a que les siècles sérieux qui puissent avoir une littérature sérieuse. Tacite écrivait l'histoire avec ce haut sentiment d'aristocrate qui ne le préservait pas des erreurs de détail, mais lui inspirait ces colères vertueuses qui ont fait de lui pour l'éternité le spectre des tyrans. Suétone se préparait par des travaux de solide érudition à son rôle d'exact et impartial biographe. Pline, homme bien élevé, libéral, humain, charitable¹, délicat, fonde des écoles, des bibliothèques publiques²; on dirait un Français de la plus aimable société du xviii⁰ siècle. Juvénal, sincère dans la déclamation et moral dans la peinture du vice, a de beaux accents d'humanité³, et garde, malgré les taches de sa vie, un sentiment de fierté romaine. C'était comme une reflorescence tardive de la belle culture intellectuelle créée par la collaboration du génie grec et du génie italien. Cette culture était au fond déjà frappée à mort; mais elle produisait avant de mourir une dernière poussée de feuilles et de fleurs.

Le monde va donc enfin être gouverné par la raison. La philosophie va jouir, pendant cent ans, du droit qu'elle est censée avoir de rendre les peuples heureux. Une foule de lois excellentes, formant la meilleure partie du droit romain, sont de ce temps. L'assistance publique commence; les enfants surtout sont l'objet de la sollicitude de l'État⁴. Un vrai sentiment moral

---

1. Pline, *Epist.*, I, 19; IV, 22; VI, 3, 32; VII, 18.
2. Inscr. (rétablie par Mommsen) dans Borghesi, *Œuvr. compl.*, IV, p. 119; *Bibl. de l'Éc. des hautes études*, 15ᵉ fascic., p. 86-87. Cf. Pline, *Lettres,* I, 8; IV, 13.
3. Sat. III entière; x, 78, 81; xiii, 190, 198; xiv, 15, 19, 44; xv, 131.
4. Voir *les Apôtres*, p. 323; Dion Cassius, LXVIII, 2; Pline, *Panég.*, c. 26-28; *Épîtres,* VII, 31; Spartien, *Hadr,* c. 7; Capitolin, *Anton. Pius,* c. 8; *Pertinax,* c. 9. Comparez la monnaie de

anime le gouvernement; jamais, avant le xviiie siècle, on ne fit tant pour l'amélioration du sort de l'humanité. L'empereur est un dieu, accomplissant son voyage sur la terre et signalant son passage par des bienfaits.

Ce n'est pas qu'un tel régime ne différât beaucoup de ce que nous considérons comme l'essence d'un gouvernement libéral. On y chercherait vainement quelque trace d'institutions parlementaires ou représentatives [1]; l'état du monde ne comportait rien de semblable. L'opinion des politiques du temps est que le pouvoir appartient, par une sorte de délégation naturelle, aux hommes honnêtes, sensés, modérés. Cette désignation se fait par le *fatum* [2]; une fois qu'elle a eu lieu, l'empereur gouverne l'empire comme le bélier conduit son troupeau et le taureau le sien [3]. A côté de cela, un langage tout républi-

---

Nerva *Tutela Italiæ* (Cohen, I, p. 479) et celles de Trajan (Cohen, II, Traj., nos 13, 14, 299, 300-304, 373, p. 5, 48-49, 60), sans oublier l'arc de Bénévent. Il faut reconnaître que l'intention politique avait plus de part dans ces fondations que l'intention charitable. Il s'agissait avant tout de faciliter les mariages, d'empêcher la dépopulation et de se procurer des soldats dévoués (Pline, *l. c.*). Ce n'étaient là que des *congiaria* comme d'autres. Orelli-Henzen, n° 6664 (ou Henzen, *Tabula aliment. Bœb.*).

1. « Jubes esse liberos; erimus. » Pline.
2. « Fatis designatus. »
3. Marc-Aurèle, *Pensées,* XI, xviii, 1°.

cain. Avec la meilleure foi du monde, ces excellents souverains croient réaliser un État fondé sur l'égalité naturelle de tous les citoyens, une royauté ayant pour base le respect de la liberté[1]. Liberté, justice, respect de l'opposition, étaient leurs maximes fondamentales[2]. Mais ces mots, empruntés à l'histoire des républiques grecques, dont les lettrés étaient nourris, n'avaient pas beaucoup de sens dans la société réelle du temps. L'égalité civique n'existait pas. La différence du riche et du pauvre était écrite dans la loi; l'aristocratie romaine ou italiote conservait tous ses priviléges; le sénat, rétabli par Nerva dans ses droits et sa dignité, restait tout aussi muré qu'il l'avait jamais été; le *cursus honorum* était le privilége exclusif des nobles. Les bonnes familles romaines ont reconquis leur prédominance exclusive dans la politique; hors d'elles, on n'arrive pas.

La victoire de ces familles fut assurément une victoire juste; car, sous les règnes odieux de Néron et de Domitien, elles avaient été l'asile où s'étaient réfugiés la vertu, le respect de soi-même, l'instinct du commandement raisonnable, la bonne éducation littéraire et philosophique; mais ces mêmes familles, comme il arrive d'ordinaire, formaient un monde très-fermé. OEu-

1. Marc-Aurèle, *Pensées,* I, 14.
2. *Ibid.,* II, 5; VI, 55.

vre d'un parti conservateur libéral et aristocratique, l'avénement de Nerva et de Trajan mit fin à deux choses, aux troubles de la caserne et à l'importance des Orientaux, domestiques et favoris des empereurs. Il ne sera plus donné aux affranchis, aux gens d'Égypte et de Syrie, de faire trembler ce qu'il y a de meilleur dans Rome. Ces misérables, qui s'étaient rendus maîtres par leurs coupables complaisances des règnes de Caligula, de Claude, de Néron, qui avaient même été les conseillers et les confidents des débauches de Titus, avant son avénement [1], tombent dans le mépris. L'agacement qu'on voit les Romains éprouver devant les honneurs décernés à un Hérode Agrippa, à un Tibère Alexandre, ne se produit plus après la chute des Flavius [2]. Le sénat grandit d'autant; mais l'action des provinces fut amoindrie; les tentatives pour rompre la glace du monde officiel se trouvèrent à peu près réduites à l'impuissance.

L'hellénisme n'en souffrit pas; car il sut, par sa souplesse ou par sa haute distinction, se faire accepter du meilleur monde romain [3]. Mais le

1. Suétone, *Titus*, 7.
2. Juv., I, 129-134; III, 73-78.
3. La colère de Juvénal contre l'envahissement des Grecs (Sat. III, 80 et suiv.) ne signifie autre chose que la jalousie du parasite italien supplanté par le parasite grec.

judaïsme et le christianisme en souffrirent. Nous avons vu à deux reprises, au 1ᵉʳ siècle, sous Néron et sous les Flavius, les juifs et les chrétiens approcher de la maison de l'empereur et y exercer une influence considérable. De Nerva à Commode, ils en resteront à mille lieues. D'une part, les juifs n'ont plus de noblesse : les juifs mondains, comme les hérodiens, les Tibère Alexandre, sont morts ; tout israélite est désormais un fanatique séparé du monde par un abîme de mépris. Un amas d'impuretés, d'inepties, d'absurdités, voilà ce qu'est le mosaïsme pour les hommes les plus éclairés du temps[1]. Les juifs semblent à la fois superstitieux et irréligieux, athées et voués aux plus grossières croyances[2]. Leur culte paraît un monde renversé, un défi à la raison, une gageure de contrarier en tout les coutumes des autres peuples[3]. Travestie d'une manière grotesque, leur histoire sert de thème à des plaisanteries sans fin[4] ; on y voit généralement une forme du culte de Bacchus[5]. « Antiochus, disait-on, avait essayé

---

1. « Instituta sinistra, fœda, pravitate valuere... Pessimus quisque... Mos absurdus sordidusque... Teterrimam gentem... colluvie... pervicacissimus quisque... » Tac., *Hist.*, V, 5, 8, 12.
2. Tac., *Hist.*, V, 5, 8, 13
3. Tac., *Hist.*, V, 4.
4. Tac , *Hist.*, V, 2-4.
5. Tac., *Hist.*, V, 5. Cf. Plutarque, *Quæst. conv.*, IV, 5 et 6.

vainement d'améliorer cette race détestable[1]... » Une accusation surtout, celle de haïr tout ce qui n'était pas eux [2], était meurtrière; car elle reposait sur des motifs spécieux et de nature à égarer l'opinion. Plus dangereuse encore était l'idée d'après laquelle le prosélyte qui s'attachait au mosaïsme recevait pour première leçon de mépriser les dieux, de dépouiller tout sentiment patriotique, d'oublier ses parents, ses enfants, ses frères [3]. Leur bienfaisance, disait-on, n'est qu'égoïsme; leur moralité n'est qu'apparente; entre eux tout est permis [4].

Trajan, Adrien, Antonin, Marc-Aurèle se tiennent ainsi, à l'égard du judaïsme et du christianisme, dans une sorte d'éloignement hautain. Ils ne les connaissent pas, ne se soucient pas de les étudier. Tacite, qui écrit pour le grand monde, parle des juifs comme d'une curiosité exotique, totalement ignorée de ceux à qui il s'adresse, et ses erreurs nous surprennent. La confiance exclusive de ces nobles esprits dans la discipline romaine les rendait insouciants d'une doctrine qui se présentait à eux

---

1. Tac., *Hist.*, V, 8.
2. Tac., *Hist.*, V, 5.
3. Tac., *Hist.*, V, 5. Voir le passage de Juvénal cité ci-dessus, p. 235.
4. « Inter se nihil inlicitum. » Tac., *Hist.*, V, 6.

comme étrangère et absurde. L'histoire ne doit
parler qu'avec respect des politiques honnêtes et
courageux qui tirèrent le monde de la boue où
l'avaient jeté le dernier Jules et le dernier Flavius ;
mais ils eurent les imperfections qui étaient une
suite naturelle de leurs qualités. C'étaient des
aristocrates, des hommes à traditions, à préjugés, des espèces de torys anglais, tirant leur force
de leurs préjugés mêmes. Ils furent profondément
Romains. Persuadés que quiconque n'est pas riche
ou bien né ne saurait être honnête homme, ils ne
ressentaient pas pour les doctrines étrangères ces
faiblesses dont les Flavius, bien plus bourgeois, ne
savaient pas se défendre. Leur entourage, la société
qui arrive au pouvoir avec eux, Tacite, Pline, ont le
même mépris pour ces doctrines barbares. Un fossé
semble creusé durant tout le IIe siècle entre le christianisme et le monde officiel. Les quatre grands
et bons empereurs y sont nettement hostiles, et c'est
sous le monstre Commode que nous retrouverons,
comme sous Claude, sous Néron et sous les Flavius,
des « chrétiens de la maison de César ». Les défauts
de ces vertueux empereurs sont ceux des Romains
eux-mêmes, trop de confiance en la tradition latine,
une fâcheuse obstination à ne pas admettre d'honneur hors de Rome, beaucoup d'orgueil et de dureté

pour les petits, pour les pauvres, pour les étrangers, pour les Syriens, pour tous les gens qu'Auguste appelait dédaigneusement « les Grecs », et à qui il permettait des adulations interdites aux Italiotes[1]. Ces dédaignés prendront leur revanche, en montrant qu'eux aussi ont leur noblesse et sont capables de vertu.

La question de liberté se posait comme elle ne s'était posée dans aucune des républiques de l'antiquité. La cité antique, qui n'était que la famille agrandie, ne pouvait avoir qu'une religion, celle de la cité elle-même; cette religion était presque toujours le culte des fondateurs mythiques, de l'idée même de la cité. En ne la pratiquant pas, on s'excluait de la cité. Une telle religion était logique en se montrant intolérante; mais Alexandre eût été déraisonnable, Antiochus Épiphane le fut au plus haut degré, en voulant persécuter au profit d'un culte particulier, puisque leurs États, résultant de conquêtes, se formaient de cités diverses, dont l'existence politique avait été supprimée. César comprit cela avec sa merveilleuse lucidité d'esprit. Puis l'étroite idée de la cité romaine reprit le dessus, faiblement et par courtes intermittences au Ier siècle,

---

1. Dion Cassius, LI, 20. Cf. Suétone, *Aug.*, 98.

d'une manière beaucoup plus suivie au IIᵉ siècle. Déjà, sous Tibère, un Valère Maxime, faiseur de livres médiocres, doublé d'un malhonnête homme, prêche la religion avec un air de conviction qui étonne. Nous avons vu de même Domitien exercer une forte protection en faveur du culte latin, essayer une sorte d'union « du trône et de l'autel ». Tout cela se faisait par un sentiment analogue à celui qui rattache de nos jours au catholicisme une foule de personnes peu croyantes, mais persuadées que ce culte est la religion de la France. Martial et Stace, gazetiers de la chronique scandaleuse du temps, qui regrettaient au fond les beaux jours de Néron, deviennent graves, religieux, applaudissent à la censure des mœurs, prêchent le respect de l'autorité. Les crises sociales et politiques ont d'ordinaire pour effet de provoquer ces sortes de réactions. Une société en péril se rattache à ce qu'elle peut. Un monde menacé se range; persuadé que toute pensée tourne à mal, il devient timide, retient en quelque sorte sa respiration; car il craint que tout mouvement ne fasse crouler le frêle édifice qui lui sert d'abri.

Trajan et ses successeurs n'eurent garde de renouveler les tristes excès d'hypocrisie sournoise qui caractérisèrent le règne de Domitien. Cependant ces princes et leur entourage se montrèrent en religion très-conservateurs [1]. On ne voyait de salut que dans le vieil esprit romain. Marc-Aurèle, si philosophe, n'est nullement exempt de superstitions. C'est un rigide observateur de la religion officielle [2]. La confrérie des saliens n'avait pas de membre plus exact. Il affectait de ressembler à Numa, dont il prétendait tirer son origine, et maintenait avec sévérité les lois qui interdisaient les religions étrangères [3]. Dévotions de l'avant-veille de la mort! Le jour où l'on tient le plus à ces souvenirs est celui où ils égarent. Combien n'a-t-il pas nui à la maison de Bourbon de trop penser à saint Louis et de prétendre se rattacher à Clovis et à Charlemagne!

A cette forte préférence pour le culte national se joignait, chez les grands empereurs du IIe siècle, la crainte des hétéries, *cœtus illiciti*, ou associations susceptibles de devenir des factions dans les villes [4]. Un simple corps de pompiers était suspect [5]. Trop de monde à une fête de famille inquiétait l'autorité.

---

1. Pline, *Panég.*, 52. Pline, *Epist.*, VIII, 24 : « Reverere conditores deos et numina deorum. » Comp. l'inscription, *Corp. inscr. lat.*, vol. III, n° 567, et les *additamenta; Mém. des sav. étr. de l'Acad. des insc.*, VIII, 1re partie, p. 1 et suiv.
2. Marc-Aurèle, *Pensées*, II, 11; VI, 30; IX, 11; XII, 28.
3. Capitolin, *Marc-Aurèle*, 4, 13, 15, 20, 26, 27, 28, 29.
4. Pline, *Epist.*, X, 34 (43), 93 (94), 96 (97), édit. Keim.
5. *Epist.*, X, 33 (42), 34 (43).

Trajan veut que les invitations soient limitées et nominatives[1]. Même les associations *ad sustinendam tenuiorum inopiam*[2] ne sont permises qu'aux villes qui ont à cet égard des chartes particulières. En cela, Trajan était dans la tradition de tous les grands empereurs depuis César[3]. Il est impossible que de telles mesures eussent paru nécessaires à de si grands hommes si elles n'avaient été à quelques égards justifiées. Mais l'esprit administratif du IIe siècle alla aux excès. Au lieu de pratiquer la bienfaisance publique, ainsi que l'État commençait à le faire, combien il eût mieux valu laisser les associations libres l'exercer! Ces associations aspiraient à naître de toutes parts; l'État fut pour elles plein d'injustice et de dureté. Il voulait le repos à tout prix[4]; mais le repos, quand l'autorité le fonde sur la suppression des efforts privés, est plus préjudiciable à une société que les troubles mêmes auxquels on prétend obvier par le sacrifice de toute liberté.

Là est la cause de ce phénomène, en apparence singulier, que le christianisme s'est en réalité trouvé plus mal de la sage administration des grands em-

---

1. Livre X, 116 (117), 117 (118).
2. Livre X, epist. 93 (94).
3. Suetone, *César*, 42; *Aug.*, 32.
4. Pline, *Lettres*, X, 117 (118).

pereurs du IIᵉ siècle que des coups de fureur que lui portèrent les scélérats du Iᵉʳ. Les violences de Néron, de Domitien, ne durèrent que quelques semaines, quelques mois; elles furent ou des actes de brutalité passagère ou des vexations, fruit d'une politique fantasque et ombrageuse. Dans l'intervalle qui s'écoule depuis l'apparition du christianisme jusqu'à l'avénement de Trajan, on ne voit pas une seule fois invoquer contre les chrétiens une loi qui les constitue à l'état de délinquants. La législation sur les colléges illicites existait déjà en partie ; mais on ne l'appliquait pas avec autant de rigueur que l'on fit plus tard. Au contraire, le régime très-légal, mais très-gouvernemental (comme on dit aujourd'hui) des Trajan, des Antonins, sera plus oppressif pour le christianisme que la férocité et la méchanceté des tyrans [1]. Ces grands conservateurs de la chose romaine aper-

---

1. Les apologistes, il est vrai, ne sont pas de cet avis. Pour Tertullien, c'est Néron, c'est Domitien qui ont été les seuls persécuteurs dans toute la force du terme ; les bons empereurs se sont montrés relativement favorables au christianisme (*Apol.*, 5). Méliton exprime la même pensée (Fragm. dans Eus., *H. E.*, IV, XXVI, 9 et suiv., μόνοι πάντων). Lactance présente les choses de la même façon (*De mort. persec.*, c. 3). Comp. Théodoret, *De cura græc. aff.*, serm. IX, p. 612, Paris, 1642. On sent là une petite habileté oratoire et le parti systématique de présenter les alternatives de paix ou de persécution de l'Église comme répondant aux alternatives de splendeur ou de misère de l'empire.

cevront, non sans raison, un danger sérieux pour
l'empire dans cette foi trop ferme en un royaume de
Dieu qui est l'inverse de la société existante. L'élément de théocratie qui est au fond du judaïsme et du
christianisme les effraye. Ils voient vaguement, mais
sûrement, ce que verront plus clairement après eux
les Dèce, les Aurélien, les Dioclétien, tous les restaurateurs de l'empire croulant au iiie siècle, qu'il
faut choisir entre l'empire et l'Église; que la pleine
liberté de l'Église, c'est la fin de l'empire. Ils luttent par devoir; ils laissent appliquer une loi dure,
qui est la condition de l'existence de la société de
leur temps. On était ainsi bien plus loin de s'entendre
avec le christianisme que sous Néron ou sous les
Flavius. Les politiques avaient senti le danger et se
tenaient en garde. Le stoïcisme s'était roidi; le monde
n'était plus aux âmes tendres, pleines de sentiments
féminins, comme Virgile. Les disciples de Jésus ont
maintenant affaire à des hommes fermes, doctrinaires inflexibles, sûrs d'avoir raison, capables d'être
durs systématiquement, car ils se rendent témoignage de n'agir qu'en vue du bien de l'État, et se
disant avec une douceur imperturbable : « Ce qui
n'est pas utile à l'essaim n'est pas non plus utile à
l'abeille [1]. »

1. Marc-Aurèle, *Pensées*, VI, 54.

Certes, d'après nos idées, Trajan, Marc-Aurèle eussent mieux fait d'être tout à fait libéraux, de concéder pleinement le droit d'association, de reconnaître les corporations comme capables de posséder, sauf, en cas de schisme, à partager les propriétés de la corporation entre les membres, en proportion du nombre des adhérents de chaque parti. Ce dernier point eût suffi pour écarter tous les dangers. Déjà, dès le IIIe siècle, c'est l'empire qui maintient l'unité de l'Église en posant en règle que l'évêque véritable d'une ville est celui qui correspond avec l'évêque de Rome et est reconnu par ce dernier [1]. Que serait-il arrivé au IVe, au milieu de ces luttes ardentes de l'arianisme? Des scissions sans nombre et irrémédiables. Les empereurs, puis les rois barbares purent seuls y mettre fin, en tranchant la question de savoir qui était le vrai orthodoxe, qui était l'évêque canonique. Les corporations sans lien avec l'État ne sont jamais bien redoutables à l'État, quand l'État reste réellement neutre, ne se fait pas juge des dénominations, et, dans les procès qu'on porte devant lui pour la possession des biens, observe le règle de partager le capital social au prorata du nombre. De la sorte, toutes les associations dangereuses pour la

---

[1]. Affaire de Paul de Samosate.

paix du monde seront facilement dissoutes; la division les réduira en poussière. L'autorité de l'État peut seule faire cesser les schismes dans les corps de ce genre; la neutralité de l'État les rend incurables. Le système libéral est le plus sûr dissolvant des associations trop puissantes. Voilà ce que de nombreuses expériences nous ont appris. Mais Trajan et Marc-Aurèle ne pouvaient pas le savoir. Leur erreur en ceci, comme sur tant d'autres points où nous trouvons leur œuvre législative défectueuse, était de celles que les siècles seuls pouvaient corriger.

La persécution à l'état permanent, tel est donc le résumé de l'ère qui s'ouvre pour le christianisme[1]. On a pensé qu'il y eut un édit spécial ainsi conçu : *Non licet esse christianos*[2], lequel aurait servi de base à toutes les poursuites contre les chrétiens. Cela est possible; mais cela n'est point nécessaire à supposer. Les chrétiens étaient, par le seul fait de leur existence, en contravention avec les lois sur les associations[3]. Ils étaient coupables de sacrilége, de lèse-ma-

1. Cf. Lactance, *Instit. div.*, V, 11. Pour Porphyre (dans Eus., *H. E.*, VI, xix, 7), χριστιανῶς et παρανόμως sont synonymes.

2. Justin, *Apol. I,* 11; Sulp. Sév., *Chron.,* II, 29; Tertullien, *Apol.,* 4; Origène, Homel. x *In Josue,* § 10; Lampride, *Alex Sév.,* 22; Lactance, *De mort. persec.,* 34. Voir Boissier, *Revue archéol.,* juin 1876.

3. Voir les textes dans *les Apôtres,* p. 354 et suiv.

jesté [1], de réunions nocturnes [2]. Ils ne pouvaient rendre à l'empereur les honneurs que lui devait un sujet loyal [3]. Or le crime de lèse-majesté était puni des plus cruels supplices ; aucune personne accusée de ce crime n'était exempte de la torture [4]. Et puis il y avait cette sombre catégorie des *flagitia nomini cohærentia*, crimes qui n'avaient pas besoin d'être prouvés, que le nom seul de chrétien faisait supposer *a priori*, et qui entraînaient la qualification d'*hostis publicus*. Contre de pareils crimes la poursuite se faisait d'office [5]. Telle était en particulier l'accusation d'incendie, sans cesse ravivée par les souvenirs de 64 et aussi par l'insistance avec laquelle

1. Tertullien, *Apol.*, 10, 35; *Ad Scap.*, 2.
2. Cic., *De legibus*, II, 9; Paul, *Sentent.*, V, xxiii, 15; Porcius Latro, *Declam. in Catil.*, c. 19; Pline, *Epist.*, X, 96 (97); Minucius Félix, *Oct.*, 8; Tertullien, *Ad uxorem*, II, 4; *De corona mil.*, 3; *De fuga in persec.*, 14.
3. Ruinart, *Acta sinc.*, p. 82, 87, 150, 217, 463 (édit. de 1713).
4. Voir *l'Antechrist*, p. 163; Paul, *Sentent.*, V, xxix, 2; Suét., *Aug.*, 27, Ammien Marc., XIX, 12; Cod. Just., l. 4, *Ad legem Juliam maj.* (IX, 8); l. 16, *De quæst.* (IX, 41).
5. « In reos majestatis et publicos hostes omnis homo miles est; ad socios, ad conscios usque inquisitio extenditur. » Tertullien, *Apol.*, 2, 35, 37; Ruinart, *Acta sinc.*, p. 82, 247. Comp. Digeste, l. 7, *De re militari* (XLIX, 16); Cod. Just., l. 1, *De bonis libert.* (VI, 4); Code Théodos., l. 6 et 11, *De malef. et mathem.* (IX, 16). Cf. *l'Antechrist*, p. 185. Voir aussi Vulc. Gall., *Avid. Cass.*, 7; Spartien, *Sev.*, 14; Lampride, *Comm.*, 18; Aurel. Victor, *Cæs.*, xvii.

les apocalypses revenaient sur l'idée de conflagrations finales. Il s'y joignait le soupçon permanent d'infamies secrètes, de réunions nocturnes, de séductions coupables sur des femmes, des jeunes filles, des enfants [1]. De là pour en venir à juger les chrétiens capables de tous les crimes et à leur attribuer tous les méfaits, il n'y avait qu'un pas à faire, et ce pas, la foule plus encore que la magistrature le franchissait tous les jours.

Qu'on ajoute à cela l'arbitraire terrible qui était laissé aux juges, surtout dans le choix de la peine [2], et l'on comprendra comment, sans lois d'exception, sans législation spéciale [3], a pu se produire ce désolant spectacle que nous présente l'histoire de l'empire romain à ses meilleures époques. La loi sera appliquée avec plus ou moins de rigueur ; mais elle reste la loi. Cet état durera comme une petite fièvre lente durant le IIe siècle, avec des intervalles d'exaspération et de rémission au IIIe siècle. Il se terminera par l'accès terrible des premières années du IVe siècle, et sera clos définitivement par l'édit de Milan de 313.

1. Tatien, *Adv. gentes,* 33; Min. Félix, *Octav.,* 8, 9, 28.
2. Digeste, l. 6, *Ad leg. Jul. pecul.* (XLVIII, 13) ; cf. l. 4, § .2
3. Voir cependant Lactance, *Inst. div.,* V, 11, et l'essai de M. Le Blant pour rétablir le *De officio proconsulis* d'Ulpien (*Comptes rendus de l'Acad. des inscr.,* 1866, p. 358 et suiv.).

Chaque renaissance de l'esprit romain sera un redoublement de persécution. Les empereurs qui, à diverses reprises au IIIe siècle, entreprennent de relever l'empire, sont des persécuteurs. Les empereurs tolérants, Alexandre Sévère, Philippe, sont ceux qui n'ont pas de sang romain dans les veines et qui sacrifient les traditions latines au cosmopolitisme de l'Orient.

« Vénère la divinité en tout et partout, conformément aux usages de la patrie, et force les autres à l'honorer. Hais et punis les partisans des cérémonies étrangères, non-seulement par respect pour les dieux, mais surtout parce que ceux qui introduisent des divinités nouvelles[1] répandent par là le goût des coutumes étrangères, ce qui mène aux conjurations, aux coalitions, aux associations, choses que ne comporte en aucune façon la monarchie. Ne permets non plus à personne de faire profession d'athéisme ni de magie. La divination est nécessaire ; nomme donc officiellement des aruspices et des augures, à qui s'adresseront ceux qui veulent les consulter ; mais qu'il n'y ait pas de magiciens libres ; car de telles gens, en mêlant quelques vérités à beaucoup de

---

1. Καινά τινα δαιμόνια. Comp. *Act.*, XVII, 18 ; Lettre de l'Égl. de Vienne, dans Eus., *H. E.*, V, 1 (ξένη καὶ καινὴ θρησκεία) ; Arnobe, *Adv. nat.*, II, 66.

mensonges, peuvent pousser les citoyens à la révolte. Il en faut dire autant de plusieurs de ceux qui se disent philosophes; garde-toi d'eux; il n'est pas de maux qu'ils ne fassent aux particuliers et aux peuples[1]. »

Voilà en quels termes un homme d'État de la génération qui suivit les Antonins résume leur politique religieuse. Comme en un temps plus rapproché de nous, l'État crut faire acte d'habileté en s'emparant de la superstition pour la régler. Les municipes jouirent par délégation du même droit[2]. La religion ne fut plus qu'une simple affaire de police. Un système d'annulation absolue, où tout mouvement est comprimé, ou toute personnalité passe pour dangereuse, où l'individu isolé, sans lien religieux avec les autres hommes, n'est plus qu'un être purement officiel, placé entre une famille réduite à de mesquines proportions et un État trop grand pour être une patrie, pour former l'esprit, pour faire battre le cœur ; tel était l'idéal qu'on rêvait. Tout ce qui paraissait susceptible de frapper les hommes, de produire une émotion, était un crime[3], que

---

1. Dion Cassius, discours fictif mis dans la bouche de Mécène (LII, 36).
2. Bronzes d'Ossuna. *Journ. des sav.,* nov. 1876, p. 707-710.
3. « Qui novas et usu vel ratione incognitas religiones indu-

l'on prévenait par la mort ou l'exil. C'est ainsi que l'empire romain tua la vie antique, tua l'âme, tua la science, forma cette école d'esprits lourds et bornés, de politiques étroits qui, sous prétexte d'arrêter la superstition, amenèrent en réalité le triomphe de la théocratie.

Un grand affaiblissement intellectuel était la conséquence de ces efforts pour revenir à une foi que personne n'avait plus. Une sorte de banalité se répandit sur les croyances et leur enleva tout sérieux. Les libres penseurs, innombrables au 1er siècle avant et au 1er siècle après Jésus-Christ[1], diminuent peu à peu et disparaissent. Le ton dégagé de la grande littérature latine se perd et fait place à une pesante crédulité. La science s'éteint de jour en jour. Depuis la mort de Sénèque, on peut dire qu'il n'y a plus un seul savant tout à fait rationaliste.

cunt, ex quibus animi hominum moveantur, honestiores deportantur, humiliores capite puniuntur. » Paul, *Sentent.*, V, xxi, 2. Cf. Digeste, 1. 30, *De pœnis* (XLVIII, 19) : « Si quis aliquid fecerit quo leves hominum animi superstitione numinis terrerentur, Divus Marcus hujusmodi homines in insulam relegari rescripsit. » Ce rescrit se rapportait sans doute à des faits comme celui qui est rapporté dans Jules Capitolin, *Ant. Phil.*, 13.

1. Qu'on se rappelle César, Lucrèce, Cicéron, Horace, etc. Voir, par exemple, Cicéron, *De nat. deorum,* II, 2. Juvénal seul continue, dans la société romaine, jusqu'aux temps d'Adrien l'expression d'une franche incrédulité.

Pline l'ancien est curieux, mais n'a aucune critique. Tacite, Pline le jeune, Suétone, évitent de se prononcer sur l'inanité des plus ridicules imaginations. Pline le jeune croit à de puériles histoires de revenants[1]. Épictète veut que l'on pratique le culte établi[2]. Même un écrivain aussi frivole qu'Apulée se croit obligé de prendre, quand il s'agit des dieux, le ton d'un conservateur rigide[3]. Un seul homme, vers le milieu de ce siècle, paraît tout à fait exempt de croyances surnaturelles, c'est Lucien. L'esprit scientifique, qui est la négation du surnaturel, n'existait plus que chez un très-petit nombre; la superstition envahissait tout, énervait toute raison.

En même temps que la religion corrompait la philosophie, la philosophie cherchait des conciliations apparentes avec le surnaturel[4]. Une théosophie niaise et creuse, mêlée d'imposture, devenait à la mode. Apulée appellera bientôt les philosophes « les prêtres de tous les dieux »[5]; Alexandre d'Abonotique fondera un culte avec des prestiges de jongleur. Le charlatanisme religieux, la thaumaturgie, relevée par un faux vernis de philoso-

1. *Epist.*, VII, 27.
2. *Manuel*, XXXI, 5.
3. *Florida*, I, 1; *De magia*, 41, 55, 56, 63.
4. Apulée, *De Deo Socratis*, 17.
5. *De magia*, 41.

phie, devenaient à la mode. Apollonius de Tyane en donnait le premier exemple, quoiqu'il soit difficile de dire ce que fut en réalité ce singulier personnage. C'est plus tard qu'on prétendit en faire un révélateur religieux, une sorte de demi-dieu philosophe [1]. Telle était la promptitude de la décadence de l'esprit humain qu'un théurge misérable qui, à l'époque de Trajan, n'eut de vogue que parmi les badauds de l'Asie Mineure, devenait cent ans après, grâce à des écrivains sans vergogne, qui s'emparèrent de lui pour amuser un public devenu totalement crédule, un personnage de premier ordre, une incarnation divine, que l'on osa comparer à Jésus [2].

L'instruction publique obtenait des empereurs bien plus d'attention que sous les Césars et même que sous les Flavius [3]; mais il n'y était question que

1. Si Apollonius de Tyane avait été un homme sérieux, nous le connaîtrions par Pline, Suétone, Aulu-Gelle, etc., comme nous connaissons Euphrate, Musonius et d'autres philosophes, dont Philostrate a changé la physionomie véritable pour les accommoder au goût de son public. Lucien (*Alexander,* 5) et Apulée (*De magia,* 90) parlent déjà d'Apollonius d'après des récits romanesques, probablement d'après l'écrit du prétendu Mœragène (Philostr., *Apoll*, I, iii, 2; Origène, *Contre Celse,* VI, 41). Dans ces écrits, Apollonius avait simplement le caractère d'un magicien, d'un charlatan visant à l'effet.

2. Lampride, *Alex. Sev.*, 29.

3. Voir *les Apôtres,* p. 329. Pour Adrien, voir Spartien, *Adr.,* 16; Aurelius Victor, *Cæs.* xiv, 2, 3.

de littérature; la grande discipline de l'esprit, qui vient surtout de la science, tirait de ces chaires peu de profit. La philosophie fut spécialement favorisée par Antonin et Marc-Aurèle [1]; mais la philosophie, but suprême de la vie, résumé de tout le reste, ne peut guère être enseignée par l'État. En tout cas, cette instruction atteignait bien peu le peuple. C'était quelque chose d'abstrait et d'élevé, qui passait par-dessus sa tête, et, comme d'un autre côté le temple ne donnait rien de cet enseignement moral que l'église a dispensé plus tard, les classes inférieures croupissaient dans un déplorable abandon. Il ne résulte de tout cela aucun reproche contre les grands empereurs qui ne réussirent pas dans la tâche impossible de sauver la civilisation antique. Le temps leur manqua. Un soir, après avoir subi dans la journée l'assaut de déclamateurs qui lui promettaient une gloire infinie, s'il convertissait le monde à la philosophie, Marc-Aurèle écrivait sur son carnet ces réflexions destinées à lui seul [2] : « La cause universelle est un torrent qui entraîne toutes choses. Qu'ils sont naïfs, ces prétendus politiques qui s'imaginent régler les affaires sur les maximes de la philosophie ! Ce sont des enfants qui ont encore la morve

1. Capitoln, *Anton. Pius,* 2; Philostrate, *Vitæ soph.,* II, II.
2. Marc-Aurèle, *Pensées,* IX, 29.

au nez... N'espère pas qu'il y ait jamais une république de Platon ; contente-toi des petites améliorations, et, si tu y réussis, ne crois pas que ce soit peu de chose. Qui peut en effet changer les dispositions intérieures des hommes? Et sans le changement des cœurs et des opinions, que sert le reste ? Tu n'aboutirais qu'à faire des esclaves et des hypocrites... L'œuvre de la philosophie est chose simple et modeste ; loin de nous ce galimatias prétentieux. » Ah ! l'honnête homme !

En résumé, malgré tous ses défauts, cette société du II° siècle était en progrès. Il y avait décadence intellectuelle, mais amélioration morale, comme cela semble avoir lieu de nos jours dans les classes supérieures de la société française. Les idées de charité, d'assistance des pauvres, le dégoût des spectacles[1] se développaient de toutes parts[2]. Tant que cet excellent esprit présida aux destinées de l'empire, c'est-à-dire jusqu'à la mort de Marc-Aurèle, le christianisme sembla enrayé. Il s'élança au contraire d'un mouvement irrésistible quand, au III° siècle, les belles maximes des Antonins furent oubliées. Nous l'avons dit : Nerva, Trajan, Adrien, Antonin, Marc-

---

1. Épictète, *Manuel*, XXXIII, 10 ; Marc-Aurèle, *Pensées*, VII, 3.
2. Pline, *Epist.*, X, 94. Cf. Mommsen, *Inscr. regni Neap.*, 4546 ; Orelli, 114, 6042, 6669. Voir *les Apôtres*, p. 320.

Aurèle prolongèrent la vie de l'empire de cent ans; on peut dire aussi qu'ils retardèrent l'avénement du christianisme de cent ans. Les progrès que le christianisme fit au Ier et au IIIe siècle sont des pas de géant, comparés à ceux qu'il fit au IIe siècle. Au IIe siècle, le christianisme avait en présence de lui une forte concurrence, celle de la philosophie pratique, travaillant rationnellement à l'amélioration de la société humaine. A partir de Commode, l'égoïsme individuel et ce qu'on peut appeler l'égoïsme de l'État ne laissent plus de place aux aspirations idéales que dans l'Église. L'Église devient alors l'asile de toute la vie du cœur et de l'âme; bientôt après, la vie civile et la vie politique s'y concentreront également.

CHAPITRE XVIII.

ÉPHÈSE. — VIEILLESSE DE JEAN. — CÉRINTHE. — DOCÉTISME.

Le doute, qui n'est jamais absent de cette histoire, devient toujours un nuage opaque quand il s'agit d'Éphèse et des sourdes passions qui s'y agitaient. Nous avons admis comme probable[1] l'opinion traditionnelle d'après laquelle l'apôtre Jean, survivant à la plupart des disciples de Jésus, échappé successivement aux orages de Rome et de la Judée, vint se réfugier à Éphèse, et y vécut jusqu'à un âge avancé, entouré du respect de toutes les Églises d'Asie. Irénée affirmant, sans doute d'après Polycarpe, que le vieil apôtre vécut jusqu'au règne de Trajan[2], nous paraît même devoir être écouté[3]. Si ces faits

1. *L'Antechrist*, p. 551 et suiv.
2. Irénée, *Adv. hær.*, II, xxii, 5; III, iii, 4. Cf. Origène, *In Gen.*, Opp., II, p. 24; Eusèbe, *Hist. eccl.*, III, 23; *Chron.*, p. 162-163, Schœne; *Chron. pasc.*, p. 251-252; Épiph., hær. xxx, 24; saint Jérôme, *In Gal.*, vi, 10; *De viris ill.*, 9.
3. Jean pouvait avoir dix ou douze ans de moins que Jésus. Il

sont véritables, ils durent avoir de graves conséquences. Le souvenir du supplice que Jean avait failli subir à Rome le faisait de son vivant classer parmi les martyrs [1] et assimiler sous ce rapport à Jacques, son frère [2]. En rapprochant les paroles où Jésus avait annoncé que la génération de ceux qui l'écoutaient ne passerait pas, sans qu'il reparût dans les nues [3], du grand âge où était parvenu le seul apôtre de Jésus qui vécût encore, on arriva logiquement à cette idée que ce disciple-là ne mourrait pas, c'est-à-dire verrait l'inauguration du royaume de Dieu sans avoir préalablement traversé la mort. Jean racontait ou laissait croire que Jésus ressuscité avait eu à cet égard une conversation énigmatique avec Pierre [4]. De là résultait pour Jean, de son vivant même, une sorte d'auréole merveilleuse. La légende commençait pour lui bien avant le tombeau.

Le vieil apôtre, en ces dernières années voilées

---

aurait donc eu quatre-vingt-six ou quatre-vingt-huit ans lors de l'avénement de Trajan.

1. Le titre de confesseur équivalait alors à celui de martyr. Hégésippe, dans Eusèbe, *H. E.*, III, xx, 8.

2. Voir *l'Antechrist,* p. 209, 562-563. Cf. Marc, x, 39 ; Matth., xx, 23 ; Apoc., i, 9. Le passage de Marc a dû être écrit avant la mort de Jean.

3. Marc, ix, 39 ; Matth., xvii, 28.

4. Jean, xxi, 20 et suiv.

de mystère, paraît avoir été fort entouré. On lui attribuait des miracles et jusqu'à des résurrections de morts [1]. Un cercle de disciples se pressait autour de lui. Que se passa-t-il dans ce cénacle intime ? Quelles traditions s'y élaborèrent ? Quels récits faisait le vieillard ? N'adoucit-il point, dans ses derniers jours, la forte antipathie qu'il avait toujours montrée contre les disciples de Paul ? Dans ses récits, ne cherchait-il pas, comme cela lui arriva plus d'une fois du vivant de Jésus, à s'attribuer la première place à côté de son maître, à se mettre le plus près possible de son cœur ? Quelques-unes des doctrines qu'on donna plus tard pour johanniques commençaient-elles à s'agiter déjà entre un maître âgé, fatigué, et de jeunes esprits, tournés vers les nouveautés, cherchant peut-être à persuader au vieillard qu'il avait toujours eu pour son compte les idées qu'ils lui suggéraient ? Nous l'ignorons, et c'est ici l'une des plus graves difficultés qui planent sur les origines du christianisme. Cette fois, en effet, ce n'est pas seulement l'incertitude et l'exagération des légendes qu'il faut accuser [2]. Il y eut probablement au sein de

---

[1]. Apollonius, dans Eus., *H. E.*, V, XVIII, 14.

[2]. Les anecdotes sur la vieillesse de Jean ont peu d'autorité; elles ont été pour la plupart conçues d'après le caractère qui résulte des prétendues épîtres johanniques. Clément d'Alex., dans

cette décevante Église d'Éphèse un parti pris de dissimulation et de fraude pieuse, qui a rendu singulièrement délicate la tâche du critique appelé à débrouiller de telles confusions.

Philon, vers le temps même où vivait Jésus, avait développé une philosophie du judaïsme qui, bien que préparée par les spéculations antérieures des penseurs d'Israël, ne prit que sous sa plume une forme arrêtée. La base de cette philosophie était une sorte de métaphysique abstraite, introduisant dans la Divinité unique des hypostases diverses et faisant de la Raison divine (en grec *logos*, en syro-chaldaïque *mémera*) une sorte de principe distinct du Père éternel [1]. L'Égypte [2], la Phénicie [3] avaient déjà connu de pareils dédoublements d'un même Dieu. Les livres hermétiques devaient plus tard ériger la

Eus., *H. E.*, III, 23; Apollonius, dans Eus., *H. E.*, V, 18; Jean Cassien, *Coll.*, xxiv, 24; saint Épiphane, xxx, 24; Sozomène, VII, 26; saint Jérôme, *De viris ill.*, 9; *In Gal.*, vi, 10; Isidore de Séville (?), *De ortu et obitu patrum*, c. 43; Actes de saint Jean [par Leucius], publiés par Tischendorf (*Acta apost. apocr.*),§§ 10-11 (cf. Migne, *Dict. des apocr.*, II, 557), trait conçu d'après Marc, xvi, 18. Cf. *l'Antechrist*, p. 347 et suiv.

1. Voir *Vie de Jésus*, p. 257 et suiv.
2. De Rougé, *Revue arch.*, juin 1860, p. 357; Mariette, *Mém. sur la mère d'Apis* (Paris, 1856).
3. Divinités appelées « Face de Baal », « Nom de Baal », etc. Voir *Journal asiatique*, août-sept. et déc. 1876.

théologie des hypostases en une philosophie parallèle à celle du christianisme[1]. Jésus paraît être resté en dehors de ces spéculations, qui, s'il les connut, durent offrir peu de charme à son imagination poétique et à son cœur aimant. Son école, au contraire, en fut pour ainsi dire assiégée : Apollos n'y demeura peut-être pas étranger; saint Paul, dans les derniers temps de sa vie, paraît s'en être laissé fortement préoccuper[2]. L'Apocalypse donne pour nom mystérieux à son Messie triomphant : Λόγος τοῦ θεοῦ[3]. Le judéo-christianisme, fidèle à l'esprit du judaïsme orthodoxe, ne laissait entrer dans son sein de telles idées qu'en une mesure assez restreinte. Mais, quand les Églises hors de Syrie se furent détachées de plus en plus du judaïsme, l'invasion de ce nouvel esprit s'accomplit avec une force irrésistible. Jésus, qui n'avait été d'abord pour la plupart de ses adhérents qu'un prophète, un fils de Dieu, en qui les plus exaltés avaient vu le Messie ou bien ce Fils de l'homme que pseudo-Daniel avait montré comme le centre brillant des apparitions futures, devient maintenant le *Logos*, la Raison, le Verbe de Dieu. Éphèse paraît l'endroit où cette

---

1. L. Ménard, *Hermès Trismégiste* (Paris, 1866).
2. Voir *l'Antechrist*, p. 74 et suiv.
3. Voir *l'Antechrist*, p. 443.

façon d'envisager le rôle de Jésus prit le plus fortement racine, et d'où elle se répandit sur le monde chrétien.

Ce n'est pas, en effet, au seul apôtre Jean que la tradition rapporte la solennelle promulgation de ce dogme nouveau. Autour de Jean, la tradition nous montre cette doctrine soulevant des orages, troublant les consciences, provoquant des schismes et des anathèmes. Vers le temps où nous sommes arrivés, commença de se montrer à Éphèse [1], venant d'Alexandrie, comme un autre Apollos, un homme qui paraît, à une génération de distance, avoir eu avec ce dernier beaucoup de rapports. Il s'agit de Cérinthe [2], que d'autres appelaient *Mérinthe*, sans qu'on puisse savoir quel jeu se cache sous cette asso-

---

1. On peut supposer que c'est à Cérinthe qu'il est fait allusion dans *Act.*, xx, 29-30. Cf. *Saint Paul*, p. xxxii.

2. Irénée, *Adv. hær.*, I, xxvi, 1; III, xi, 1, 7; *Philosophumena*, VII, 7, 9, 33, 34, 35; X, 21, 22; Caïus, dans Eus., *H. E.*, III, xxviii, 2-3; Denys d'Alexandrie, dans Eus., *H. E.*, III, xxviii, 4-5, et VII, xxv, 2-5; Tertullien, *Præscr.*, c. 48; saint Épiphane, hær. xxviii entier; xxx, 3, 26; li, 3, 4, 6; *Traité contre toutes les hérésies*, attribué à Tertullien (édit. Œhler), c. 3; Théodoret, *Hæret. fab.*, II, 3; Philastre, c. 36, 60; saint Jérôme, *De viris ill.*, 9; *Adv. luciferianos*, c. 9, p. 304, 305, Mart., IV, 2ᵉ part; Epist. 89 (74), col. 623, t. IV, 2ᵉ part.; saint Augustin [ut fertur], *De hæresibus*, 8 (Opp., t. VIII); saint Grég. de Nazianze, *Orat.*, xv, 8, p. 460 (Paris, 1778).

nance [1]. Comme Apollos, Cérinthe était né juif, et, avant de connaître le christianisme, avait été imbu de philosophie judéo-alexandrine. Il embrassa la foi de Jésus d'une manière toute différente des bons Israélites qui croyaient le royaume de Dieu réalisé en l'idylle de Nazareth, et des païens pieux qu'un instinct secret attirait vers cette forme mitigée du judaïsme. Son esprit d'ailleurs paraît avoir eu peu de fixité et s'être volontiers porté d'un extrême à l'autre. Tantôt ses conceptions se rapprochent de celles des ébionites [2]; tantôt elles inclinent au millénarisme [3]; tantôt elles flottent en plein gnosticisme, ou offrent de l'analogie avec celles de Philon. Le créateur du monde et l'auteur de la loi juive, le Dieu d'Israël enfin, n'a pas été le Dieu éternel; ce fut un ange, une sorte de démiurge subordonné au grand Dieu tout-puissant. L'esprit de ce grand Dieu, longtemps inconnu au monde, n'a été révélé qu'en Jésus. L'Évangile de Cérinthe était l'Évangile des Hébreux [4],

---

[1]. Cérinthe et Mérinthe sont distingués dans Épiph., hær. LI, 6.
[2]. Philastre, ch. 37.
[3]. Caïus et Denys d'Alexandrie (*l. c.*; cf. Pseudo-Aug., hær. 8) présentent seuls la chose sous ce jour. Il semble résulter de ces deux singuliers passages que l'Apocalypse fut par quelques-uns attribuée à Cérinthe, lequel aurait voulu se couvrir de l'autorité de Jean. Cf. Épiph., hær. LI, 3-4; Théodoret, *Hæret. fab.*, II, 3.
[4]. Comp. Épiph., XXVIII, 5; XXX, 3, 14, 26; LI, 6; Philastre,

sans doute traduit en grec. Un des traits caractéristiques de cet Évangile était le récit du baptême de Jésus, d'après lequel un esprit divin, l'esprit prophétique, était à ce moment solennel descendu en Jésus, et l'avait élevé à une dignité qu'il n'avait pas auparavant. Cérinthe pensait de même que, jusqu'à son baptême, Jésus avait été simplement un homme, il est vrai le plus juste et le plus sage des hommes ; par le baptême, l'esprit du Dieu tout-puissant vint demeurer en lui. La mission de Jésus, ainsi devenu Christ, fut de révéler le Dieu suprême par sa prédication et ses miracles ; mais il n'était pas vrai, dans cette manière de voir, que le Christ eût souffert sur la croix ; avant la Passion, le Christ, impassible par nature, se sépara de l'homme Jésus ; celui-ci seul fut crucifié, mourut, ressuscita. D'autres fois, Cérinthe niait même la résurrection, et prétendait que Jésus ressusciterait avec tout le monde au jour du jugement.

Cette doctrine, que nous avons déjà trouvée au moins en germe chez plusieurs des familles d'*ébionim*[1] dont la propagande s'exerçait d'au delà du Jourdain en Asie[2], et que, dans cinquante ans,

c. 36. Irénée, III, xi, 7, paraît se tromper en attribuant les erreurs de Cérinthe à une fausse interprétation de l'Évangile de Marc.

1. Voir ci-dessus, p. 50 et suiv.
2. Épiph., hær. xxx, 18.

Marcion et les gnostiques reprendront avec plus de vigueur, parut un affreux scandale à la conscience chrétienne. En séparant de Jésus l'être fantastique appelé *Christos*, elle n'allait pas à moins que scinder la personne de Jésus, à enlever toute personnalité à la plus belle partie de sa vie active, puisque le Christ se trouvait ainsi n'avoir été en lui que comme quelque chose d'étranger à lui et d'impersonnel. On conçoit, en particulier, que les amis de Jésus, ceux qui l'avaient vu et chéri, enfant, jeune homme, martyr, cadavre, en fussent indignés. Leurs souvenirs représentaient Jésus aussi aimable, aussi dieu, à un moment qu'à un autre; ils voulaient qu'on l'adoptât, qu'on le révérât tout entier. Jean, à ce qu'il paraît, repoussait les doctrines de Cérinthe avec colère. Sa fidélité à une affection d'enfance pourrait seule excuser certains traits de fanatisme qu'on lui attribue, et qui, du reste, semblent n'avoir pas été en dehors de son caractère habituel [1]. Un jour, entrant dans un établissement de bains à Éphèse, et apercevant Cérinthe : « Fuyons, dit-il, l'édifice va s'écrouler, puisque Cérinthe y est, l'ennemi de la vérité [2]. » Ces

1. Voir *l'Antechrist*, p. 347 et suiv.
2. Irénée, III, III, 4 (anecdote de Polycarpe); Eusèbe, *H. E.*, III, XXVIII, 6; IV, XIV, 6. Épiphane, hær. XXX, 24, met *Ebion* en place de *Cérinthe,* par *lapsus*. L'anecdote a peut-être été inventée d'après le passage II Joh., 10, 11, censé authentique.

haines violentes sont le fait des sectaires. Qui aime beaucoup hait beaucoup.

De tous les côtés, la difficulté de concilier les deux rôles de Jésus, de faire cohabiter dans une même existence l'homme sage et le Christ produisait des imaginations analogues à celles qui excitaient la colère de Jean. Le docétisme était, si on peut s'exprimer ainsi, l'hérésie de ce temps. Beaucoup ne pouvaient admettre que le Christ eût été crucifié, mis au tombeau[1]. Les uns, comme Cérinthe, admettaient une sorte d'intermittence dans le rôle divin de Jésus; les autres supposaient que le corps de Jésus avait été fantastique, que toute sa vie matérielle, surtout sa vie souffrante, ne fut qu'une apparence[2]. Ces imaginations venaient de l'opinion, fort répandue à cette époque, que la matière est une chute, une dégradation de l'esprit, que la manifestation matérielle est un abaissement de l'idée. L'histoire évangélique se volatilisait ainsi en quelque chose d'impalpable. Il est curieux que l'islamisme, qui n'est qu'une sorte de prolongation arabe du

---

1. « Qui Jesum separant a Christo, et impassibilem perseverasse Christum passum vero Jesum dicunt. » Irénée, III, xi, 7.

2. Le désir de combattre cette erreur se sent dans les Épîtres de Jean, I Joh., i, 1, 3 ; iv, 2, 3; II Joh., 7; Polycarpe, *Epist. ad Phil.*, c. 7; pseudo-Ignace, *Éph.*, 7-8; *Trall* ,9, 10; *Smyrn.*, 1-8; *Magn.*, 8, 9, 10, 11; saint Jérôme, *Adv. luciferianos*, 8.

judéo-christianisme[1], ait adopté cette idée sur Jésus.[2]. A Jérusalem, en particulier, les musulmans ont toujours nié absolument qu'Isa soit mort sur le Golgotha ; ils prétendent que l'on crucifia en sa place quelqu'un qui lui ressemblait [3]. Le lieu supposé de l'ascension, sur le mont des Oliviers, est pour les scheikhs le vrai lieu saint de Jérusalem se rapportant à Isa ; car c'est là que le Messie impassible, né du souffle sacré, non de la chair, parut pour la dernière fois uni à l'apparence qu'il avait choisie.

Quoi qu'il en soit, Cérinthe devint dans la tradition chrétienne une sorte de Simon le Magicien, un personnage presque fabuleux, le représentant typique du christianisme docète, frère du christianisme ébionite et judéo-chrétien. Comme Simon le Magicien était l'ennemi juré de Pierre, Cérinthe fut censé l'adversaire acharné de Paul. On le mit sur le

---

1. Et non de l'arianisme, comme on dit quelquefois.
2. Coran, IV, 156; voir les commentaires de Zamakhschari (I, p. 198-199, édit. de Boulaq) et de Beidhavi (I, p. 240, édit. Fleischer) sur ce passage; cf. Maracci. Modjir eddin, *Hist. de Jérus.*, p. 149, édit. du Caire; cf. p. 152; Tabari, I, p. 563, édit. Zotenberg ; Weil, *Bibl. Legenden der Muselm.*, p. 296; Jean de Damas, *De hæres.*, 101, p. 111, Lequien; Euthymius Zigabenus, etc., dans Sylburg, *Saracenica sive Moamethica* (Heidelberg, 1595), p. 5, 61. Comp. le *Livre d'Adam* des mendaïtes, 1re partie, ch. I, vers la fin.
3. Voir, dans notre tome VIe, ce qui concerne le gnosticisme.

même pied qu'*Ébion ;* on s'habitua bientôt à ne les pas séparer [1], et comme *Ébion* était la personnification abstraite du judéo-christianisme parlant hébreu, *Cérinthe* devint une sorte de mot générique pour désigner le judéo-christianisme parlant grec. On fit des phrases comme celles-ci : « Qui osa reprocher à Pierre d'avoir admis les païens dans l'Église ? Qui abreuva Paul d'injures ? Qui provoqua une sédition contre Tite l'incirconcis ? Ce fut *Ébion*, ce fut *Cérinthe* » [2], phrases qui, prises à la lettre, firent supposer contre toute vérité que Cérinthe avait eu un rôle à Jérusalem, dès les premières années de l'Église. Comme Cérinthe ne laissa pas d'écrits, la tradition ecclésiastique roula, en ce qui le touchait, d'inexactitudes en inexactitudes. Dans ce tissu de contradictions [3], il n'y a qu'un mot de vrai. Cérinthe fut bien le premier hérétique, l'auteur d'une doctrine destinée à rester une branche morte dans le grand arbre de

---

1. Chez les hérésiologues, la secte de Cérinthe suit toujours celle d'Ébion, et ce rapprochement contribua sans doute à faire prendre Ébion pour un personnage réel.

2. Épiph., xxviii, 2-5, 8.

3. En réalité, la tradition ecclésiastique nous a légué deux portraits de Cérinthe, fort différents l'un de l'autre : 1° le Cérinthe millénaire, disciple ou auteur de l'Apocalypse, qui résulte de ce que disent Caïus et Denys d'Alexandrie ; 2° le Cérinthe gnostique et antijuif, qui résulte de la notice d'Irénée et de celle des *Philosophumena,* laquelle découle presque tout entière d'Irénée.

la doctrine chrétienne. En s'opposant à lui, en le niant, l'Église chrétienne fit le plus grand pas qu'elle eût encore fait vers la constitution d'une orthodoxie.

Par ces luttes et ces contradictions, en effet, la théologie chrétienne se développait. La personne de Jésus et les combinaisons singulières de l'homme et de la Divinité qu'on était amené à supposer en lui formaient la base de ces spéculations. Nous verrons le gnosticisme naître d'un courant d'idées toutes semblables, et chercher à son tour à décomposer l'unité du Christ; mais l'Église orthodoxe sera constante à repousser de telles conceptions; l'existence du christianisme, fondé sur la réalité de l'action personnelle de Jésus, était à ce prix.

Jean se consolait sans doute de ces aberrations, fruits d'un esprit étranger à la tradition galiléenne, par la fidélité et l'affection dont l'environnaient ses disciples [1]. En première ligne [2] était un jeune Asiate, nommé Polycarpe, qui devait avoir trente ans lors

---

1. L'impression de tristesse causée par la multiplication des sectes et des schismes vers l'an 100 se retrouve peut-être dans les discours prêtés à Jésus, Jean, xvii, etc. Cf. I Joh., i, 17.

2. C'est gratuitement qu'on a rattaché Ignace et Papias à l'école de Jean. Irénée, V, xxxiii, 4 (cf. Eus., H. E., III, xxxix, 1, 2); Eus. et saint Jérôme, *Chron.*, p. 162-163, Schœne; *Mart. Ign.*, 3; Cureton, *Corp. ign.*, p. 221, 252.

de l'extrême vieillesse de Jean, et qui paraît s'être converti à la foi du Christ dès son enfance ¹. Le respect extrême qu'il avait pour l'apôtre le lui faisait regarder avec l'œil curieux de l'adolescent, où tout s'agrandit et se transforme. La vive image de ce vieillard se fixa dans son esprit, et toute sa vie il en parla comme d'une vision qu'il aurait eue du monde divin ². C'est à Smyrne qu'il exerça sa principale activité, et il n'est pas impossible qu'il eût été détaché par Jean pour présider l'Église déjà ancienne ³ de cette ville, comme le veut Irénée ⁴.

1. *Mart. Polyc.,* 9; comp. *l'Antechrist,* p. 566-567. Le chiffre 86 paraît devoir s'appliquer à la durée de la vie de Polycarpe et non au temps qui se serait écoulé depuis sa conversion. Le *nos* de l'Épître de Polycarpe, § 11, se rapporte à l'Église de Smyrne, opposée à celle de Philippes. Le martyre de Polycarpe eut lieu le 23 février 155. Voir *Mém. de l'Acad. des inscr.,* nouv. série, t. XXVI, 1ʳᵉ part., p. 232 et suiv ; *Zeitschrift für die histor. Theologie,* 1875, p. 377-395.

2. Irénée, *Adv. hær.,* III, ɪɪɪ, 4, surtout la lettre à Florinus, dont on a vainement attaqué l'authenticité, et la lettre à Victor. Irénée, esprit si peu solide, si dénué de tout jugement, est en général une faible autorité; mais il s'agit ici de faits personnels; il s'en entretient avec des gens qui les savaient aussi bien que lui. Un mensonge de sa part est donc impossible à supposer. Nous avouons pourtant qu'il est surprenant qu'il ne soit pas question de Jean dans l'Épître ni dans le *Martyre* de Polycarpe.

3. *Apoc.,* ɪɪ, 8.

4. Irénée, *Adv. hær.,* III, ɪɪɪ, 4; Tertullien, *Præscr.,* c. 32; Eusèbe, *Chron.,* p. 162-163, Schœne; *Chron. pasc.,* p. 257.

Grâce à Polycarpe, le souvenir de Jean resta en Asie et, par suite, à Lyon et dans les Gaules [1], une tradition vivante. Tout ce que Polycarpe disait du Seigneur, de sa doctrine, de ses miracles, il le rapportait comme l'ayant reçu des témoins oculaires de la vie de Jésus. Il avait coutume de s'exprimer ainsi : « Ceci, je le tiens des apôtres »... « Moi qui ai été instruit par les apôtres et qui ai vécu avec plusieurs de ceux qui ont vu Christ..., etc. [2] » Ces manières de parler feraient supposer que Polycarpe avait connu, outre Jean, d'autres apôtres, par exemple saint Philippe [3]. Il est plus probable cependant qu'il y a là quelque hyperbole. L'expression « les apôtres » voulait sans doute dire Jean, qui pouvait d'ailleurs être accompagné de plusieurs disciples galiléens inconnus. On peut aussi entendre par là, si l'on veut, *Presbytéros Joannes* et Aristion, qui, selon certains textes, auraient été disciples immédiats du Seigneur [4]. Quant à Caïus, Diotréphès, Démétrius, et à la pieuse Cyria, que les épîtres du *Presbytéros* nous montrent comme faisant partie du cercle éphésien [5], on risquerait, en

---

[1]. Voir le tome VIe de cet ouvrage.
[2]. Irénée, III, III, 4, et Lettre à Florinus.
[3]. Irénée, *Adv. hær.* III, III, 4, et dans Eus., *H. E.*, V, XXIV, 16.
[4]. Voir *l'Antechrist,* p. 344, 345.
[5]. II Joh., 1, 5; III Joh., 1, 9, 12. Ce qui concerne cette singulière correspondance sera discuté dans notre tome VIe.

appuyant trop sur ces noms, de discuter des êtres qui, comme dit le Talmud, « n'ont jamais été créés », et ne doivent l'existence qu'à des artifices de faussaires ou même, comme Cyria, à des malentendus.

Rien enfin de plus douteux que tout ce qui regarde cet homonyme de l'apôtre, ce *Presbytéros Joannes*, qui paraît auprès de Jean dans ses dernières années, et qui, selon certaines traditions, lui aurait succédé dans la présidence de l'Église d'Éphèse[1]. Son existence paraît probable cependant. Le titre de *presbytéros* put être l'appellation par laquelle on le distinguait de l'*apostolos*[2]. Après la mort de l'apôtre, il se peut qu'on ait longtemps continué à l'appeler *Presbytéros*, en omettant son nom[3]. Aristion, que de très-anciens renseignements placent à côté du *Presbytéros* comme un traditioniste de première autorité[4], et qui paraît avoir été revendiqué

---

1. Voir *l'Antechrist*, p. XXIII-XXVI, 345, 567-568. Voir les objections, *Vie de Jésus*, p. LXXII-LXXIII. On craint d'être dupe ici du désir qu'eurent les Pères du IIIe siècle d'avoir deux Jean, pour attribuer à l'un l'Apocalypse, à l'autre l'Évangile, voyant bien que ces deux ouvrages ne pouvaient être d'un même auteur.

2. Sur l'équivoque du mot *presbytéros*, voir Papias, dans Eus., *H. E.*, III, XXXIX, 3-4, et les observations d'Eusèbe, *ibid*.

3. Papias, dans Eus., *H. E.*, III, XXIX, 15; II Joh. et III Joh., init.

4. Papias, dans Eusèbe, III, XXXIX, 4, 5, 7, 14. Voir *l'Antechrist, l. c.*

par l'Église de Smyrne[1], est également une énigme. Tout ce qu'on peut dire, c'est qu'il y eut à Éphèse un groupe d'hommes qui, vers la fin du Ier siècle, se donnèrent pour les derniers témoins oculaires de la vie de Jésus. Papias les connut ou du moins les toucha de très-près et recueillit leurs traditions[2].

Nous verrons plus tard une rédaction évangélique d'un caractère tout particulier sortir de ce petit comité, qui paraît avoir obtenu l'entière confiance du vieil apôtre, et qui se crut peut-être autorisé à parler en son nom. Dès l'époque où nous sommes, et avant la mort de Jean, quelqu'un de ces disciples qui semblent avoir entouré et comme accaparé la vieillesse du dernier survivant des apôtres, ne chercha-t-il pas à exploiter le riche trésor qu'il avait à sa disposition? On a pu le supposer[3]; nous-mêmes y avons autrefois incliné. Nous pensons maintenant qu'il est plus probable qu'aucune partie de l'Évangile qui porte le nom de Jean n'a été écrite soit par lui, soit par tel ou tel de ses disciples de son vivant. Mais nous persistons à croire que Jean avait bien une manière à lui de raconter la vie de Jésus, manière très-différente des récits originaires de Batanée, supérieure à quelques égards, et où en parti-

1. *Constit. apost.*, VII, 46.
2. Dans Eus., *H. E.*, III, 39.
3. Voir *Vie de Jésus*, p. LXXII et suiv.

culier les parties de la vie de Jésus qui s'étaient passées à Jérusalem offraient plus de développement [1]. Nous croyons que l'apôtre Jean, dont le caractère paraît avoir été assez personnel, et qui, dès le vivant de Jésus, aspirait, avec son frère, à la première place dans le royaume de Dieu, se donnait assez naïvement cette place, dans ses récits. S'il lut les Évangiles de Marc ou de Luc, ce qui est possible, il dut trouver qu'il n'y était pas assez question de lui, que l'importance qu'on lui attribuait n'était pas en rapport avec celle qu'il avait eue. Il tenait à ce qu'on sût qu'il avait été le disciple particulièrement aimé de Jésus; il voulait qu'on crût qu'il avait joué le premier rôle dans le drame évangélique. Avec sa vanité de vieillard, il tirait à lui toute l'importance, et ses longues histoires avaient souvent pour but de montrer qu'il avait été le disciple favori de Jésus, qu'aux moments solennels lui seul avait reposé sur son cœur, que Jésus lui avait confié sa mère, que, dans une foule de circonstances où l'on attribuait le premier rôle à Pierre, ce rôle lui avait appartenu, à lui Jean. Son grand âge prêtait à toute sorte de réflexions ; sa longévité passait pour un signe du Ciel. Comme d'ailleurs une parfaite bonne foi ne distinguait pas

---

[1]. Voir *Vie de Jésus,* 13ᵉ édit. [et suiv.], appendice.

son entourage, et que même un peu de charlatanisme pouvait s'y mêler, on conçoit quels produits étranges devaient germer dans ce nid d'intrigues pieuses, autour d'un vieillard dont la tête était peut-être affaiblie, et qui se trouvait à la disposition de ceux qui le soignaient.

Jean resta jusqu'à la fin un juif exact, observant la Loi dans toute sa rigueur [1] ; il est douteux que les théories transcendantes qui commençaient à se répandre sur l'identité de Jésus et du *Logos* aient jamais été comprises de lui ; mais, comme il arrive dans les écoles où le maître atteint un grand âge, l'école marchait sans lui et hors de lui, tout en prétendant s'appuyer de lui. Jean semblait prédestiné à être exploité par les auteurs de pièces supposées. Nous avons vu tout ce qu'il y a de louche dans l'origine de l'Apocalypse ; les objections sont presque également graves et contre l'authenticité de ce livre singulier et contre l'hypothèse qui le déclare apocryphe. Que dire de cette autre bizarrerie, qu'une branche entière de la tradition

---

1. Irénée, *Adv. hær.*, III, xii, 15 ; Lettre à Victor, dans Eus., *H. E.*, V, 24. Au IIe siècle, l'exemple de l'apôtre Jean est la grande autorité qu'invoquent les Asiates qui restent le plus attachés aux coutumes juives, surtout en ce qui touche la pâque. Polycrate, dans Eus., *H. E.*, V, 24.

ecclésiastique, l'école d'Alexandrie, a voulu, nonseulement que l'Apocalypse ne soit pas de Jean, mais qu'elle soit de l'adversaire de Jean, de Cérinthe[1]? Nous verrons les mêmes équivoques entourer la seconde classe d'écrits johanniques qui se produira bientôt, et une seule chose rester claire, c'est que Jean ne peut être à la fois l'auteur des deux séries d'ouvrages qu'on lui attribue. Aucune des deux séries n'est peut-être de lui ; mais certainement les deux séries ne sont pas de lui.

L'émotion fut grande, le jour où l'on vit expirer l'apôtre[2] en qui depuis des années se résumait toute la tradition chrétienne, et par lequel on croyait tenir encore à Jésus et aux origines de la parole nouvelle. Toutes les colonnes[3] de l'Église avaient disparu. Celui à qui Jésus avait promis, selon l'opinion commune, de ne pas le laisser mourir jusqu'à ce qu'il revînt, descendait à son tour au tombeau. Ce fut une

1. Voir ci-dessus, p. 418, note 3.
2. Sur le prétendu meurtre de Jean par les juifs, voir *l'Antechrist,* p. 562-563. Des persécutions opérées directement à cette date par les juifs sur des compatriotes dissidents sont en Asie un fait inacceptable. L'assertion de Justin (*Apol. I,* 31) n'a pu être vraie qu'en Syrie du temps de Bar-Coziba. Si Eusèbe et les anciens avaient lu dans Papias ce que dit Hamartolus, ils l'eussent adopté ou du moins cité.
3. Gal., II, 9.

déception cruelle, et il fallut, pour justifier la prophétie de Jésus, recourir à des subtilités. Il n'était pas vrai, disaient les amis de Jean, que Jésus eût annoncé que son apôtre chéri resterait en vie jusqu'à sa réapparition. Il avait dit seulement à Pierre : « Si je veux qu'il reste jusqu'à ce que je vienne, que t'importe [1] ? » Formule vague, qui laissait le champ ouvert à toute sorte d'explications et permettait de croire que Jean, comme Hénoch, Élie, Esdras, était tenu en réserve jusqu'au retour du Christ [2]. C'était ici, en tout cas, un moment solennel. Personne ne pouvait plus dire : « Je l'ai vu. » Jésus et les premières années de l'Église de Jérusalem se perdirent dans un lointain obscur. L'importance passa dès lors à ceux qui avaient connu les apôtres, à Marc et à Luc, disciples de Pierre et de Paul, aux filles de Philippe, continuatrices de ses dons merveilleux. Polycarpe, toute sa vie, allégua les rapports qu'il

---

1. Jean, XXI, 21-23. Une partie de la tradition voulut qu'il fût descendu vivant dans le tombeau, où il dort jusqu'à la résurrection. Saint Ambroise, *In Psalm. CXVIII*, serm. XX, 12 (Opp., I, col. 1225); saint Jérôme, *Adv. Jovin.*, I, c. 26, p. 168, IV, 2ᵉ part., édit. Martianay ; saint Augustin, *Tract. in Joh. Evang.*, 124 ; Isidore de Séville, *De ortu et obitu patrum*, c. 43, Migne, t. III, p. 1288-1289 (voir *Revue critique*, 6 avril 1872, p. 211-212); Grég. de Tours, I, 24.

2. Cf. Saint Hippolyte, *De consumm. mundi*, § 21 ; Muspilli, dans les *Berichte* de la Soc. de Saxe, t. XVIII (1866), p. 216-217.

avait eus avec Jean. Aristion et *Presbyteros Johannes* vécurent des mêmes souvenirs[1]. Avoir vu Pierre, André, Thomas, Philippe, devint le titre capital aux yeux de ceux qui voulaient savoir la vérité sur l'apparition du Christ [2]. Les livres, comme nous l'avons dit vingt fois, comptaient pour peu de chose ; la tradition orale était tout. La transmission de la doctrine et la transmission des pouvoirs apostoliques furent conçus comme attachés à une sorte de délégation, d'ordination, de consécration, dont la source première était le collége apostolique. Bientôt chaque Église voulut montrer la succession des hommes qui faisaient la chaîne en remontant depuis le temps où l'on vivait jusqu'aux apôtres. La préséance ecclésiastique fut conçue comme une sorte d'inoculation de pouvoirs spirituels, ne souffrant pas d'interruption. Les idées de hiérarchie sacerdotale faisaient ainsi de rapides progrès ; l'épiscopat se constituait chaque jour.

Le tombeau de Jean était montré à Éphèse, quatre-vingt-dix ans plus tard [3] ; il est probable que

---

1. Papias, dans Eus., *H. E.*, III, xxxix, 4.
2. Papias, *ibid*.
3. Polycrate, dans Eus., *H. E.*, III, xxxi, 3, et V, xxiv, 3 ; Denys d'Alexandrie, dans Eus., *H. E.*, VII, xxv, 16 ; Eus., *H. E.*, III. xxxix, 6.

c'est sur ce monument vénéré que s'éleva la basilique qui devint célèbre, et dont l'emplacement paraît avoir été à l'endroit de la citadelle actuelle d'Aïa-Solouk[1]. A côté du tombeau de l'apôtre se voyait, au IIIe siècle, un second tombeau, que l'on attribuait aussi à un personnage nommé Jean, et qui dut occasionner bien des confusions[2]. Nous en reparlerons encore.

1. Voir *Saint Paul,* p. 343, note 1.
2. Voir *l'Antechrist,* p. XXIII-XXIV, note.

CHAPITRE XIX.

LUC, PREMIER HISTORIEN DU CHRISTIANISME.

Avec Jean disparaissait le dernier homme de la génération étrange qui s'était imaginé voir Dieu sur la terre et avait espéré ne pas mourir. C'est vers le même temps que parut le livre charmant qui nous a conservé, à travers le nuage de la légende, l'image de cet âge d'or. Luc, ou l'auteur quel qu'il soit du troisième Évangile, se donna cette tâche, qui allait si bien à son âme délicate, à son talent pur et doux. Les préfaces qu'on lit en tête du troisième Évangile et en tête des *Actes* semblent au premier coup d'œil indiquer que Luc conçut son ouvrage comme composé de deux livres [1], l'un renfermant la vie de Jésus, l'autre l'histoire des apôtres telle qu'il la connaissait. De fortes raisons cependant font croire que la rédaction des deux ouvrages fut séparée par quelque inter-

---

1. *Act.*, I, 1. Πρῶτον λόγον.

valle ¹. La préface de l'Évangile ne suppose pas nécessairement l'intention de composer les *Actes*. Il se peut que Luc n'ait ajouté ce second livre à son œuvre qu'au bout de quelques années ² et à la demande des personnes auprès desquelles le premier livre avait eu tant de succès ³.

Ce qui porte vers cette hypothèse, c'est le parti que l'auteur a pris, dès les premières lignes des *Actes* ⁴, relativement à l'ascension de Jésus. Dans les

---

1. *Les Apôtres*, p. xx et suiv. L'auteur des Épîtres à Timothée cite l'Évangile de Luc comme γραφή (I Tim., v, 18), et pourtant cet auteur ne connaît pas les *Actes*.

2. Les efforts qu'on a faits pour prouver que le troisième Évangile et les *Actes* ne sont pas du même auteur sont restés tout à fait infructueux. Voir la liste des idiotismes communs aux deux écrits dans Zeller, *Die Apostelgesch.*, p. 414 et suiv. Le livre a une parfaite unité de rédaction (Zeller, p. 387 et suiv.), et c'est là ce qui nous décide à l'attribuer au personnage qui dit ἡμεῖς à partir de xvi, 10. Car admettre que cet ἡμεῖς vienne d'un document inséré par l'auteur dans sa narration est souverainement invraisemblable. Les exemples qu'on cite d'une telle négligence appartiennent à des livres sans valeur littéraire, à peine rédigés : or les *Actes* sont un livre composé avec beaucoup d'art. Les locutions favorites des morceaux où il y a ἡμεῖς sont les mêmes que celles du reste des *Actes* et du troisième Évangile. Voir Klostermann, *Vindiciæ Lucanæ*, p. 48 et suiv. (Gœtt., 1866).

3. *Les Apôtres*, p. xxii et suiv.

4. Voir *les Apôtres*, p. xx-xxi, 54-55. L'auteur de l'Épître de Barnabé croit encore que la résurrection et l'ascension ont eu lieu le même jour (Barn., c. 15).

autres Évangiles, la période des apparitions de Jésus ressuscité s'évanouit peu à peu, sans clôture définitive. L'imagination en vint à désirer un coup de théâtre final, une façon nette de sortir d'un état qui ne pouvait se continuer indéfiniment. Ce mythe, complément de la légende de Jésus, se forma d'une manière lente et pénible. L'auteur de l'Apocalypse, en 69, croyait sûrement à l'Ascension. Jésus, selon lui, est enlevé au ciel et porté au trône de Dieu [1]. Dans le même livre, les deux prophètes, calqués sur Jésus, tués comme lui, ressuscitent au bout de trois jours et demi; après leur résurrection, ils montent au ciel sur une nuée, à la vue de leurs ennemis [2]. Luc, dans l'Évangile, laisse la chose en suspens; mais, au début des *Actes*, il raconte, avec la mise en scène voulue, l'événement sans lequel la vie de Jésus n'avait pas de couronnement. Il sait même combien a duré la vie d'outre-tombe de Jésus. Elle a été de quarante jours, par une remarquable coïncidence avec l'Apocalypse d'Esdras [3]. Luc put être à Rome un des premiers lecteurs de cet écrit, qui dut faire sur lui une vive impression.

L'esprit des *Actes* est le même que celui du

1. Ch. xii, 5.
2. Ch. xi, 11.
3. IV Esdr., xiv, 23 et suiv. (vulg.).

troisième Évangile[1] : douceur, tolérance, conciliation, sympathie pour les humbles, aversion pour les superbes. L'auteur est bien celui qui a écrit : « Paix aux hommes de bonne volonté ! » Nous avons exposé ailleurs les singulières tortures que ces excellentes intentions lui ont fait donner à l'exactitude historique, et comment son livre est le premier document de l'esprit de l'Église romaine indifférent à la vérité des choses, dominé en tout par des tendances officielles. Luc est le fondateur de cette éternelle fiction qu'on appelle l'histoire ecclésiastique, avec sa fadeur, son habitude d'adoucir tous les angles, ses tours niaisement béats[2]. Le dogme *a priori* d'une Église toujours sage, toujours modérée est la base de son récit. L'essentiel pour lui est de montrer que les disciples de Paul sont les disciples non pas d'un intrus, mais d'un apôtre comme les autres, qui a été en communion parfaite avec les autres. Le reste lui importe peu. Tout s'est passé comme dans une idylle. Pierre au fond était de l'avis de Paul, Paul de l'avis de Pierre. Une assemblée inspirée a vu tous les membres du collége apostolique réunis dans une même pensée. Le premier païen baptisé l'a été par Pierre ; Paul, d'un autre côté, s'est soumis aux pre-

---

1. Voir *les Apôtres,* introd. et ci-dessus, p. 264 et suiv.
2. V. *les Apôtres,* p. p. XIII et suiv., XXIV et suiv.

scriptions légales et les a observées publiquement à Jérusalem. Toute franche expression d'une opinion nette répugne à ce prudent narrateur. Les juifs sont traités de faux témoins, parce qu'ils rapportent un mot authentique de Jésus et qu'ils prêtent au fondateur du christianisme l'intention d'apporter des changements au mosaïsme [1]. Selon l'opportunité, le christianisme n'est que le judaïsme ou est tout autre chose. Quand le juif s'incline devant Jésus, son privilége est hautement reconnu. Luc alors a les paroles les plus onctueuses pour ces pères, pour ces aînés de la famille, qu'il s'agit de réconcilier avec les cadets [2]. Mais cela ne l'empêche pas d'insister complaisamment sur les païens qui se convertissent et de les opposer au juif endurci [3], incirconcis de cœur [4]. On voit qu'au fond il est pour les premiers. Ses préférés, ce sont les païens chrétiens en esprit, les centurions qui aiment les juifs [5], les plébéiens qui avouent leur bassesse. Retour à Dieu, foi en Jésus, voilà ce qui égalise toutes les

---

1. *Actes,* vi, 13 et 14.
2. Luc, i, 17.
3. *Actes,* vii, 51; xiii, 42-50; xiv, 4-8; xvii, 4-9, 13; xviii, 5-8, 11-17; xix, 8-40; xx, 3; xxviii, 25-28.
4. *Actes,* vii, 51.
5. Luc, vii, 5; *Actes,* x.

différences, éteint toutes les rivalités ¹. C'est la doctrine de Paul dégagée de ces rudesses qui remplirent la vie de l'apôtre d'amertumes et de dégoûts.

Au point de vue de la valeur historique, deux parts absolument distinctes doivent être faites dans les *Actes*, selon que Luc raconte les faits de la vie de Paul dont il avait une connaissance personnelle, ou selon qu'il nous présente la théorie convenue de son temps sur les premières années de l'Église de Jérusalem. Ces premières années étaient comme un mirage lointain, plein d'illusions. Luc était aussi mal placé que possible pour comprendre ce monde disparu. Ce qui s'était passé dans les années qui suivirent la mort de Jésus était envisagé comme symbolique et mystérieux. Au travers de cette vapeur décevante, tout devenait sacramentel. Ainsi se formèrent, outre le mythe de l'ascension de Jésus, le récit de la descente de l'Esprit-Saint, qu'on rapporta au jour de la fête de la Pentecôte, les idées exagérées sur la communauté des biens dans la primitive Église, la terrible légende d'Ananie et de Saphira, les imaginations qu'on se fit sur le caractère tout hiérarchique du collége des Douze, les contre-sens sur la glossolalie, dont l'effet fut de transformer en

---

1. Luc, I, 16; *Actes,* xx, 21.

un miracle public un phénomène spirituel de l'intérieur des Églises. Ce qui concerne l'institution des Sept, le martyre d'Étienne, la conversion de Cornélius, le concile de Jérusalem et les décrets qu'on supposa y avoir été portés d'un consentement commun, provient de la même tendance. Il nous est maintenant fort difficile de discerner en ces curieuses pages la vérité de la légende ou même du mythe. Comme le désir de trouver une base évangélique à tous les dogmes et à toutes les institutions que chaque jour faisait éclore avait chargé la vie de Jésus d'anecdotes fabuleuses; ainsi le désir de trouver à ces mêmes institutions et à ces mêmes dogmes une base apostolique chargea l'histoire des premières années de l'Église de Jérusalem d'une foule de récits conçus *a priori*. Écrire l'histoire *ad narrandum, non ad probandum,* est un fait de curiosité désintéressée, dont il n'y a pas d'exemple aux époques créatrices de la foi.

Nous avons eu trop d'occasions de montrer par le détail les principes qui président à la narration de Luc pour qu'il soit besoin d'y revenir ici. La réunion des deux partis opposés qui divisaient l'Église de Jésus est son but principal. Rome était le point où cette œuvre capitale s'accomplissait. Déjà Clément Romain y avait préludé. Clément n'avait probablement vu ni Pierre ni Paul[1]. Son grand sens pratique lui montra que le salut de l'Église chrétienne exigeait la réconciliation des deux fondateurs. Inspira-t-il saint Luc, qui paraît avoir été en rapport avec lui, ou ces deux âmes pieuses tombèrent-elles spontanément d'accord sur la direction qu'il convenait d'imprimer à l'opinion chrétienne? Nous l'ignorons, faute de documents. Ce qu'il y a de sûr, c'est que ce fut là une œuvre romaine[2]. Rome avait deux Églises, l'une venant de Pierre, l'autre venant de Paul. A ces nombreux convertis qui arrivaient à Jésus, les uns par le canal de l'école de Pierre, les autres par le canal de l'école de Paul, et qui étaient tentés de s'écrier : « Quoi! il y a donc deux Christs? » il fallait pouvoir dire: « Non. Pierre et Paul s'entendirent parfaitement. Le christianisme de l'un, c'est le christianisme de l'autre. » Peut-être une légère nuance fut-elle à ce propos introduite dans la légende évangélique de la pêche miraculeuse[3]. Selon le récit de Luc, les filets de Pierre ne suffisent pas à contenir la multitude des poissons qui veulent se laisser prendre; Pierre est obligé de faire signe à des collaborateurs de venir l'aider; une seconde barque (Paul et les siens) se remplit comme

1. La légende le fait tantôt disciple de Pierre, tantôt de Paul.
2. Notez chez Luc les mots latins : τρίστεγος, σουδάρια, σιμικίνθια.
3. Luc, v, 1-11. Comp. Marc, i, 14, 15; Matth., iv, 12-17.

la première, et la pêche du royaume de Dieu est surabondante.

Il se passa quelque chose d'analogue à ce qui eut lieu, vers l'époque de la Restauration, dans le parti qui se prit à relever le culte de la révolution française. Entre les héros de la Révolution, les luttes avaient été ardentes, acharnées; on s'était haï jusqu'à la mort. Mais, vingt-cinq ans après, il ne restait de tout cela qu'un grand résultat neutre. On oublia que les girondins, Danton, Robespierre, s'étaient tranché la tête les uns aux autres. A part quelques rares exceptions, il n'y eut plus de partisans des girondins, de Danton, de Robespierre; il y eut les partisans de ce que l'on considéra comme leur œuvre commune, c'est-à-dire de la Révolution. On plaça au même Panthéon, comme frères, des gens qui s'étaient proscrits entre eux. Dans les grands mouvements historiques, il y a le moment d'exaltation où des hommes associés en vue d'une œuvre commune se séparent ou se tuent pour une nuance, puis le moment de réconciliation, où l'on cherche à prouver que ces ennemis apparents s'entendaient et qu'ils ont travaillé pour une même fin. Au bout de quelque temps, de toutes ces discordances sort une doctrine unique, et un accord parfait règne entre les disciples de gens qui se sont anathématisés.

Un autre trait de Luc, essentiellement romain, et qui le rapproche encore de Clément, c'est son respect pour l'autorité impériale et les précautions qu'il prend pour ne pas la blesser. On ne trouve pas chez ces deux écrivains la haine sombre contre Rome qui caractérise les auteurs d'apocalypses et de poëmes sibyllins. L'auteur des *Actes* évite tout ce qui présenterait les Romains comme des ennemis du christianisme. Au contraire, il cherche à montrer que, dans beaucoup de circonstances, ils ont défendu saint Paul et les chrétiens contre les juifs [1]. Jamais un mot blessant pour les magistrats civils. S'il arrête son récit à l'arrivée de Paul à Rome, c'est peut-être pour n'avoir pas à raconter les monstruosités de Néron. Luc n'admet pas que les chrétiens aient jamais été compromis légalement. Si Paul n'en avait pas appelé à l'empereur, « on aurait pu le renvoyer absous ». Une arrière-pensée juridique, en plein accord avec le siècle de Trajan, le préoccupe : il veut créer des précédents, montrer qu'il n'y a pas lieu à poursuivre ceux que les tribunaux romains ont tant de fois acquittés. Les mauvais procédés ne le rebutent pas. On ne poussa jamais plus loin la patience, l'optimisme. Le goût de la persécution, la joie des ava-

---

[1]. *Actes*, xxiv, 7, 17 : xxv, 9, 16, 25; xxviii, 17-18. Cf. *les Apôtres*, p. xxii et suiv.; *Saint Paul*, p. 133-134.

nies endurées pour le nom de Jésus, remplissent l'âme de Luc et ont fait de son livre le manuel par excellence du missionnaire chrétien.

La parfaite unité du livre ne permet guère de dire si Luc, en le composant, avait sous les yeux des documents écrits antérieurs, ou s'il fut le premier à écrire l'histoire des apôtres sur des traditions orales. Il y a eu beaucoup d'Actes des Apôtres, comme il y a eu beaucoup d'Évangiles; mais, tandis que plusieurs Évangiles sont restés dans le canon, un seul livre des Actes y a été conservé. La « Prédication de Pierre »[1], dont le but était de présenter Jérusalem comme la source de tout le christianisme, et Pierre comme le centre de ce christianisme hiérosolymitain, est peut-être aussi ancienne pour le fond que les *Actes;* mais certainement Luc ne la connaissait pas. C'est gratuitement aussi que l'on a supposé que Luc aurait remanié et complété, dans le sens de la réconciliation des judéo-chrétiens et de Paul, un écrit plus ancien, composé pour la plus grande gloire de l'Église de Jérusalem et des Douze. Le dessein d'égaler Paul aux Douze et surtout de rapprocher Pierre et Paul est manifeste chez notre auteur; mais il semble qu'il ne suivit dans son récit qu'un cadre d'exposition

---

[1]. Κήρυγμα Πέτρου, premier noyau, perdu, de la légende pseudoclémentine, dont le développement sera expliqué dans le tome VIe.

orale depuis longtemps établi. Les chefs de l'Église de Rome devaient avoir une manière consacrée de raconter l'histoire apostolique [1]. Luc s'y conforma, en y ajoutant une biographie de Paul assez développée et vers la fin des souvenirs personnels. Comme tous les historiens de l'antiquité, il ne s'interdit pas l'emploi d'une innocente rhétorique. A Rome, son éducation hellénique avait dû se compléter, et le sentiment de la composition oratoire à la manière grecque put s'éveiller en lui [2].

Le livre des *Actes*, comme le troisième Évangile, écrit pour la société chrétienne de Rome, y resta longtemps confiné [3]. Tant que le développement de l'Église se fit par tradition directe et par des nécessités internes, on n'y attacha qu'une importance secondaire [4]; mais, quand l'argument décisif dans les

---

1. Comp. Clém., *Ad Cor. I*, 42.
2. Discours de saint Paul, *Act.*, XVII, et surtout v. 18, les mots ξένων δαιμονίων, si bien en situation (comp. ci-dess, p. 404, note, et les καινὰ δαιμόνια qu'on accusait Socrate d'introduire).
3. L'auteur des Épîtres prétendues de Paul à Tite et à Timothée n'en soupçonne pas l'existence. Papias ne connaît pas l'Évangile de Luc, à plus forte raison les *Actes*. Au IIe siècle, l'Évangile de Luc est moins cité que celui de Matthieu. Les *Actes* ne sont pas allégués directement avant Irénée. On croit cependant trouver des allusions à ce livre dans les Épîtres pseudo-ignatiennes, dans l'Épître de Polycarpe, dans Justin, dans Tatien.
4. Jean Chrys., Hom. I *in Act. apost*. 1.

discussions relatives à l'organisation ecclésiastique fut de remonter à l'Église primitive comme à un idéal, le livre des *Actes* devint une autorité capitale. Il racontait l'Ascension, la Pentecôte, le Cénacle, les miracles de la parole apostolique, le concile de Jérusalem. Les partis pris de Luc s'imposèrent à l'histoire, et, jusqu'aux pénétrantes observations de la critique moderne, les trente années les plus fécondes des fastes ecclésiastiques ne furent connues que par lui. La vérité matérielle en souffrit; car cette vérité matérielle, Luc ne la savait guère et s'en souciait peu; mais, presque autant que les Évangiles, les *Actes* façonnèrent l'avenir. La manière dont les choses sont racontées importe plus pour les grands développements séculaires que la manière dont elles se sont passées. Ceux qui ont fait la légende de Jésus ont une part presque égale à la sienne dans l'œuvre du christianisme; celui qui a fait la légende de l'Église primitive a pesé d'un poids énorme dans la création de la société spirituelle où tant de siècles ont trouvé le repos de leurs âmes. *Multitudinis credentium erat cor unum et anima una.* Quand on a écrit cela, on est de ceux qui ont lancé au cœur de l'humanité l'aiguillon qui ne laisse plus dormir jusqu'à ce qu'on ait découvert ce qu'on a vu en songe et touché ce qu'on a rêvé.

CHAPITRE XX.

SECTES DE SYRIE. ELKASAÏ.

Tandis que les Églises occidentales, subissant plus ou moins l'influence de l'esprit romain, marchaient rapidement vers une catholicité orthodoxe et aspiraient à se donner un gouvernement central, excluant les variétés de sectes, les Églises d'*ébionim*, en Syrie, s'émiettaient de plus en plus et s'égaraient en toute sorte d'aberrations. La secte n'est pas l'Église ; trop souvent, au contraire, la secte ronge l'Église et la dissout. Véritable Protée, le judéo-christianisme s'engageait tour à tour dans les directions les plus opposées. Malgré le privilége qu'avaient les communautés de Syrie de posséder les membres de la famille de Jésus et de se rattacher à une tradition bien plus immédiate que celle des Églises d'Asie, de Grèce et de Rome, il n'est pas douteux que, réduites à elles-mêmes, ces petites associations se seraient perdues dans le rêve au bout de deux ou trois cents ans. D'une part, l'usage exclusif du syriaque leur enlevait tout contact fécond avec les œuvres du génie grec ; de l'autre, une foule d'influences orientales, pleines de danger, agissaient sur elles et les menaçaient d'une prompte corruption. Leur manque de raison les livrait aux séductions de ces folies théosophiques, d'origine babylonienne, égyptienne, persane, qui, dans quarante ans environ, causeront au christianisme naissant cette grave maladie du gnosticisme qu'on ne saurait comparer qu'à un croup terrible auquel l'enfant n'échappa que par miracle.

L'atmosphère où vivaient ces Églises ébionites de Syrie au delà du Jourdain était des plus troubles. Les sectes juives abondaient en ces parages et suivaient une direction toute différente de celle des docteurs orthodoxes[1]. Depuis la ruine de Jérusalem, le judaïsme, privé de l'aiguillon prophétique, n'a plus eu que deux pôles d'activité religieuse, la casuistique, représentée par le Talmud, et les rêves mystiques de la Cabbale naissante. Lydda et Iabné étaient les centres d'élaboration du Talmud ; le pays au delà du Jourdain servait de berceau à la Cab-

---

1. *Récognitions,* I, 54 ; Hégésippe, dans Eus., *H. E.,* IV, 22 ; saint Justin, *Dial.,* 80, *Constit. apost.,* VI, 6 ; saint Épiphane, hær. XIV et suiv.

bale. Les esséniens n'étaient pas morts [1] ; sous le nom d'*esséens*, d'*ossènes*, d'*osséens* [2], ils se distinguaient à peine des nazaréens ou ébionites, et continuaient leur ascétisme particulier, leurs abstinences, avec d'autant plus d'ardeur que la destruction du temple avait supprimé le ritualisme de la Thora. Les galiléens de Juda le Gaulonite existaient, ce semble, comme Église à part [3]. On ne sait guère ce qu'étaient les masbothéens [4], encore moins ce qu'étaient les génistes, les méristes [5] et quelques autres hérétiques obscurs [6].

Les samaritains se divisaient de leur côté en

---

1. Pline, *Hist. nat.*, V, 73. Josèphe, après la guerre, parle des esséniens comme encore existants.

2. Hégésippe, dans Eus., IV, xxii, 6; *Constit. apost.*, VI, 6; *Philosoph.*, IX, 18, 27; Épiph., hær. xix, xxx, liii, et *Resp. ad Acac. et Paul.*, sub fin. Je suppose que, dans Justin, *Dial.*, 80, au lieu de ΕΛΛΗΝΙΑΝΩΝ, il faut lire ΕΣΣΗΝΙΑΝΩΝ ou ΕΣΣΗΝΩΝ. Cf. Sacy, *Chrest. arabe*, I, p. 345-347.

3. Hégésippe, dans Eus., *H. E.*, VI, xxii, 6; saint Justin, *Dial. cum Tryph.*, 80; *Indiculus de hæresibus*, attribué à saint Jérôme, dans Œhler, *Corp. hæres.*, I, p. 283.

4. Hégésippe, dans Eus., *H. E.*, IV, xxii, 5, 6; *Constit. apost.* VI, 6; l'*Indiculus* et Isidore, dans Œhler, I, p. 283, 303.

5. Saint Justin, *Dial.*, 80; *Indiculus*, Œhler, I, p. 283. Je suppose que le mot μεριϲταί répond à *mînîm*, οἱ ἀπὸ μέρους, en opposition avec les vrais juifs, οἱ ἀπὸ γένους (γενισταί). Voir cependant Isidore de Sév., *Etym.*, VIII, iv, 8.

6. Saint Justin, *l. c.*; Théodoret, *Hæret. fab.*, I, 1; *Indiculus*, l. c.; saint Isidore, *Orig.*, VIII, 4.

une foule de sectes, se rattachant plus ou moins
à Simon de Gitton [1]. Cléobius, Ménandre, les goro-
théens, les sébuéens, sont déjà des gnostiques; le
mysticisme cabbalistique coule chez eux à pleins
bords. L'absence de toute autorité permettait encore les plus graves confusions. Les sectes samari-
taines, qui pullulaient à côté de l'Église, entraient
parfois jusque dans son enceinte, ou cherchaient
à s'y introduire de force. On peut rapporter à
ce temps le livre de *la Grande Exposition* attribué
à Simon de Gitton [2]. Ménandre de Capharétée avait
succédé à toutes les ambitions de Simon. Il s'imaginait, comme son maître, posséder la vertu suprême, cachée au reste des hommes. Entre Dieu et
la création, il plaçait un monde d'anges innombrables, sur lesquels la magie a tout pouvoir. Cette
magie, il prétendait en connaître les derniers secrets.
Il paraît qu'il baptisait en son propre nom. Ce bap-

---

1. *Les Apôtres*, p. 273 et suiv.; Hégésippe, dans Eus., IV,
XXII, 5; Théodoret, *l.c.*; *Récognitions*, II; *Constit. apost.*, VI, 8;
Épiph., hær. X-XIII, XXII, LI, 6, et *Resp. ad Acac. et Paul*, sub
fin. Cf. Livre de Josué, édit. Juynboll, p. 110 et suiv.; *Chronique*
d'Aboulfath, édit. Vilmar, texte arabe, p. 82-83, 151-164, prol.,
p. LIX-LX, LXXI-LXXIII, LXXX-LXXXIV; Schahristani, texte arabe,
Cureton, p. 170, trad. Haarbrücker, I, p. 258 (en tenant compte
de Vilmar, p LXXII, note, et de la correction d'Ewald, *Gesch. des
V. I.*, VII, p. 124, note); Chwolsohn, *Die Ssabier*, I, p. 96-99.

2. *Les Apôtres*, p. 267 et suiv.

tême conférait le droit à la résurrection et à l'immortalité. C'est à Antioche que Ménandre compta le plus de sectateurs. Ses disciples cherchaient, à ce qu'il semble, à usurper le nom de chrétiens ; mais les chrétiens les repoussaient hautement et leur donnaient le nom de ménandriens [1]. Il en était de même de certains sectaires simoniens nommés entychites, adorateurs d'éons, sur lesquels on fit peser les plus graves accusations [2].

Un autre samaritain, Dosithée ou Dosthaï, jouait le rôle d'une sorte de Christ, de fils de Dieu, et cherchait à se faire passer pour le grand prophète égal à Moïse dont on lisait la promesse dans le Deutéronome (XVIII, 15), et qu'en ces temps de fièvre on croyait sans cesse voir venir [3]. L'essénisme, avec sa

---

1. Justin, Irénée, etc. Voir *les Apôtres*, p. 273, note 2 Joignez-y Eus., *H. E.*, III, 26.

2. Théodoret, I, 1, et V, 9 ; Clém. d'Alex., *Strom.*, VII, 17 ; Cotelier, *Eccl. gr. mon.*, III, p. 640, 641. Il est douteux que le passage de Pamphile, *Apol. pro Orig.* (trad. Rufin), ch. 12, Delarue, IV, append., p. 22, se rapporte à eux.

3. Homél. pseudo-clém., II, 24 ; Hégésippe, dans Eus., IV, XXII, 5 ; *Constit. apost.*, VI, 8 ; Origène, *Contre Celse*, I, 57 ; VI, 11 ; *De principiis*, IV, 17 ; *In Matth. comment. series*, 33, Opp., III, p. 851 ; *In Joh.*, tom. XIII, 27 ; Macarius Magnès, III, 41, p. 151 ; cf. p. 184 ; Pseudo-Tertul., *Adv. omn. hær.*, 1 (Œhler, t. II, p. 752 et suiv.) ; Théodoret, *Hær. fab.*, I, 1 ; Épiph., hær. X, XII, XIII, XIV ; Philastre, c. 4 ; saint Jér., *Dial. adv. lucif.*, 1, p. 304, IV, 2ᵉ part. Mart. ; *Epit. Paulæ*, p. 676, ibid. ; Euloge

tendance à multiplier les anges, était au fond de toutes ces aberrations ; le Messie lui-même n'était plus qu'un ange comme un autre, et Jésus, dans les Églises placées sous cette influence, allait perdre son beau titre de fils de Dieu pour n'être plus qu'un grand ange, un éon de premier rang [1].

L'union intime qui existait entre les chrétiens et la masse d'Israël, le manque de direction qui caractérisait les Églises transjordaniques faisaient que chacune de ces sectes avait son contre-coup dans l'Église de Jésus. Nous ne comprenons pas bien ce que veut dire Hégésippe [2], quand il trace pour l'Église de Jérusalem une période d'absolue virginité, finissant vers les temps où nous sommes, et quand il attribue tout le mal des temps qui suivirent à un certain Thébuthis, qui, par dépit de n'avoir pas été nommé évêque, infecta l'Église d'erreurs empruntées aux sept sectes juives [3]. Ce qui est vrai, c'est que,

d'Alex., dans Photius, cod. ccxxx, p. 285, 1re col., Bekker; *Liber Josué*, Juynboll, *loc. cit.*; *Chron. samarit.* d'Aboulfath, dans Sacy, *Chrest. arabe,* I, p. 333 et suiv.; edit. Vilmar, *l. c.;* Schahristani, édit. Cureton, I, p. 170, trad. Haarbrücker, I, p. 258.

1. Coloss., ii, 18.
2. Dans Eusèbe, *H. E.*, IV, 22. Cf. III, xxxii, 7, 8.
3. Saint Justin (*Dial.*, 80), saint Épiphane (*Adv. hœr.*, xiv, 1), Makrizi (Sacy, *Chrest. arabe,* I, 305 et suiv., 345-346), Aboulfaradj (*Dyn.*, p. 116, texte arabe), comptent aussi sept sectes juives. Cf. *Auctarium novum* de Combefis, t. II (ou *Hist. Monoth.*)

dans ces cantons perdus de l'Orient, d'étranges alliances se produisaient. Quelquefois même la manie des mélanges incohérents ne s'arrêtait pas aux limites du judaïsme; les religions de la haute Asie fournissaient plus d'un élément à la chaudière où les ingrédients les plus disparates fermentaient ensemble. Le baptisme est un culte originaire de la région du bas Euphrate; or le baptisme était le trait le plus ordinaire chez les sectes juives qui cherchaient à s'affranchir du temple et des prêtres de Jérusalem. Jean le Baptiste avait encore des disciples [1]. Les esséens, les ébionites étaient presque tous adonnés aux ablutions. Après la destruction du temple, le baptisme reprit de nouvelles forces. Des sectaires se plongeaient dans l'eau chaque jour, à tout propos [2]. Nous avons entendu, vers l'an 80, des accents qui semblent venir de cette secte [3]. Sous Trajan, la vogue du baptême redouble. Cette faveur croissante fut due en grande partie à l'influence d'un certain

---

p. 300, et Cotelier, notes sur *Const. apost.*, VI, 6. Les *Récognitions* n'en connaissent que cinq. Pseudo-Jérôme en compte dix.

1. *Récognit.*, I, 54, 60; Homél. pseudo-clém., II, 23.

2. *Récognit.*, I, 54, 60; Homél. pseudo-clém., II, 23; Hégésippe, dans Eus., *H., E.*, IV, XXII, 6; saint Justin, *Dial.*, 80; *Constit. apost.*, VI, 6; Épiphane, hær. XVII, XXX, 16; *Rép. à Acace et Paul*, sub fin.; Sacy, *Chrest. arabe*, I, p. 306, 346.

3. Voir ci-dessus, p. 167.

Elkasaï, que l'on peut supposer avoir été en beaucoup de choses l'imitateur de Jean-Baptiste et de Jésus.

Cet Elkasaï paraît avoir été un esséen de la contrée située au delà du Jourdain [1]. Il avait peut-être résidé en Babylonie, d'où il feignait d'avoir rapporté le livre de sa révélation. Il éleva son drapeau prophétique en l'an 3 du règne de Trajan [2], prêchant la pénitence et un nouveau baptême, plus efficace que tous ceux qui avaient précédé, capable en un mot d'effacer les péchés les plus énormes. Il présentait comme manifeste de sa mission divine une apocalypse bizarre, écrite probablement en syriaque [3], et qu'il cherchait à entourer d'un mystère charlatanesque, en la présentant comme descendue du ciel à Séra, la capitale du pays fabuleux des Sères, par delà les Parthes [4].

1. Origène, *In Ps. LXXXII* (dans Eus., *H. E.*, VI, 38); *Philosophumena*, IX, 4, 13-17; X, 29; Épiphane, hær. xix entier; xxx, 3, 17; liii entier; anacephalæosis, t. i, lib. II, n° 7; t. ii, lib. I, n° 10; epitome (Opp., édit. Dindorf, I, 352 et suiv.); Théodoret, *Hær. fab.*, II, 7; Pseudo-Aug. *De hær.* 10, 32.

2. *Philos.*, IX, 13. Un autre passage (*ibid.*, § 16) nous reporterait aux derniers temps de Trajan, si on lisait comme Rœper et Duncker; mais ce passage est obscur et altéré. Je lis avec Hilgenfeld : ἀφότε ὑπάτευσεν ἕκτου.

3. On le conclut du genre attribué à *rouah* (voy. ci-dessus, p. 103 note 4) et des formules syriaques en usage dans la secte (v. p. 456).

4. *Philos.*, IX, 13. Sur cette ville de Séra, voir Ammien Marcellin, XXIII, 6 (p. 384, Paris, 1681); Ptolémée, I, xi, 1, 4, xvii, 5; VI, xiii, 1; xvi, 8; VIII, xxiv, 8.

Un ange gigantesque, de trente-deux lieues de haut, représentant le fils de Dieu, y jouait le rôle de révélateur; à côté de lui, un ange femelle, de même taille, l'Esprit-Saint, paraissait comme une statue dans les nuées entre deux montagnes. Elkasaï, devenu dépositaire du livre, le transmit à un certain Sobiaï. Quelques fragments de cet écrit bizarre nous sont connus[2]. Rien ne s'y élève au-dessus du ton d'un mystificateur vulgaire, qui veut faire fortune avec de prétendues formules d'expiation et de ridicules momeries. Formules magiques, composées de phrases syriaques lues à rebours[3], puériles prescriptions sur les jours fastes et néfastes, folle médecine d'exorcismes et de sortiléges, recettes contre les

---

1. On se demande s'il n'y a pas ici quelque bévue de la part des hérésiologues qui nous ont transmis les renseignements sur Elkasaï. Σοβιαί est peut-être le nom même des *Sabiens*, ܘܚܣܡ. On a aussi soupçonné dans Ἠλχασαί quelque étymologie symbolique, אל כסי ou חיל כסי, « le dieu caché » ou « la forme cachée » (Épiph., hær. xix, 2); mais il se peut que Ἠλχασαί soit un simple ethnique d'*Elkési*, village au delà du Jourdain, c'est-à-dire du pays des esséens et des ébionites. Voir Gesen., *Thes.*, p. 1211. En tout cas, Elkasaï a été un homme réel. Simon de Gitton fut appelé aussi ἡ δύναμις τοῦ θεοῦ μεγάλη, ce qui n'empêche pas qu'il ne doive être tenu pour un personnage historique.

2. M. Hilgenfeld les a recueillis. *Novum Testamentum extra canonem receptum,* fascic. III.

3. Épiph., xix, 4, formule expliquée par M. Stern et par M. Lévy de Breslau. Cf. *Zeitschrift der d. m. G.*, 1858, p. 712.

démons et les chiens, prédictions astrologiques, voilà l'Évangile d'Elkasaï. Comme tous les faiseurs d'apocalypses, il annonçait pour l'empire romain des catastrophes, dont il fixait la date à la sixième année de Trajan [1].

Elkasaï fut-il réellement chrétien? On en douterait parfois [2]. Il parlait souvent du Messie, mais il équivoquait sur Jésus. On peut supposer que, marchant sur les traces de Simon de Gitton, Elkasaï connut le christianisme et le copia. Comme plus tard Mahomet, il adopta Jésus pour un personnage divin. Les ébionites furent les seuls chrétiens avec lesquels il eut des rapports; car sa christologie est celle d'*Ébion*. A son exemple, il maintenait la Loi, la circoncision, le sabbat [3], repoussait les anciens prophètes, haïssait saint Paul [4], s'abstenait de chair, se tournait vers Jérusalem en priant [5]. Ses disciples paraissent s'être rapprochés du bouddhisme; ils admettaient beaucoup de Christs, passant les uns dans les autres par une sorte de transmigration, ou plutôt un seul Christ, s'incarnant et paraissant au

---

1. *Philos.,* IX, 16. Voir ci-dessus, p. 455.
2. Épiph., hær. xix, 3; xxx, 3, 17; liii, 1.
3. *Philos.,* IX, 14; Épiph., xxx, 1.
4. Origène, dans Eus., *H. E.,* VI, 38; Theodoret, *l. c.*
5. Épiph., hær. xix, 3. Cf. Irénée, I, xxvi, 2.

monde par intervalles. Jésus fut une de ces apparitions. Adam avait été la première [1]. Ces rêves font penser aux avatars de Vischnou et aux vies successives de Krichna.

On sent dans tout cela le syncrétisme grossier d'un sectaire, fort ressemblant à Mahomet, qui brouille et confond à froid, selon son caprice ou son intérêt, les données qu'il prend de droite et de gauche. L'influence la plus reconnaissable est celle du naturalisme persan et de la cabbale babylonienne. Les elkasaïtes adoraient l'eau comme source de vie et détestaient le feu. Leur baptême, administré « au nom du grand Dieu très-haut, et au nom de son fils, le grand roi », effaçait tous les péchés et guérissait toutes les maladies, quand on y joignait l'invocation des sept témoins mystiques, le ciel, l'eau, les esprits saints, les anges de la prière, l'huile, le sel, la terre [2]. Aux esséens Elkasaï empruntait les abstinences, l'horreur des sacrifices sanglants [3]. Le privilége d'annoncer l'avenir et de guérir les maladies par des

---

1. Épiph., hær. xxx, 3; LIII, 1; *Philos.*, IX, 14; X, 29; Théodoret, *l. c.* C'est la doctrine pseudo-clémentine des *Récognitions* et des *Homélies*.

2. *Philos.*, IX, 15; Épiph., xix, 1. Comp. I Joh., v, 6-8; Homélies pseudo-clém., *Contest. Jacobi*, en tête, c. 1 et 2; Apocal. d'Adam, *Journal asiat.*, nov.-déc. 1853, p. 427 et suiv.

3. Épiph., xix, 3; LIII, 1.

procédés magiques était aussi une prétention des esséniens[1]. Mais la morale d'Elkasaï ressemblait aussi peu que possible à celle de ces bons cénobites. Il réprouvait la virginité et permettait, pour éviter la persécution, de simuler l'idolâtrie, même de renier de bouche la foi que l'on professait.

Ces doctrines furent adoptées plus ou moins par toutes les sectes ébionites[2]. On en trouve la vive empreinte dans les récits pseudo-clémentins, œuvre des ébionites de Rome[3], et de vagues reflets dans la lettre faussement attribuée à Jean[4]. Le livre d'Elkasaï cependant ne fut connu des Églises grecques et latines qu'au III⁰ siècle et n'y eut aucun succès[5]. Il fut, au contraire, adopté avec enthousiasme par les osséens, les nazaréens, les ébionites d'Orient[6]. Toute la région au delà du Jourdain, la

1. Jos., *B. J.*, II, XIII, 12. Cf. Homélies pseudo-clém., IX, 22 et suiv.; XI, 26; XIII, 14; XVI, 18 et suiv. De là le nom d'*esséens* (אסיא, « medecins »).
2. Épiph., hær. XXX, 2, 17.
3. *Contestatio Jacobi* précitée. Voir le VI⁰ volume.
4 I Joh., v, 6-8.
5. Origène le premier en entendit parler. *In Ps. LXXXII* (dans Eus., *H. E.*, VI, 38); *Philos.*, IX, 13. Eusèbe ne connaît les elkasaïtes que par le passage d'Origène (*H. E.*, VI, 38), et croit l'hérésie née au III⁰ siècle, parce que c'est alors qu'elle parut et échoua dans les Églises non-ébionites des pays grecs et latins.
6. Épiph., hær. XIX, 1, 2, 5; XXX, 2; LIII, 1.

Pérée, Moab, l'Iturée, le pays des Nabatéens, les bords de la mer Morte, vers l'Arnon, étaient remplis de ces sectaires. Plus tard, on les appela samséens, expression dont le sens est obscur [1]. Au IVe siècle, le fanatisme de la secte était tel, que des gens se faisaient tuer pour la famille d'Elkasaï. Sa famille, en effet, existait encore et continuait son charlatanisme grossier. Deux femmes, Marthous et Marthana, qui prétendaient descendre de lui, étaient presque adorées ; la poussière de leurs pieds, leur crachat passaient pour des reliques [2]. En Arabie, les elkasaïtes, comme les ébionites et les judéo-chrétiens en général, vécurent jusqu'à l'islam· et se confondirent avec lui [3]. La théorie de Mahomet sur Jésus s'écarte à peine de celle d'Elkasaï. L'idée de la *kibla*,

---

1. Selon l'explication la plus probable, ce serait un équivalent de θεραπευτής.

2. Saint Épiphane, hær. XIX, 2 ; LIII, 1 ; anacephæosis, tomus I lib. II, n° 7 ; epitome, Dindorf, p. 352. Jean Damascène copie l'*anacephalæosis*, même ἔτι καὶ δεῦρο. Il se peut qu'Épiphane se trompe en plaçant ces femmes au IVe siècle. Celse, en effet (Orig., *Adv. Cels.*, l. V, 62, Opp., I, p. 626), parle de deux femmes sectaires, Marthe et Mariamne, qui peuvent bien être Μαρθοῦς et Μαρθάνα. Sur la forme Μαρθοῦς, voir *Miss. de Phén.*, p. 384.

3. On attribue à Elkasaï ou Elxaï un prétendu frère Iéxaï, d'où peut venir le nom de Ἰεσσαῖοι, porté par les esséens. Epiph., hær. XXIX 1, 4, 5, 7. Rien de plus confus que les données d'Épiphane sur ces Jesséens. Tantôt il les rattache à *Jessé,* tantôt au nom de *Jésus,* tantôt aux *esséens.* Cf. saint Nil, *Monast. exerc.*, c. III.

ou direction pour la prière, vient peut-être des sectaires transjordaniques [1].

On ne peut assez insister sur ce point que, avant le grand schisme des Églises grecques et latines, également orthodoxes et catholiques, il y eut un autre schisme oriental, un schisme syrien, si l'on peut s'expliquer ainsi, qui mit hors du christianisme, ou pour mieux dire laissa sur ses confins tout un monde de sectes judéo-chrétiennes et ébionites, nullement catholiques (esséens, osséens, samséens, jesséens, elkasaïtes), au sein desquelles Mahomet apprit le christianisme et dont l'islam fut la revanche [2]. Une preuve, en quelque sorte vivante encore, de ce grand fait est le nom de *nazaréens* que les musulmans ont toujours donné aux chrétiens. Une autre preuve que le christianisme de Mahomet fut l'ébionisme ou le nazaréisme est ce docétisme obstiné qui a fait proclamer aux musulmans de tous

---

1. Voir ci-dessus, p. 52-53. Dans l'idée des Arabes, ce qui constitue une religion, c'est une *kibla* et un *kitâb*, une direction pour prier et un livre. L'expression בית המקדש = بيت المقدس, pour désigner Jérusalem, peut se rattacher aux mêmes sectes. *Hierosolymam adorant quasi domus sit Dei* (Irénée, I, xxvi, 2). Comp. Modjir eddîn, *Hist. de Jér.*, p. 227 (édit. du Caire).

2. Masoudi, *Prairies d'or*, I, p. 130. Cf. Sprenger, *Das Leben und die Lehre des Mohammad*, I, 18-43, 93-101, 403 ; II, p. 384 et suiv. ; G. Rœsch, dans *Theol. Studien und Kritiken*, 1876, 3ᵉ fascic., p. 409 et suiv. (Gotha).

les temps que Jésus n'a pas été crucifié en personne, qu'une ombre seule souffrit à sa place [1]. On croirait entendre Cérinthe ou quelqu'un de ces gnostiques si énergiquement combattus par Irénée [2].

Le nom syriaque de ces diverses sectes de baptistes était *sabiin*, équivalent exact de « baptiseurs ». C'est l'origine du nom des *sabiens*, qui sert encore aujourd'hui à désigner les mendaïtes [3], nazaréens [4] ou chrétiens de saint Jean, qui continuent leur pauvre existence dans le district marécageux de Wasith et de Howeyza, non loin du confluent du Tigre et de l'Euphrate [5]. Au VIIe siècle, Mahomet les traite avec une considération particulière [6]. Au Xe siècle, les polygraphes arabes les appellent *el-mogtasila*, « ceux qui

---

1. Voir ci-dessus, p. 421-422.
2. Irénée, I, XXIV, 4; Épiph., XXIV, 3; Pseudo-Tertullien, *Contre toutes les hérésies*, c. 1 (Œhler); Théodoret, *Hær. fab.*, I, 4.
3. Eux-mêmes se donnent ce nom. *Livre d'Adam*, 1re part., ch. XIII, XVII, XX, XXX, XXXI, XXXV, XXXVI, XXXVII, XXXVIII, XLII, clausule, 2e part., ch. I, II, V.
4. Cf. Norberg, *Cod. Naz.*, II, 235, 237.
5. Voir *Vie de Jésus*, p. 102 et suiv. Le culte des astres ayant une grande place dans la religion des sabiens des marais, les Arabes firent *sabisme* synonyme d'*astrolâtrie*. Moïse Maimonide adopta cette idée, et c'est par lui que se sont répandues en Europe tant de notions confuses sur un prétendu *sabéisme*, considéré comme le culte primitif de l'humanité.
6. Coran, II, 59; V, 73; XXII, 17.

se baignent[1] ». Les premiers Européens qui les connurent les prirent pour des disciples de Jean-Baptiste qui auraient quitté les rives du Jourdain avant d'avoir reçu la prédication de Jésus[2]. On ne peut guère douter de l'identité de ces sectaires avec les elkasaïtes, quand on les voit appeler leur fondateur *El-hasih*[3], et surtout quand on étudie leurs doctrines, qui sont une sorte de gnosticisme judéo-babylonien, analogue par plusieurs côtés à celui d'Elkasaï. L'usage des ablutions[4], le goût pour l'astrologie[5], l'habitude d'attribuer des livres à Adam, comme au premier des révélateurs[6], les rôles prêtés aux anges, une sorte de naturalisme et de croyance à la vertu

---

1. Mohammed ibn Ishak en-Nédim, *Kitâb el-Fihrist* (écrit en 987), p. 340, édit. Fluegel. Cf. Chwolsohn, *Die Ssabier*, I, 109 et suiv., 136 et suiv., 805-807; II, 543 et suiv., 760; Fluegel, *Mani*, p. 133 et suiv.; *Journal asiatique*, nov.-déc. 1853, p. 436-437, et août-sept. 1855, p. 292-294; *Hist. des lang. sémit.*, III, II, 2.

2. Lire le chapitre XII de la première partie du *Livre d'Adam*.

3. *Kitâb el-Fihrist*, l. c. Il est vrai que l'incertitude de l'écriture arabe, quand il s'agit de noms étrangers, répand des doutes sur ce mot.

4. Voir le *Qolasta*, hymnes et discours sur le baptême, publié par M. Euting (Stuttgard, 1867).

5. Chwolsohn, *Die Ssabier*, I, p. 115.

6. Voir ci-dessus, p. 458.

magique des éléments¹, l'horreur du célibat² sont autant de traits communs aux sectaires de Bassora et aux elkasaïtes.

Comme Elkasaï, les mendaïtes tiennent l'eau pour le principe de vie, le feu pour un principe de ténèbres et de destruction³. Quoiqu'ils demeurent loin du Jourdain, ce fleuve est toujours pour eux par excellence le fleuve baptismal⁴. Leur antipathie pour Jérusalem et le judaïsme⁵, la malveillance qu'ils témoignent envers Jésus et le christianisme⁶ n'empêchent pas que leur organisation d'évêques, de prêtres, de fidèles ne rappelle tout à fait l'organisation chrétienne⁷, que leur liturgie ne soit calquée sur celle d'une Église et n'aboutisse à de vrais sacrements⁸. Leurs livres ne paraissent pas anciens⁹; mais ils sem-

---

1. Voir, outre le *Livre d'Adam* (éditions de Norberg et de Petermann), le *Divan* des mendaïtes, dont le manuscrit est à la Propagande, à Rome. Migne, *Dict. des apocr.*, I, col. 283 et suiv.

2. *Livre d'Adam*, 1ʳᵉ part., ch. XVII.

3. *Livre d'Adam*, 1ʳᵉ part., ch. XIII.

4. *Livre d'Adam*, 1ʳᵉ part., ch I, IV, VI, VIII, IX, XII, XIII, XVII, XXIX, XXX, XXXI, XXXII, LXII.

5. *Livre d'Adam*, ch. XVII, XXVI, XLI, LXII.

6. *Livre d'Adam*, 1ʳᵉ part., ch. I, II, XII, XVII.

7. *Livre d'Adam*, 1ʳᵉ part., ch. XVII, XXIX, LXII; Mss. sabiens de la Bibl. nat., n° 16.

8. Mss. sabiens de la Bibl. nat., nᵒˢ 12-15. Mention du Verbe, *Livre d'Adam*, 1ʳᵉ part., ch. XXXI.

9. *Livre d'Adam*, 1ʳᵉ part., ch. II et XXXI (mention de Maho-

blent en avoir remplacé d'antérieurs. De ce nombre fut peut-être l'*Apocalypse* ou *Pénitence d'Adam*, livre singulier sur les liturgies célestes de chaque heure du jour et de la nuit et sur les actes sacramentels qui s'y rattachent [1].

Le mendaïsme n'a-t-il qu'une seule source, l'esséisme et le baptisme juif? Non, certes; à beaucoup d'égards, on peut y voir une branche de la religion babylonienne, qui aurait contracté un mariage intime avec une secte judéo-chrétienne, déjà empreinte elle-même des idées de Babylone. Le syncrétisme effréné qui a toujours été la loi des sectes orientales rend impossible l'exacte analyse de pareilles monstruosités. Les rapports ultérieurs des sabiens avec le manichéisme [2] restent fort obscurs. Tout ce qu'on peut dire, c'est que l'elkasaïsme dure encore de nos jours et représente seul, dans les marais de Bassora, les sectes judéo-chrétiennes qui fleurirent autrefois au delà du Jourdain.

La famille de Jésus, qui existait encore en Syrie, fut sans doute opposée à ces malsaines chimères. Vers

met), LXII (liste des Sassanides et invasion musulmane), les clausules et notes finales. Cf. 2ᵉ part., ch. I.

1. *Journal asiat.*, nov.-déc. 1853, p. 427 et suiv. Comp. le manuscrit sabien n° 15 de la Bibl. nat.

2. Fluegel, *Mani,* p. 83 et suiv., 132 et suiv., 305.

le temps où nous sommes, les derniers neveux du grand fondateur galiléen s'éteignent, entourés du plus profond respect par les communautés transjordaniques, mais presque oubliés des autres Églises. Depuis leur comparution devant Domitien, les fils de Jude, revenus en Batanée, étaient tenus pour des martyrs. On les mit à la tête des Églises, et ils jouirent d'une autorité prépondérante jusqu'à leur mort sous Trajan [1]. Les fils de Clopas, pendant ce temps, semblent avoir continué de porter le titre de présidents de l'Église de Jérusalem. A Siméon, fils de Clopas, avait succédé son neveu Juda, fils de Jacques [2], auquel paraît avoir succédé un autre Siméon, arrière-petit-fils de Clopas [3].

---

1. Hégésippe, dans Eus., *H. E.*, III, xx, 8 ; xxxii, 6.
2. *Constit. apost.*, VII, 46 ; note de Cotelier sur ce passage. Voir l'appendice, à la fin de ce volume, p. 545-547.
3. Le Syncelle (Paris, p. 345, 347 ; comp. Eusèbe, *Chron.*, d'après Scaliger, 2ᵉ édit., p. 80) et saint Épiphane (hær. LXVI, 20), d'accord avec les *Constitutions apostoliques,* donnent un Juda pour successeur à Siméon. Ailleurs (Eus., *Chron.*, l. II, ad ann. Traj. 10 et 12 ; *Hist. eccl.*, III, 35 ; cf. Nicéph., *Chronogr.*, p. 409, Paris), ce successeur est appelé *Justus*. Les critiques sont d'accord sur ce point qu'un Siméon, fils de Clopas, mourut martyr vers la fin du règne de Trajan. Mais Siméon, cousin germain de Jésus, a de la sorte une vie et un épiscopat beaucoup trop longs. On concilie tout en supposant trois fils de Clopas, évêques de Jérusalem, après Jacques : 1° Siméon, fils de Clopas et cousin germain de Jésus ; 2° Juda, fils de Jacques, petit-fils de

Un événement politique important se passa, l'an 105, en Syrie, et eut pour l'avenir du christianisme de graves conséquences. Le royaume nabatéen, resté jusque-là indépendant, qui contournait la Palestine à l'est, et comprenait les villes de Petra, de Bostra, et de fait, sinon de droit, la ville de Damas[1], fut détruit par Cornelius Palma[2], et devint la province romaine d'Arabie. Vers le même temps, les petites royautés, feudataires de l'empire, qui s'étaient jusque-là maintenues en Syrie, les Hérodes, les Soèmes d'Édesse, les petits souverains de Chalcis, d'Abila, les Séleucides de la Comagène, avaient disparu. La domination romaine prit alors en Orient une régularité qu'elle n'avait pas eue encore. Au delà de ses frontières, il n'y eut plus que le désert

Clopas et petit-cousin de Jésus; 3° un second Siméon, fils ou petit-fils de Jacques, de José ou de Siméon I, par conséquent petit-fils ou arrière-petit-fils de Clopas, petit-cousin ou arrière-petit-cousin de Jésus. C'est celui-ci qui aurait été martyrisé sous Trajan. La série des chefs de l'Église de Jérusalem serait ainsi : Jacques, frère du Seigneur; Siméon, fils de Clopas, Juda, fils de Jacques; Siméon II, petit-fils ou arrière-petit-fils de Clopas; Justus. Voir le Syncelle (*l. c.*); Tillemont, *Mém.*, II, p. 186 et suiv.

1. Voir *les Apôtres*, p. 174-175; Eckhel, III, p. 330.
2. Dion Cassius, LXVIII, 14; Ammien Marcellin, XIV, 8; *Chron. pasc.*, I, p. 472 (Bonn); Eutrope, VIII, 2; Borghesi, *Annal. dell' Inst. arch.*, 1846, p. 342 et suiv.; Eckhel, III, p. 500 et suiv.; VI, p. 420; Mionnet, V, p. 579 et suiv.; Cohen, II, *Traj.*, n°ˢ 15, 309.

inaccessible. Le monde transjordanique, qui jusquelà n'entrait dans l'empire que par ses parties les plus occidentales, y fut englobé tout entier. Palmyre, qui n'avait encore donné à Rome que des auxiliaires, entra tout à fait dans la domination romaine. Le champ entier du travail chrétien est désormais soumis à Rome, et va jouir du repos absolu que donne la fin des préoccupations de patriotisme local. Tout l'Orient adopta les mœurs romaines; des villes, jusque-là orientales, se rebâtirent selon les règles de l'art du temps. Les prophéties des apocalypses juives se trouvaient mises en défaut. L'empire était au comble de sa puissance; un même gouvernement s'étendait d'York à Assouan, de Gibraltar aux Carpathes et au désert de Syrie. Les folies de Caligula et de Néron, les méchancetés de Tibère et de Domitien étaient oubliées. Dans cet immense espace, il ne s'élevait qu'une protestation nationale, celle des Juifs; tout pliait sans murmure devant la plus grande force qu'on eût vue jusque-là.

CHAPITRE XXI.

TRAJAN PERSÉCUTEUR. — LETTRE DE PLINE.

A une foule d'égards, cette force était bienfaisante. Il n'y avait plus de patries, par conséquent plus de guerres. Avec les réformes qu'on pouvait se promettre des politiques excellents qui étaient aux affaires, le but de l'humanité semblait atteint. Nous avons montré précédemment[1] comment cette espèce d'âge d'or des libéraux, ce gouvernement des hommes les plus sages et les plus honnêtes fut pour les chrétiens un régime dur, pire en un sens que celui de Néron et de Domitien. Des hommes d'État froids, corrects, modérés, ne connaissant que la loi, l'appliquant même avec indulgence, ne pouvaient manquer d'être des persécuteurs; car la loi était persécutrice; elle ne permettait pas ce que l'Église de

1. Voir ci-dessus, p. 394 et suiv.

Jésus regardait comme l'essence même de sa divine institution.

Tout prouve, en effet, que Trajan fut le premier persécuteur systématique du christianisme. Les procès contre les chrétiens, sans être très-fréquents, se produisirent plusieurs fois sous son règne[1]. Sa politique de principes, son zèle pour le culte officiel[2], son aversion pour tout ce qui ressemblait à une société secrète l'y engageaient. Il y était également poussé par l'opinion publique. Les émeutes contre les chrétiens n'étaient point rares ; le gouvernement, en satisfaisant ses propres défiances, se donnait, par des rigueurs contre une secte calomniée, un vernis de popularité. Les émeutes et les persécutions qui s'ensuivaient avaient un caractère tout local[3]. Il n'y

---

1. Pline, *Epist.*, X, 96 (97), remarque comme une singularité que lui, homme d'administration (plus homme de lettres, à vrai dire, que d'administration), n'ait jamais assisté, avant sa légation de Bithynie, à un procès de cette espèce. .

2. Pline, *Panégyr.*, 52.

3. Μερικῶς καὶ κατὰ πόλεις... ἐν πλείοσι τόποις... μερικοὺς κατ' ἐπαρχίαν. Eus , *H. E.*, III, ch. 32 et suiv. Cf. Barhébræus, *Chron. syr.*, p. 56, texte syr.; Chron. arabe, p. 119-120, texte ar. Sulpice Sévère (II, 31) ne fait que commenter le *conquirendi non sunt*. Cf. Orose, VII, 12. Tertullien (*Apol.*, 5, *ex parte frustratus est*) atténue également les torts de Trajan, obéissant à la même tendance que Méliton (dans Eus., *H. E.*, IV, 26) c'est-à-dire au désir de montrer que les bons empereurs ont été favorables au christianisme et que les mauvais l'ont persécuté. Déjà dès le

eut pas sous Trajan ce qu'on appela, sous Dèce, sous Dioclétien, une persécution générale; mais l'état de l'Église fut instable, inégal. On dépendait de caprices, et ceux de ces caprices qui venaient de la foule étaient d'ordinaire plus à craindre que ceux qui venaient des agents de l'autorité. Parmi les agents de l'autorité eux-mêmes, les plus éclairés, Tacite, par exemple, et Suétone, nourrissaient contre « la superstition nouvelle » les préjugés les plus enracinés[1]. Tacite regarde comme le premier devoir d'un bon politique d'étouffer en même temps le judaïsme et le christianisme, « funestes pousses sorties du même tronc »[2].

Cela se vit d'une manière bien sensible quand un des hommes les plus honnêtes, les plus droits, les plus instruits, les plus libéraux du temps se trouva mis par ses fonctions en présence du problème qui commençait à se poser et embarrassait les meilleurs esprits. Pline fut nommé en l'an 111 légat impérial extraordinaire dans les provinces de Bithynie et de Pont[3], c'est-à-dire dans tout le nord de

---

IIIe siècle, l'opinion chrétienne est favorable à Trajan (*Carm. sibyll.*, X, 147-163). Sur la prétendue inscription des trente martyrs de l'an 107, voyez de Rossi, *Inscr. christ.*, I, 3.

1. Tacite, *Ann.*, XV, 44; Suétone, *Néron*, 16.
2. Phrases de Tacite dans Sulpice Sévère, II, 30 (Bernays).
3. La date de la légation de Pline a été fixée avec précision

l'Asie Mineure. Ce pays avait été jusque-là gouverné par des proconsuls annuels, sénateurs tirés au sort, qui l'avaient administré avec la plus grande négligence[1]. A quelques égards, la liberté y avait gagné. Fermés aux hautes questions politiques, ces administrateurs d'un jour s'étaient préoccupés moins qu'ils ne l'auraient dû de l'avenir de l'empire. La dilapidation des deniers publics avait été poussée à l'extrême ; les finances, les travaux publics de la province étaient dans un état pitoyable ; mais, pendant qu'ils s'occupaient à s'amuser ou à s'enrichir, ces gouverneurs avaient laissé le pays suivre ses instincts à sa guise. Le désordre, comme il arrive souvent, avait profité à la liberté[2].

La religion officielle n'avait pour se soutenir que l'appui qu'elle recevait de l'empire ; abandonnée à elle-même par ces préfets indifférents, elle était tombée tout à fait bas. En certains endroits, les temples

---

du 17 septembre 111 au printemps de 113. Voir Dierauer, dans Büdinger, *Untersuchungen zur rœmischen Kaisergeschichte*, I (1868), p. 113, 126, note 2 ; Mommsen, dans l'*Hermes*, III (1868), 55 et suiv., traduit dans la *Bibl. de l'Éc. des hautes études*, xve fascic. (1873), p. 25-30, 70-73 ; Keil, *Plinii Epist.* (Leipzig, 1870) ; Noël Desvergers, *Comptes rendus de l'Acad. des inscr.*, 1866, p. 83-84 ; *Biogr. génér.*, art. *Trajan*, col. 593-596.

1. Pline, *Epist.*, IV, 9 ; V, 20 ; VII, 6 ; X, 17 A, 17 B, 18, 31, 32, 38, 54, 56, 57.

2. Pline, *Epist.*, X, 54, 93, 116, 11

passaient à l'état de ruines. Les associations professionnelles et religieuses, les *hétéries*, qui étaient si fort dans le goût de l'Asie Mineure[1], s'étaient développées à l'infini; le christianisme, profitant des facilités que lui laissaient les fonctionnaires chargés de l'arrêter, gagnait de toutes parts. Nous avons vu que l'Asie et la Galatie étaient les pays du monde où la religion nouvelle avait trouvé le plus de faveur[2]. De là, elle avait fait des progrès surprenants vers la mer Noire. Les mœurs en étaient toutes changées. Les viandes immolées aux idoles, qui étaient une des sources de l'approvisionnement des marchés, ne trouvaient plus à se vendre. Le ferme noyau des fidèles n'était peut-être pas très-nombreux; mais autour d'eux se groupaient des foules sympathiques, à demi initiées, inconstantes, capables de dissimuler leur foi pour éviter un danger, mais au fond ne s'en détachant jamais. Il y avait dans ces conversions en masse des entraînements de mode, des coups de vent, qui tour à tour portaient à l'Église et lui enlevaient des flots de populations instables; mais le courage des chefs était à toute épreuve; leur horreur de l'idolâtrie les portait à tout braver pour soutenir

---

1. V. *Saint Paul,* p. 354 et suiv.
2. *Ibid.* ch. ii, v, xiii; l'*Antechrist,* ch. xv.

le point d'honneur de la foi qu'ils avaient embrassée.

Pline, parfait honnête homme et scrupuleux exécuteur des ordres impériaux, fut bientôt à l'œuvre pour ramener dans les provinces qui lui étaient confiées l'ordre et la loi. L'expérience lui manquait; c'était plutôt un lettré aimable qu'un vrai administrateur; sur presque toutes les affaires, il prit l'habitude de consulter directement l'empereur. Trajan lui répondait lettre pour lettre, et cette précieuse correspondance nous a été conservée[1]. Sur les ordres journaliers de l'empereur, tout fut surveillé, réformé; il fallut des autorisations pour les moindres choses[2]. Un édit formel interdit les hétéries[3]; les plus inoffensives corporations furent dissoutes. C'était l'usage en Bithynie de célébrer certains événements de famille et les fêtes locales par de grandes assemblées, où se réunissaient jusqu'à mille personnes; on les supprima[4]. La liberté, qui la plupart du temps ne se glisse dans le monde que d'une façon subreptice, fut réduite à presque rien.

Il était inévitable que les Églises chrétiennes fussent atteintes par une politique méticuleuse, qui

---

1. Pline, *Epist.*, livre X. Cf. Tertullien, *Apol.*, 2.
2. Pline, *Epist.*, X, 98.
3. Pline, *Epist.*, X, 96.
4. Pline, *Epist.*, X, 116 et 117.

voyait partout le spectre des hétéries et s'inquiétait d'une société de cent cinquante ouvriers institués par l'autorité pour combattre les incendies[1]. Pline rencontra plusieurs fois sur son chemin ces innocents sectaires, dont il ne voyait pas bien le danger. Dans les différents stages de sa carrière d'avocat et de magistrat, il n'avait jamais été mêlé à aucun procès contre les chrétiens. Les dénonciations se multipliaient chaque jour; il fallut procéder à des arrestations. Le légat impérial, suivant les procédés sommaires de la justice du temps, fit quelques exemples; il décida l'envoi à Rome de ceux qui étaient citoyens romains; il fit mettre à la question deux diaconesses. Tout ce qu'il découvrit lui parut puéril. Il eût voulu fermer les yeux; mais les lois de l'empire étaient absolues; les délations dépassaient toute mesure; il se voyait mis en demeure d'arrêter le pays entier.

C'est à Amisus[2], sur la mer Noire, dans l'automne de l'an 112[3], que ces embarras devinrent

---

1. Hetæriæque brevi fient. *Ibid.*, X, 33, 34..
2. Aujourd'hui Šamsoun.
3. L'ordre chronologique des Lettres de Pline à Trajan se laisse rétablir avec certitude (voir Mommsen, *op. cit.*, p. 25-30. et l'édition de Keil, Leipzig, 1870). De cet ordre chronologique, l'itinéraire administratif de Pline se déduit facilement (Mommsen, p. 30).

chez lui un souci dominant. Il est probable que les derniers incidents qui l'avaient ému s'étaient passés à Amastris[1], ville qui fut dès le IIe siècle le centre du christianisme dans le Pont[2]. Pline, selon sa coutume, en écrivit à l'empereur[3] :

Je me fais un devoir, sire, d'en référer à vous sur

---

1. Aujourd'hui Amassera. Cf. *Epist.*, X, 98 (99).
2. Eusèbe, *H. E.*, IV, 23. Cf. *Synecdème* d'Hiéroclès, p. 696, Wesseling.
3. *Epist.*, X, 96 (97), 97 (98). Les objections qu'on a faites contre l'authenticité de cette lettre ne sauraient prévaloir contre les arguments tirés du style et surtout de la place que la pièce occupe dans la correspondance administrative de Pline et de Trajan. En admettant que les chrétiens eussent fabriqué une telle lettre, il n'eût pas dépendu d'eux de l'intercaler dans le recueil de la correspondance administrative. La supposition aurait eu lieu avant Tertullien, puisque Tertullien cite la pièce, de mémoire il est vrai et avec quelques inexactitudes (*Apol.*, 2; cf. 5). A cette époque, la collection des Épîtres de Pline n'était pas à la disposition des chrétiens. Si la lettre avait été supposée, elle fût restée sans place fixe; tout au plus eût-elle été ajoutée à la fin du recueil. On ne croira jamais qu'un faussaire chrétien eût pu si admirablement imiter la langue précieuse et raffinée de Pline. Avant Tertullien et Minucius Félix, aucun chrétien n'écrivit en latin; les premiers essais de littérature chrétienne en latin sont d'origine africaine. Le grec était ailleurs, à Rome en particulier, la langue des fidèles. Il faudrait donc supposer la pièce fabriquée en Afrique, c'est-à-dire dans le pays où la latinité atteignait le dernier degré de la barbarie. Ajoutons que, quant à commettre un faux, les chrétiens l'eussent fait bien plus favorable à leur cause que n'est ce petit écrit, où plus d'un trait dut les blesser.

toutes les affaires où j'ai des doutes. Qui, en effet, peut mieux que vous diriger mes hésitations ou instruire mon ignorance? Je n'ai jamais assisté à aucun procès contre les chrétiens; aussi ne sais-je ce qu'il faut punir ou rechercher, ni jusqu'à quel point il faut aller. Par exemple, je ne sais s'il faut distinguer les âges ou bien si, en pareille matière, il n'y a pas de différence à faire entre la plus tendre jeunesse et l'âge mûr, s'il faut pardonner au repentir ou si celui qui a été tout à fait chrétien ne doit bénéficier en rien d'avoir cessé de l'être, si c'est le nom lui-même, abstraction faite de tout crime, ou les crimes inséparables du nom que l'on punit [1]. En attendant, voici la règle que j'ai suivie envers ceux qui m'ont été déférés comme chrétiens. Je leur ai posé la question s'ils étaient chrétiens; ceux qui l'ont avoué, je les ai interrogés une seconde, une troisième fois, en les menaçant du supplice; ceux qui ont persisté, je les ai fait conduire à la mort; un point, en effet, hors de doute pour moi, c'est que, quelle que fût la nature délictueuse ou non du fait avoué, cet entêtement, cette inflexible obstination méritaient d'être punis. Il y a eu quelques autres malheureux atteints de la même folie que, vu leur titre de citoyens romains, j'ai marqués pour être renvoyés à Rome. Puis, dans le courant de la procédure, le crime, comme il arrive d'ordinaire, prenant de grandes ramifications, plusieurs espèces se sont présentées. Un libelle anonyme a été déposé, contenant beaucoup de

---

1. Comp. Justin, *Apol. I,* 4, 7; *Apol. II,* init.; Athénagore, *Leg.*, 3; Tertullien, *Apol.*, 2, 3; *Ad nat.*, I, 3 (*nomen in causa est*).

noms. Ceux qui ont nié qu'ils fussent ou qu'ils eussent été chrétiens, j'ai cru devoir les faire relâcher, quand ils ont invoqué après moi les dieux, et qu'ils ont supplié par l'encens et le vin votre image, que j'avais pour cela fait apporter avec les statues des divinités, et qu'en outre ils ont maudit Christus, toutes choses auxquelles, dit-on, ne peuvent être amenés par la force ceux qui sont vraiment chrétiens. D'autres, nommés par le dénonciateur, ont dit qu'ils étaient chrétiens, et bientôt ils ont nié qu'ils le fussent, avouant qu'ils l'avaient bien été, mais assurant qu'ils avaient cessé de l'être, les uns il y a trois ans, d'autres depuis plus longtemps encore, certains il y a plus de vingt ans. Tous ceux-là aussi ont vénéré votre image et les statues des dieux, et ont maudit Christus. Or ils affirmaient que toute leur faute ou toute leur erreur s'était bornée à se réunir habituellement à des jours fixés, avant le lever du soleil, pour chanter entre eux alternativement un hymne à Christus comme à un dieu, et pour s'engager par serment non à tel ou tel crime, mais à ne point commettre de vols, de brigandages, d'adultères, à ne pas manquer à la foi jurée, à ne pas nier un dépôt réclamé; que, cela fait, ils avaient coutume de se retirer, puis de se réunir de nouveau pour prendre ensemble un repas, mais un repas ordinaire et parfaitement innocent[1]; que cela même ils avaient cessé de le faire depuis l'édit par lequel, conformément à vos ordres, j'avais interdit les hétéries. Cela m'a fait regarder comme nécessaire de procéder à la recherche

---

1. Distinction claire de la réunion sacramentelle (prototype de la messe) et des agapes, non essentielles au culte.

de la vérité par la torture sur deux servantes, de celle qu'on appelle diaconesses[1]. Je n'ai rien trouvé qu'une superstition mauvaise, démesurée. Aussi, suspendant l'instruction, j'ai résolu de vous consulter. L'affaire m'a paru le mériter, surtout à cause du nombre de ceux qui sont en péril. Un grand nombre de personnes, en effet, de tout âge, de toute condition, des deux sexes, sont appelées en justice ou le seront; ce ne sont pas seulement les villes, ce sont les bourgs et les campagnes que la contagion de cette superstition a envahies. Je crois qu'on pourrait l'arrêter et y porter remède. Ainsi il est déjà constaté que les temples, qui étaient à peu près abandonnés, ont recommencé à être fréquentés, que les fêtes solennelles, qui avaient été longtemps interrompues, sont reprises, et qu'on expose en vente la viande des victimes, pour laquelle on ne trouvait que de très-rares acheteurs. D'où il est facile de concevoir quelle foule d'hommes pourrait être ramenée, si on laissait de la place au repentir.

Trajan répondit :

Tu as suivi la marche que tu devais, mon cher Secundus, dans l'examen des causes de ceux qui ont été déférés à ton tribunal comme chrétiens. En pareille matière, en effet, on ne peut établir une règle fixe pour tous les cas. Il ne faut pas les rechercher; si on les dénonce et qu'ils soient convaincus, il faut les punir, de façon cependant

---

[1]. *Ministræ.* La plupart des *collegia* avaient de ces sortes de *ministræ.*

que celui qui nie être chrétien et qui prouve son dire par des actes, c'est-à-dire en adressant des supplications à nos dieux, obtienne le pardon comme récompense de son repentir, quels que soient les soupçons qui pèsent sur lui pour le passé. Quant aux dénonciations anonymes, dans quelque genre d'accusation que ce soit, il n'en faut tenir compte; car c'est là une chose d'un détestable exemple et qui n'est plus de notre temps[1].

Plus d'équivoque. Être chrétien, c'est être en contravention avec la loi, c'est mériter la mort. A partir de Trajan, le christianisme est un crime d'État. Seuls, quelques empereurs tolérants du IIIe siècle consentiront à fermer les yeux et à souffrir qu'on soit chrétien[2]. Une bonne administration, selon les idées du plus bienveillant des empereurs[3], ne doit pas chercher à trouver trop de coupables; elle n'encourage pas la délation; mais elle

---

1. Cf. Tertullien, *Apol.*, 2; Eusèbe, *H. E.*, III, 33; *Chron.*, p. 162, 165, édit. Schœne. Méliton, dans Eus., *H. E.*, IV, xxvi, 10; Sulp. Sév., *Hist. sacra*, II, 31; les Actes de saint Ignace publiés par Dressel (*Patr. apost.*, p. 371), y font allusion. — La lettre de Tibérien (dans Malala et Suidas, au mot Τραιανός), n'est qu'un pendant apocryphe en grec de la lettre de Pline. Un écho de la lettre de Trajan se trouve dans l'édit prétendu de Trajan, contenu dans les Actes des saints Scherbil et Barsamia. Cureton, *Ancient syr. doc.*, p. 70, 186.

2. Lampride, *Alex. Sév.*, 22.

3. Eutrope, VIII, 2; Julien, *Cæs.*, p. 311, édit. Spanh.

encourage l'apostasie en faisant grâce aux renégats[1]. Enseigner, conseiller, récompenser l'acte le plus immoral, celui qui rabaisse le plus l'homme à ses propres yeux, paraît tout naturel. Voilà l'erreur où un des meilleurs gouvernements qui aient jamais existé a pu se laisser entraîner, parce qu'il a touché aux choses de la conscience et conservé le vieux principe de la religion d'État, principe tout naturel dans les petites cités antiques, qui n'étaient qu'une extension de la famille, mais funeste dans un grand empire, composé de parties n'ayant ni la même histoire, ni les mêmes besoins moraux.

Ce qui ressort également avec évidence de ces inappréciables documents, c'est que les chrétiens ne sont plus persécutés comme juifs, ainsi que cela eut lieu sous Domitien; ils sont persécutés comme chrétiens. La confusion ne se produisit plus dans le monde juridique, bien que dans le vulgaire elle se fît souvent encore [2]. Le judaïsme n'était pas un délit [3]; il avait même, en dehors des jours de ré-

---

[1]. Tertullien, *Apol.*, 2, 5.

[2]. Spartien, *Septime Sévère,* 16; *Caracalla*, 1; Lampride, *Alex. Sév.,* 22, 45; 51, et surtout la lettre d'Adrien, dans Vopiscus, *Saturn.*, 8.

[3]. L'opposition est bien indiquée dans saint Justin, *Dial. cum Tryph.,* 39, fin.

volte, ses garanties et ses priviléges[1]. Chose singulière, le judaïsme, qui se révolta trois fois contre l'empire avec une fureur sans nom, ne fut jamais officiellement persécuté; les mauvais traitements que subissent les juifs sont, comme ceux qu'endurent les raïas des pays musulmans, la conséquence d'une position subordonnée, non un châtiment légal[2]; très rarement, au second et au troisième siècle, un juif est martyrisé pour ne pas vouloir sacrifier aux idoles ni à l'image de l'empereur. Plus d'une fois même, on voit les juifs protégés par l'administration contre les chrétiens[3]. Au contraire, le christianisme, qui ne se révolta jamais, était en réalité hors la loi. Le judaïsme eut, si l'on peut s'exprimer ainsi, son concordat avec l'empire[4]; le christianisme n'eut pas le sien. La politique romaine sentait que le christianisme était le termite qui rongeait intérieurement l'édifice de la société antique. Le judaïsme n'aspirait pas à pénétrer

---

1. Lampride, *Alex. Sév.*, 22 : *Judæis privilegia reservavit.* Cf. Tertullien, *Apol.*, 21.

2. Il ne faut pas exagérer ceci. Cf. Spartien, *Carac.*, 1; Talm. de Bab., *Aboda zara*, 8 *b*.

3. Voir *Philosophumena*, IX, 11.

4. Digeste (L, II), l. 3, § 3, *de Decurionibus; ibid.* (XXVII, I), l. 15, § 6, *de Excusationibus* (lois de Sévère et de Caracalla, réservant expressément *quæ superstitionem eorum læderent... per quæ cultus inquinari videtur*).

l'empire; il en rêvait le renversement surnaturel ; dans ses heures d'emportement, il prenait les armes, tuait tout, frappait à l'aveugle, puis, comme un fou furieux, après l'accès, se laissait enchaîner, tandis que le christianisme continuait son œuvre lentement, doucement. Humble et modeste en apparence, il avait une ambition sans bornes; entre lui et l'empire la lutte était à mort.

La réponse de Trajan à Pline n'était pas une loi ; mais elle supposait des lois et en fixait l'interprétation. Les tempéraments indiqués par le sage empereur devaient avoir peu de conséquence. Les prétextes étaient trop faciles à trouver pour que la malveillance dont les chrétiens étaient l'objet fût entravée [1]. Il suffisait d'une dénonciation signée, portant sur un acte ostensible. Or l'attitude d'un chrétien en passant devant un temple, ses questions au marché pour savoir la provenance des viandes, son absence des fêtes publiques, le décelaient tout d'abord [2]. Aussi les persécutions locales ne cessèrent plus. Ce sont moins les empereurs que les pro-

1. Eus., *H. E.*, III, 33. Les Actes des martyrs qui sont censés avoir eu lieu sous Trajan n'ont pas de valeur. Les Actes syriaques des saints Scherbil et Barsamia (Cureton, *Ancient syr. doc*, p. 41-72; Mœsinger, *Acta SS. mart. Edess.*, I, Inspruck, 1874) ne font certes pas exception.
2. V. surtout Minucius Félix, 12.

consuls qui persécutent[1]. Tout dépendait du bon ou du mauvais vouloir des gouverneurs[2]; or le bon vouloir était rare. Le temps était passé où l'aristocratie romaine accueillait ces nouveautés exotiques avec une sorte de curiosité bienveillante. Elle n'a plus maintenant qu'un dédain froid pour des folies qu'on renonce, par esprit de modération et par pitié pour l'espèce humaine, à supprimer tout à fait. Le peuple, d'un autre côté, se montrait assez fanatique. Celui qui ne sacrifiait jamais ou qui, en passant devant un édifice sacré, n'envoyait pas un baiser d'adoration, courait risque de la vie[3].

1. Tel fut cet Arrius Antoninus qui versa en Asie tant de sang chrétien (Tertullien, *Ad Scap.*, c. 5). Il s'agit là non d'Arrius Antoninus, aïeul maternel d'Antonin le Pieux, mais d'un personnage du même nom, du temps de Commode. Tillemont, *Mém.*, II, p. 572-573; Waddington, *Fastes des prov. asiat.*, p. 154-155, 239-244; Mommsen, index de Pline le Jeune, édit. Keil, p. 402.

2. Tertullien, *Ad Scap.*, 4.

3. Lucien, *Demonax*, 11; Apulée, *De magia*, 56. V. ci-dessus, p. 293.

CHAPITRE XXII.

IGNACE D'ANTIOCHE.

Antioche eut sa part [1], et très-violente, dans ces cruelles mesures, qui devaient être si parfaitement inefficaces. L'Église d'Antioche, ou du moins la fraction de cette Église qui se rattachait à saint Paul, avait à ce moment pour chef un personnage entouré du plus profond respect, qu'on nommait *Ignatius*. Ce nom est probablement un équivalent latin du nom syriaque *Nourana* [2]. La réputation d'Ignace était répandue dans toutes les Églises, surtout en

---

1. Jean Chrys., Or. in Ign. mart., 4. Opp. II, p. 597, Montf.
2. Dans les manuscrits syriaques et arabes, après le nom d'Ignace vient toujours l'épithète *nourono* ou *nourani (igneus)*, qui renferme sûrement une allusion au nom d'*Ignatius (ignis)*. Mais il est possible qu'à l'inverse *Nourono* vienne par jeu de mots d'*Ignatius*. Le nom d'Ignatius (pour Egnatius) était en usage chez les juifs. *Corpus inscr. gr.*, n° 4129.

Asie Mineure ¹. Dans des circonstances que nous ignorons ², probablement à la suite de quelque mouvement populaire ³, il fut arrêté, condamné à mort et, comme il n'était pas citoyen romain, désigné pour être conduit à Rome et livré aux bêtes dans l'amphithéâtre ⁴. On choisissait pour cela les beaux

1. Les témoignages directs sur cet important personnage ecclésiastique font défaut, puisque l'épître attribuée à Polycarpe est de valeur douteuse. Irénée (V, xxviii, 4) et Eusèbe (*H. E.*, III, 36) ne connaissent, ce semble, Ignace que par les épîtres qu'on lui attribue. Les Actes du martyre d'Ignace sont du ive siècle, et ont été rédigés sans autres documents que ceux que nous possédons. Le renseignement *Mart. Ignat.*, 3, d'après lequel Ignace aurait été élève de Jean, est donc sans valeur (v. ci-dessus, p. 424, note 2). L'authenticité complète des sept lettres attribuées à Ignace est insoutenable (voir l'Introduction). Mais cette correspondance fût-elle tout entière apocryphe, comme elle existait certainement, ainsi que l'épître de Polycarpe, avant la fin du iie siècle, ce fait suffit pour prouver la réalité du martyre d'Ignace et l'importance qu'on y attacha.

2. C'est artificiellement que les Actes du martyre d'Ignace rattachent l'arrestation d'Ignace au séjour de Trajan à Antioche. Eusèbe ne sait rien de cette circonstance (*H. E.*, III, 36) et place la mort d'Ignace avant le départ de Trajan pour l'Orient (*Chron.*, à l'an 8 ou 10 de Traj.). Cf. saint Jérôme, *De viris ill.*, 16. Les Actes de Dressel (*Patr. apost.*, p. 368 et suiv.) sont pour la cinquième année de Trajan. Toute cette chronologie des Actes de saint Ignace est pleine d'erreurs. Cf. Dierauer, p. 170, note. Comparez le commencement des Actes de saint Scherbil.

3. Ignace, *Ad Smyrn.*, 11 ; *Ad Polyc.*, 7 ; *Ad Rom.*, 10.

4. Voir *l'Antechrist*, p. 163-164. Cf. Digeste, XLVIII, xix,

hommes, dignes d'être montrés au peuple romain [1]. Le voyage de ce courageux confesseur d'Antioche à Rome le long des côtes d'Asie, de Macédoine et de Grèce [2], fut une sorte de triomphe. Les Églises des villes où il touchait s'empressaient autour de lui, lui demandaient des conseils. Lui, de son côté, leur écrivait des épîtres pleines d'enseignements, auxquels sa position, analogue à celle de saint Paul, prisonnier de Jésus-Christ, donnaient la plus haute autorité [3]. A Smyrne, en particulier, Ignace se trouva en rapport avec toutes les Églises de l'Asie [4]. Polycarpe,

---

31; Lettre des Églises de Lyon et de Vienne, dans Eus., *H. E.*, V, I, 37, 47 (notez cependant 44, 50); le *Pasteur* d'Hermas, vis. III, 2; Épître à Diognète, c. 7; Justin, *Dial.*, c. 110; Tertullien, *Apol.*, 40. Selon Malala (XI, p. 276, édit. de Bonn) et un fragment syriaque donné par Cureton (*Corpus ignat.*, p. 224, 252), Ignace aurait souffert le martyre à Antioche, par l'ordre de Trajan, indigné des injures que lui adressait l'évêque; mais c'est là une grossière bévue de Malala. L'épître de Polycarpe (§ 9) prouve le voyage dans la Méditerranée, et, supposât-on cette épître apocryphe comme les Épîtres pseudo-ignatiennes, il reste au moins qu'à la fin du IIe siècle on croyait au voyage à Rome, et qu'on faisait de ce voyage la base d'écrits destinés à une vaste publicité.

1. « Si ejus roboris vel artificii sint ut digne populo romano exhiberi possint. » Digeste, *l. c.* Cette coutume ne commença d'être abolie que par Antonin.

2. Polyc., *Ad Phil.*, § 9; Ignace, *Ad Rom.*, § 9. Saint Paul voyage de même, en suivant la côte.

3. *Epist. ad Rom.*, § 9.

4. Ignace, *Ad Rom.*, 10; *Ad Magn.*, 15; *Ad Trall.*, 12.

évêque de Smyrne, put le voir et garda de lui un profond souvenir[1]. Ignace eut à cet endroit une correspondance étendue[2]; ses lettres étaient accueillies avec presque autant de respect que des écrits apostoliques. Entouré de courriers d'un caractère sacré qui allaient et venaient, il ressemblait plus à un personnage puissant qu'à un prisonnier. Ce spectacle frappa les païens eux-mêmes et servit de base à un curieux petit roman qui est venu jusqu'à nous[3].

Les épîtres authentiques d'Ignace paraissent à peu près perdues ; celles que nous possédons sous son nom adressées aux Éphésiens, aux Magnésiens, aux Tralliens, aux Philadelphiens, aux Smyrniotes, à Polycarpe, sont apocryphes[4]. Les quatre premières auraient été écrites de Smyrne, les deux dernières d'Alexandria Troas. Ces six ouvrages sont des décalques de plus en plus affaiblis d'un même type. Le génie, le caractère individuel y manquent absolument. Mais il semble que, parmi les lettres qu'Ignace écrivit de Smyrne, il y en eut une adressée aux fidèles de Rome, à l'imitation de saint

---

1. Polyc., *Epist. ad Phil.*, § 9. Rappelons qu'il y a des doutes graves sur l'authenticité de cette épître.
2. *Epist. ad Rom.*, §§ 4, 9, 10.
3. Lucien, *Peregrinus*, § 11 et suiv.
4. Voir l'Introduction, en tête de ce volume.

Paul. Cette pièce, telle que nous l'avons, a frappé toute l'antiquité ecclésiastique. Irénée, Origène, Eusèbe, la citent et l'admirent. Le style en a une saveur âpre et prononcée, quelque chose de fort et de populaire ; la plaisanterie y va jusqu'au jeu de mots ; au point de vue du goût, certains traits sont poussés à une exagération choquante ; mais la foi la plus vive, l'ardente soif de la mort n'ont jamais inspiré d'accents aussi passionnés. L'enthousiasme du martyre, qui, durant deux cents ans, fut l'esprit dominant du christianisme, a reçu de l'auteur, quel qu'il soit, de ce morceau extraordinaire, son expression la plus exaltée.

A force de prières, j'ai obtenu de voir vos saints visages ; j'ai même obtenu plus que je ne demandais ; car, si Dieu me fait la grâce d'aller jusqu'au bout, j'espère que je vous embrasserai prisonnier de Christ Jésus. L'affaire est bien entamée, pourvu seulement que rien ne m'empêche d'atteindre le lot qui m'est échu. C'est de vous, à vrai dire, que viennent mes inquiétudes : je crains que votre affection ne me soit dommageable [1]. Vous autres, vous ne risquez rien ; mais moi, c'est Dieu que je perds, si vous réussissez à me sauver... Jamais je ne retrouverai une pareille occasion, et vous, à condition que vous ayez

---

1. Il craint que les chrétiens de Rome, par leur crédit et leur fortune, ne le sauvent de la mort. Voir *Constit. apost.*, IV, 9 ; V, 1, 2 ; Lucien, *Peregrinus,* 12 ; Eusèbe, *H. E.*, IV, 40.

la charité de rester tranquilles, jamais vous n'aurez contribué à une œuvre meilleure. Si vous ne dites rien, en effet, j'appartiendrai à Dieu; si, au contraire, vous aimez ma chair, me voilà de nouveau rejeté dans la lutte. Laissez-moi immoler, pendant que l'autel est prêt, pour que, réunis tous en chœur par la charité, vous chantiez au Père en Christ Jésus : « O grande bonté de Dieu, qui a daigné amener du levant au couchant l'évêque de Syrie! » Il est bon, en effet, de se coucher du monde en Dieu, pour se lever en lui.

Vous n'avez jamais fait de mal à personne; pourquoi commencer aujourd'hui? Vous avez été des maîtres pour tant d'autres! Je ne veux qu'une seule chose, réaliser ce que vous enseignez, ce que vous prescrivez[1]. Demandez seulement pour moi la force du dedans et du dehors, afin que je ne sois pas seulement appelé chrétien, mais que je sois trouvé tel, quand j'aurai disparu selon le monde. Rien de ce qui est apparent n'est bon. « Ce qu'on voit est temporaire, ce qu'on ne voit pas est éternel[2]. » Notre Dieu Jésus-Christ, existant dans son Père, ne paraît plus. Le christianisme n'est pas seulement une œuvre de silence, il devient une œuvre d'éclat quand il est haï du monde[3].

J'écris aux Églises, je mande à tous que je suis assuré de mourir pour Dieu, si vous ne m'en empêchez. Je vous supplie de ne pas vous montrer, par votre bonté intempes-

---

1. L'Église romaine avait sur le martyre les principes les plus sévères. Voir le *Pasteur* d'Hermas (vol. VI de cet ouvrage).
2. Citation de II Cor., iv, 18; manque dans les anciennes versions des épîtres de saint Ignace.
3. La leçon σιωπῆς μόνον est la bonne. La leçon πεισμονῆς n'offre

tive, mes pires ennemis. Laissez-moi être la pâture des bêtes, grâce auxquelles il me sera donné de jouir de Dieu. Je suis le froment de Dieu; il faut que je sois moulu par les dents des bêtes, pour que je sois trouvé pur pain de Christ. Caressez-les plutôt, afin qu'elles soient mon tombeau et qu'elles ne laissent rien subsister de mon corps, et que mes funérailles ne soient ainsi à charge à personne. Alors je serai vraiment disciple de Christ, quand le monde ne verra plus mon corps...

Depuis la Syrie jusqu'à Rome, sur terre, sur mer, de jour, de nuit, je combats déjà contre les bêtes, enchaîné que je suis à dix léopards (je veux parler des soldats mes gardiens, qui se montrent d'autant plus méchants qu'on leur fait plus de bien)[1]. Grâce à leurs mauvais traitements, je me forme; « mais je ne suis pas pour cela justifié[2] ». Je gagnerai, je vous l'assure, à me trouver en face des bêtes qui me sont préparées. J'espère les rencontrer dans de bonnes dispositions; au besoin je les flatterai de la main, pour qu'elles me dévorent sur-le-champ, et qu'elles ne fassent pas comme pour certains, qu'elles ont craint de toucher. Que si elles y mettent du mauvais vouloir, je les forcerai.

pas de sens; on conçoit la chute de σιω, non son insertion; ἀλλά suppose μόνον. Quant au second membre de phrase, qui a disparu dans la collection de sept lettres et s'est conservé dans celle de treize, il appartenait sûrement au texte primitif (voir Dressel, *Patres apost.*, p. 167, note 7).

1. Sans doute les soldats, pour se faire payer par les fidèles, redoublaient de dureté envers le confesseur (voir Lucien, *Peregrinus*, l. c.).

2. I Cor., IV, 4.

Pardonnez-moi, je sais ce qui m'est préférable¹. C'est maintenant que je commence à être un vrai disciple. Non; aucune puissance, ni visible, ni invisible, ne m'empêchera de jouir de Jésus-Christ. Feu et croix, troupes de bêtes, dislocation des os, mutilation des membres, broiement de tout le corps, que tous les supplices du démon tombent sur moi, pourvu que je jouisse de Jésus-Christ... Mon amour a été crucifié, et il n'y a plus en moi d'ardeur pour la matière, il n'y a qu'une eau vive², qui murmure au dedans de moi et me dit : « Viens vers le Père. » Je ne prends plus de plaisir à la nourriture corruptible ni aux joies de cette vie. Je veux le pain de Dieu, ce pain de vie, qui est la chair de Jésus-Christ, fils de Dieu, né à la fin des temps de la race de David et d'Abraham; et je veux pour breuvage son sang, qui est l'amour incorruptible, la vie éternelle.

Soixante ans après la mort d'Ignace, la phrase caractéristique de ce morceau « Je suis le froment de Dieu... » était traditionnelle dans l'Église, et on la répétait pour s'encourager au martyre³. Peut-être y eut-il à cet égard une transmission orale; peut-être aussi la lettre est-elle authentique pour le fond, je veux dire quant à ces phrases énergiques

---

1. Ignace veut dire sans doute que la mort est tout profit, au point de vue du chrétien, mais aussi que les bêtes de l'amphithéâtre seront moins mauvaises pour lui que ses gardiens.
2. Comp. Jean, VII, 38.
3. Irénée, V, XXVIII, 4.

par lesquelles Ignace exprimait son désir du supplice et son amour pour Jésus. Dans la relation authentique du martyre de Polycarpe (155), il y a, paraît-il, des allusions au texte même de l'épître aux Romains, telle que nous la possédons[1]. Ignace devint ainsi le grand maître du martyre, l'excitateur aux folles ardeurs de la mort pour Jésus. Ses lettres vraies ou supposées furent le recueil où l'on alla puiser des expressions frappantes, des sentiments exaltés. Le diacre Étienne avait par son héroïsme sanctifié le diaconat et les ministères ecclésiastiques; avec plus d'éclat encore, l'évêque d'Antioche entoura d'une auréole sainte les fonctions de l'épiscopat. Ce n'est pas sans raison qu'on lui prêta des écrits où ces fonctions étaient relevées avec hyperbole. Ignace fut vraiment le patron de l'épiscopat, le créateur du privilége des chefs d'Église, la première victime de leurs redoutables devoirs.

Ce qu'il y a de plus curieux, c'est que cette histoire, racontée plus tard à l'un des écrivains les plus spirituels du siècle, à Lucien, lui inspira les principaux traits de son petit tableau de mœurs intitulé *De la mort de Peregrinus*. Il n'est guère douteux que Lucien n'ait emprunté aux récits sur Ignace les

---

[1]. Comp. *Ad. Rom.*, 5, à *Mart. Polyc.*, 3.

passages où il représente son charlatan jouant le rôle d'évêque et de confesseur, enchaîné en Syrie, embarqué pour l'Italie, entouré par les fidèles de soins et de prévenances, recevant de toutes parts les députations des ministres chargés de le consoler [1]. Peregrinus, comme Ignace, adresse de sa captivité aux villes célèbres qui se trouvent sur son passage des épîtres pleines de conseils et de règles qu'on tient pour des lois [2] ; il institue, en vue de ces messages, des envoyés revêtus d'un caractère religieux [3]; enfin il comparaît devant l'empereur et brave son pouvoir avec une audace que Lucien trouve impertinente, mais que les admirateurs du fanatique présentent comme un mouvement de sainte liberté [4].

Dans l'Église, la mémoire d'Ignace fut surtout relevée par les partisans de saint Paul [5]. Avoir vu

---

1. *De morte Peregr.*, §§ 11-13, 18, 41.
2. Διαθήκας τινὰς καὶ παραινέσεις καὶ νόμους. Lucien peut très-bien avoir eu entre les mains la collection des sept lettres pseudo-ignatiennes. La mort de Peregrinus est placée par Eusèbe en l'an 165. (*Chron.*, p. 170, 171, Schœne.)
3. Cf. Ign., *Ad Polyc.*, 7, et Polyc., *Ad Phil.*, 13.
4. Lucien peut avoir lu certains Actes où Ignace insultait l'empereur (cf. Malala, *l. c.*, ci-dessus, p. 487, note).
5. L'imitation des Épîtres de saint Paul est sensible dans les Épîtres pseudo-ignatiennes. La doctrine y est tout à fait antijuive. Cf. *Ad Smyrn.*, 1.

Ignace fut une faveur presque aussi grande que d'avoir vu saint Paul[1]. La haute autorité du martyr fut une des raisons qui contribuèrent le plus à donner gain de cause à ce groupe, dont le droit d'exister dans l'Église de Jésus était encore si contesté. Vers l'an 170, un disciple de saint Paul, zélé pour l'établissement de l'autorité épiscopale, conçut le projet, à l'imitation des épîtres pastorales attribuées à l'apôtre, de composer, sous le nom d'Ignace, une série d'épîtres, destinées à inculquer une conception antijuive du christianisme, ainsi que des idées de stricte hiérarchie et d'orthodoxie catholique, en opposition avec les erreurs des docètes et de certaines sectes gnostiques. Ces écrits, que l'on voulait faire croire avoir été recueillis par Polycarpe[2], furent acceptés avec empressement, et eurent, dans la constitution de la discipline et du dogme, une influence capitale.

A côté d'Ignace, nous voyons figurer, dans les documents les plus anciens[3], deux personnages qu'on semble lui associer, Zosime et Rufus. Ignace ne paraît

---

1. Polyc., *Ad Phil.*, 9.
2. Polyc., *Ad Phil.*, 13. Ce post-scriptum est en toute hypothèse apocryphe.
3. Polycarpe, *Ad Phil.*, 9. Cf. *Martyrol. rom.*, 15 kal. jan.

pas avoir eu de compagnons de voyage [1]; peut-être Zosime et Rufus étaient-ils des personnes connues dans le cercle des Églises de Grèce et d'Asie, et recommandables par leur haut dévouement à l'Église du Christ.

Vers le même temps, put souffrir un autre martyr, auquel son titre de chef de l'Église de Jérusalem et sa parenté avec Jésus donnèrent beaucoup de notoriété, je veux dire Siméon, fils (ou plutôt arrière-petit-fils) de Clopas. L'opinion, arrêtée chez les chrétiens et probablement acceptée autour d'eux, d'après laquelle Jésus avait été de la race de David, attribuait ce titre à tous ses consanguins. Or, dans l'état d'effervescence où était la Palestine, un tel titre ne pouvait être porté sans péril. Déjà, sous Domitien, nous avons vu l'autorité romaine concevoir des appréhensions à propos de la prétention avouée par les fils de Jude. Sous Trajan, la même inquiétude se fait jour. Les descendants de Clopas, qui présidaient à l'Église de Jérusalem, étaient gens trop modestes pour se vanter beaucoup d'une descendance que les non-chrétiens leur eussent peut-être contestée; mais ils ne pouvaient la celer aux affiliés

---

1. L'allusion, Polyc., 1, ne se rapporte pas à Ignace. Voir l'Introduction, en tête de ce volume.

de l'Église de Jésus, à ces hérétiques ébionites, esséens, elkasaïtes, dont certains étaient à peine chrétiens. Une dénonciation fut adressée par quelques-uns de ces sectaires à l'autorité romaine, et Siméon, fils de Clopas, fut mis en jugement[1]. Le légat consulaire de la Judée à ce moment était Tiberius Claudius Atticus, qui paraît avoir été le père même du célèbre Hérode Atticus[2]. C'était un Athénien obscur, que la découverte d'un immense trésor avait subitement enrichi, et qui par sa fortune avait réussi à obtenir le titre de consul subrogé. Il se montra, dans la circonstance dont il s'agit, extrêmement cruel. Durant plusieurs jours, on tortura le malheureux Siméon, sans doute pour le forcer

---

1. Hégésippe, dans Eus., *H. E.*, III, 32; Eus. *Chron.*, à l'année 10 de Trajan; *Chron. pasc.*, p. 252. Cf. Cotelier, *Ad Const. apost.*, VII, 46.

2. La date du martyre de saint Siméon est douteuse. Eusèbe, dans sa *Chronique,* donne, selon son habitude, l'année par à peu près. Eusèbe n'avait d'autre renseignement que l'assertion d'Hégésippe, qui place ledit martyre ἐπὶ Τραιανοῦ Καίσαρος καὶ ὑπατικοῦ Ἀττικοῦ. Les dates manquent par ailleurs sur les consulats et les légations d'Atticus (Waddington, *Fastes des prov. asiat.,* I, p. 192-194; Borghesi, *Œuvres compl.,* t. V, p. 533-534). Cet Atticus se retrouve dans certaines rédactions des Actes de saint Ignace, qui paraissent en cela imiter Hégésippe (cité par Eusèbe). Dressel, *Patres apost.,* p. 368; Zahn, *Ignatius von Ant.,* p. 17 et suiv., 630.

à révéler de prétendus secrets. Atticus et ses assesseurs admirèrent son courage. On finit par le mettre en croix. Hégésippe, par qui nous savons tous ces détails, nous assure que les accusateurs de Siméon furent convaincus d'être eux-mêmes de la race de David et périrent comme lui. Il n'y a pas lieu d'être trop surpris de pareilles dénonciations. Nous avons déjà vu que, dans la persécution de l'an 64, ou du moins dans la mort des apôtres Pierre et Paul, les rivalités intérieures des sectes juives et chrétiennes eurent la plus grande part[1].

Rome, à cette époque, ne semble pas avoir eu de martyrs. Parmi les *presbyteri* ou *episcopi* qui gouvernent cette Église capitale, on compte Évareste, Alexandre et Xyste[2], qui paraissent être morts en paix[3].

1. Clem. Rom., *Epist.*, 6.
2. Irénée, III, III, 3, et dans Eus., *H. E.*, V, xxiv, 14; Eus., *H. E.*, IV, iv, 5. Cf. Lipsius, *Chron. der rœm. Bisch.*, p. 165 et suiv. Les *Gnomes* pythagoriciennes de Sextus n'ont été attribuées au pape Xystus que par une confusion de nom.
3. Irénée, III, III, 3. Le seul pape martyr du iie siècle est Télesphore.

CHAPITRE XXIII.

FIN DE TRAJAN. — RÉVOLTE DES JUIFS.

Trajan, vainqueur des Daces, orné de tous les triomphes, arrivé au plus haut degré de puissance qu'un homme eût atteint jusque-là, roulait, malgré ses soixante ans, des projets sans bornes du côté de l'Orient. La limite de l'empire en Syrie et en Asie Mineure était encore mal assurée. La récente destruction du royaume nabatéen éloignait pour des siècles le danger des Arabes. Mais le royaume d'Arménie, quoique en droit vassal des Romains, inclinait sans cesse vers l'alliance parthe. Dans la guerre dacique, l'Arsacide avait entretenu des relations avec Décébale [1]. L'empire parthe, maître de la Mésopotamie, menaçait Antioche et créait à des provinces incapables de se défendre elles-mêmes un perpétuel danger. Une expédition d'Orient, ayant

1. Pline, *Epist.*, X, 74 (16).

pour objet l'annexion à l'empire de l'Arménie, de l'Osrhoène, de la Mygdonie, des pays qui, en effet, à partir des campagnes de Lucius Verus et de Septime Sévère, appartinrent à l'empire, eût été raisonnable. Mais Trajan ne se rendit pas un compte suffisant de l'état de l'Orient. Il ne vit pas qu'au delà de la Syrie, de l'Arménie, du nord de la Mésopotamie, dont il est facile de faire un boulevard à la civilisation occidentale, s'étend le vieil Orient, pénétré de nomades, contenant à côté des villes des populations indociles, qui rendent l'ordre à la façon européenne impossible à établir. Cet Orient-là n'a jamais été vaincu par la civilisation d'une manière durable; la Grèce même n'y régna que d'une façon passagère. Tailler des provinces romaines dans ce monde totalement différent par le climat, les races, la manière de vivre de ce que Rome avait assimilé jusque-là, était une chimère. L'empire, qui avait besoin de toutes ses forces contre la poussée germanique sur le Rhin et le Danube, allait se préparer sur le Tigre une lutte non moins difficile; car, en supposant que le Tigre fût réellement devenu dans tout son cours un fleuve frontière, Rome n'aurait pas eu derrière ce grand fossé l'appui des solides populations gauloises et germaniques de l'Occident. Pour n'avoir pas bien compris cela, Trajan fit une faute qu'on ne peut comparer qu'à celle de Napoléon Ier en 1812. Son expédition contre les Parthes fut l'analogue de la campagne de Russie. Admirablement combinée, l'expédition débuta par une série de victoires, puis dégénéra en une lutte contre la nature et se termina par une retraite qui jeta un voile sombre sur la fin du règne le plus brillant.

Trajan quitta l'Italie, qu'il ne devait plus revoir, au mois d'octobre 113 [1]. Il passa les mois d'hiver à Antioche, et, au printemps de 114, commença la campagne d'Arménie. Le résultat fut prodigieux : en septembre, l'Arménie était réduite en province romaine ; les limites de l'empire atteignaient le Caucase et la mer Caspienne. Trajan se reposa l'hiver suivant à Antioche.

Les résultats de l'an 115 ne furent pas moins extraordinaires. La Mésopotamie du Nord, avec ses petites principautés plus ou moins indépendantes, fut vaincue ou assujettie ; le Tigre fut atteint. Les juifs étaient nombreux en ces parages [2]. La dynastie des Izates et des Monobazes, toujours vassale des

---

1. Pour la chronologie de ces événements, voir Volkmar, *Ju dith,* p. 40 et suiv., 136 et suiv.; Dierauer, dans Büdinger, *Untersuch. zur rœm. Kaisergesch*, I, p. 152 et suiv.; Noël Desvergers, *Comptes rendus de l'Acad. des inscr.,* 1866, p. 84 et suiv.

2. Jos., *Ant.,* XVIII, ix, 1. Comp. Talm. de Jér., *Jebamoth,* I, 6; Talm. de Bab., *Jebamoth,* 16 a.

Parthes, était maîtresse de Nisibe[1]. Nul doute qu'elle n'ait cette fois, comme en 70, combattu les Romains. Mais il fallut plier. Trajan passa encore l'hiver suivant à Antioche, où, le 13 décembre, il faillit périr dans l'effroyable tremblement de terre qui abîma la ville, et auquel il n'échappa qu'à grand'-peine[2].

L'année 116 vit des miracles; on se crut au temps d'Alexandre. Trajan conquit l'Adiabène, au delà du Tigre, malgré une vive résistance, due sans doute en grande partie à l'élément juif[3]. C'est là qu'il eût fallu s'arrêter. Poussant à bout sa fortune, Trajan entra au cœur de l'empire parthe. La stratégie des Parthes, comme celle des Russes en 1813, consista à n'offrir d'abord aucune résistance. Trajan marcha sans obstacle jusqu'à Babylone, prit Ctésiphon, la

---

1. Jos., *Ant.*, XX, III et IV.
2. Ceux qui croient qu'Ignace fut condamné pendant le séjour de Trajan à Antioche, et qui même l'y veulent faire mourir, placent son arrestation à ce moment, comme un *piaculum* du fléau. Cela n'est fondé que sur le récit d'Actes bien modernes et de Jean Malala.
3. La médaille de Trajan, ASSYRIA ET PALAESTINA IN POTEST. P. R. REDACT. (cf. Eckhel, t. VI, p. 463, 464), n'a jamais été vue par un antiquaire digne de confiance. On la trouve pour la première fois dans Adolphe Occo, *Imper. rom. numismata*, 1re édit. (Anvers, 1579), p. 144; 2e édit. (Augsbourg, 1601), p. 215. C'est une mauvaise imitation de la monnaie authentique ARMENIA ET MESOPOTAMIA IN POTESTATEM. P. R. REDACTAE. [Longpérier.]

capitale occidentale de l'empire, de là descendit le
Tigre jusqu'au golfe Persique, vit ces mers lointaines
qui n'apparaissaient aux Romains que comme un
rêve, regagna Babylone. Là, les points noirs commencèrent à s'accumuler à l'horizon. Vers la fin de
116, Trajan apprit à Babylone que la révolte éclatait
derrière lui. Nul doute que les juifs n'y aient pris
une grande part. Ils étaient nombreux en Babylonie [1].
Les rapports entre les juifs de Palestine et ceux de
Babylonie étaient continuels; les docteurs passaient
d'un des pays à l'autre avec une grande facilité [2].
Une vaste société secrète, échappant ainsi à toute
surveillance, créait un véhicule politique des plus
actifs. Trajan confia le soin d'écraser ce mouvement
dangereux à Lusius Quietus, chef de cavaliers berbers, qui s'était mis avec son *goum* au service des
Romains et avait rendu dans ces guerres parthiques
les plus grands services. Quietus reprit Nisibe,
Édesse; mais Trajan commençait à voir les impossibilités de l'entreprise où il s'était engagé; il songeait au retour.

De fâcheuses nouvelles lui arrivaient coup sur
coup. Les juifs se révoltaient de toutes parts [3]. Des

1. Jos., *Ant.*, XV, III, 1; XVIII, IX; Philon, *Leg.*, 36.
2. Derenbourg, *Palest.*, p. 342, 344-345, note.
3. Dion Cassius, LXVIII, 32; Eusèbe, *H. E.*, IV, 2; Eus.,

horreurs sans nom se passaient en Cyrénaïque. La fureur juive atteignait des excès qu'on n'avait pas vus jusque-là. La tête partait de nouveau à ce pauvre peuple. Soit que l'on eût déjà en Afrique le pressentiment des retours de fortune qui allaient atteindre Trajan, soit que ces juiveries de Cyrène, les plus fanatiques de toutes[1], se fussent imaginé, sur la foi de quelque prophète, que le jour de colère contre les païens était arrivé, et qu'il était temps de préluder aux exterminations messianiques, tous les juifs se mirent en branle, comme pris d'un accès démoniaque[2]. C'était

Chron., années 17ᵉ, 18ᵉ et 19ᵉ de Trajan, 1ʳᵉ et 4ᵉ (ou 5ᵉ) d'Adrien; Orose, VII, 12; Spartien, *Adrien,* 5; Appien, *Bell. civ.*, II, 90, et fragment des *Arabica* découvert par M. Miller, *Revue arch.*, 1869, p. 101-110; *Ann. de l'Assoc. des études grecques*, 1869, p. 124 et suiv.; *Fragm. hist. græc.*, V, 1ʳᵉ part., add., p. LXV; passages talmudiques sur le *polemos schel Quitos* et le *iom Traïanos* ci-après, p. 514, et Talm. de Jér., *Sukka,* v, 1; Barhebræus, *Chron. arabe,* p. 120, texte arabe; *Chron. syr.*, p. 56, texte syr. Eusèbe (*Hist. eccl.*, IV, II, 1, 2; *Chron.*, à l'année 17, 18 et 19 de Trajan) étend la guerre sur les années 115, 116, 117 (voir l'édit. de Schœne). Mais Dion Cassius et Paul Orose ne mènent pas à cette idée. Les circonstances du récit d'Appien (fragment Miller) excluent la saison de l'inondation; elles semblent se rapporter à la fin de 116 ou au commencement de 117.

1. Cf. *l'Antechrist*, p. 538, 539.
2. Ὥσπερ ὑπὸ πνεύματος δεινοῦ τινος καὶ στασιώδους ἀναρριπισθέντες (Eusèbe); *incredibili motu sub uno tempore, quasi rabie efferati* (Orose).

moins une révolte qu'un massacre, avec des détails d'effroyable férocité. Ayant à leur tête un certain Lucova[1], qui avait chez les siens le titre de roi, ces enragés se mirent à égorger les Grecs et les Romains, mangeant la chair de ceux qu'ils avaient égorgés, se faisant des ceintures avec leurs boyaux, se frottant de leur sang, les écorchant et se couvrant de leur peau. On vit des forcenés scier des malheureux de haut en bas par le milieu du corps. D'autres fois, les insurgés livraient les païens aux bêtes, en souvenir de ce qu'ils avaient eux-mêmes souffert, et les forçaient à s'entre-tuer comme des gladiateurs. On évalue à deux cent vingt mille le nombre des Cyrénéens égorgés de la sorte. C'était presque toute la population ; la province devint un désert. Pour la repeupler, Adrien fut obligé d'y amener des colons d'ailleurs[2]; mais le pays ne reprit jamais l'état florissant qu'il avait dû aux Grecs.

De la Cyrénaïque, l'épidémie des massacres gagna l'Égypte et Chypre. Chypre vit des atrocités. Sous la conduite d'un certain Artémion, les fanatiques détruisirent la ville de Salamine et exterminèrent

---

1. Dans Dion Cassius, il s'appelle *Andreas,* sans doute par faute de copiste.
2. Orose, *l. c.* Cf. Eus , *Chron ,* an 4 ou 5 d'Adr., Eckhel, VI, p. 497, *Libyæ restitutori.*

la population entière. On évalua le nombre des Chypriotes égorgés à deux cent quarante mille [1]. Le ressentiment de ces cruautés fut tel, que les Chypriotes prononcèrent l'exclusion des juifs de leur île à perpétuité ; même le juif jeté sur les côtes par force majeure était mis à mort.

En Égypte, l'insurrection juive prit les proportions d'une véritable guerre [2]. Les révoltés eurent d'abord l'avantage. Lupus, le préfet de l'Égypte, dut reculer. L'alerte fut vive à Alexandrie. Les Juifs, pour se fortifier, détruisirent le temple de Némésis, élevé par César à Pompée [3]. La population grecque parvint cependant, non sans lutte, à reprendre le dessus. Tous les Grecs de la basse Égypte se réfugièrent avec Lupus dans la ville et en firent comme un grand camp retranché. Il était temps. Les Cyrénéens, conduits par Lucova, arrivaient pour se joindre à leurs frères d'Alexandrie et pour former avec eux une seule armée. Privés de l'appui de leurs coreligionnaires alexandrins, tous tués ou prisonniers, mais grossis par des bandes venues des autres parties de

---

1. Dion Cassius, Eusèbe, Orose, *l. c.*

2. Appien, *Arabica,* fragm. découvert par M. Miller : ἀνὰ τὸν πόλεμον τὸν ἐν Αἰγύπτῳ γενόμενον... γῇ πολεμουμένῃ... πάντων πολεμίων ὄντων, etc.

3. Appien, *Bell. civ.*, II, 90. Cf. Dion Cassius. LXIX, 11 : Spartien, *Adr.*, 14.

l'Égypte, ils se répandirent, en pillant et en égorgeant, jusqu'en Thébaïde. Ils cherchaient surtout à s'emparer des fonctionnaires qui essayaient de gagner les villes de la côte, Alexandrie, Péluse. Appien, le futur historien, jeune alors, qui exerçait dans Alexandrie, sa patrie, des fonctions municipales, faillit être pris par ces furieux. La basse Égypte était inondée de sang. Les païens fugitifs se voyaient poursuivis comme des bêtes fauves; les déserts du côté de l'isthme de Suez étaient remplis de gens qui se cachaient et tâchaient de s'entendre avec les Arabes pour échapper à la mort[1].

La position de Trajan en Babylonie devenait de plus en plus critique. Les Arabes nomades, qui entraient fort avant dans l'intervalle des deux fleuves, lui causaient de sérieux embarras. L'imprenable place de Hatra[2], habitée par une tribu guerrière, l'arrêta tout à fait. Le pays environnant est désert, malsain, sans bois ni eau, désolé par les moustiques, exposé à d'épouvantables troubles atmosphériques. Trajan commit, sans doute par point

---

1. Appien, *Arabica*, fragment découvert par M. Miller.
2. Aujourd'hui El-Hadhr, à un peu plus de vingt lieues au sud de Mossoul. Cf. Dion Cassius, LXVIII, 31; LXXIV, 11; LXXV, 10-12; LXXX, 3; Hérodien, III; Ammien Marcellin, XXV, 8, Ritter, *Erdk.*, X, p. 125 et suiv., 129 et suiv.; XI, p. 466 et suiv.

d'honneur, la faute de vouloir la réduire. Comme plus tard Septime Sévère et Ardeschir Babek, il échoua. L'armée était affreusement épuisée par les maladies. La ville était le centre d'un grand culte solaire; on crut que le dieu combattait pour son temple; des orages, éclatant au moment des attaques, remplissaient les soldats de terreur. Trajan leva le siége, atteint lui-même du mal qui devait l'emporter quelques mois après. La retraite fut difficile et marquée par plus d'un désastre partiel.

Vers le mois d'avril 117, l'empereur était de retour à Antioche, triste, malade, irrité. L'Orient l'avait vaincu sans combattre. Tous ceux qui s'étaient inclinés devant le vainqueur se relevèrent. Les résultats de trois années de campagne, pleines de luttes merveilleuses contre la nature, étaient compromis. Trajan songeait à recommencer, pour ne pas perdre sa réputation d'invincible. Tout à coup de graves nouvelles vinrent lui prouver quels dangers recelait la situation créée par ses récents échecs. La révolte juive, jusque-là limitée à la Cyrénaïque et à l'Égypte, menaçait de s'étendre à la Palestine, à la Syrie, à la Mésopotamie. Toujours à l'affût des défaillances de l'empire romain, les exaltés crurent pour la dixième fois voir les signes avant-coureurs de la fin d'une domination abhorrée. Excités par des livres comme

Judith et l'Apocalypse d'Esdras, ils crurent que le jour d'Édom était venu. Les cris de joie qu'ils avaient poussés à la mort de Néron, à la mort de Domitien, ils les poussèrent de nouveau. La génération qui avait fait la grande révolution avait presque entièrement disparu; la nouvelle n'avait rien appris. Ces dures têtes, obstinées et pleines de passion, étaient incapables d'élargir l'étroit cercle de fer qu'une hérédité psychologique invétérée avait rivé autour d'elles.

Ce qui se passa en Judée est obscur, et il n'est pas prouvé qu'aucun acte positif de guerre ou de massacre y ait eu lieu [1]. D'Antioche, où il résidait, Adrien, gouverneur de Syrie, paraît avoir réussi à maintenir l'ordre. Loin de pousser à la révolte, les docteurs de Iabné avaient montré dans l'observation scrupuleuse de la Loi une voie nouvelle pour arriver à la paix de l'âme. La casuistique était devenue entre leurs mains un jouet, qui, comme tous les jouets, devait fort inviter à la patience. Quant à la Mésopotamie, il est naturel que des populations à peine soumises, qui, un an auparavant, s'étaient

---

[1]. Spartien, *Adr.*, v, 2, prouve plutôt une effervescence qu'une prise d'armes. La circonstance que Quietus fut nommé Ἰουδαίας ἡγεμών ou τῆς Παλαιστίνης ἄρχων n'est pas bien démonstrative. Le récit de Barbebræus (*l. c.*) n'est qu'une amplification maladroite et exagérée de celui d'Eusèbe ou d'Orose.

soulevées, et chez lesquelles il y avait non-seulement des juifs dispersés, mais des armées, des dynasties juives, aient éclaté après l'échec de Hatra et sur les premiers indices de la mort prochaine de Trajan. Il semble du reste que, pour sévir, les Romains se contentèrent du soupçon[1]. Ils craignirent que l'exemple de la Cyrénaïque, de l'Égypte et de Chypre ne fût contagieux. Avant que les massacres eussent éclaté, Trajan confia à Lucius Quietus le soin d'expulser tous les Juifs des provinces nouvellement conquises. Quietus y procéda comme à une expédition. Cet Africain, méchant et impitoyable, secondé par une cavalerie légère de Maures montant à poil, sans selle ni bride[2], procéda en bachi-bozouk, par massacres à tort et à travers. Une très-grande partie de la population juive de la Mésopotamie fut exterminée. Pour récompenser les services de Quietus, Trajan détacha pour lui la Palestine de la province de Syrie, et l'en créa légat impérial, ce qui le mettait sur le même rang qu'Adrien.

La révolte de Cyrénaïque, d'Égypte et de Chypre durait toujours. Trajan désigna pour la réduire un de

1. Eusèbe, *H. E.*, l. c.
2. Voir la colonne trajane : Frœhner, planches 85-88; texte, p. 14, 15.

ses lieutenants les plus distingués[1], Marcius Turbo. On lui donna des forces de terre et de mer et une nombreuse cavalerie. Il fallut, pour venir à bout des forcenés, une guerre en règle, plusieurs combats. On en fit de vraies boucheries. Tous les juifs cyrénéens et ceux des juifs égyptiens qui s'étaient joints à eux furent égorgés[2]. Alexandrie, enfin débloquée, respira; mais les dégâts de la ville avaient été considérables. Un des premiers actes d'Adrien, devenu empereur, fut d'en réparer les ruines et de s'en donner pour le restaurateur[3].

Tel fut ce mouvement déplorable, où les Juifs paraissent avoir eu les premiers torts, et qui acheva de les perdre dans l'opinion du monde civilisé. Le pauvre Israël tombait en folie furieuse. Ces horribles cruautés, si éloignées de l'esprit chrétien, agrandirent le fossé de séparation entre le judaïsme et l'Église. Le chrétien, de plus en plus idéaliste, se console de tout par sa douceur, son attente résignée. Israël se fait cannibale, plutôt que de tenir ses pro-

---

1. Cf. Dion Cassius, LXIX, 18.
2. Τραιανὸν ἐξολλύντα τὸ ἐν Αἰγύπτῳ Ἰουδαίων γένος. Appien., *Bell. civ.*, II, 90. Cf. Talm. de Jér., *Sukka*, v, 1; Talm. de Bab., *Sukka*, 51 b; Midrasch, *Eka*, I, 17.
3. Eusèbe, *Chron.* (trad. arménienne), 1re année d'Adrien (édit. Schœne); Orose, VII, 12.

phètes pour menteurs. Pseudo-Esdras, vingt ans auparavant, s'arrêtait au reproche tendre d'une âme pieuse qui se croit oubliée de son Dieu; maintenant il s'agit de tout tuer, d'anéantir les païens, pour qu'il ne soit pas dit que Dieu a manqué à sa parole envers Jacob. Tout grand fanatisme, poussé à la ruine de ses espérances, aboutit à la rage et devient un danger pour la raison de l'humanité.

La diminution matérielle du judaïsme, par suite de cette inepte campagne, fut très-considérable. Le nombre de ceux qui périrent fut énorme[1]. A partir de ce moment, la juiverie de Cyrène et celle d'Égypte disparaissent à peu près[2]. Cette puissante communauté d'Alexandrie, qui avait été un élément essentiel de la vie de l'Orient, n'a plus d'importance. La grande synagogue du *Diapleuston*[3], qui passait aux yeux des juifs pour la merveille du monde, fut détruite[4]. Le quartier juif, situé près du Lochias, devint un champ de ruines et de tombeaux.

1. Eusèbe, Orose, *l. c.*
2. Appien, *Bell. civ.*, II, 90.
3. Talm. de Jér., *Sukka,* v, 1 ; Talm. de Bab., *Sukka,* 51 *b.*
4. Talm. de Jér., *Sukka,* v, 1. Cf. *Mechilta* sur Ex., xiv, 13 ; Talm. de Bab., *Sukka,* 51 *b;* Ialkout, I, 115, 253 ; Grætz, *Gesch. der Juden,* IV, 460, note 1, 2ᵉ édit.; Derenbourg, *Palest.,* p. 410-412.

CHAPITRE XXIV.

SÉPARATION DÉFINITIVE DE L'ÉGLISE ET DE LA SYNAGOGUE.

Le fanatisme ne connaît pas le repentir. Le monstrueux égarement de l'an 117 n'a guère laissé dans la tradition des juifs qu'un souvenir de fête. Au nombre des jours où il est défendu de jeûner et où le deuil doit être suspendu [1], figure, à la date du 12 décembre, le *iom Traïanos*, ou « jour de Trajan », non pas que la guerre de 116-117 ait pu donner lieu à aucun anniversaire de victoire, mais à cause de la fin tragique que l'agada voulut prêter à l'ennemi d'Israël [2].

---

1. Voir le petit calendrier appelé *Megillath Taanith*, n° 29 et la glose. Cf. Talm. de Bab., *Taanith,* 18 b; Talm. de Jér, *Taanith,* II, 12.
2. On confondit Trajan et Quietus. La fin de ce dernier fut tragique en effet. Voir Spartien, v, 8; Dion Cassius, LXVIII, 32. L'ingénieux système selon lequel le livre de *Judith* serait la *megilla* de cette fête, comme *Esther* l'est de la fête des *pourim,* n'est pas soutenable.

Les massacres de Quietus restèrent, d'un autre côté, dans la tradition sous le nom de *polémos schel Quitos*[1]. On y rattacha un progrès d'Israël dans sa voie de deuil[2].

Après le *polémos schel Aspasinos*[3], on interdit les couronnes pour les mariés et l'usage des tambourins.

Après le *polémos schel Quitos*, on interdit les couronnes pour les mariées, et il fut défendu d'apprendre à son fils la langue grecque.

Après le dernier *polémos*[4], on interdit à la mariée de sortir dans la ville en litière.

Ainsi chaque folie amenait une séquestration nouvelle, un renoncement nouveau à quelque partie de la vie. Pendant que le christianisme devient de plus en plus grec et latin, et que ses écrivains se conforment au bon style hellénique, le Juif s'interdit l'étude du grec et se renferme obstinément dans son inintelligible patois syro-hébraïque. La racine de toute bonne culture intellectuelle est coupée chez lui pour mille ans. C'est surtout à cette époque que se rapportent les décisions qui présentent l'éducation grecque

1. *Séder olam,* vers la fin; Mischna, *Sota,* ix, 14. Cf. Grætz, *Gesch. der Juden,* IV, 440 et suiv., 2ᵉ édit.; Volkmar, *Judith,* p. 83 et suiv.; Derenbourg, *Palest.,* p. 404.
2. *Sota,* l. c.
3. La guerre de Vespasien.
4. La guerre d'Adrien.

comme une impureté ou du moins comme une frivolité[1].

L'homme qui s'annonçait à Iabné et grandissait de jour en jour comme le chef futur d'Israël était un certain Aquiba, élève de Rabbi Tarphon, d'origine obscure, sans lien avec les grandes familles qui tenaient les chaires et les fonctions officielles de la nation. Il descendait de prosélytes et avait eu une jeunesse pauvre. Ce fut, à ce qu'il paraît, une sorte de démocrate, plein d'abord d'une haine farouche contre les docteurs au milieu desquels il devait siéger un jour[2]. Son exégèse et sa casuistique étaient le comble de la subtilité. Chaque lettre, chaque syllabe des textes canoniques devenait significative, et on cherchait à en tirer des conséquences[3]. Aquiba fut l'auteur de la méthode qui, selon l'expression talmudique, « de chaque trait d'une lettre tirait des boisseaux entiers de décisions »[4]. On ne pouvait admettre que, dans le code révélé, il y eût le moindre arbitraire, la moindre

---

1. Voir *Vie de Jésus*, p. 35-36.
2. Talm. de Jér., *Berakoth*, IV, 1; Talm. de Bab., *Ber.*, 27 *b*. Aquiba est le talmudiste dont les chrétiens ont le mieux connu la célébrité. Épiphane, hær. xv, xxxiii, 9; saint Jérôme, *In Is.*, VIII, 14; Epist. 151.
3. Mischna, *Sota*, V, 1, 4; VIII, 5; Talm. de Bab., *Pesachim*, 22 *b*. Voir ci-après, t. VI.
4. Talm. de Bab., *Menachoth*, 29 *b*. Cf. Derenbourg, *Palest.*, p. 399; *Journal asiat.*, fevr.-mars 1867, p. 246 et suiv.

liberté de style ou d'orthographe. Ainsi la particule את, simple marque de régime, qu'il est permis de mettre ou d'omettre en hébreu, fournissait des inductions puériles[1].

Cela touchait à la folie; on était à deux pas de la cabbale et du *notarikon*, niaises combinaisons où le texte ne représente plus une langue humaine, mais est pris pour un grimoire divin. Dans le détail, les consultations d'Aquiba se recommandaient par la modération; les sentences qu'on lui attribue sont même empreintes d'un certain esprit libéral[2]. Mais un fanatisme violent gâtait toutes ses qualités. Les plus grandes contradictions se produisaient dans ces natures à la fois subtiles et incultes, d'où l'étude superstitieuse d'un texte unique avait banni le droit sens du langage et de la raison. Sans cesse voyageant de synagogue en synagogue, dans tous les pays de la Méditerranée et même peut-être chez les Parthes[3], Aquiba entretenait chez ses coreligionnaires le feu étrange dont lui-même était rempli et qui bientôt devait être si funeste à son pays.

---

1. *Bereschith rabba*, i. Cf. Derenbourg, *Palestine*, p. 396-397, note.

2. *Pirké Aboth*, iii, 14.

3. Grætz, *Gesch. der Juden*, IV, 148, 2ᵉ édit.; Ewald, *Gesch. des Volkes Israël*, VII, p. 349, note 1; Derenbourg, *Palest.*, p. 418, note 1.

Un monument des mornes tristesses de ce temps paraît être l'Apocalypse de Baruch [1]. L'ouvrage est une imitation de l'Apocalypse d'Esdras [2], et se divise comme cette dernière en sept visions. Baruch,

1. Baruch avait été déjà exploité antérieurement par les auteurs d'apocryphes. On avait composé sous son nom un livre qui, plus heureux que l'Apocalypse, a pris place à la suite de Jérémie, dans les Bibles grecques et latines. L'ouvrage dont nous parlons en ce moment n'a été conservé qu'en syriaque. Ceriani, *Monumenta sacra et profana,* t. I, fasc. II (Milan, 1866), t. V, fasc. II (1874); Fritzsche, *Libri apocryphi Vet. Test.* (Leipzig, 1874), p. 654-699. Diverses particularités (§§ 76, 77) porteraient à croire que le livre, tel que la version syriaque nous l'a conservé, n'est pas complet.

2. Les rapprochements entre les deux écrits se remarquent à chaque page, presque à chaque ligne. Ce qui prouve que pseudo-Baruch est l'imitateur, c'est que les idées les plus particulières de pseudo-Esdras sont chez lui censées connues et n'ont pas besoin d'être expliquées. Notez surtout ce qui concerne les *promptuaria,* le petit nombre des élus et la prière pour les morts. En quelques lignes, pseudo-Baruch (voir surtout § 85) résume des pages de pseudo-Esdras. La doctrine du péché originel, si exagérée chez pseudo-Esdras, semble corrigée (§ 54). La phrase *Juventus seculi praeteriit* (§ 85, vers. 10) est mieux amenée dans pseudo-Esdras. Il n'est pas sans exemple que, quand un apocryphe imite un autre apocryphe, le texte le plus court soit celui de l'imitateur (comp. Baruch, I, 15 — II, 17, à Daniel, IV, 4-19). Le fait que l'ouvrage a été adopté par les chrétiens empêche d'en rabaisser la composition au-dessous de la guerre juive sous Trajan; car, à partir d'Adrien, aucun manifeste juif ne fut plus adopté par les chrétiens. Le § 22 prouve d'ailleurs que le livre est postérieur au siége de l'an 70 et antérieur à la construction d'Ælia Capitolina. On ne peut rien conclure des §§ 26-28.

secrétaire de Jérémie, reçoit de Dieu l'ordre de rester à Jérusalem pour assister au châtiment de la ville coupable. Il maudit le sort qui l'a fait naître pour être témoin des outrages infligés à sa mère. Il supplie Dieu d'épargner Israël. Sans cela, qui le louera, qui expliquera sa loi? Le monde est-il donc destiné à revenir à son silence primitif? Et quelle joie pour les païens qui s'en iront dans les pays de leurs idoles se glorifier devant eux des défaites qu'ils ont infligées au vrai Dieu [1] !

L'interlocuteur divin répond que la Jérusalem qui va être détruite n'est pas la Jérusalem éternelle, préparée dès les temps paradisiaques, qui fut montrée à Adam avant son péché, et qui fut entrevue par Abraham et Moïse. Ce ne sont pas les païens qui détruisent la ville; c'est la colère de Dieu qui va l'anéantir. Un ange descend du ciel, enlève du temple tous les objets sacrés et les confie à la terre. Les anges alors démolissent la ville [2]. Sur les ruines, Baruch entonne un chant de deuil. Il s'indigne que la nature continue son cours, que la terre sourie et ne soit pas brûlée par un éternel soleil de midi.

Laboureurs, cessez de semer, et toi, terre, cesse de

---

1. Souvenir du triomphe de Vespasien et de Titus.
2. Comp. § 80.

porter des moissons; vigne, que sert désormais de prodiguer ton vin, puisque Sion n'est plus? Fiancés, renoncez à vos droits; vierges, ne vous parez plus de couronnes[1]; femmes, cessez de prier pour devenir mères. C'est désormais aux stériles à se réjouir et aux mères à pleurer[2]; car pourquoi enfanter dans la douleur ce qu'il faudra ensevelir avec larmes? Désormais ne parlez plus de charme, ne discourez plus sur la beauté. Prêtres, prenez les clefs du sanctuaire, jetez-les vers le ciel, rendez-les au Seigneur, et dites-lui : « Garde maintenant ta maison. » Et vous, vierges, qui filez le lin et la soie avec l'or d'Ophir, hâtez-vous, prenez tout cela et jetez-le au feu, pour que la flamme rapporte ces choses à celui qui les a faites et que nos ennemis n'en jouissent pas. Terre, aie des oreilles; poussière, prends un cœur pour annoncer dans le *scheol,* et dire aux morts : « Que vous êtes heureux en comparaison de nous autres[3]! »

Pseudo-Baruch, pas mieux que pseudo-Esdras, ne peut se rendre compte de la conduite de Dieu envers son peuple. Certes, le tour des gentils viendra. Si Dieu a donné à son peuple des leçons si sévères, que sera-ce de ceux qui ont tourné tous ses bienfaits contre lui? Mais comment expliquer le sort de tant de justes qui ont scrupuleusement observé la Loi et ont

1. Voir ci-dessus, p. 514.
2. Comp. Matth., xxiv, 19; Luc, xxiii, 29.
3. Première vision (§§ 1-12). Comp. § 80.

été exterminés? Comment à cause d'eux l'Éternel n'a-t-il pas eu pitié de Sion? Pourquoi n'a-t-il tenu compte que des méchants? « Qu'as-tu fait de tes serviteurs? s'écrie le pieux écrivain. Nous ne pouvons plus comprendre comment tu es notre créateur. Quand le monde n'avait pas d'habitants, tu as créé l'homme comme administrateur de tes œuvres, afin de montrer que le monde existe pour l'homme, et non l'homme pour le monde. Et voilà que maintenant le monde, qui a été fait pour nous, dure, et nous, pour qui il a été fait, nous disparaissons. »

Dieu répond que l'homme a été créé libre et intelligent. S'il est puni, c'est qu'il l'a voulu. Ce monde est pour le juste une épreuve; le monde à venir sera la couronne. La longueur du temps est chose toute relative. Mieux vaut avoir commencé par l'ignominie et finir par le bonheur que d'avoir eu des commencements heureux et de finir par la honte. Les temps, d'ailleurs, vont se presser et marcher désormais bien plus vite que par le passé [1].

Si l'homme n'avait que cette vie, reprend le mélancolique rêveur, rien ne serait plus amer que son sort. Jusqu'à quand durera le triomphe de l'impiété? Jusqu'à quand, ô Dieu, laisseras-tu croire que ta patience est faiblesse?

---

1. Deuxieme vision (§§ 13-20).

Révèle-toi ; ferme le *scheol* ; défends-lui désormais de recevoir de nouveaux morts, et que les magasins[1] rendent les âmes qui y sont renfermées. Voilà bien longtemps qu'Abraham, Isaac, Jacob et les autres qui dorment dans la terre attendent, eux pour qui tu dis que le monde a été créé! Montre vite ta gloire, ne diffère plus.

Dieu se contente de dire que les temps sont fixés et que le terme n'en est pas éloigné. Les douleurs messianiques ont déjà commencé ; mais les signes de la catastrophe seront isolés, partiels ; si bien que les hommes ne sauront pas les voir. Au moment où l'on dira : « Le Tout-Puissant a oublié la terre, » quand le désespoir des justes sera au comble, ce sera l'heure du réveil. Les signes s'étendront à tout l'univers. La Palestine seule sera protégée contre les fléaux[2]. Alors le Messie se révélera ; Béhémoth et Léviathan serviront de nourriture à ceux qui seront réservés[3]. La terre rendra dix mille pour un ; un seul cep de vigne aura mille rameaux, chaque rameau portera mille grappes, chaque grappe comptera mille grains, et chaque grain donnera un muid de vin[4].

1. Voir ci-dessus, p. 357.
2. Dans le *polémos schel Quitos*, la Palestine seule resta en dehors du mouvement général.
3. Idée bizarre, familière aux messianistes juifs. (Voir Buxtorf, *Lex. chald. talm. rabb.*, au mot *Léviathan*.
4. Cette phrase était donnée par Papias (Irénée, V, xxxiii, 3 et 4)

La joie sera parfaite. Le matin, un souffle sortira du sein de Dieu, apportant le parfum des fleurs les plus exquises; le soir, un autre souffle, apportant une rosée salutaire. La manne descendra du ciel. Les morts qui se sont endormis dans l'espérance du Messie ressusciteront. Les magasins d'âmes justes s'ouvriront ; la multitude de ces âmes heureuses n'aura qu'un esprit ; les premiers se réjouiront ; les derniers ne seront pas attristés [1]. Les impies sécheront de rage, en voyant que le moment de leur supplice est venu. Jérusalem sera renouvelée et couronnée pour l'éternité [2].

L'empire romain apparaît ensuite à notre voyant comme une forêt qui couvre la terre; l'ombre de cette forêt voile la vérité ; tout ce qu'il y a de mauvais dans le monde s'y cache et y trouve un abri. C'est le plus dur et le plus mauvais de tous les empires qui se sont succédé. Le royaume messianique, au contraire, est représenté par une vigne, à l'ombre de laquelle naît une source douce et tranquille, qui coule vers la forêt. En approchant de cette dernière,

---

comme un λόγιον de Jésus. Dans l'Épître de Barnabé (ch. 4, 6, 12, 16), des citations d'Hénoch et d'Esdras sont de même présentées comme des paroles de Jésus. Cf. *Vie de Jésus*, édit. 13 et suiv. p. xiv, lv, note, 40, 366.

1. « Gaudebunt priores et ultimæ non contristabuntur » (trad. Ceriani). Cf. Barnabé, 6; IV Esdr., v, 42.
2. Troisième vision (§§ 21-34).

les ruisseaux se changent en fleuves impétueux, qui la déracinent ainsi que les montagnes qui l'entourent. La forêt est emportée ; il n'en reste qu'un cèdre. Ce cèdre représente le dernier souverain romain, resté debout, quand toutes ses légions auront été exterminées (selon nous, Trajan, après ses échecs en Mésopotamie). Il est renversé à son tour. La vigne lui dit alors :

« N'est-ce pas toi, cèdre, qui es le reste de la forêt de malice, qui t'emparais de ce qui ne t'appartenait pas, qui n'avais jamais pitié de ce qui t'appartenait, qui voulais régner sur ce qui était loin de toi, qui tenais dans les filets de l'impiété tout ce qui t'approchait, et t'enorgueillissais. comme ne pouvant être déraciné ? Voici ton heure venue. Va, cèdre, suis le sort de la forêt qui a disparu avant toi, et que vos poussières se mêlent. »

Le cèdre, en effet, est jeté par terre, et on y met le feu. Le chef est enchaîné, amené sur le mont Sion. Là, le Messie le convainc d'impiété, lui montre les méchancetés accomplies par ses armées, le tue. La vigne alors s'étend de tous les côtés. couvre la terre ; la terre se revêt de fleurs qui ne se fanent plus. Le Messie règne jusqu'à la fin du monde corruptible[1]. Les méchants, pendant ce temps-là, brûleront dans un feu où nul n'aura pitié d'eux [2].

1. § 40; comp. § 73.
2. Quatrième vision (§§ 35-46).

O aveuglement des hommes qui ne sauront pas deviner l'approche du grand jour ! A la veille de l'événement, ils vivront tranquilles, insoucieux. On verra les miracles sans les comprendre; les prophéties vraies et fausses se croiseront de toutes parts. Comme pseudo-Esdras, notre visionnaire croit au petit nombre des élus et au nombre énorme des damnés. « Justes, délectez-vous en vos souffrances ; pour un jour d'épreuve ici-bas; vous aurez une éternité de gloire. » Comme pseudo-Esdras, encore, il s'inquiète naïvement des difficultés physiques de la résurrection. En quelle forme les morts ressusciteront-ils ? Garderont-ils le corps même qu'ils ont eu auparavant? Pseudo-Baruch n'hésite pas. La terre restituera les morts qu'on lui a confiés en garde comme elle les a reçus. « Elle me les rendra, dit Dieu, tels que je les lui ai donnés. » Cela sera nécessaire pour convaincre les incrédules de la résurrection ; il faut qu'ils puissent constater de leurs yeux l'identité de ceux qu'ils ont connus.

Après le jugement s'opérera un changement merveilleux. Les damnés deviendront plus laids qu'ils n'étaient; les justes deviendront beaux, brillants, glorieux ; leur figure se transformera en un idéal lumineux. Effroyable sera la rage des méchants, en voyant ceux qu'ils ont persécutés ici-bas glorifiés au-dessus d'eux. On les forcera d'assister à ce spectacle, avant de les mener au supplice. Les justes verront des merveilles; le monde invisible se révélera pour eux, les temps cachés se découvriront. Plus de vieillesse; égaux des anges, semblables à des étoiles, ils pourront se métamorphoser en la forme qu'ils voudront; ils iront de beauté en beauté, de gloire en gloire; toute l'étendue du paradis leur sera ouverte; ils contempleront la majesté des animaux mystiques qui sont sous le trône[1]; toutes les milices d'anges attendent leur arrivée. Les premiers entrés recevront les derniers; les derniers reconnaîtront ceux qu'ils savaient les avoir précédés[2].

Ces rêves sont traversés par des retours d'un bon sens assez lucide. Plus que pseudo-Esdras, pseudo-Baruch a pitié de l'homme et proteste contre les rigueurs d'une théologie sans entrailles. L'homme n'a pas dit à son père : « Engendre-moi, » pas plus qu'il ne dit au *scheol:* « Ouvre-toi pour me recevoir[3]. » L'individu n'est responsable que de lui-même; chacun de nous est Adam pour son âme[4]. Mais le

---

1. Cf. § 54, où les trésors de la sagesse sont aussi placés sous le trône de Dieu.
2. Cinquième vision (§§ 47-52).
3. § 48.
4. § 54. « Non est ergo Adam causa nisi animæ suæ tantum; nos vero unusquisque fuit animæ suæ Adam (trad. Ceriani). » Voir

fanatisme l'emporte bientôt aux plus terribles pensées. Il voit s'élever de la mer une nuée composée alternativement de zones d'eau noire et d'eau claire. Ce sont les alternatives de fidélité et d'infidélité d'Israël. L'ange Ramiel[1], qui lui explique ces mystères, a des jugements du plus sombre rigorisme. Les belles époques sont celles où l'on a massacré les nations qui péchaient, où l'on brûlait et lapidait les hétérodoxes, où l'on déterrait les os des impies pour les brûler, où toute faute contre la pureté légale était punie de mort. Le bon roi, « pour lequel la gloire céleste a été créée », est celui qui ne souffre pas un incirconcis sur la terre.[2]

Après le spectacle des douze zones, a lieu un déluge d'eau noire, mêlé de puanteur et de feu. C'est l'époque de transition entre le règne d'Israël et l'avénement du Messie, temps d'abomination, de guerres, de fléaux, de tremblements de terre. La terre semble vouloir dévorer ses habitants. Un éclair (le Messie) balaye tout, purifie tout, guérit tout. Les misérables survivants des fléaux seront remis aux mains du

---

au contraire, pour des idées analogues à celles de l'Épître aux Romains : §§ 17, 23, 48.

1. Identique au Jérémiel d'Esdras, identifié aussi avec l'Exterminateur de Sennachérib (§§ 55, 63).

2. §§ 61 et 66.

Messie, qui les tuera. Tout peuple qui n'aura pas foulé Israël vivra. Tout peuple qui aura dominé violemment sur Israël sera livré à l'épée. Au milieu de ces angoisses, seule la terre sainte sera en paix et protégera ses habitants [1].

Le paradis se réalise alors sur la terre ; plus de peine, plus de douleur, plus de maladies, plus de travail. Les animaux serviront spontanément les hommes. On mourra encore, mais jamais d'une mort prématurée. Les femmes n'éprouveront plus les douleurs de l'enfantement ; on moissonnera sans effort, on bâtira sans fatigue. La haine, l'injustice, la vengeance, la calomnie disparaîtront [2].

Le peuple reçoit avec bonheur la prophétie de Baruch. Mais il est juste que les juifs dispersés dans les pays lointains ne soient pas privés d'une si belle révélation. Baruch écrit donc aux dix tribus et demie de la dispersion une lettre, qu'il confie à un aigle, et qui est un abrégé du livre entier [3]. On y voit se

---

1. § 71. Voir ci-dessus, p. 521.
2. Sixième vision (§§ 53-76).
3. Septième partie (§§ 77-87). Cette partie fit oublier le reste du livre, et resta seule dans l'usage liturgique des Églises de Syrie. Ceriani, V, II, p. 167, 173, 178. Elle a été imprimée dans les Polyglottes de Paris et de Londres, (cf. P. A. de Lagarde, *Libri V. T. apocryphi syriace*, Lips., 1861, p. 88 et suiv.) et souvent traduite.

dessiner plus clairement encore que dans le livre lui-même la pensée fondamentale de l'auteur, qui est de faire revenir tous les juifs dispersés en terre sainte [1], cette terre devant seule, pendant la crise messianique, leur offrir un asile assuré. Le jour est proche où Dieu va rendre aux ennemis d'Israël le mal qu'ils ont fait à son peuple. La jeunesse du monde est passée, la vigueur de la création est épuisée [2]. Le seau est près de la citerne, le navire du port, la caravane de la ville, la vie de sa fin.

Nous voyons les nations infidèles prospères, quoiqu'elles agissent avec impiété ; mais leur prospérité ressemble à une vapeur. Nous les voyons riches, quoiqu'elles se comportent avec iniquité ; mais leur richesse tiendra autant que la goutte d'eau. Nous voyons la solidité de leur puissance, quoiqu'elles résistent à Dieu ; mais tout cela vaudra ce que vaut un crachat. Nous contemplons leur splendeur, tandis qu'elles n'observent pas les préceptes du Très-Haut ; mais elles s'évanouiront comme la fumée... Ne laissez entrer dans votre pensée rien de ce qui est présent ; ayons patience, car tout ce qui nous a été promis arrivera. Ne nous arrêtons pas au spectacle des délices que goûtent les nations étrangères... Prenons garde d'être exclus à la fois de l'héritage des deux mondes, captifs ici,

---

1. L'apocryphe s'appuyait ici sur quelques traits réels de la vie de Baruch. Jérémie, XLIII, XLIV, XLV.
2. Cf. IV Esdr., XIV, 10.

torturés là-bas. Préparons nos âmes, pour que nous nous reposions avec nos pères et ne soyons pas suppliciés avec nos ennemis.

Baruch reçoit l'assurance qu'il sera enlevé au ciel comme Hénoch, sans avoir goûté la mort[1]. Nous avons vu cette faveur également octroyée à Esdras par l'auteur de l'apocalypse qui est attribuée à ce dernier.

L'ouvrage de pseudo-Baruch, comme celui de pseudo-Esdras, réussit auprès des chrétiens autant et peut-être plus qu'auprès des juifs. L'original grec se perdit de bonne heure[2]; mais il s'en fit une traduction syriaque, qui est venue jusqu'à nous. Seule, cependant, la lettre finale fut adoptée pour l'usage de l'Église. Cette lettre entra comme partie intégrante dans la Bible syriaque, au moins chez les jacobites, et on y découpa des leçons pour la liturgie des enterrements. Nous avons vu pseudo-Esdras fournir également à notre office des morts quelques-unes de ses plus sombres pensées. La mort, en effet, semble régner en maîtresse dans ces derniers fruits de l'imagination égarée d'Israël.

---

1. §§ 43, 46, 48, 76.
2. La stichométrie de Nicéphore et la *Synopse* dite d'Athanase mentionnent, à côté du Baruch canonique, un Baruch pseudépigraphe, qui doit être le nôtre. Mais l'ouvrage n'est jamais cité par les Pères. Il n'a pas dû être traduit en latin.

Pseudo-Baruch est le dernier écrivain de la littérature apocryphe de l'Ancien Testament. La Bible qu'il connaissait est la même que celle que nous apercevons derrière l'Épître de Jude et la prétendue Épître de Barnabé, c'est-à-dire qu'aux livres canoniques de l'Ancien Testament, l'auteur ajoute, en les mettant sur le même pied, des livres récemment fabriqués, tels que les révélations de Moïse, la prière de Manassé et d'autres compositions agadiques[1]. Ces ouvrages, écrits en style biblique, divisés en versets, devenaient une sorte de supplément à la Bible. Souvent même, justement par leur caractère moderne, de telles pièces apocryphes avaient plus de vogue que l'ancienne Bible, et se voyaient acceptées comme écriture sainte dès le lendemain de leur apparition, au moins par les chrétiens, plus faciles à cet égard que les juifs[2]. On ne vit plus désormais éclore de ces sortes de livres. Les juifs ne composent plus de pastiches des textes sacrés; on sent même chez eux des craintes et des précautions à ce sujet. Les poésies religieuses qui se produiront plus tard en hébreu semblent écrites exprès dans un style qui n'a rien de biblique.

Il est possible que les troubles de Palestine sous Trajan aient été l'occasion qui fit transporter le

1. §§ 59, 64.
2. V. ci-dessus, p. 37.

beth-dîn de Iabné à Ouscha. Le *beth-dîn*, autant qu'il était possible, devait être fixé en Judée[1]; mais Iabné, ville mixte, assez grande[2], non loin de Jérusalem, put devenir inhabitable pour les juifs après les horribles excès qu'ils commirent en Égypte, à Chypre. Ouscha était une localité de Galilée tout à fait obscure[3]. Ce nouveau patriarchat eut bien moins d'éclat que celui de Iabné. Le patriarche de Iabné est prince (*nasi*); il a une sorte de cour; il tire un grand prestige des prétentions de la famille de Hillel à descendre de David. Le conseil suprême de la nation va maintenant résider dans de pauvres villages de Galilée[4]. « Les institutions d'Ouscha, » c'est-à-dire les règles qui furent posées par les docteurs d'Ouscha, n'en eurent pas moins une autorité de premier ordre; elles occupent dans l'histoire du Talmud une place considérable.

Ce qu'on appelait l'Église de Jérusalem continuait sa tranquille existence, à mille lieues des idées sédi-

---

1. Talm. de Bab., *Zebahim,* 54 *b;* Midrasch *Yalkout, Gen.* XLIX.
2. Philon, *Leg.,* 30. Cf. Tosifta *Demaï,* c. 1.
3. Cf. Neubauer, *Géogr. du Talmud,* 198-200.
4. La tradition juive expose ainsi les pérégrinations du sanhédrin : de Jérusalem à Iabné, de Iabné à Ouscha, d'Ouscha à Schefaram (aujourd'hui *Schefa Amr*), de Schefaram à Beth-Schearim, de Beth-Schearim à Séphoris, de Séphoris à Tibériade. Talm de Bab., *Rosch hasschana,* 31 *a* et *b.*

tieuses qui agitaient la nation. Un grand nombre de juifs se convertissaient et continuaient d'observer strictement les prescriptions de la Loi. Aussi les chefs de ladite église étaient-ils pris parmi les chrétiens circoncis, et toute l'Église, pour ne pas blesser les rigoristes, s'astreignait à suivre les règles mosaïques. La liste de ces évêques de la circoncision est pleine d'incertitudes. Le plus connu paraît avoir été un nommé Justus[1]. La controverse entre les convertis et ceux qui persistaient dans le mosaïsme pur était vive, mais n'avait pas l'acrimonie qu'elle eut après Bar-Coziba. Un certain Juda ben Nakousa surtout paraît y avoir joué un rôle brillant[2]. Les chrétiens s'efforçaient de prouver que la Bible n'excluait pas la divinité de Jésus-Christ. Ils incidentaient sur le mot *élohim*, sur le pluriel employé par Dieu dans quelques circonstances (par exemple, dans *Genèse*, I, 26), sur la répétition des différents noms de Dieu, etc.[3]. Les Juifs n'avaient pas de peine à montrer que les tendances de la secte nouvelle étaient en contradic-

---

1. Eusèbe, *H. E.*, III, 35; IV, 5, 6; V, 12; *Chron.*, à l'an 10 de Traj.; *Demonstr. evang.*, III, 5 (p. 124 D); Épiph., hær. LXVI, 20; Sulpice Sévère, II, 31. Cf. Tillemont, *Mém.*, II, p. 189 et suiv.; *Acta SS. maii*, t. III, init.
2. Midrasch sur *Koh.*, I, 8.
3. *Bereschith rabba*, VIII; *Debarim rabba*, II; Talm. de Jér., *Bekoth*, 12 d; *Tanhouma*, 47 a.

tion avec les dogmes fondamentaux de la religion d'Israël.

En Galilée, les rapports des deux sectes semblent avoir été bienveillants. Un judéo-chrétien de Galilée, Jacob de Caphar-Schekania[1], paraît, vers ce temps, tout à fait mêlé au monde juif de Séphoris et des petites villes voisines. Non-seulement il s'entretient avec les docteurs et leur cite de prétendues paroles de Jésus; mais encore il pratique, comme Jacques, frère du Seigneur, la médecine spirituelle et prétend guérir une morsure de serpent par le nom de Jésus[2]. Rabbi Éliézer fut, dit-on, poursuivi comme inclinant au christianisme[3]. Rabbi Josué ben Hanania meurt préoccupé des idées nouvelles. Les chrétiens lui répètent sur tous les tons que Dieu s'est détourné de la nation juive : « Non, répond-il, sa main est encore étendue sur nous[4]. » Il y eut des conversions dans sa propre famille. Son neveu Hanania, étant venu à Caphar-Nahum, « fut ensorcelé par les *mînim*[5] », à ce point qu'on

---

1. D'autres disent de Caphar-Sama ou Caphar-Samia.
2. Midrasch sur *Kohéleth,* I, 8; Talm. de Bab., *Aboda zara,* 16 *b,* 27 *b;* Talm. de Jér., *Schabbath,* XIV, 4; *Aboda zara,* II, 2 (40 *d*). V. ci-dessus, p. 64-65.
3. *Ibidem.*
4. Talm. de Bab., *Hagiga,* 5 *b.*
5. Voir *l'Antechrist,* p. 56, note 2.

le vit monté sur un âne le jour du sabbat. Quand il revint chez son oncle Josué, celui-ci le guérit de l'ensorcellement au moyen d'un onguent; mais il l'engagea à quitter la terre d'Israël et à se retirer à Babylone [1]. Une autre fois, le narrateur talmudiste semble vouloir faire croire à l'existence chez les chrétiens d'infamies comme celles que l'on mit sur le compte du prétendu Nicolas [2]. Rabbi Isée de Césarée enveloppait dans une même malédiction les judéo-chrétiens qui soutenaient ces polémiques et la population hérétique de Caphar-Nahum, source première de tout le mal [3].

En général les *mînim*, surtout ceux de Caphar-Nahum [4], passaient pour de grands magiciens, et leurs succès étaient attribués à des prestiges, à des illusions pour les yeux [5]. Nous avons déjà vu que, jusqu'au IIIe siècle au moins, des médecins juifs continuèrent à opérer des guérisons au nom de Jésus [6].

1. Midrasch *Koh.*, I, 8; VII, 26.
2. Midrasch *Koh.*, I, 8.
3. Midrasch *Koh.*, VII, 20, et les observations de M. Derenbourg, *Palest.*, p. 364-365.
4. Carmoly, *Itin.*, p. 260, 310.
5. Talm. de Jér., *Sanhédrin*, VII, 13, 19.
6. Talm. de Jér., *Aboda zara*, II, 2 (il s'agit de la guérison du petit-fils de R. Josué ben Lévi). Quant à Jacob de Caphar-Naboria (IIIe siècle), il n'a été introduit dans Midrasch *Koh.*, VII, 26, que par confusion avec Jacob de Caphar-Schekania ou de Caphar-Sama.

Mais l'Évangile était maudit ; la lecture en était sévèrement défendue[1], ce nom même d'*Évangile* donnait lieu à un jeu de mots, qui le faisait signifier « évidente iniquité ». Un certain Élisa ben Abouyah, surnommé *Aher*, qui professa une sorte de christianisme gnostique, fut pour ses anciens coreligionnaires le type du parfait apostat[2]. Peu à peu les judéo-chrétiens furent mis par les juifs sur le même rang que les païens et fort au-dessous des samaritains. Leur pain, leur vin furent censés profanes ; leurs moyens de guérison proscrits, leurs livres considérés comme des répertoires de la magie la plus dangereuse. Il en résulta que les Églises de Paul offrirent aux juifs qui voulaient se convertir une situation plus avantageuse que les Églises judéo-chrétiennes, exposées de la part du judaïsme à toute la haine dont sont capables des frères ennemis.

La vérité de l'image de l'Apocalypse apparaissait frappante. La femme protégée de Dieu, l'Église, avait vraiment reçu deux ailes d'aigle pour s'enfuir au désert, loin des crises du monde et de ses drames

---

Voir Derenbourg, *Palestine,* p. 364-365, et Neubauer, *Géographie du Talmud,* p. 234-235. Comparez ci-dessus, p. 64-65.

1. אוֹן גליון. Talm. de Bab., *Schabbath,* 116 *a.*
2. Grætz, *Gesch. der Juden,* IV, 65, 102, 173, 191, 192, 212.

sanglants. Là, elle grandit doucement, et tout ce qu'on fait contre elle tourne pour elle[1]. Les dangers de la première enfance sont passés; la croissance lui est désormais assurée.

1. *Apoc.*, XII, 13 et suiv.

FIN DE LA SECONDE GÉNÉRATION CHRETIENNE.

APPENDICE

LES FRÈRES ET LES COUSINS DE JÉSUS.

L'inexactitude des renseignements fournis par les Évangiles sur les circonstances matérielles de la vie de Jésus, l'incertitude des traditions du Ier siècle, recueillies par Hégésippe, les fréquentes homonymies qui répandent tant d'embarras sur l'histoire des juifs à toutes les époques, rendent presque insolubles les questions relatives à la famille de Jésus [1]. Si l'on s'en tenait au passage des Évangiles synoptiques, Matth., XIII, 55, 56; Marc, VI, 3, Jésus aurait eu quatre frères et plusieurs sœurs [2]. Ses quatre frères se seraient appelés Jacques, Joseph ou José, Simon et Jude.

---

1. *Vie de Jésus*, p. 25-27, 13e édit. et suiv.
2. Marc, qui ne connaît pas la virginité de Marie, est en cela conséquent. Pseudo-Matthieu, qui admet cette virginité (ch. I), ne remarque pas la contradiction qu'il y a entre ce qu'il copie dans Marc, au ch. XIII, et ce qu'il ajoute, au ch. I. Luc, toujours plus logique que ses devanciers, omet l'épisode embarrassant de Nazareth, et en tout cas prévient les objections par son πρωτότοκος (II, 7).

Deux de ces noms figurent, en effet, dans toute la tradition apostolique et ecclésiastique, comme ceux de « frères du Seigneur ». Le personnage de « Jacques, frère du Seigneur », est, après celui de saint Paul, le plus clairement dessiné de la première génération chrétienne. L'épître de saint Paul aux Galates, les *Actes des Apôtres*, les suscriptions des épîtres authentiques ou non attribuées à Jacques et à Jude, l'historien Josèphe, la légende ébionite de Pierre, le vieil historien judéo-chrétien Hégésippe, sont d'accord pour faire de lui le chef de l'Église judéo-chrétienne. Le plus authentique de ces témoignages, le passage de l'épître aux Galates (I, 19), lui donne nettement le titre d'ἀδελφὸς τοῦ κυρίου.

Un Jude paraît aussi avoir des droits très-réels à ce titre. Le Jude dont nous possédons une épître[1] se donne le titre d'ἀδελφὸς Ἰακώβου. Un personnage du nom de Jacques, assez considérable pour qu'on se désignât et qu'on se donnât de l'autorité en s'appelant son frère, ne peut guère être que le célèbre Jacques de l'épître aux Galates, des *Actes*, de Josèphe, d'Hégésippe, des écrits pseudo-clémentins. Si ce Jacques était « frère du Seigneur », Jude, auteur vrai ou supposé de l'épître qui fait partie du canon, était donc aussi frère du Seigneur. Hégésippe l'entendait certainement ainsi. Ce Jude, dont les petits-fils (υἱωνοί) furent recherchés et présentés à Domitien comme les derniers représentants de la race de David, était pour l'antique historien de l'Église le frère de Jésus selon la

---

1. Les raisonnements que nous faisons en ce moment sont aussi forts dans le cas où les épîtres de Jacques et de Jude seraient apocryphes que dans le cas où elles seraient authentiques.

chair[1]. Quelques raisons portent même à supposer que ce Jude fut chef de l'Église de Jérusalem, à son tour[2]. Voilà donc un second personnage qui rentre bien dans la série des quatre noms donnés par les Évangiles synoptiques comme ceux des frères de Jésus.

Simon et José ne sont pas connus d'ailleurs comme frères du Seigneur. Mais il n'y aurait rien de singulier à ce que deux membres de la famille fussent restés obscurs. Ce qu'il y a de beaucoup plus surprenant, c'est qu'en réunissant d'autres renseignements, fournis par les Évangiles, par Hégésippe, par les plus vieilles traditions de l'Église de Jérusalem, on forme une famille de cousins-germains de Jésus, portant presque les noms mêmes qui sont donnés par Matthieu (XIII, 55) et par Marc (VI, 3) comme ceux des frères de Jésus.

Entre les femmes, en effet, que les synoptiques placent au pied de la croix de Jésus et qui affirmèrent la résurrection, se trouve une « Marie, mère de Jacques le mineur (ὁ μικρός) et de José » (Matth., XXVII, 56; Marc, XV, 40, 47; XVI, 1; Luc, XXIV, 10). Cette Marie est certainement la même que celle que le quatrième Évangile (XIX, 25) place aussi au pied de la croix, qu'il appelle Μαρία ἡ τοῦ Κλωπᾶ (ce qui signifie sans doute « Marie, femme de Clopas[3] »), et dont il fait une sœur de la mère de Jésus. La difficulté qui se trouve à ce que les deux sœurs se soient appelées du même nom n'arrête guère le quatrième évangéliste, qui ne donne pas une seule fois à la mère de Jésus le

---

1. Dans Eus., *H. E.*, III, 19, 20, 32. Cf. ibid. c. 11.
2. Voir ci-dessus, p. 54-55.
3. Comp. τῆς τοῦ Οὐρίου. Matth., I, 6.

nom de Marie. Quoi qu'il en soit de ce dernier point, nous avons déjà deux cousins-germains de Jésus s'appelant Jacques et José[1]. Nous trouvons de plus un Siméon, fils de Clopas, qu'Hégésippe et tous ceux qui nous ont transmis les souvenirs de la primitive Église de Jérusalem présentent comme le second évêque de Jérusalem, et comme ayant été martyrisé sous Trajan[2]. Enfin, on a des traces d'un quatrième Cléopide dans ce Juda, fils de Jacques, qui paraît avoir succédé à Siméon, fils de Clopas, dans le siége de Jérusalem[3]. La famille de Clopas paraissant avoir détenu d'une façon presque héréditaire le gouvernement de l'Église de Jérusalem de Titus à Adrien, il n'y a rien de trop hardi à supposer que le Jacques, père de ce Juda, était Jacques le mineur, fils de Marie Cléophas.

Nous avons ainsi trois fils de Clopas s'appelant Jacques, José, Siméon, exactement comme les frères de Jésus mentionnés par les synoptiques, sans parler d'un petit-fils hypothétique pour lequel se serait renouvelée la même identité de nom. Deux sœurs portant le même nom, c'était déjà une forte singularité. Que dire du cas où ces deux sœurs auraient eu trois fils au moins portant le même nom? Aucun critique n'admettra la possibilité d'une pareille coïncidence. Il faut évidemment chercher une solution pour se débarrasser de cette anomalie.

Les docteurs orthodoxes, depuis saint Jérôme, croient lever la difficulté en supposant que les quatre personnages énu-

---

1. Sur l'identité des noms *José* et *Joseph*, voir *Miss. de Phén.*, p. 767-768, 770, 856, 871.
2. Voir ci-dessus, p. 495 et suiv.
3. *Constitut. apost.*, VII, 46. Voir ci-dessus, p. 466, 467.

mérés par Marc et Matthieu comme frères de Jésus étaient en réalité ses cousins-germains, fils de Marie Cléophas. Mais cela est inadmissible[1]. Beaucoup d'autres passages supposent que Jésus eut de vrais frères et de vraies sœurs. L'agencement de la petite scène racontée par Matthieu (xiii, 54 et suiv.) et Marc (vi, 2 et suiv.) est très-significatif. Les « frères » y sont rattachés immédiatement à la « mère ». L'anecdote (Marc, iii, 41 et suiv.; Matth., xii, 46 et suiv.) prête encore moins à l'équivoque. Enfin, toute la tradition hiérosolymitaine distingue parfaitement les « frères du Seigneur » de la famille de Clopas. Siméon, fils de Clopas, le second évêque de Jérusalem, est appelé ἀνεψιὸς τοῦ σωτῆρος[2]. Pas un seul des ἀδελφοὶ τοῦ κυρίου ne porte après son nom l'addition τοῦ Κλωπᾶ. Notoirement, Jacques, frère du Seigneur, n'était pas fils de Clopas[3]; s'il l'avait été, il eût été aussi frère de Siméon, son successeur; or Hégésippe ne le croyait pas; qu'on lise les chapitres xi, xxxii du troisième livre de l'*Histoire ecclésiastique* d'Eusèbe, on s'en convaincra. La chronologie ne permet pas non plus de le supposer. Siméon mourut très-vieux sous Trajan; Jacques mourut en l'an 62, fort âgé aussi[4]. La différence d'âge entre les deux frères eût donc été de quarante ans environ. Donc le système qui voit les ἀδελφοὶ τοῦ κυρίου dans les fils de Clopas est inadmissible. Ajoutons que, dans l'Évangile des Hébreux, qui a si souvent la supériorité sur les autres textes

---

1. Voir *Vie de Jésus*, p. 25-26.
2. Eus., *H. E.*, III, 11, d'après Hégésippe.
3. Dans l'Évangile de la Nativité de Marie, prol., il est expressément appelé « fils de Joseph ».
4. Voir *l'Antechrist*, p. 67; ci-dessus, p. 51, note.

synoptiques, Jésus appelle directement Jacques « mon frère [1] », expression toute exceptionnelle et qu'on n'eût certainement pas employée pour un cousin-germain.

Jésus eut de vrais frères, de vraies sœurs. Seulement il est possible que ces frères et ces sœurs ne fussent que des demi-frères, des demi-sœurs. Ces frères et ces sœurs étaient-ils aussi fils ou filles de Marie? Cela n'est pas probable. Les frères, en effet, paraissent avoir été beaucoup plus âgés que Jésus. Or Jésus fut, à ce qu'il paraît, le premier-né de sa mère [2]. Jésus, d'ailleurs, fut dans sa jeunesse désigné à Nazareth par le nom de « fils de Marie ». Nous avons à cet égard le témoignage du plus historique des Évangiles [3]. Cela suppose qu'il fut longtemps connu comme fils unique de veuve. De pareilles appellations, en effet, ne s'établissent que quand le père n'est plus et que la veuve n'a pas d'autre fils. Citons l'exemple du célèbre peintre Piero della Francesca. Enfin le mythe de la virginité de Marie, sans exclure absolument l'idée que Marie ait eu ensuite d'autres enfants de Joseph ou se soit remariée, se combine mieux avec l'hypothèse où elle n'aurait eu qu'un fils.

Certes la légende sait faire à la réalité toutes les violences. Il faut songer cependant que la légende dont il s'agit en ce moment s'est élaborée dans le cercle même des frères et des cousins de Jésus. Jésus, fruit unique et tardif de l'union d'une jeune femme avec un homme

---

1. Hilgenfeld, *Nov. Test. extra can. rec.*, IV, p. 17-18, 29.
2. Luc, II, 7, témoignage faible, il est vrai, puisque Luc croit que Marie était vierge quand elle conçut Jésus.
3. Marc, VI, 3. Cf. *Vie de Jésus*, p. 74

déjà mûr, offrait une parfaite convenance pour les opinions selon lesquelles sa conception devait avoir été surnaturelle. En pareil cas, l'action divine paraissait éclater d'autant plus que la nature avait dû sembler plus impuissante. On se plaisait à faire naître les enfants prédestinés aux grandes vocations prophétiques, Samuel, Jean-Baptiste, Marie elle-même[1], de vieillards ou de femmes longtemps stériles. Aussi l'auteur du Protévangile de Jacques[2], saint Épiphane[3], etc., insistent-ils vivement sur la vieillesse de Joseph, pour des motifs *a priori* sans doute, mais guidés aussi en cela par un sentiment juste des circonstances où naquit Jésus.

Les difficultés s'arrangent donc assez bien, si l'on suppose un premier mariage de Joseph[4], d'où il aurait eu des fils et des filles, en particulier Jacques et Jude. Ces deux personnages, Jacques au moins, semblent avoir été plus âgés que Jésus. Le rôle, d'abord hostile, prêté par les Évangiles aux frères de Jésus, le singulier contraste que forment les principes et le genre de vie de Jacques et de Jude avec ceux de Jésus, sont, dans une telle hypothèse, un peu moins inexplicables que dans les autres suppositions que l'on a faites pour sortir de ces contradictions.

Comment les fils de Clopas étaient-ils cousins-germains de Jésus? Ils ont pu l'être ou par leur mère, Marie Cléophas, ainsi que le veut le quatrième évangile; ou par leur

---

1. Protévangile de Jacques, ch. 1 et suiv.; Evangile de la Nativité de Marie, ch. 1 et suiv.
2. Chap. 9.
3. Hær. LXXVIII, 13, 14, 15.
4. C'était la tradition des chrétiens judaïsants, consignée en parti-

père Clopas, dont Hégésippe fait un frère de Joseph[1]; ou par les deux côtés à la fois; car il est possible à la rigueur que les deux frères aient épousé les deux sœurs. De ces trois hypothèses, la seconde est de beaucoup la plus probable. L'hypothèse de deux sœurs portant le même nom est d'une suprême invraisemblance. Le passage du quatrième Évangile (XIX, 25) peut renfermer une erreur. Ajoutons que, selon une interprétation pénible, il est vrai, mais cependant admissible, l'expression ἡ ἀδελφὴ τῆς μητρὸς αὐτοῦ ne tombe pas sur Μαρία ἡ τοῦ Κλωπᾶ, mais constitue un personnage distinct, innomé, comme la mère de Jésus elle-même. Le vieil Hégésippe, si préoccupé de tout ce qui touchait à la famille de Jésus, paraît avoir très-bien su la vérité sur ce point.

Mais comment admettre que les deux frères, Joseph et Clopas, eussent trois ou même quatre fils portant les mêmes noms? Examinons la liste des quatre frères de Jésus donnée par les synoptiques : Jacques, Jude, Simon, José. Les deux premiers ont des titres bien authentiques à s'appeler frères du Seigneur; les deux derniers n'ont, en dehors des deux passages synoptiques, aucune référence à faire valoir. Comme les deux noms de *Simon* ou *Siméon*, *José* ou *Joseph*, se trouvent d'ailleurs dans la liste des fils de Clopas, nous sommes menés à l'hypothèse suivante : c'est que les passages de Marc et de Matthieu où sont énumérés les quatre frères de Jésus renferment une inadvertance; que, sur les quatre personnages nommés par les synoptiques, Jacques

---

culier dans l'Évangile de Pierre. Origène, *In Matth.*, tom. x, 17 (Opp., III, 462).

1. Dans Eus., *H. E.*, III, 11, 32.

et Jude étaient bien frères de Jésus et fils de Joseph, mais que Simon et José ont été mis là par erreur. Le rédacteur de ce petit récit, comme tous les agadistes, tenait peu à l'exactitude des détails matériels, et, comme tous les narrateurs évangéliques (sauf le quatrième), était dominé par la cadence du parallélisme sémitique. Le besoin de la phrase l'aura entraîné dans une énumération dont le tour demandait quatre noms propres. Comme il ne connaissait que deux des vrais frères de Jésus, il se sera trouvé induit à leur associer deux de ses cousins germains. Il semble bien, en effet, que Jésus avait plus de deux frères. « N'aurais-je pas le droit d'avoir une femme, dit saint Paul[1], comme les autres apôtres, comme les frères du Seigneur, comme Céphas? » Selon toute la tradition, Jacques, frère du Seigneur, ne se maria point. Jude était marié[2]; mais cela ne suffit pas pour justifier le pluriel de saint Paul. Il faut qu'il y ait eu un nombre de frères suffisant pour que l'exception de Jacques n'empêchât pas saint Paul d'envisager en général les frères du Seigneur comme mariés.

Clopas semble avoir été plus jeune que Joseph. Son fils aîné dut être plus jeune que le fils aîné de Joseph. Il est naturel que, s'il s'appelait Jacques, on ait eu dans la famille l'habitude de l'appeler ὁ μικρός pour le distinguer de son cousin-germain du même nom. Siméon a pu avoir une quinzaine d'années de moins que Jésus et, à la rigueur, mourir sous Trajan[3]. Cependant nous aimons mieux croire

---

1. I Cor., ix, 5.
2. Hégésippe, dans Eus., *H. E.*, III, 20.
3. V. ci-dessus, p. 466, 467, note.

que le Cléopide martyrisé sous Trajan appartenait à une autre génération. Ces données sur l'âge de Jacques et de Siméon sont du reste fort incertaines. Jacques serait mort à quatre-vingt-seize ans, Siméon à cent vingt ans. Cette dernière assertion est inadmissible en elle-même. D'un autre côté, si Jacques avait eu quatre-vingt-seize ans, comme on le prétend, en 62, il serait né trente-quatre ans avant Jésus, ce qui est peu plausible.

D'après ce qui précède, on pourrait dresser la table généalogique de la famille de Jésus ainsi qu'elle se voit à la page ci-contre :

(Voir le tableau en regard.)

Il resterait à chercher si quelqu'un de ces frères ou cousins-germains de Jésus ne figure pas dans les listes des apôtres que nous ont conservées les synoptiques et l'auteur des *Actes*. Quoique le collège des apôtres et celui des frères du Seigneur fussent des groupes distincts [1], on a cependant regardé comme possible que quelques personnages aient fait partie des deux. Les noms de Jacques, de Jude, de Simon, se retrouvent, en effet, dans les listes d'apôtres. Jacques, fils de Zébédée, n'a rien à faire en cette discussion, non plus que Judas Iscariote. Mais que penser de ce Jacques, fils d'Alphée, que les quatre listes des apôtres (Matth., x, 2 et suiv.; Marc, iii, 14 et suiv.; Luc, vi, 13 et suiv.; *Act.*, i, 13 et suiv.) comptent au nombre des Douze? On a souvent identifié le nom d'Ἀλφαῖος avec celui de Κλεοπᾶς, par l'intermédiaire de חלפי. C'est là un rapprochement tout à fait faux. Ἀλφαῖος est le nom

---

1. *Act.*, i, 14; I Cor., ix, 5.

PÈRE NON CONNU (JACOB? HÉLI?).

JOSEPH

a

d'un premier mariage — de son mariage avec Marie

JACQUES	JUDE	JÉSUS.
« Frère du Seigneur », surnommé aussi le Juste ou *Obliam*, premier évêque de Jérusalem, martyr; mentionné Matth., XIII, 55, et Marc, VI, 3; Gal., I, 19; II, 9, 12; I Cor., XV, 7; *Act.*, XII, 17; XV, 13; XXI, 18; Jac., I, 1; et Jud., 1, 1; dans Josèphe, Hégésippe, etc.	(Matth., XIII, 55; Marc, VI, 3; Hégésippe, dans Eusèbe, *H. E.*, III, 19, 20, 32). Fils inconnus. Deux fils qui furent présentés à Domitien, et furent évêques de diverses églises. Hégésippe, dans Eus., *H. E.*, III, 19, 20, 32.	D'autres fils et d'autres filles inconnus. Matthieu, XIII, 56; Marc, VI, 3; I Cor., IX, 5.

CLOPAS

(Jean, XIX, 25; Hégésippe), épouse aussi une femme nommée Marie (Matth., XXVII, 56, 61; XXVIII, 1; Marc, XV, 40, 47; XVI, 1; Luc, XXIV, 10; Jean, XIX, 25), a de ce mariage

JACQUES	JOSÉ	SIMÉON
Surnommé ὁ μικρός, pour le distinguer de son cousin-germain du même nom né avant lui. Matth., XXVII, 56; Marc, XV, 40; XVI, 1; Luc, XXIV, 10; inconnu du reste. ?	(Matth., XXVII, 56; Marc, XV, 40, 47); mis par erreur parmi les frères de Jésus : Matth., XIII, 55; Marc, VI, 3; inconnu du reste.	Deuxième évêque de Jérusalem, martyr selon l'opinion commune (Hégésippe, dans Eus., *H. E.*, III, 11, 22, 32; IV, 5, 22; *Const.t. apost.*, VII, 46, etc.); mis par erreur parmi les frères de Jésus. Matthieu, XIII, 55; Marc, VI, 3.
JUDA, troisième évêque de Jérusalem, *Const.t. apost.*, VII, 46. ?? SIMÉON II, selon nous quatrième évêque de Jérusalem, martyrisé sous Trajan (V. ci-dessus, p. 466, 467, note.)		Peut-être d'autres fils ou filles inconnus.

hébreu חלפי, et Κλωπᾶς ou Κλεοπᾶς est une abréviation de Κλεόπατρος[1]. Jacques, fils d'Alphée, n'a donc pas le moindre titre à faire partie des cousins germains de Jésus. Le personnel évangélique possède en réalité quatre Jacques, l'un fils de Joseph et frère de Jésus, un autre fils de Clopas, un autre fils de Zébédée, un autre fils d'Alphée.

La liste des apôtres donnée par Luc dans son Évangile et dans les *Actes* contient un Ἰούδας Ἰακώβου, qu'on a voulu identifier avec Jude, frère du Seigneur, en supposant qu'il fallait sous-entendre ἀδελφός entre les deux noms. Rien de plus arbitraire. Ce Judas était fils d'un Jacques, inconnu d'ailleurs. Il en faut dire autant de Simon le Zélote, qu'on a voulu, sans une ombre de raison, identifier avec le Simon qu'on trouve rangé (Matth., XIII, 55; Marc, VI, 3) parmi les frères de Jésus.

En somme, il ne paraît pas qu'un seul membre de la famille de Jésus ait fait partie du collège des Douze. Jacques lui-même ne comptait pas parmi eux[2]. Les deux seuls frères du Seigneur dont nous connaissions les noms avec certitude sont Jacques et Jude. Jacques ne se maria pas; mais Jude eut des enfants et des petits-enfants; ces derniers comparurent devant Domitien comme descendants de David, et furent présidents d'Églises en Syrie.

Quant aux fils de Clopas, nous en connaissons trois,

1. *Corpus inscr. gr.*, n° 4934; *Revue archéol.*, 1844, p. 485-491.
2. Gal., I, 19, ne l'implique nullement. Jac., I, 1, suppose le contraire. Dans toutes les lettres apostoliques, vraies ou supposées, l'auteur se donne dans la suscription le titre d'ἀπόστολος. Le même raisonnement s'applique à Jude, I, 1. Que, dans ces deux suscriptions, Jacques et Jude ne s'appellent pas ἀδελφὸς τοῦ κυρίου, c'est là sans doute un trait d'humilité.

dont un paraît avoir eu des enfants. Cette famille de Clopas fut en possession, après la guerre de Titus, de la prééminence dans l'Église de Jérusalem.

Un membre de la famille Clopas fut martyrisé sous Trajan. Passé cela, on n'entend plus parler de descendants des frères du Seigneur, ni de descendants de Clopas.

TABLE

DES MATIÈRES

		Pages.
Introduction. — Observations critiques sur les documents originaux de cette histoire		i

Chap.
i.	Les Juifs au lendemain de la destruction du temple . . .	1
ii.	Béther. — Le livre de Judith. — Le canon juif	26
iii.	*Ebion* au delà du Jourdain	39
iv.	Rapports entre les juifs et les chrétiens	64
v.	Fixation de la légende et des enseignements de Jésus . .	76
vi.	L'Évangile hébreu	94
vii.	L'Évangile grec. — Marc	113
viii.	Le christianisme et l'Empire, sous les Flavius	128
ix.	Propagation du christianisme. — L'Égypte. — Le sibyllisme	155
x.	L'Évangile grec se corrige et se complète. — *Matthieu* . .	173
xi.	Secret des beautés de l'Évangile	198
xii.	Les chrétiens de la famille Flavia. — Flavius Josèphe . .	218
xiii.	L'Évangile de Luc	251
xiv.	Persécution de Domitien	286

TABLE DES MATIÈRES.

Chap.		Pages.
xv.	Clément Romain. — Progrès du presbytérat	311
xvi.	Fin des Flavius. — Nerva. — Recrudescence d'apocalypses.	339
xvii.	Trajan. — Les bons et grands empereurs	379
xviii.	Éphèse. — Vieillesse de Jean. — Cérinthe. — Docétisme.	412
xix.	Luc, premier historien du christianisme	435
xx.	Sectes de Syrie. — Elkasaï	448
xxi.	Trajan persécuteur. — Lettre de Pline	469
xxii.	Ignace d'Antioche	485
xxiii.	Fin de Trajan. — Révolte des juifs	499
xxiv.	Séparation définitive de l'Église et de la synagogue.	513
Appendice.	— Les frères et les cousins de Jésus.	537

PARIS. — Impr. J. CLAYE. — A. QUANTIN et Cⁱᵉ, rue St-Benoît. — [1348]

www.ingramcontent.com/pod-product-compliance
Lightning Source LLC
Chambersburg PA
CBHW070359230426
43665CB00012B/1180